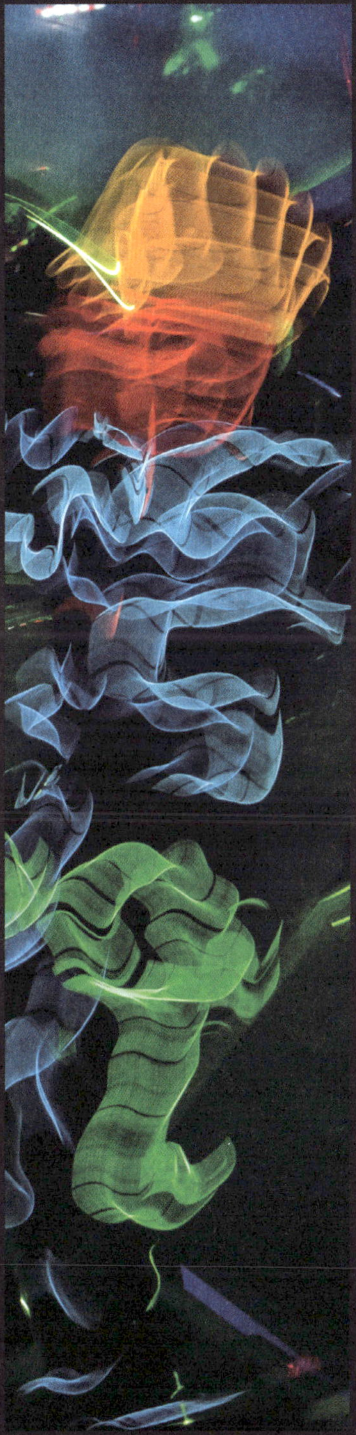
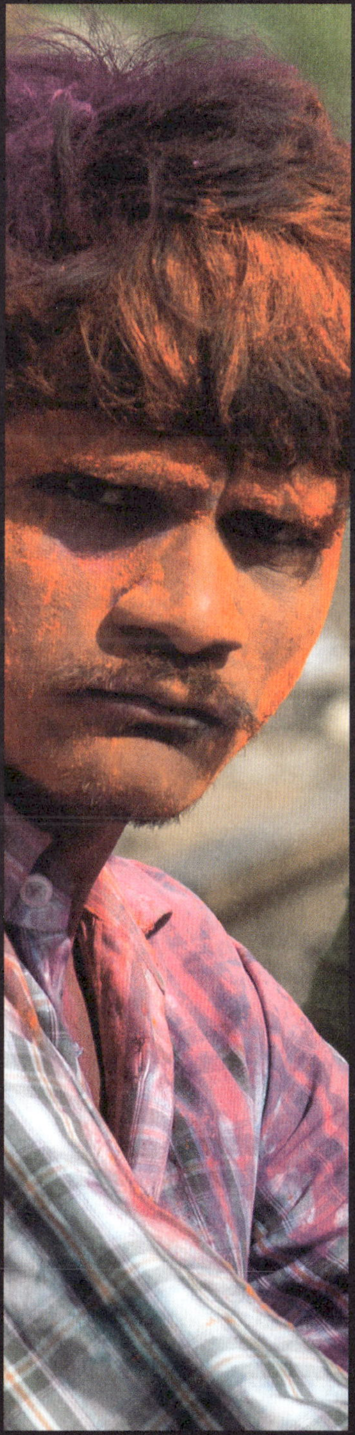

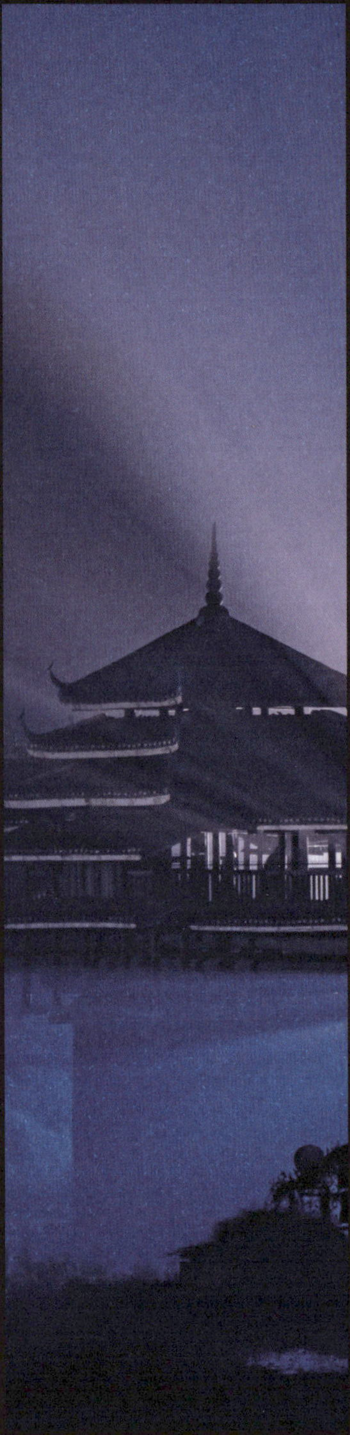

DIE GROSSE SCHULE DER
FOTOGRAFIE
TECHNIKEN FÜR FORTGESCHRITTENE

WHITE STAR VERLAG

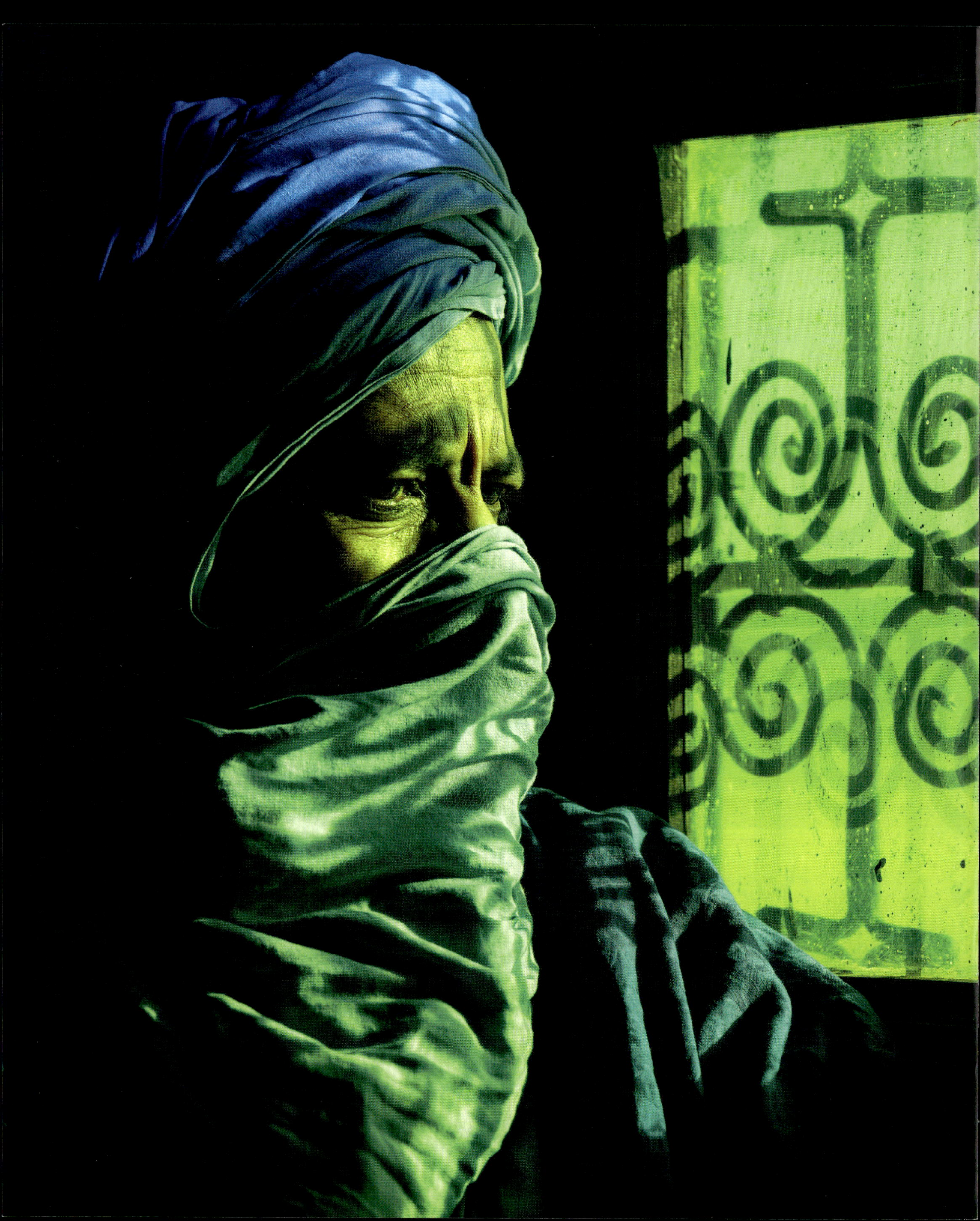

Texte und Fotos von

IAGO CORAZZA

GRAFIK

SILVIA GALLIANI

Der Geduld zweier fantastischer Mütter gewidmet –

meiner eigenen und der Mutter meines Sohnes.

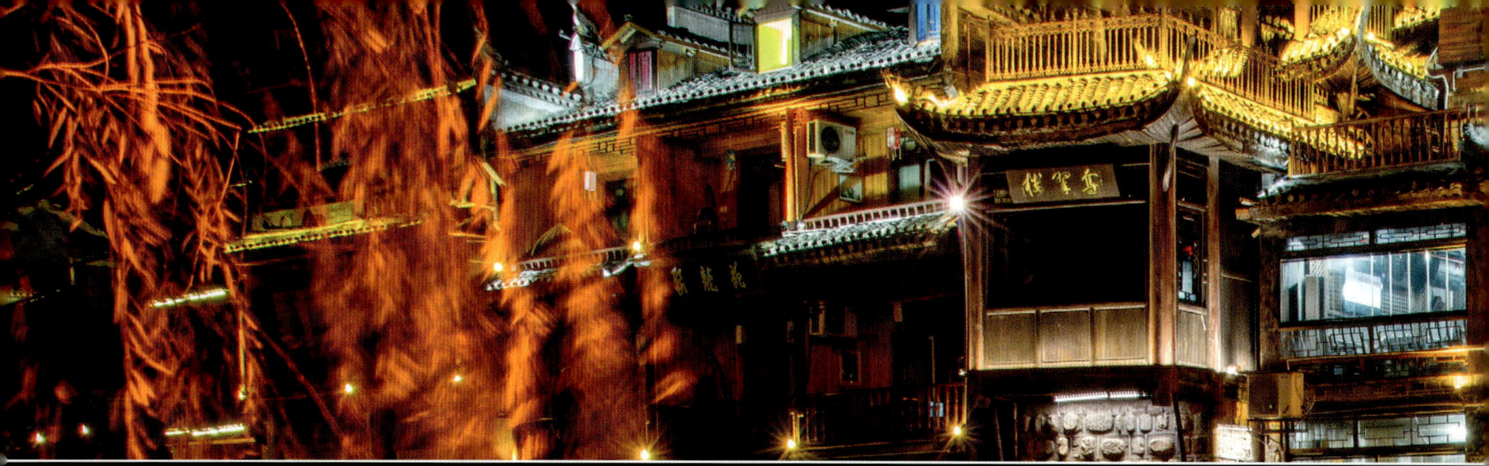

INHALT

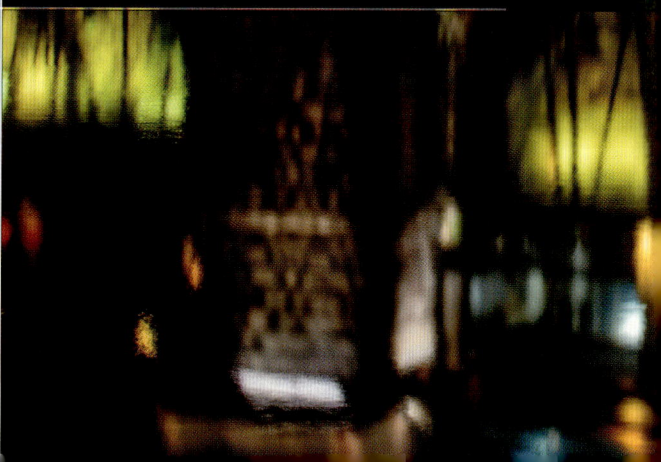

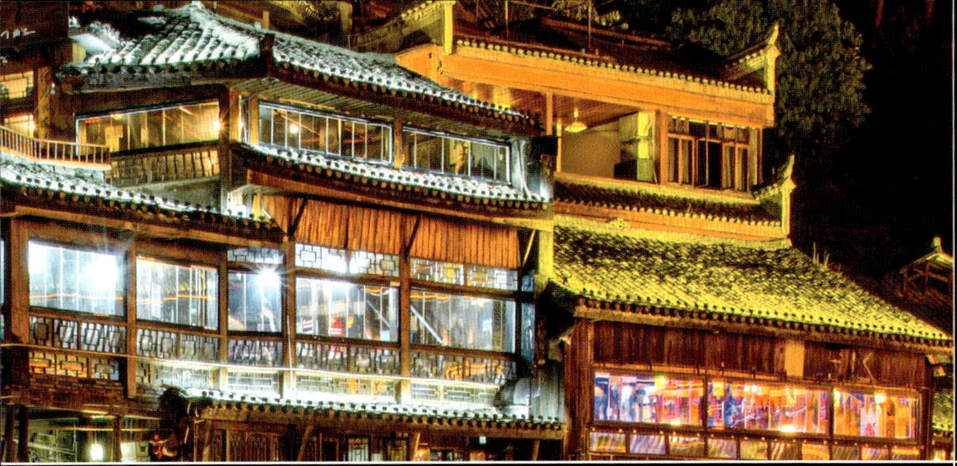

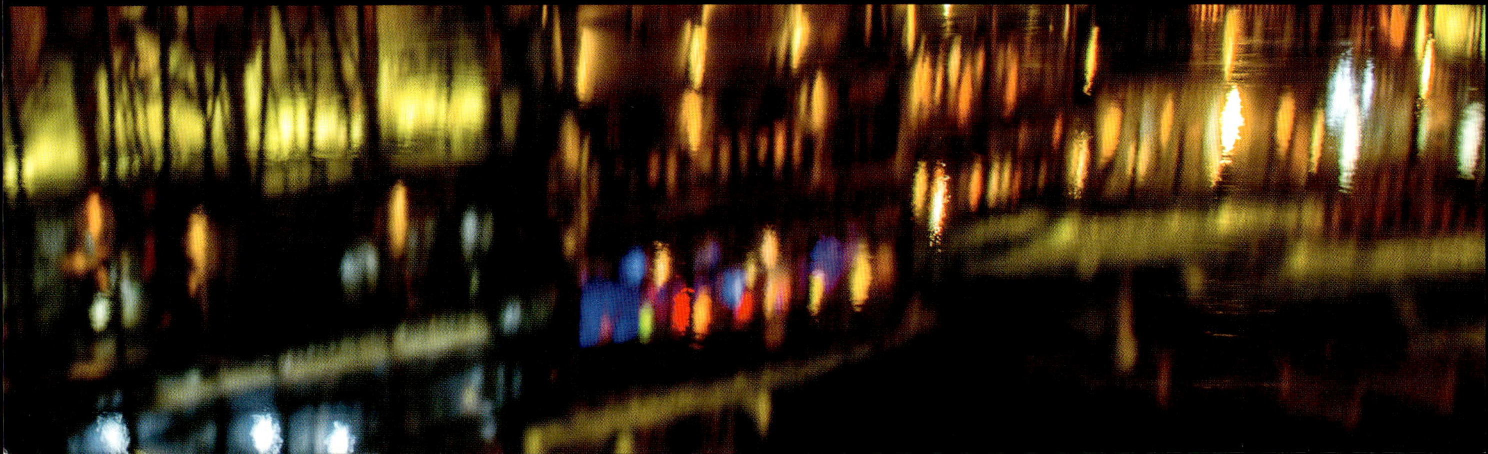

EINLEITUNG

EINE WICHTIGE ENTSCHEIDUNG

Die Fotoreportage kann auf eine **unerschöpfliche Quelle von Motiven** zählen: die Realität. Alles, was wir mit unseren Augen sehen, mit unseren Ohren hören, mit unseren Händen berühren können, kann nämlich auf irgendeine Weise von unserer Kamera eingefangen und in Emotionen verwandelt werden – vorausgesetzt, man ist dazu in der Lage. Unser Alltag und das Internet sind von Millionen mittelmäßiger, trivialer, vorhersehbarer Fotos überflutet – die meisten davon sind nutzlos. Manche davon sind auch ästhetisch, das eine oder andere wahrscheinlich auch amüsant. Umgeben von Medien und überwältigt von einem Übermaß an Kommunikation kommen wir nicht umhin, Bilder in einem kontinuierlichen Fluss über uns ergehen zu lassen. Doch in Wirklichkeit bleibt unser Blick nur an wenigen hängen, die wir uns **tatsächlich anschauen**. Und so entdecken wir, dass manch ein Fotograf doch noch in der Lage ist, eine Verbindung zwischen dem fotografierten Augenblick und dem Betrachter herzustellen, und dieser Magier ist fast immer ein Fotoreporter. Dieser Typ Fotograf versteht es, mithilfe seines technischen Könnens und seiner Erfahrung beim Betrachter ein Gefühl der **Dankbarkeit** zu erwecken, obwohl dieser zeitlich und räumlich weit von ihm entfernt sein mag. Da ist auf einmal jemand, der genau diese Bilder sehen will, weil sie ihn aus dem Gewohnten herausreißen und inspirieren. So ein Betrachter will überrascht, erschüttert, gepackt sein, um in gewisser Weise aus der Gleichförmigkeit des Alltags **„gerettet“** zu werden. Vielleicht möchte so ein Betrachter auch einfach seine Fähigkeit, sich anrühren zu lassen, lebendig erhalten. Ein Fotograf, dem dies gelingt, hat offensichtlich Entscheidungen getroffen: Er hat beschlossen, das Leben nicht durch Fotos zu kommentieren, sondern stattdessen ein **Teil des Lebens** zu sein, und er ist bereit, sich von einem Motiv bewegen zu lassen, um den Betrachter zu bewegen. Dieser Fotograf hat sich dafür entschieden, die Welt unvoreingenommen zu betrachten. Er ist bereit, sich von den einfachsten Dingen überraschen zu lassen, und erlaubt sich, über die unnötig komplizierten empört zu sein. Um seine Ziele erreichen zu können, hat er gelernt, die Technik des Fotografierens zu beherrschen. Dadurch ist er in der Lage, sich an neue und unglaublich unterschiedliche Situationen immer wieder anzupassen und in jeder Situation zu entscheiden, was ihm wichtig ist. Es liegt also an jedem einzelnen, ob er ein **Illustrator von Ereignissen** sein will – womöglich ein sehr fähiger –, ob er bereits existierende Bilder neu präsentieren möchte, ob er die Realität getreu wiedergeben möchte oder aber ein Teil davon sein will. Es ist die Entscheidung jedes Fotografen, ob er einfach schöne Bilder machen will oder Inhalte vermitteln. Wer sich die Regeln der Fotografie zu eigen macht, kann seinen eigenen Stil entwickeln – seine ganz persönliche fotografische Handschrift.

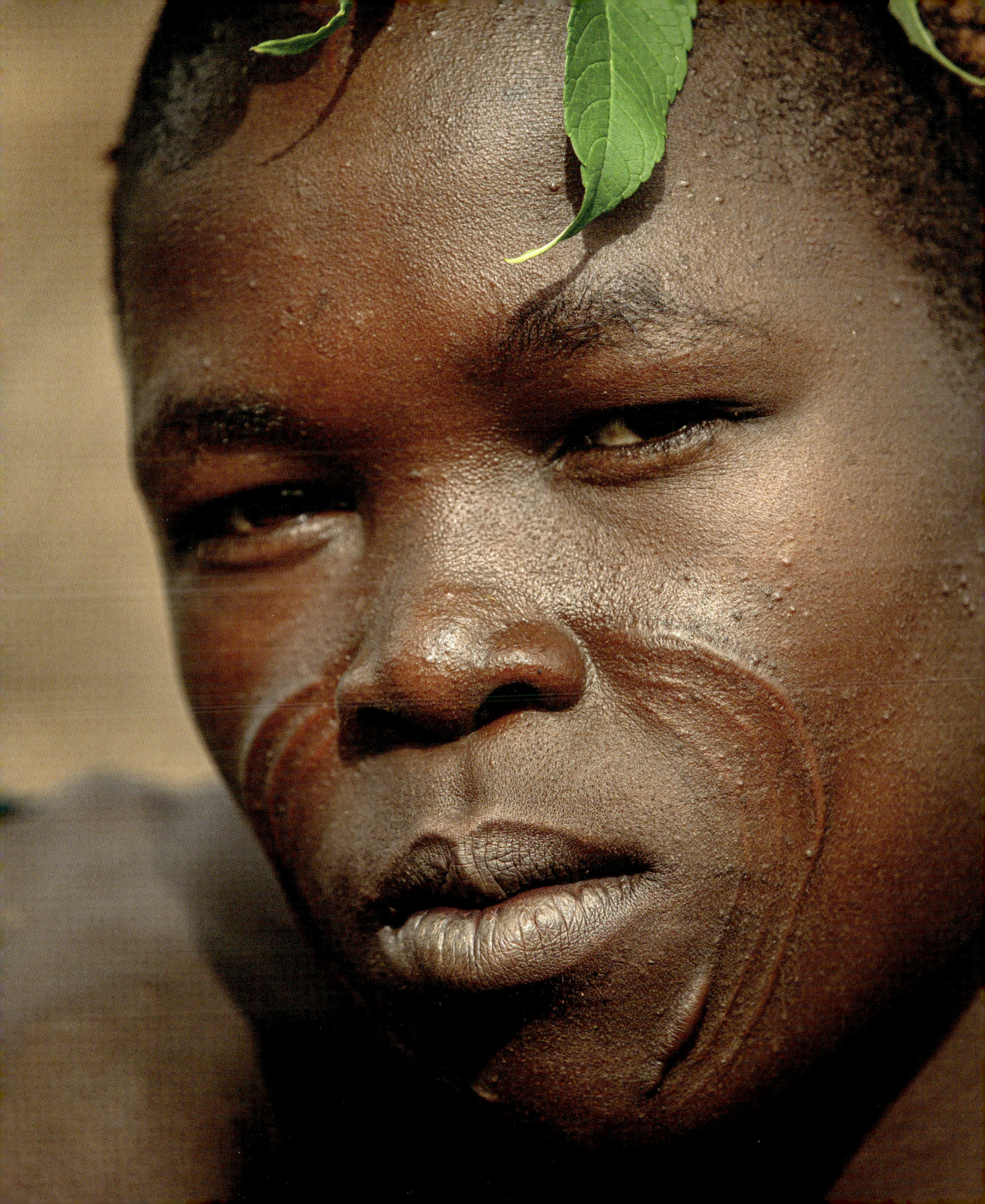

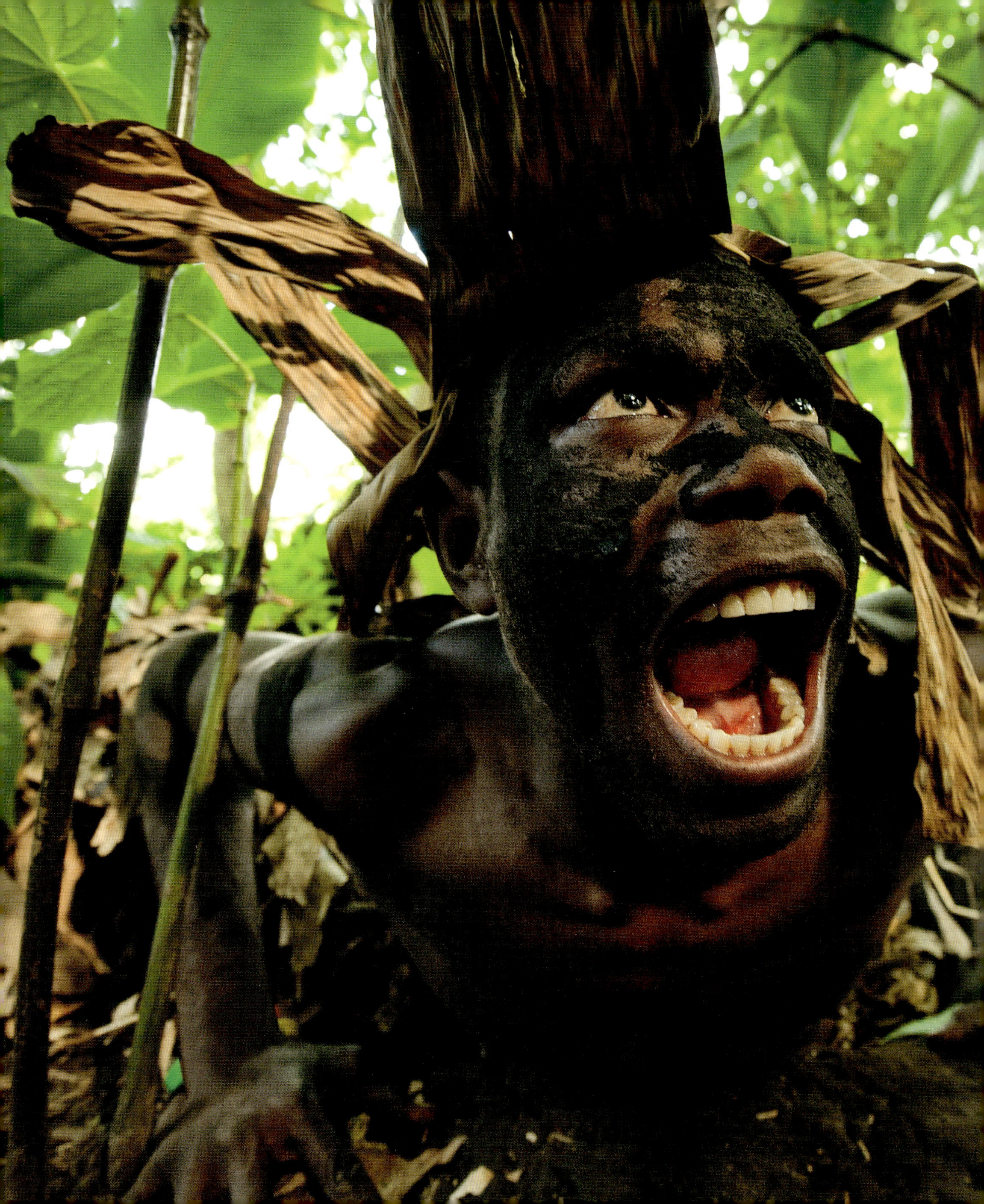

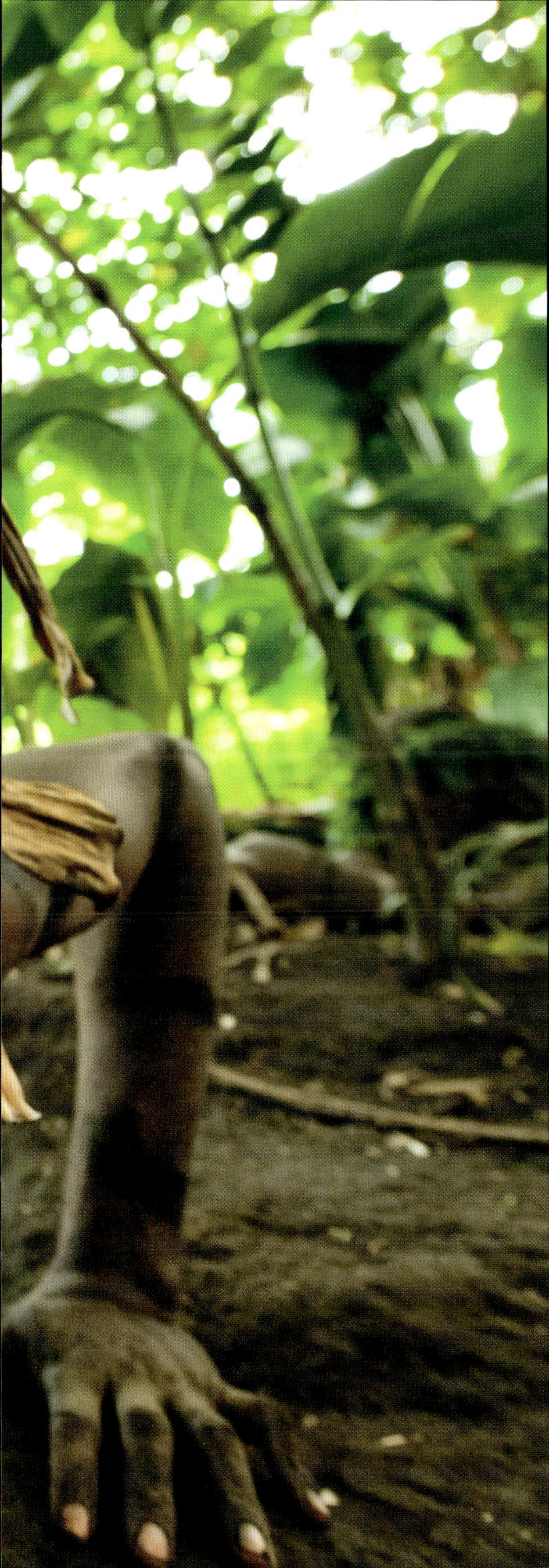

EINE WICHTIGE ENTSCHEIDUNG

Ich habe zwei Bildbände veröffentlich, die sich der Fotografie widmen und dabei einer praktischen, klaren und effektiven Lernmethode folgen, bei der **der Zauber nicht verloren geht**: „Die Große Schule der Fotografie: Grundtechniken und praktische Tipps“ und „Fotoreportage: Master Class“. Der vorliegende Band wendet sich an die Liebhaber der Fotoreportage, welche die Technik schon gut beherrschen und die ihren unverkennbaren persönlichen Stil entdecken und kultivieren wollen, mit dem Ziel, die Welt auf eine sehr persönliche Art und Weise darzustellen. Viele meiner Schüler und Leser, denen ich die Technik der Fotografie vermitteln durfte, kennen bereits das Konzept der **drei unterschiedlichen Lernphasen**. Diese Vorgehensweise ist auch für die Fans der Fotoreportage sehr nützlich, weil es sich um eine klare Anleitung handelt, die es ermöglicht, die eigenen Resultate in kurzer Zeit zu verbessern.

EINE WICHTIGE ENTSCHEIDUNG

Beim Erlernen der Fotoreportage empfehle ich, nach dem Konzept der **drei unterschiedlichen Lernphasen** vorzugehen:

• **DAS OBJEKT** – Die Anfangsphase befasst sich vor allem mit dem technischen Aspekt, aber auch mit der konzeptionellen Herangehensweise an die Fotografie. Dank der Visualisierung eines **Referenzmotivs** ist es einfacher, den richtigen Einsatz der Fotoausrüstung zu erlernen und die verschiedenen Schwierigkeiten zu überwinden, auf die man bei der Aufnahme interessanter Bilder stößt. Diese Phase ermöglicht es, rasch eine gewisse Vertrautheit im Umgang mit den Grundtechniken zu erlangen, und lässt zu, dass man schon bald die Aufmerksamkeit und Wahrnehmung komplexeren kognitiven Prozessen zuwenden kann.

• **DAS LICHT** – In der zweiten Phase angelangt, ist es möglich, den Schwerpunkt der Aufmerksamkeit nicht mehr einzig und allein auf das Motiv zu legen. Wichtig ist es jetzt, das richtige Licht zu suchen und zu finden, es zu würdigen, seine Qualität, seine Schönheit, seine Faszination und seine unendlichen Möglichkeiten zu erkennen und dann ein geeignetes Motiv in diesem Licht zu finden. Es ist wichtig zu wissen, dass ein **tolles Motiv, das schlecht belichtet ist**, nie ein Bild von hoher fotografischer Qualität und emotionalem Ausdruck ergibt.

• **DER INHALT** – Gute technische Fähigkeiten und die Intuition für das richtige Licht und für kompositorisch wertvolle Bildausschnitte sind jetzt kostbare Werkzeuge. Sie können eingesetzt werden, um dem Betrachter intensive Gefühle zu vermitteln. Aber es ist wichtig, auch daran zu denken, dass man **die Emotionen selbst empfinden muss**, bevor man sie transportieren kann. Somit beschäftigt sich das Erlernen der Fotografie in der dritten Phase mit der wirkungsvollen Umsetzung, der Konzeptfotografie, der Entwicklung von Inhalten. Es geht hier ebenfalls um einen anthropologischen Ansatz und die notwendige kulturelle Vorbereitung, denn man kann kein ergreifendes und überzeugendes Bild machen, wenn man nicht weiß, was man da gerade fotografiert.

Dieses Buch ist ein persönlicher, aber praktischer und fesselnder **Weg zur Fotografie**. Ich werde Sie in eine Welt verschiedener Motive und Wahlmöglichkeiten einführen und mit Komposition und Stil vertraut machen. Es geht darum, Sie dazu zu befähigen, mit anderen Augen zu sehen und das, was Sie jeden Tag, in jedem Moment, an jedem Ort umgibt, auf besondere Weise abzubilden.

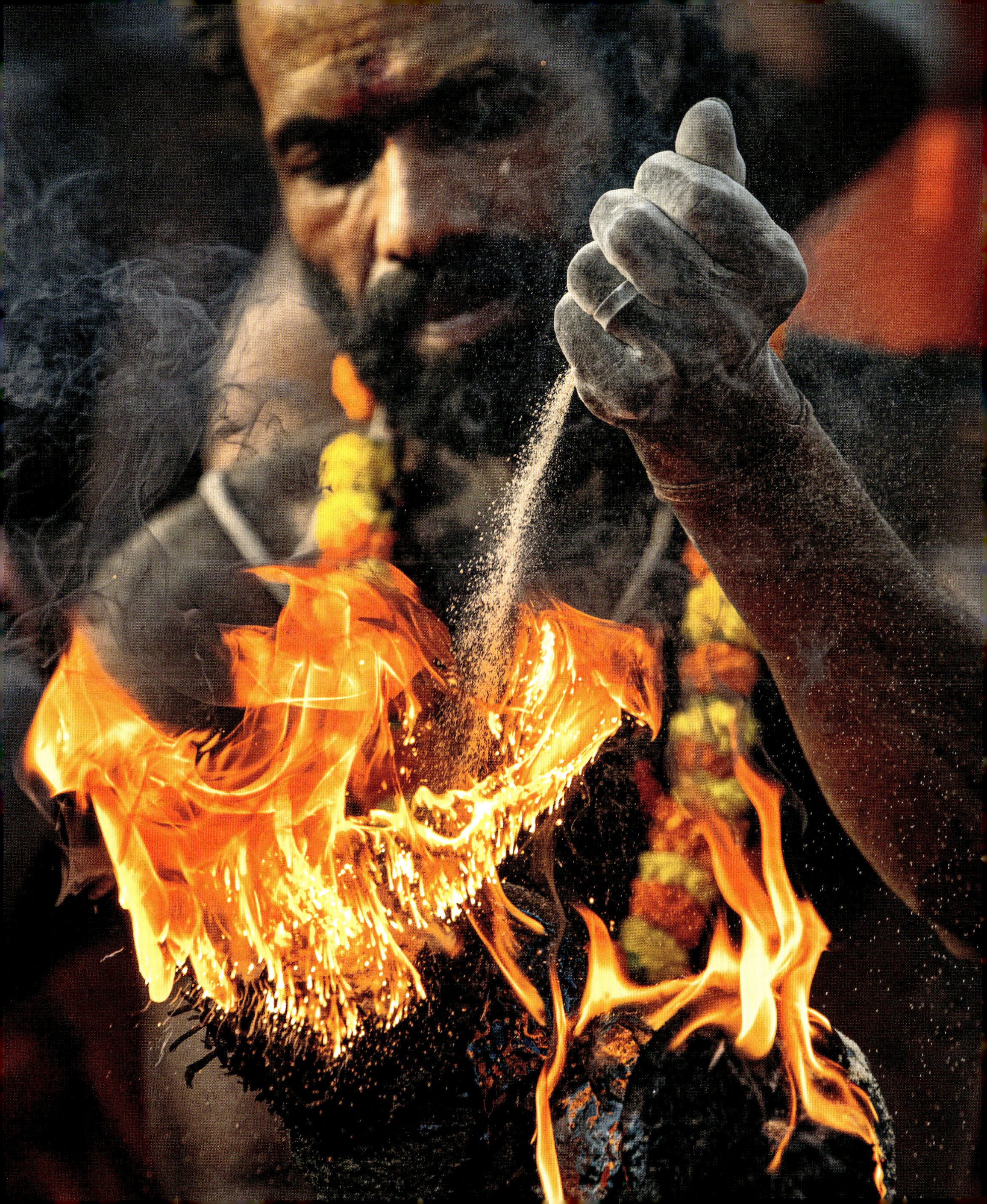

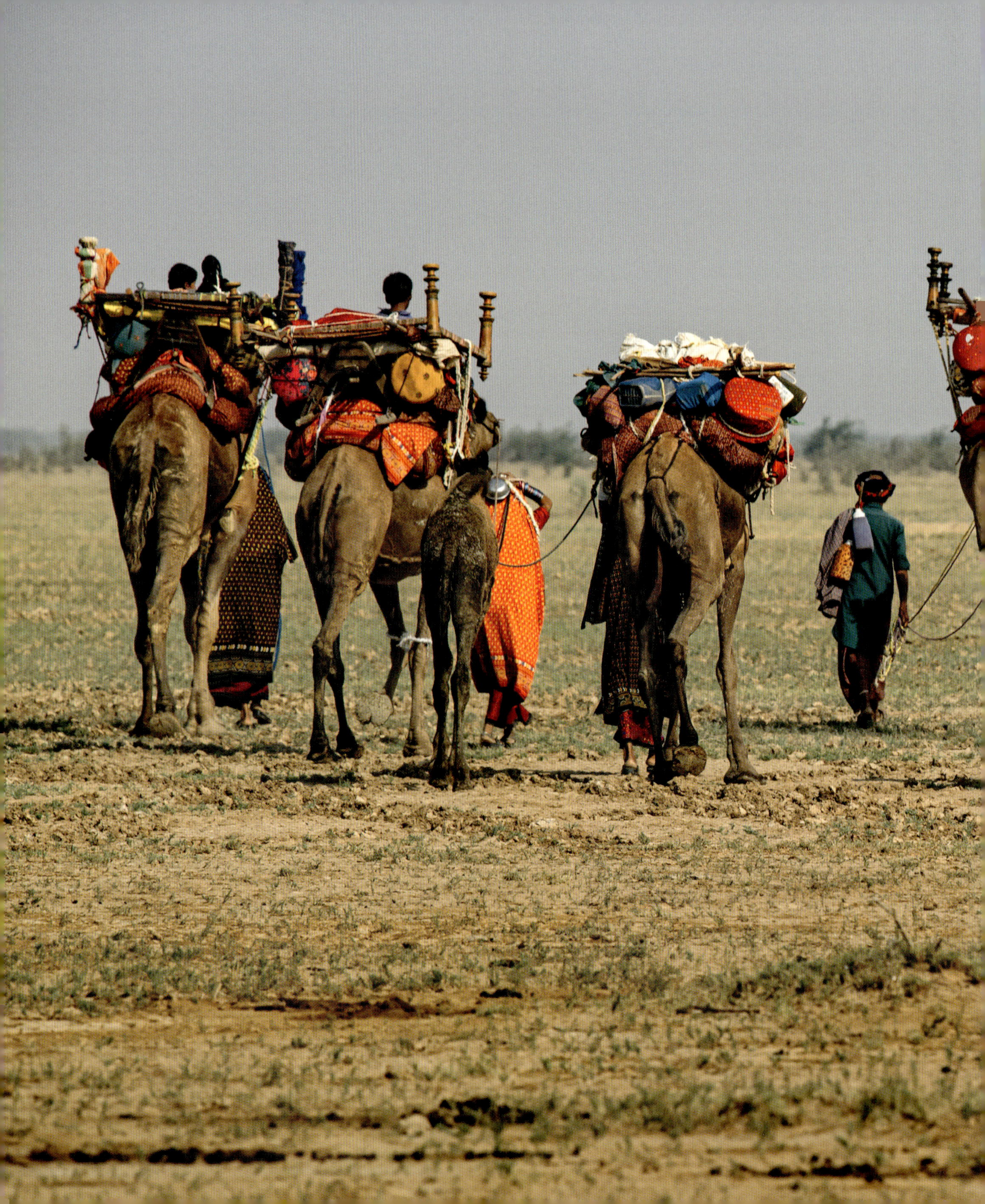

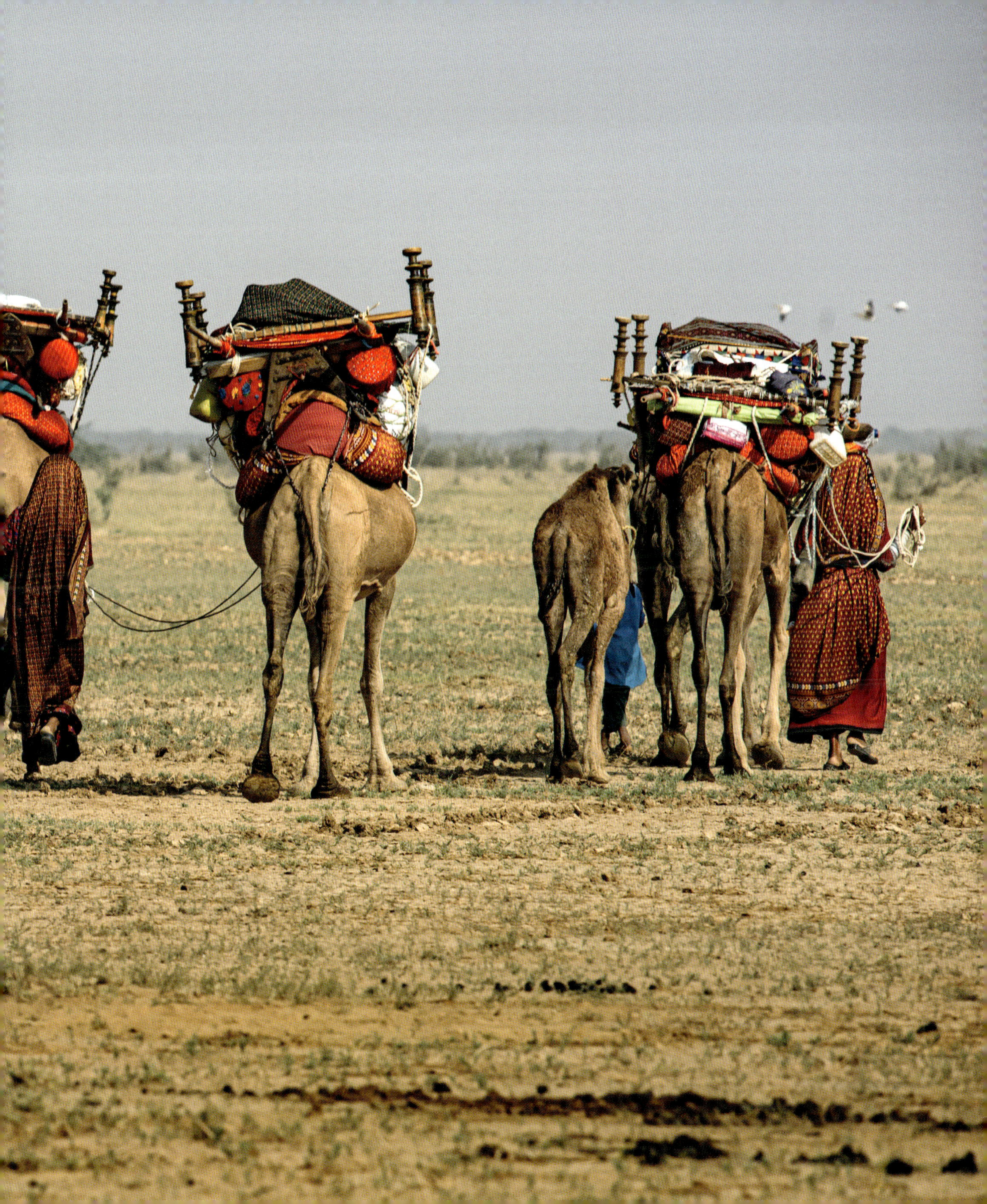

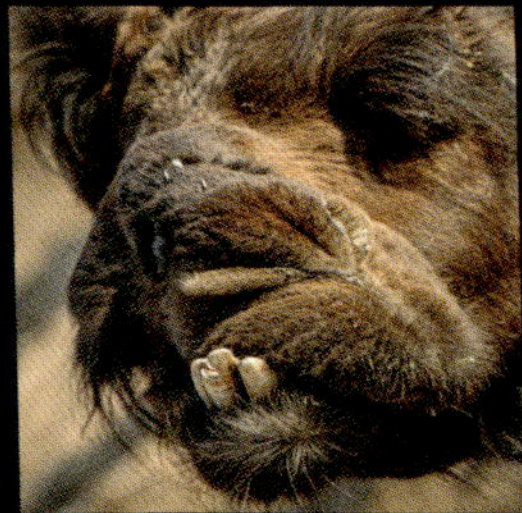

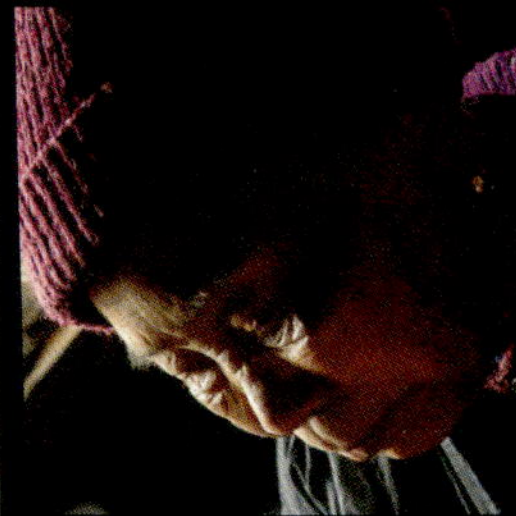

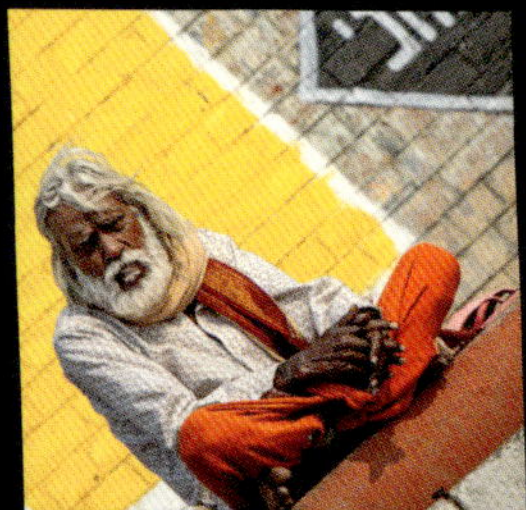

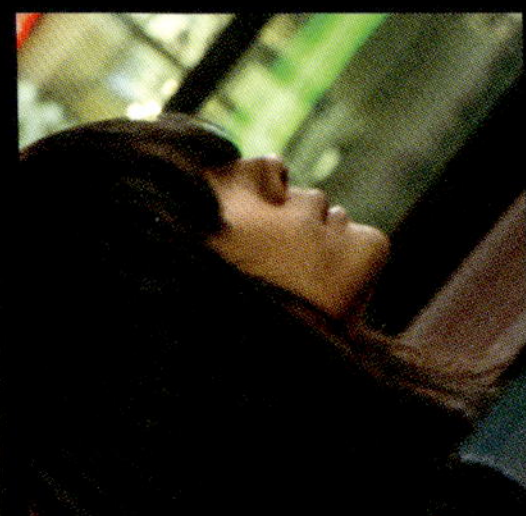

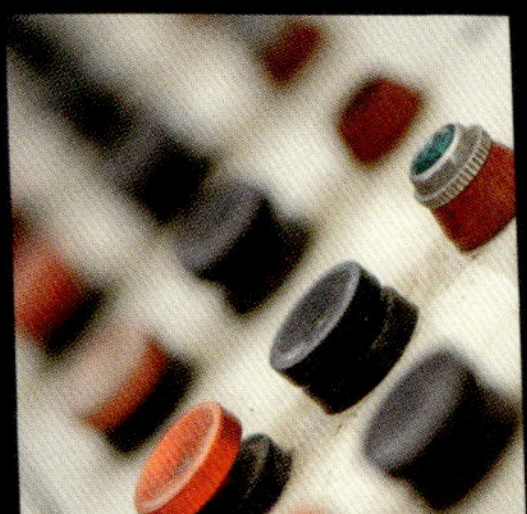

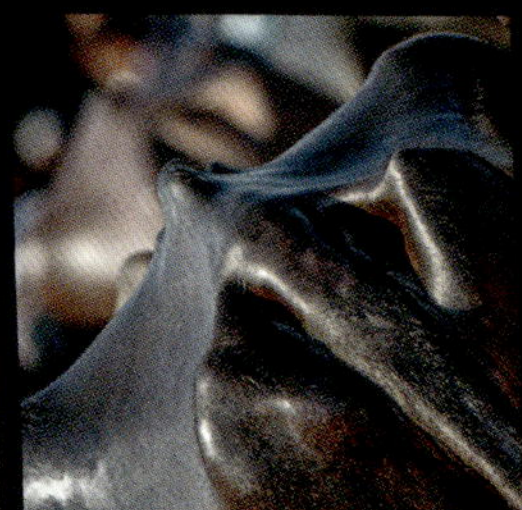

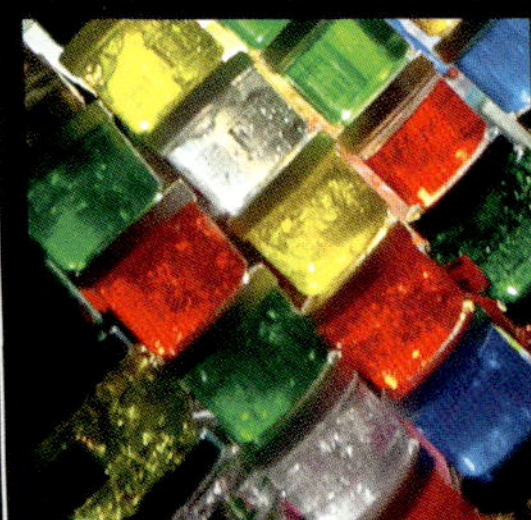

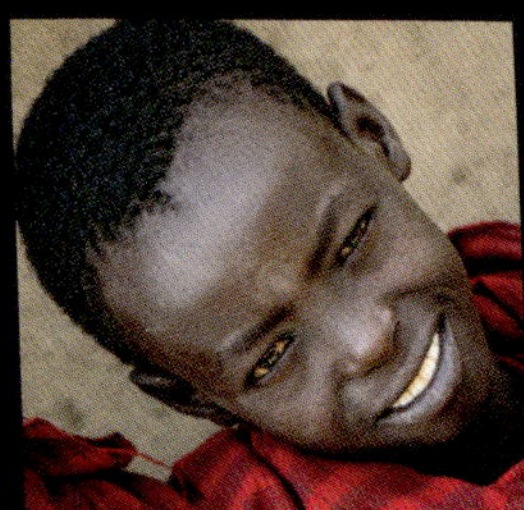

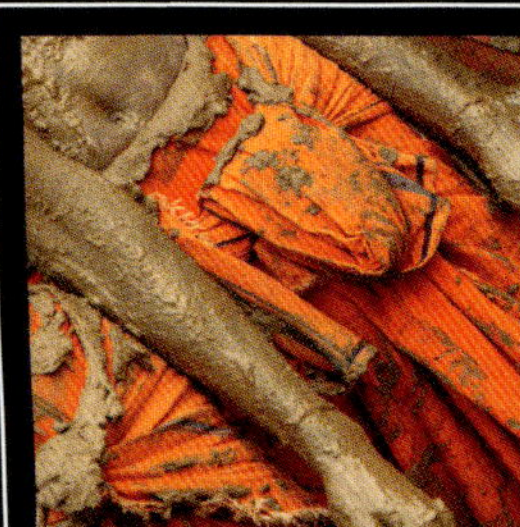

EIN BILD UMSETZEN

VERSTEHEN, BEWERTEN, AUSWÄHLEN

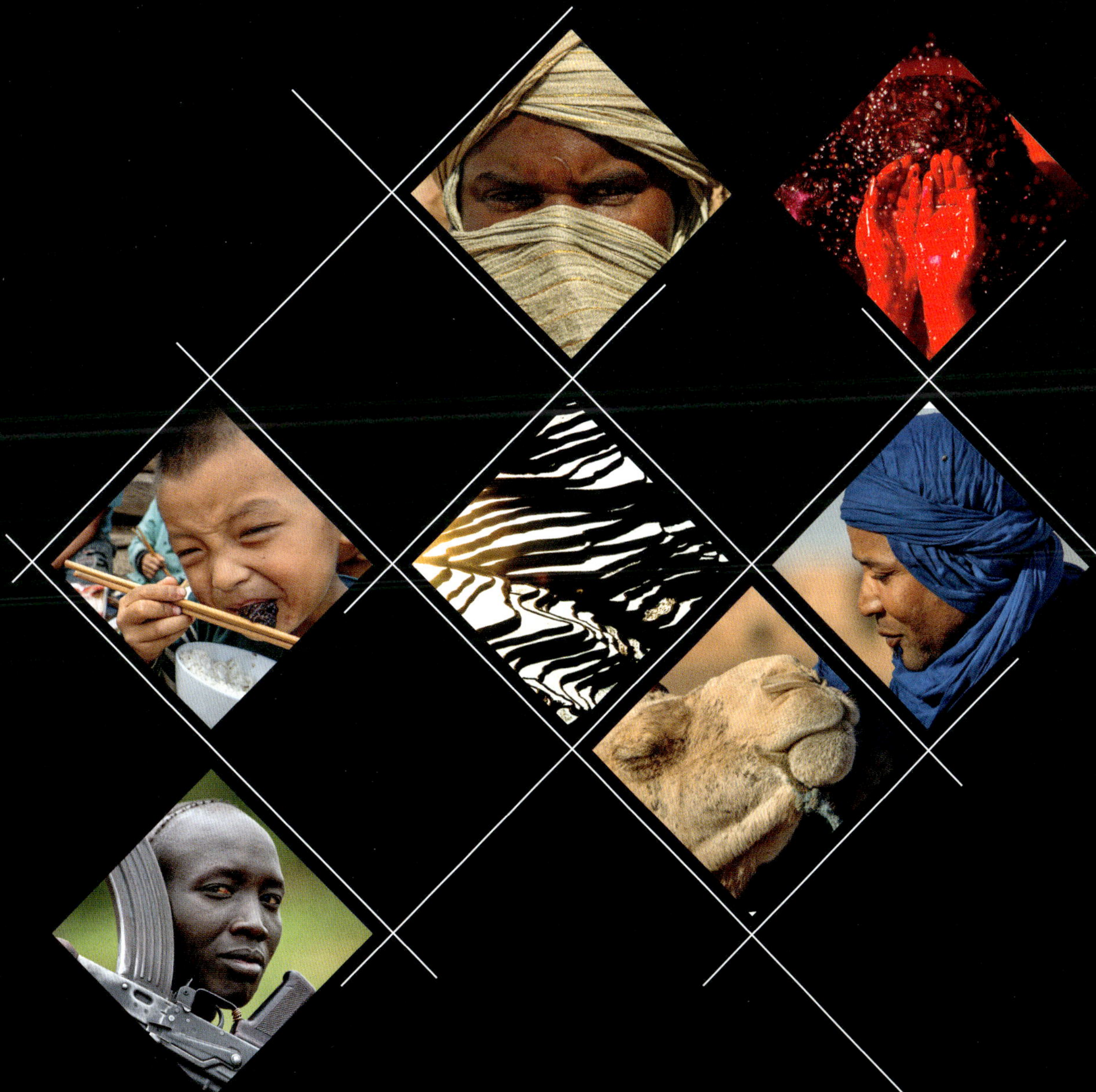

FOTOS, DIE MAN EINFACH LASSEN SOLLTE

EINE WICHTIGE EINSICHT

Wer eine wirkliche Leidenschaft für die Fotoreportage empfindet und bereits über reichlich Technik verfügt, für den besteht die große Herausforderung darin, jedes der eigenen Fotos interessant zu gestalten. Um dies zu erreichen, kann die vielleicht wichtigste Regel, die ich gelernt habe, eine große Hilfe sein:

SCHLECHTE FOTOS WERDEN ERST GAR NICHT GEMACHT.

Dieses Konzept, das vielleicht ganz selbstverständlich erscheint, fasst in Wirklichkeit eine Reihe wichtiger Lehren zusammen, die Ziel und Ausgangspunkt bilden: ein Kriterium, um das Ende einer Anfangsphase auf dem Weg zur Fotografie und gleichzeitig den Anfang eines neuen, eines **konkreteren und bewussteren Niveaus** zu bestimmen.

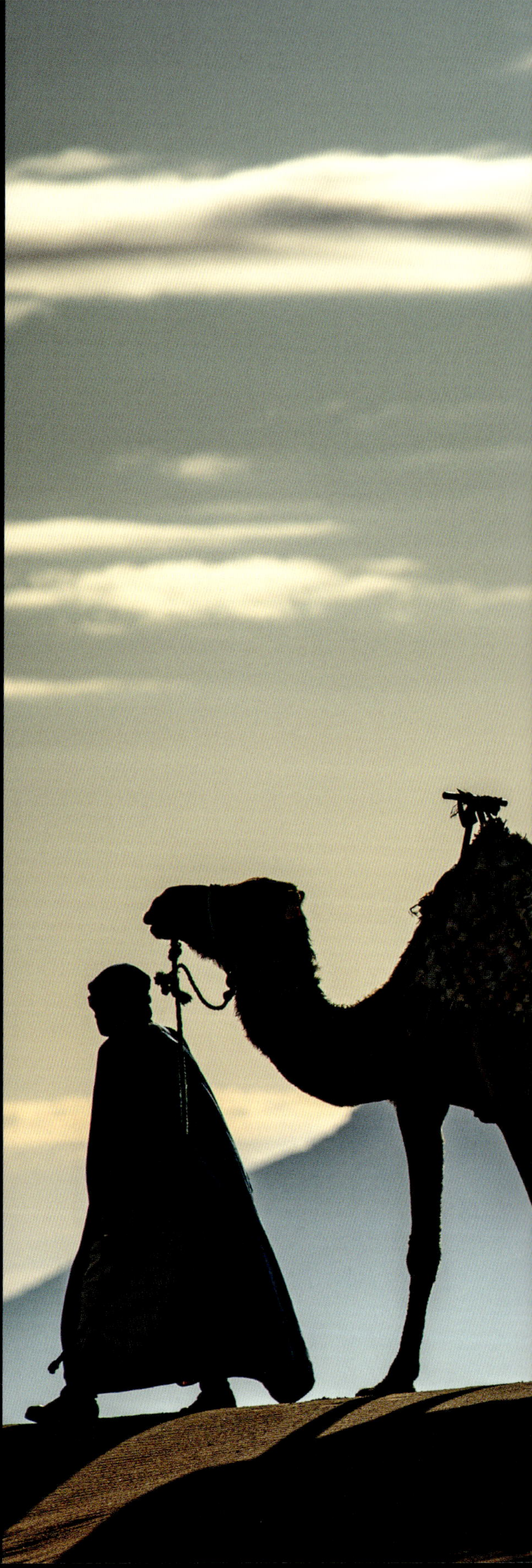

Marokko, Dünen von Tinfou

Nikon D 850 • 300 mm f/4
1/1250 bei f/7,1 • ISO 64

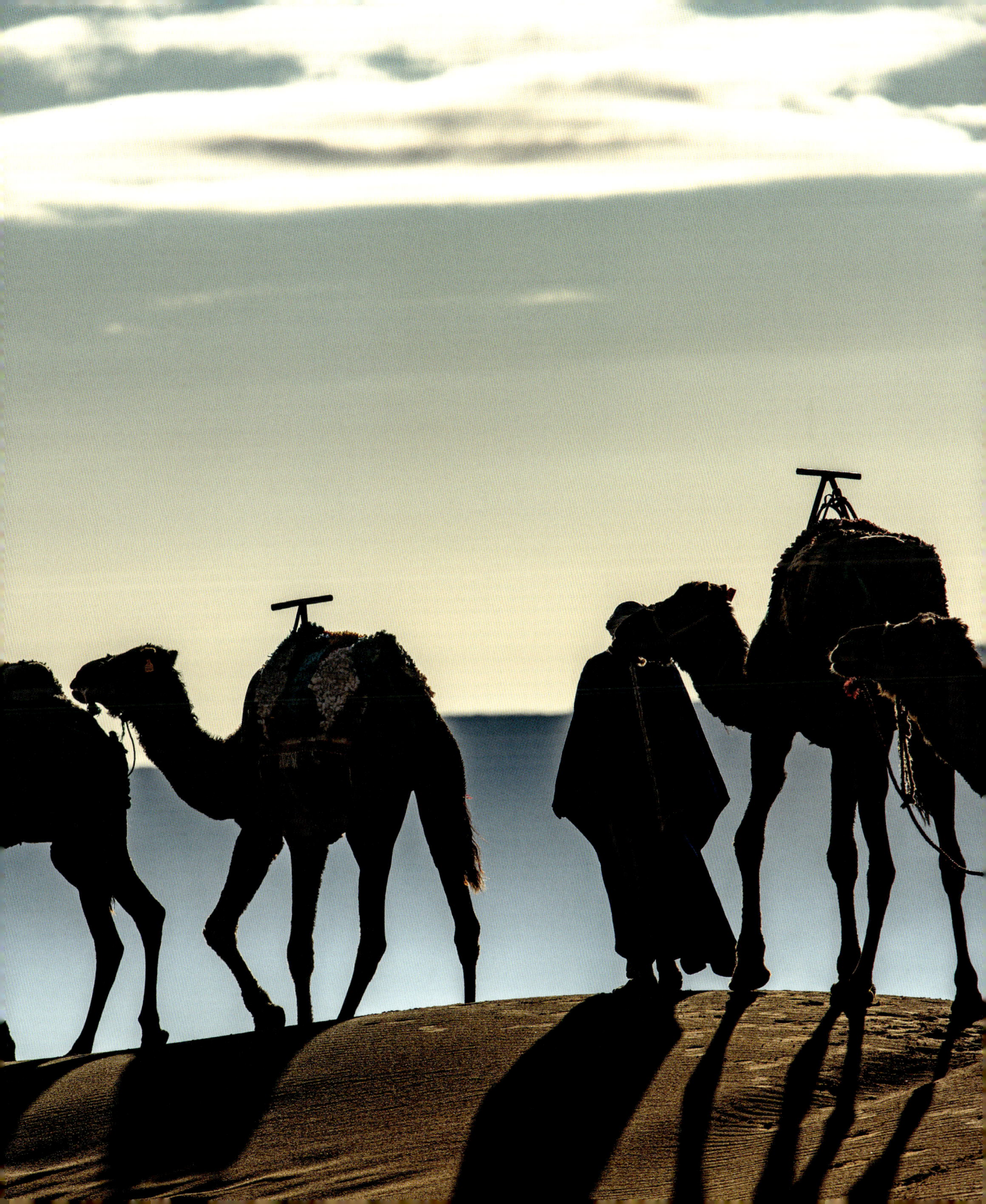

Nikon D 800 • 70–200 mm f/2,8
1/200 bei f/8 • ISO 100

Zunächst geht diese Regel davon aus, dass der Fotograf zwischen einem schönen und einem hässlichen Foto oder noch besser zwischen einem **wertvollen (1)** und einem **nutzlosen (2)** zu unterscheiden weiß.

1

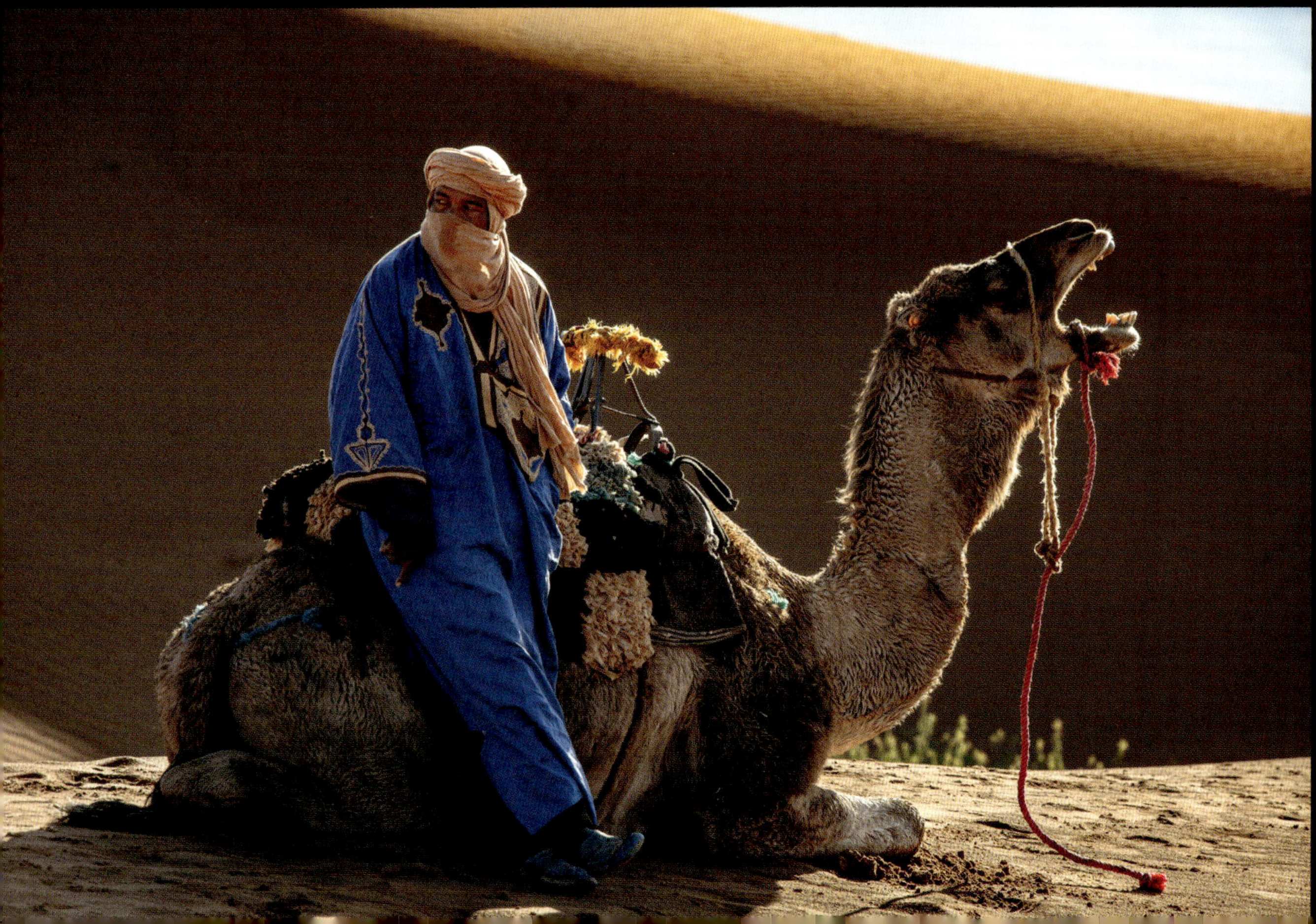

[2]

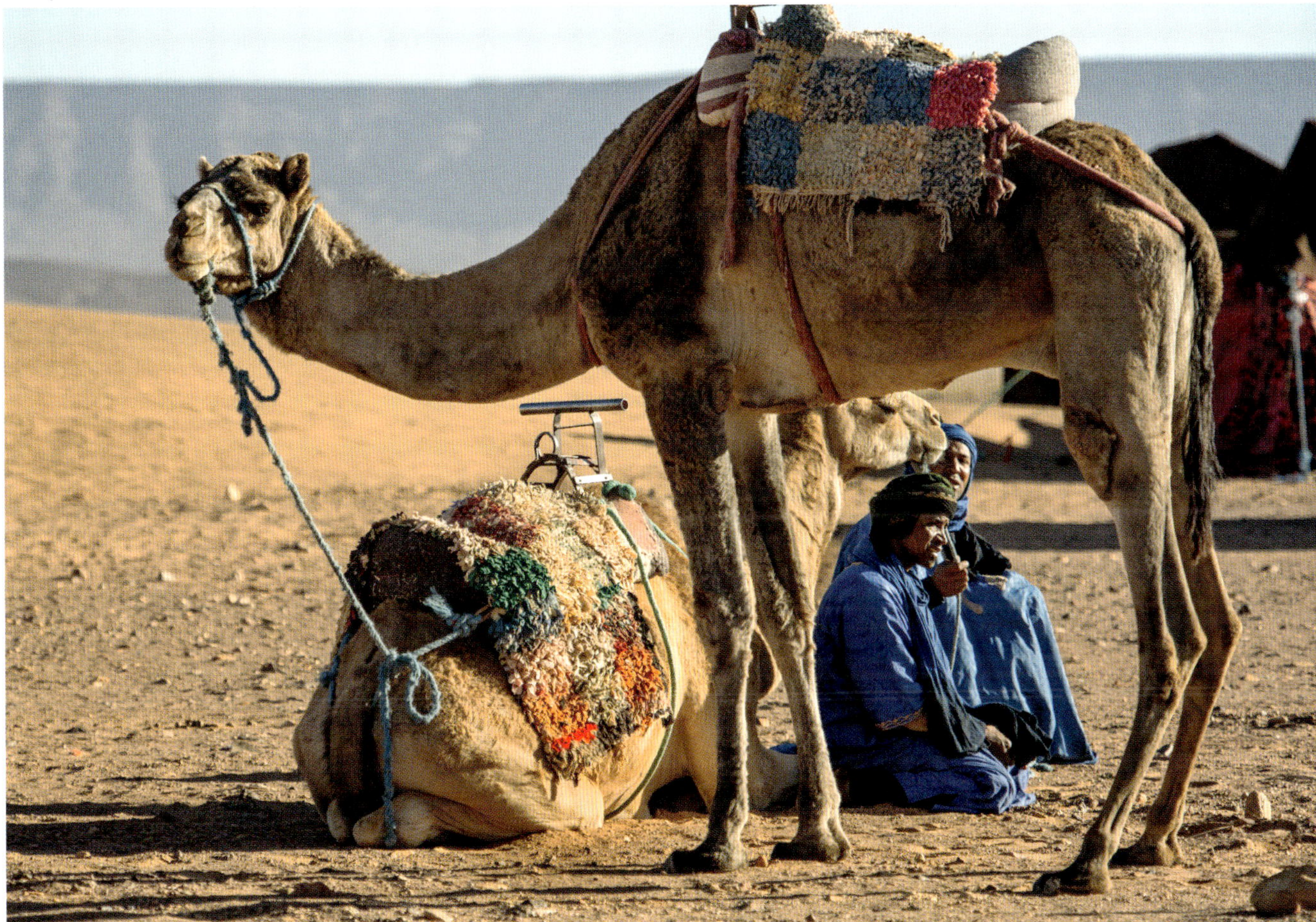

Dies bedeutet, dass die fotografische Technik und einige künstlerische und kompositorische Elemente **erlernt, verstanden und verinnerlicht** wurden und dass man zumindest imstande ist, eine erste Auswahl zu treffen. Viele meiner ehemaligen Schüler, die bereits sehr gute Fotografen sind, erinnern sich an das Gefühl, das sie hatten, als ihr Zeigefinger zum ersten Mal nicht auf den Auslöser gedrückt hat, das heißt, als ihnen zum ersten Mal mit Sicherheit bewusst wurde, dass das Bild, das sie im Sucher sahen, belanglos, nutzlos oder einfach schlecht werden würde – so deutlich, dass **sie dem Impuls, den Auslöser zu drücken, widerstanden hatten.**

Nikon D 850 • 300 mm f/4
1/250 bei f/4,8 • ISO 100

Mit der Zeit wird man sich noch weiterer wichtiger Nebeneffekte dieser interessanten Regel bewusst. Einer davon besteht darin, dass sich die durchschnittliche Qualität der eigenen Fotos sofort erhöht. Dies kommt natürlich daher, dass keine schlechten oder mittelmäßigen Fotos mehr da sind, weil sie schon bei der Entstehung erkannt werden und daher erst gar nicht in Betracht gezogen und aufgenommen werden. Aber vor allem rührt es von der Tatsache her, dass all die Zeit, die mit diesen unnützen Aufnahmen und den Versuchen, sie mehrmals zu verbessern, um ihnen nachträglich eine Sinn zu verleihen, verschwendet wird, nun stattdessen für die **Suche und Durchführung** von Bildern, die diesen Namen auch verdienen, zur Verfügung steht. Man könnte noch eine lange Reihe weiterer Vorteile hinzufügen, die einfach dadurch entstehen, dass man keine unnützen Bilder mehr schießt, zum Beispiel die **Zeitersparnis bei der Nachbearbeitung** oder die Tatsache, dass die Beurteilung, die notwendig ist, um darauf zu kommen, zu einer besseren Beurteilung des Arbeitsflusses zwingt und man folglich in **kürzerer Zeit** die Bilder von geringem Wert erkennt.

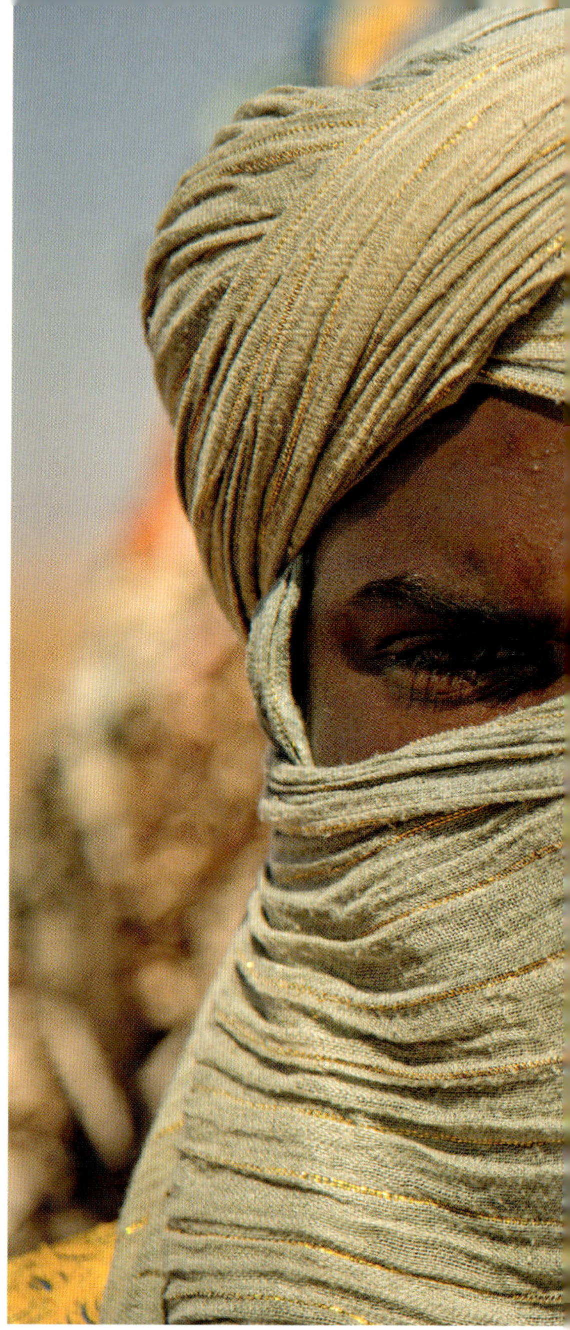

Marokko, Dünen von Tinfou

Nikon D 800 • 24-120 mm f/4
1/800 bei f/4 • ISO 100

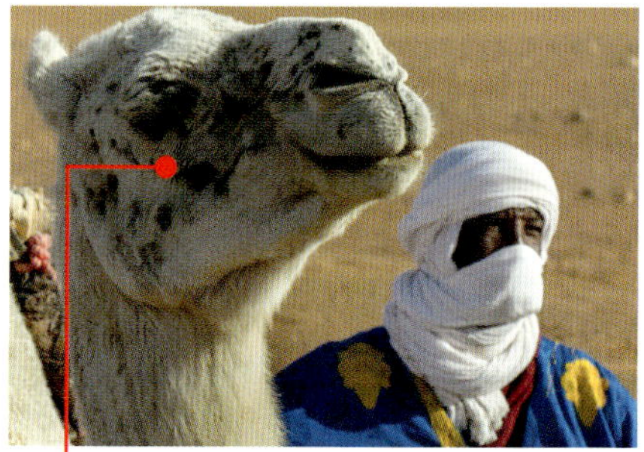

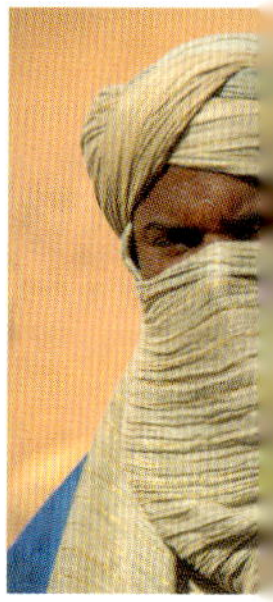

Schlechtes Licht auf dem hellen Objekt im Vordergrund

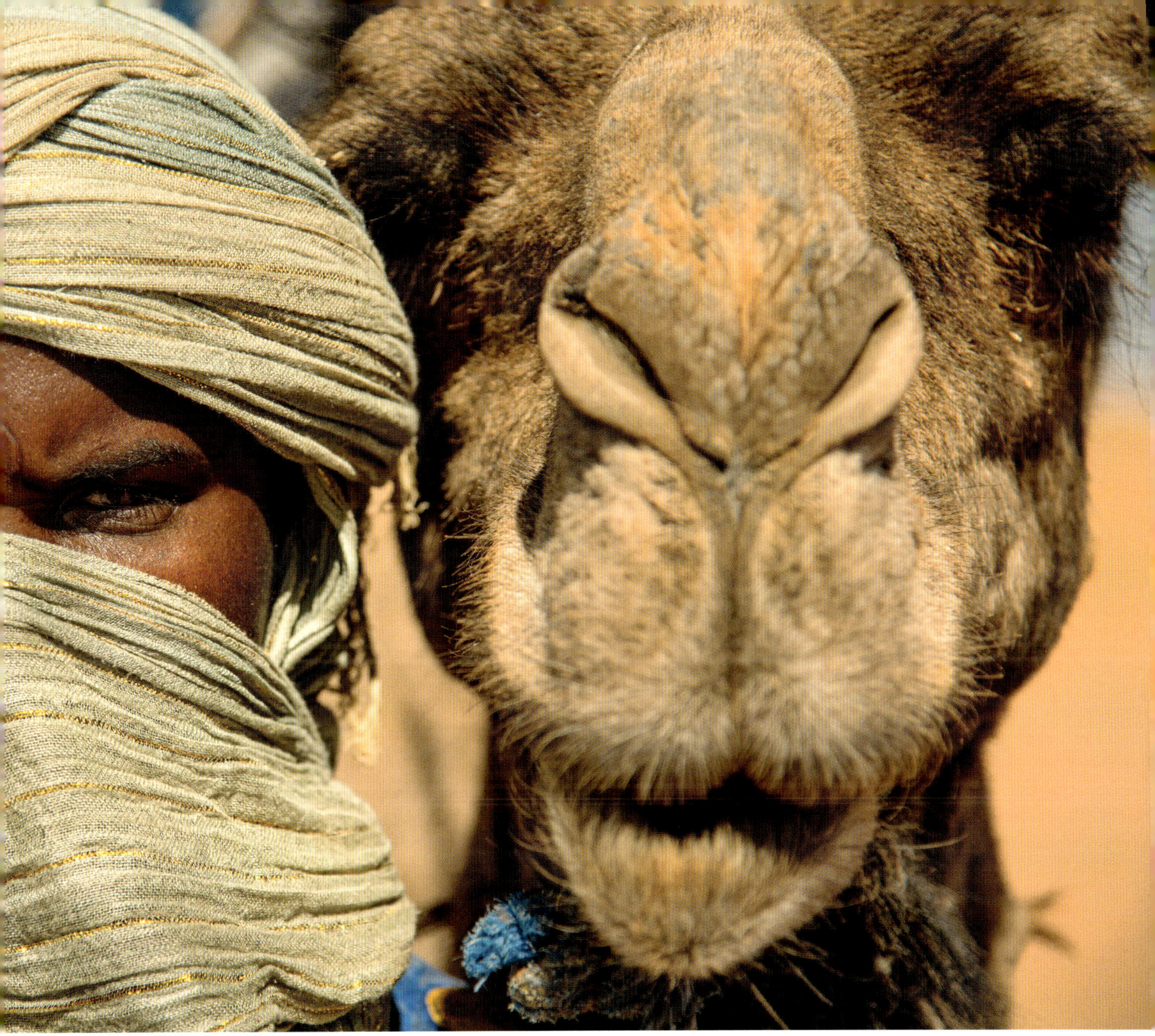

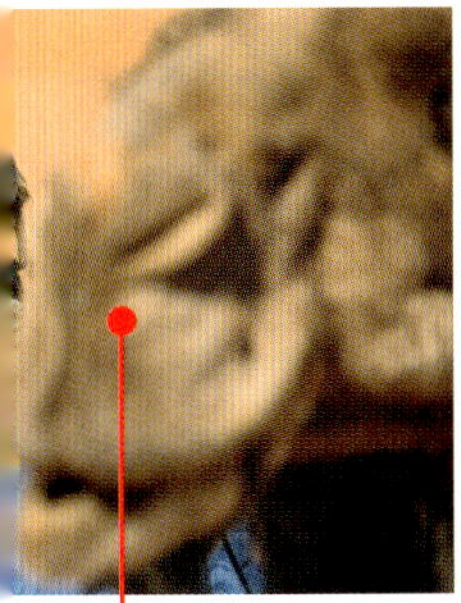

Umgebung zu verschwommen

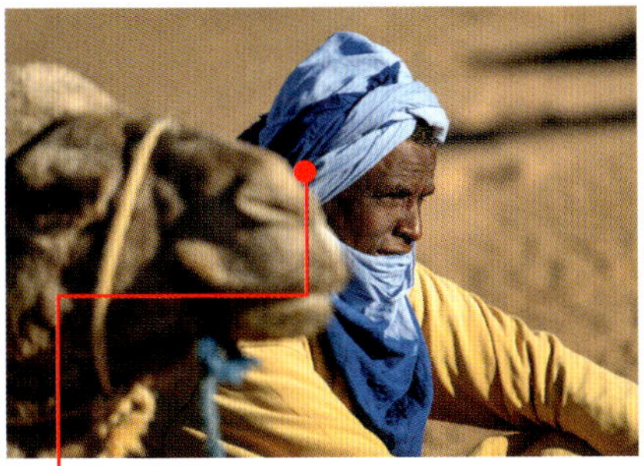

Hauptobjekt steht mittig, Umgebung stört

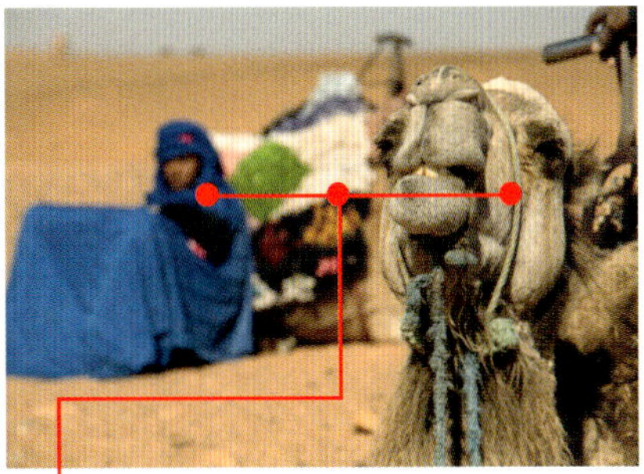

Ergebnis ist verwirrend und der Bezug der Objekte unklar

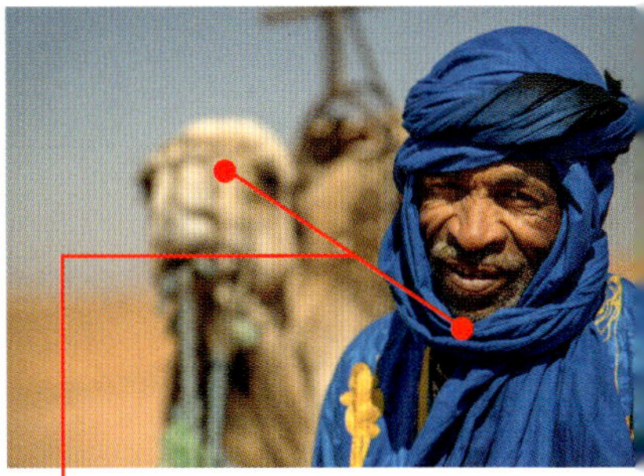

Kaum Bezug zwischen den beiden Objekten

Marokko, Dünen von Tinfou

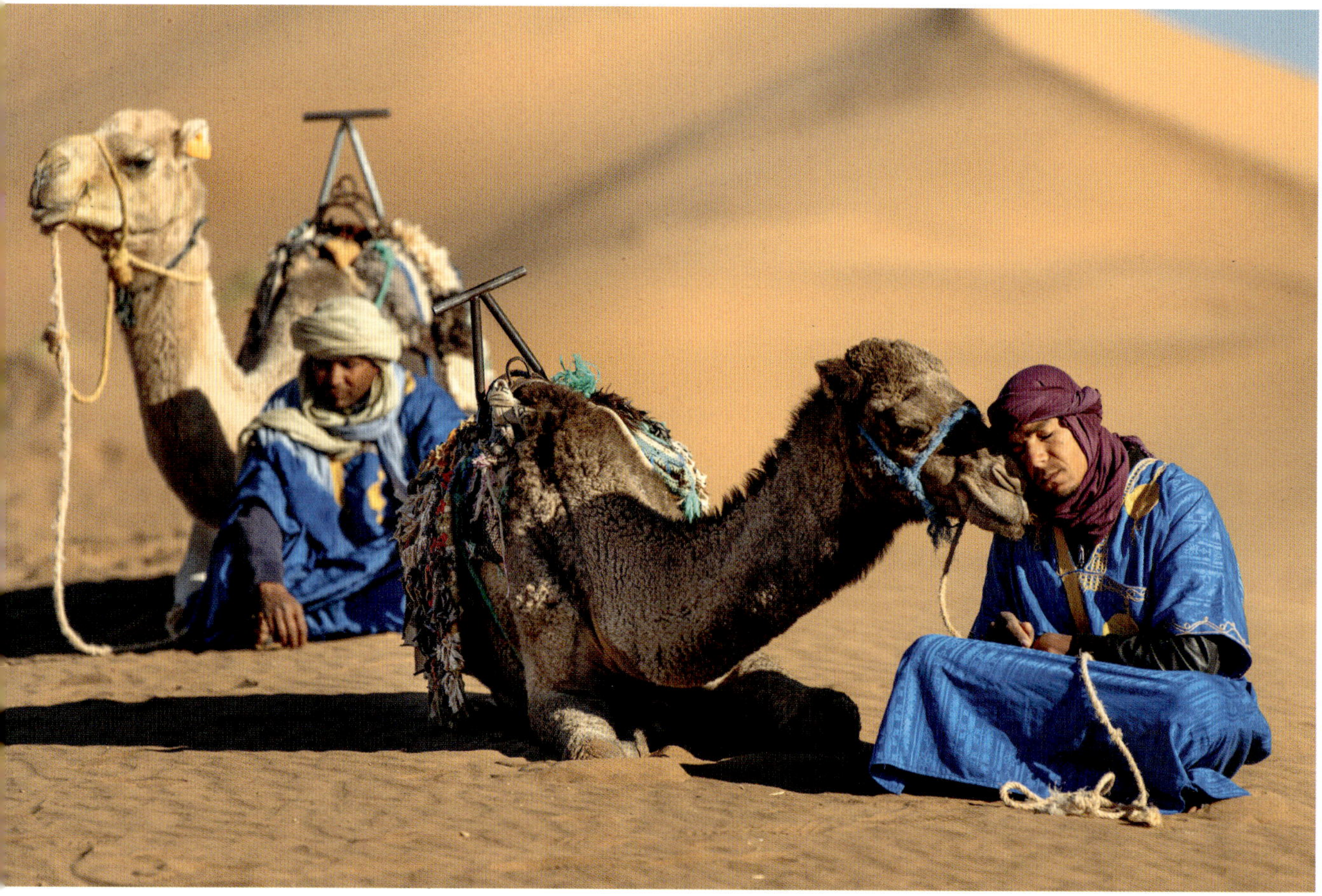

Nikon D 800 • 70-200 mm f/2,8
1/1600 bei f/4,8 • ISO 250

Diese einfache Regel, die schnell ihre Nützlichkeit offenbart, bedarf keiner weiteren Erklärungen. Sie erfordert allerdings eine gute Kenntnis der Basistechnik, ein gutes **Bewusstsein für das Bild** und ausreichend Vertrauen in sich selbst und die eigenen Fähigkeiten, zu urteilen und auszuwerten. In der Praxis muss man sehr genau wissen, **was eine Fotografie schlecht macht.** Im Zweifelsfall kann man das Bild ja trotzdem aufnehmen.

Marokko, Dünen von Tinfou

Nikon D 800 • 70–200 mm f/2,8
1/1600 bei f/4,8 • ISO 250

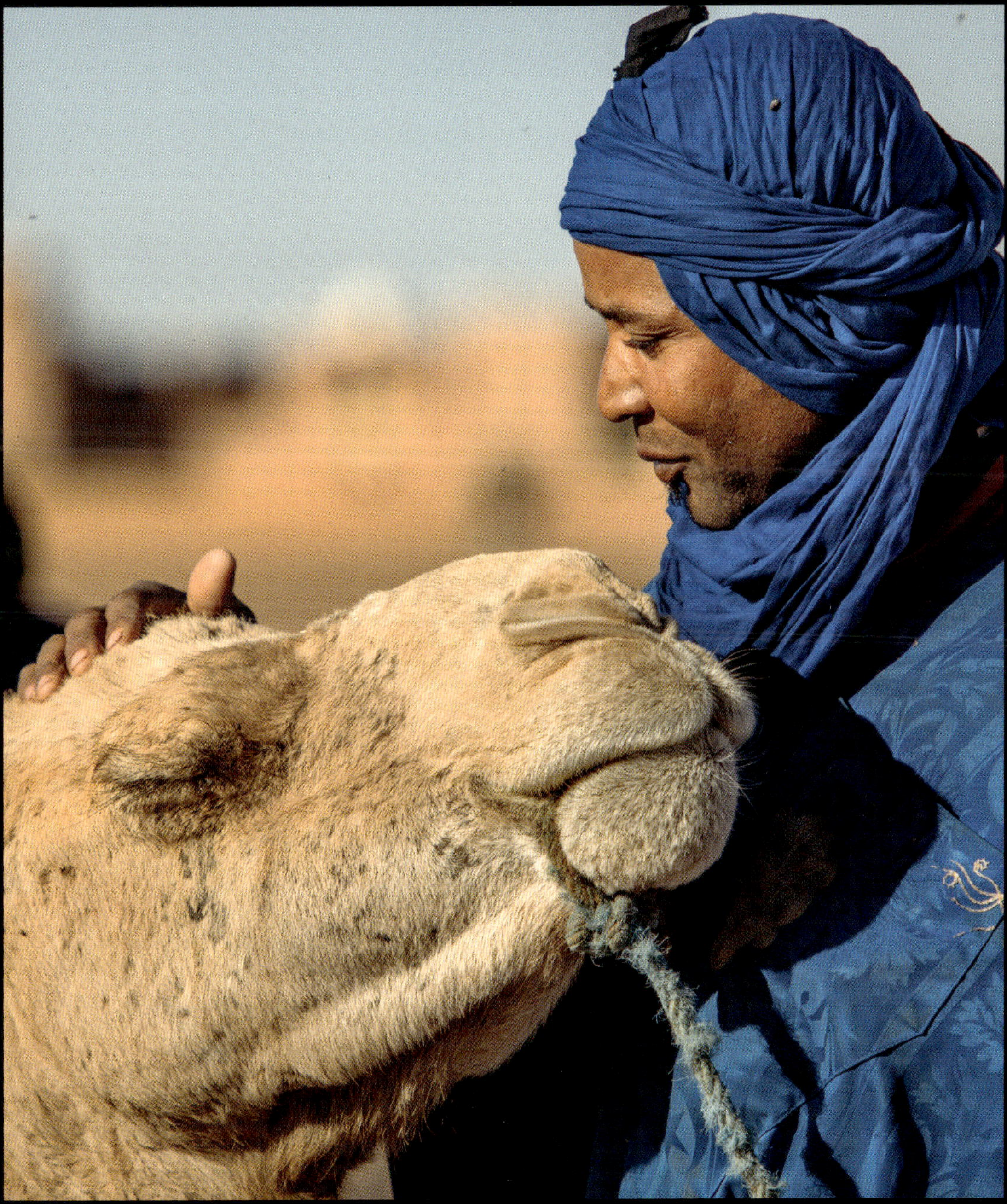

Ein hässliches Motiv macht eine Fotografie nicht unbedingt schlecht.

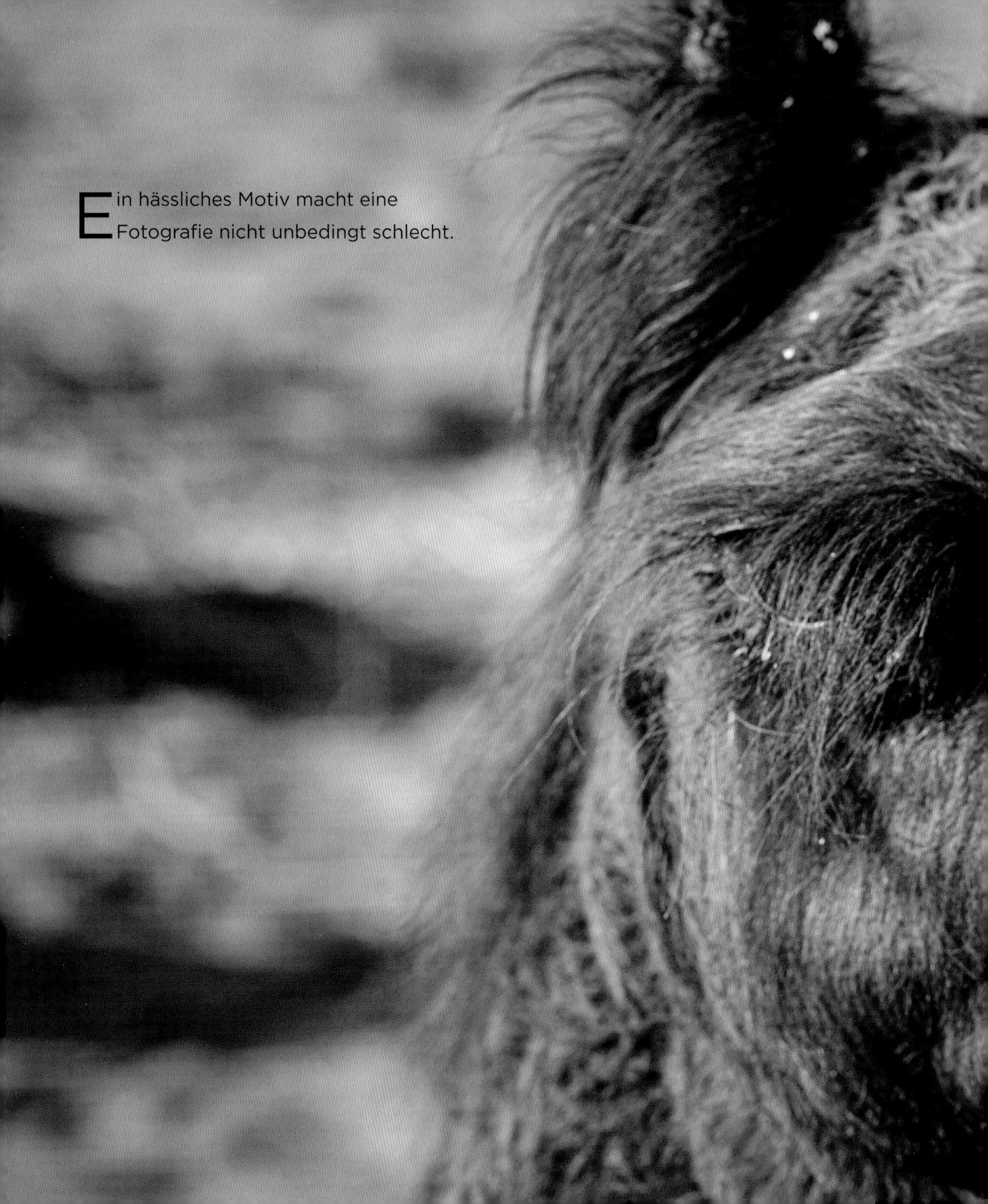

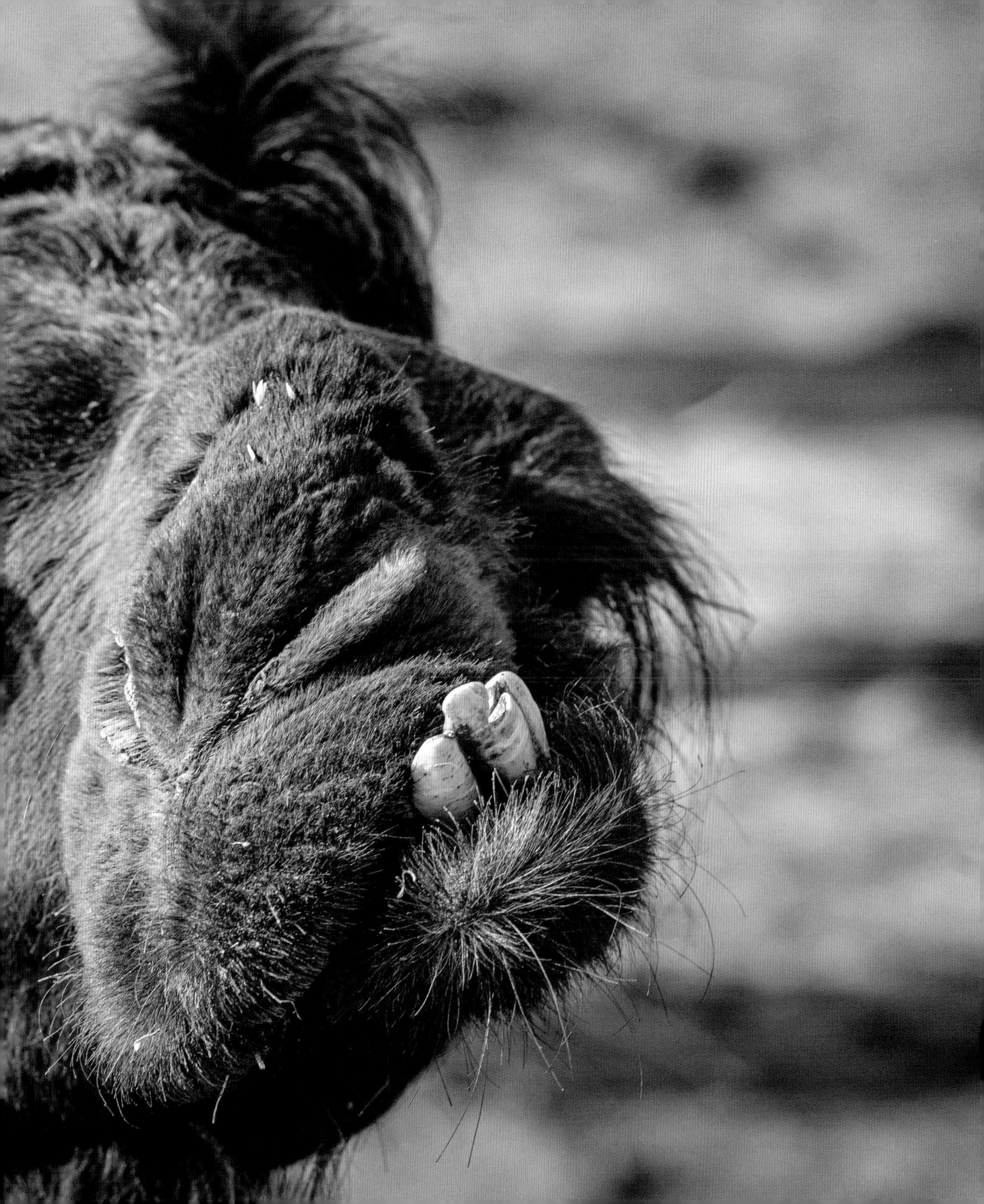

UNNÜTZE BILDER

EINE GROSSE HILFE

Wertvolle Fotos zu erkennen, ist für einen Fotoreporter, dessen Entscheidungen ausschließlich auf seiner guten **Beobachtungsgabe** basieren, fundamental wichtig. Auf Schritt und Tritt begegnen uns Dutzende möglicher Motive, aber nur der Fotograf kann dank seines **einzigartigen persönlichen Wahrnehmungsfilters** einem bestimmten Bildausschnitt Wert und Bedeutung verleihen. Der Fotograf kann aber auch der Auffassung sein, dass der Ausschnitt der Realität, der in diesem Moment betrachtet wird, gewöhnlich, alltäglich und daher unwichtig ist und sich ein Foto daher nicht lohnt. Die Realität, die jedem Fotoreporter seinen Rohstoff liefert, bietet uns also kontinuierlich Situationen, die **beobachtet, ausgewertet und gelegentlich verworfen werden**. Erst wenn uns eine aufgrund unserer Erfahrung oder unserer emotionalen Beteiligung besonders erscheint, sehen wir uns veranlasst, die Kamera zu zücken. Und das Spannendste an dieser Art der Fotografie ist, dass diese inspirierenden Bilder bei **jedem Fotografen anders** sind. Es ist wie bei einem Kuchen: Auch wenn alle dieselben Zutaten verwenden, unterscheidet sich das Resultat.

Indien, Badmul

Nikon D 850 • 300 mm f/4
1/250 bei f/4,8 • ISO 100

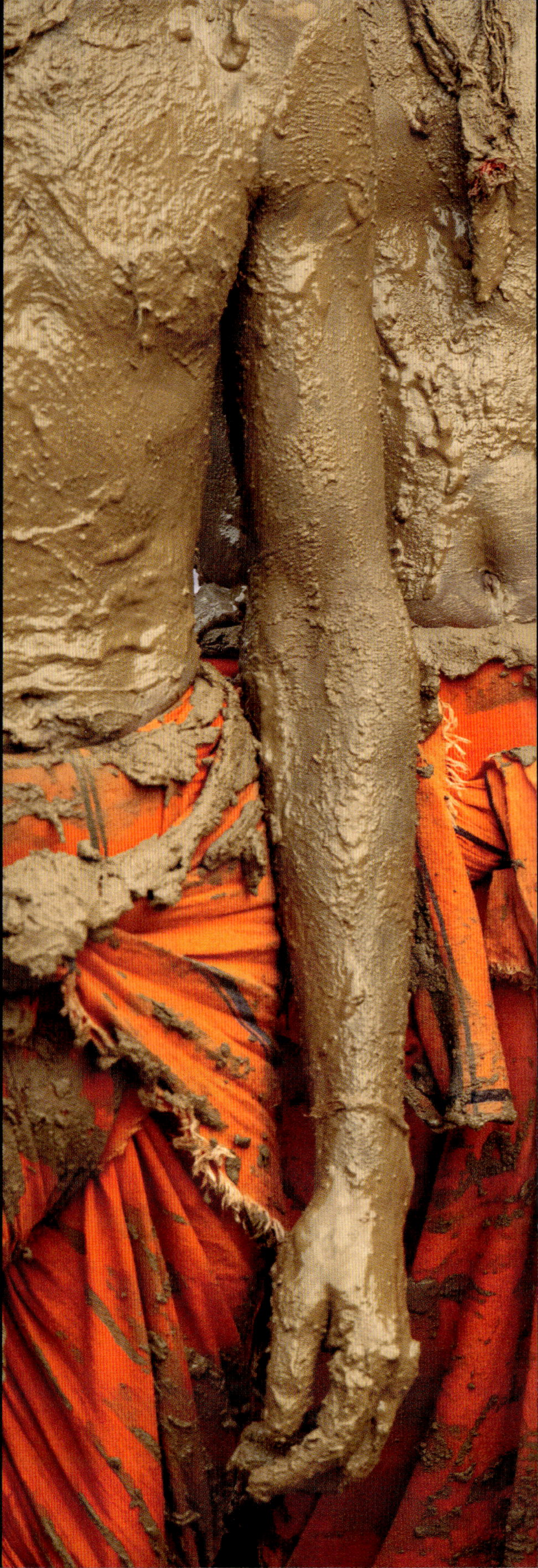

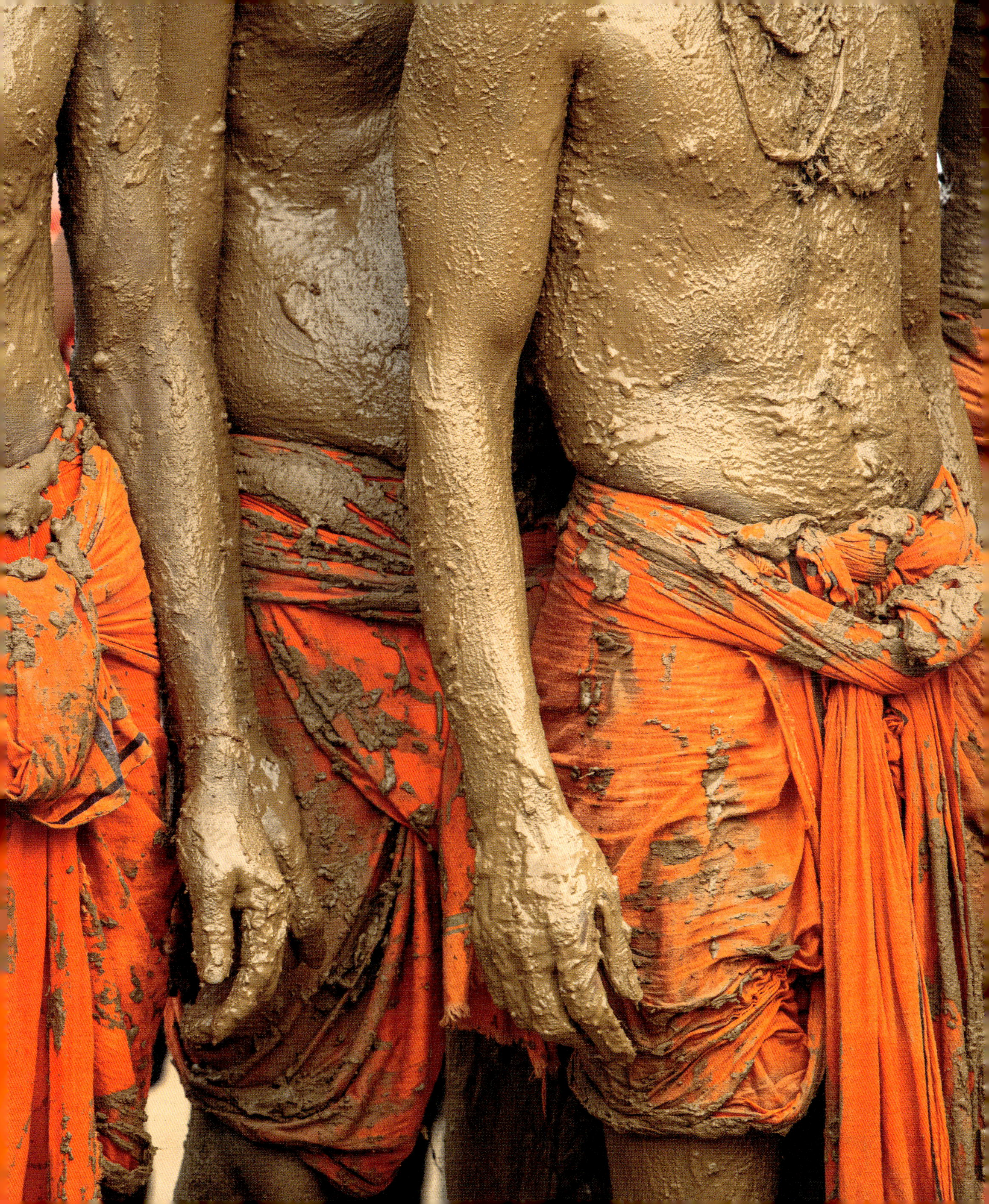

Warum habe ich wohl die Fotos gemacht? Weil ...

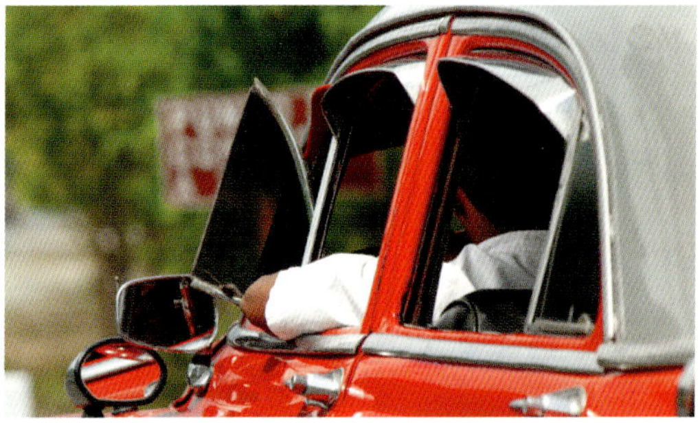

... mich das Spiel der Spiegel neugierig gemacht hat, denn wenn der Autofahrer sie dazu benutzt hätte, mich zu beobachten, dann hätte ich ihn auch im Spiegel sehen können.

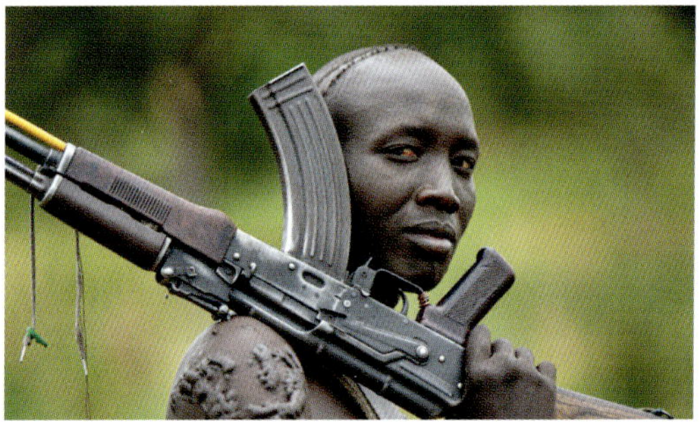

... der Blick, die Waffe und die Skarifizierung auf der Schulter des Surma-Kriegers durch ihren perfekten Dreiklang den Stolz und die Würde dieses Volkes verkörpern.

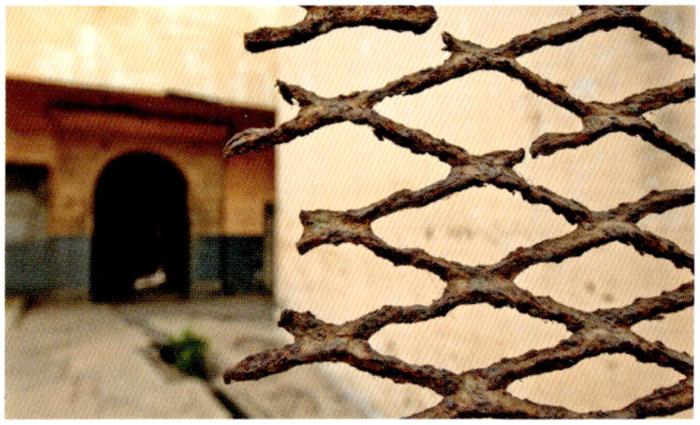

... ich mich durch das Gitter, das den einzigen Ausweg versperrte, für einen Augenblick in die im Fort von Elmina eingesperrten Sklaven hineinversetzen konnte.

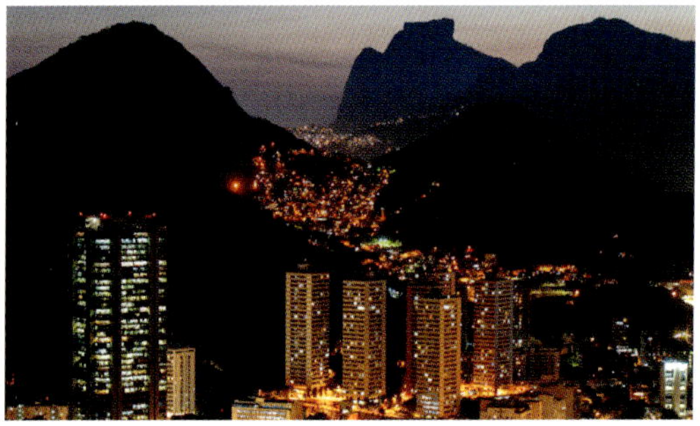

... ich in diesem Moment einen Eindruck davon bekam, wie fähig und genial und gleichzeitig invasiv und destruktiv der Mensch sein kann.

... ich fasziniert war, dass diese kubanische Buchhandlung so reich an Büchern und so arm an Inhalten war, da alle ohne Ausnahme dem Leben Che Guevaras und Fidel Castros gewidmet waren.

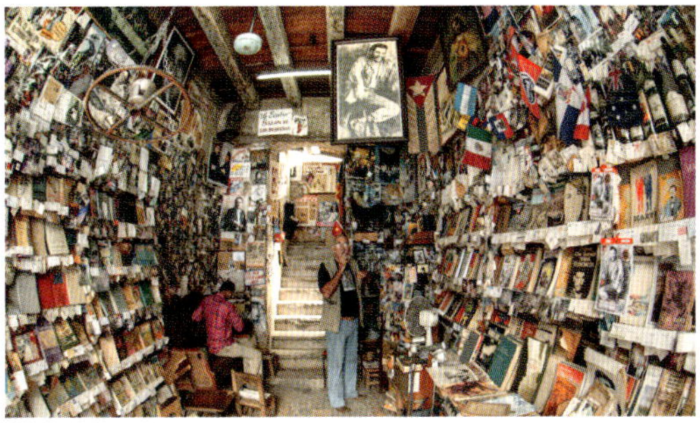

... der Blick und das Lächeln dieses Jungen Neugier und Interesse für mich ausstrahlten, so, wie ich mich für ihn interessierte.

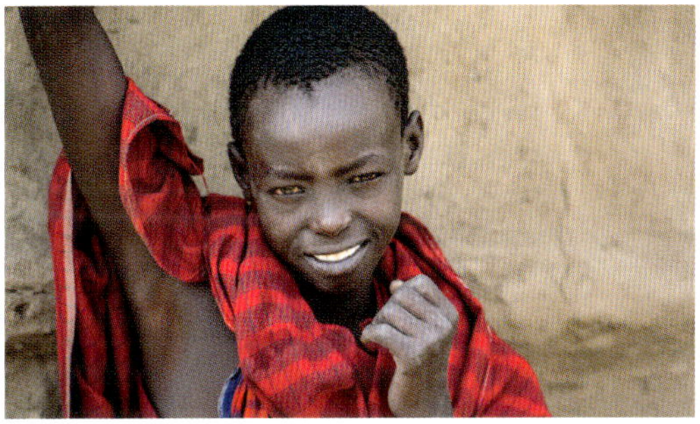

... ich mich fragte, welche Funktion Schalter Nummer 6 hatte, der einzige, der nach Aufgabe dieser geheimen russischen Basis in Armenien noch gedrückt ist.

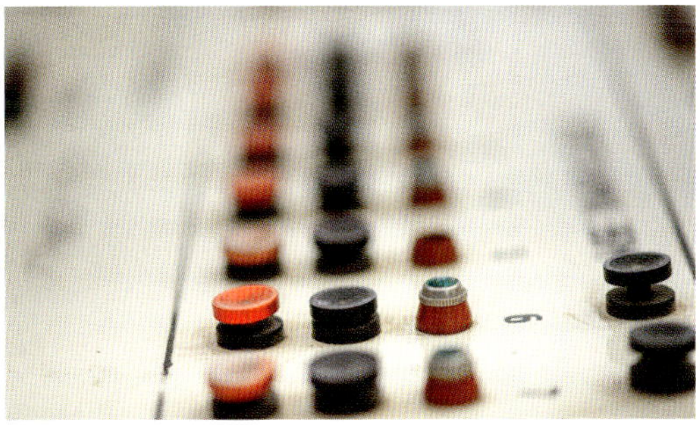

... das Licht die Hinterteile dieser Kühe in moderne Skulpturen verwandelte, nachdem sie mit Öl und Butter poliert worden waren, um die Blicke möglicher Käufer anzuziehen.

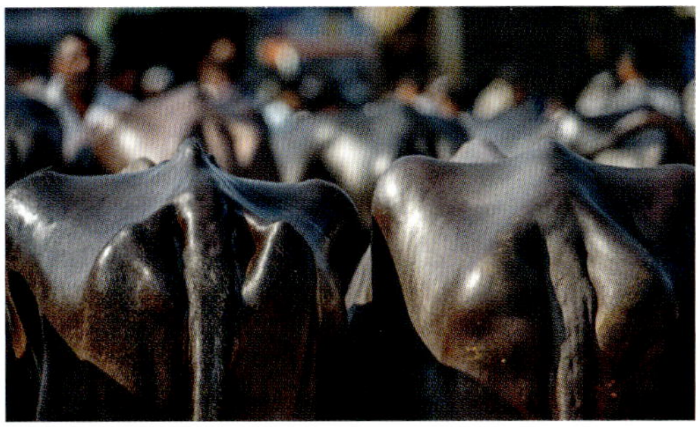

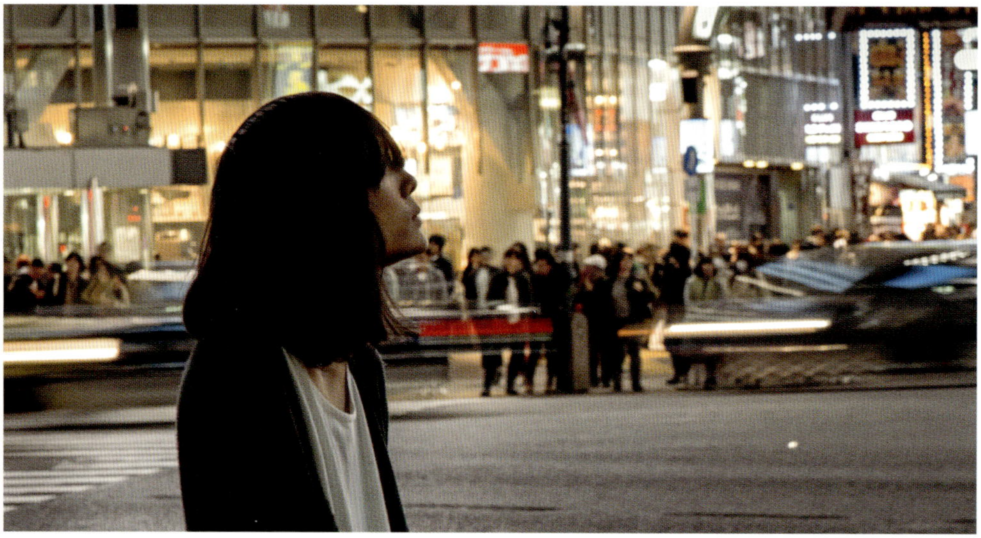

Bei jeder Aufnahme muss ein erfahrener Fotograf entscheiden zwischen der Möglichkeit, **auf eine bewährte technische Herangehensweise zurückzugreifen**, um die Szene bestmöglich einzufangen, oder aber **etwas Neues auszuprobieren**, womit er den Betrachter in Erstaunen versetzen und aus dem Konzept bringen kann. **Die erste Option** bietet die Sicherheit der Erfahrung und damit die Chance auf ein gutes Ergebnis, weil dabei ein bereits ausgeprägter persönlicher Stil zum Ausdruck kommen kann und das Vorgehen schon in der Vergangenheit gute Resultate erbrachte.

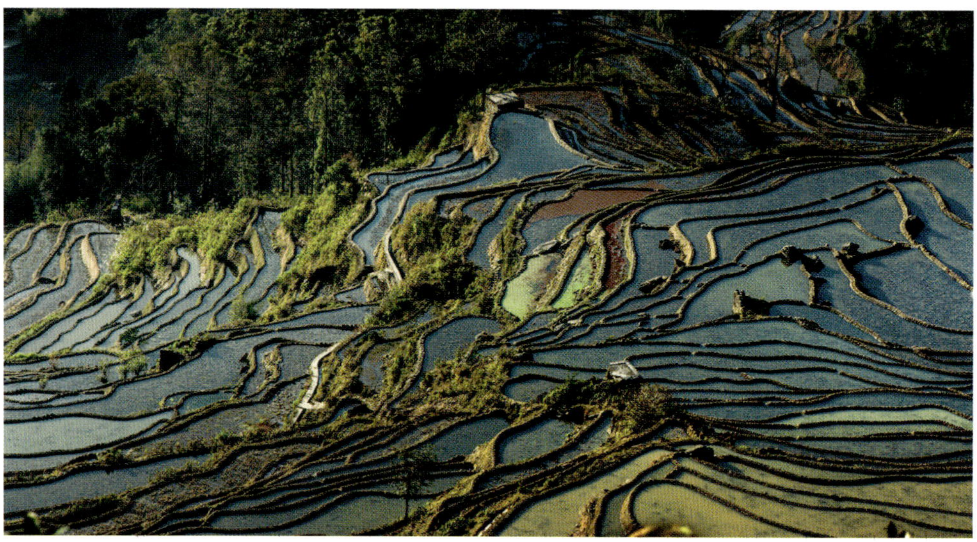

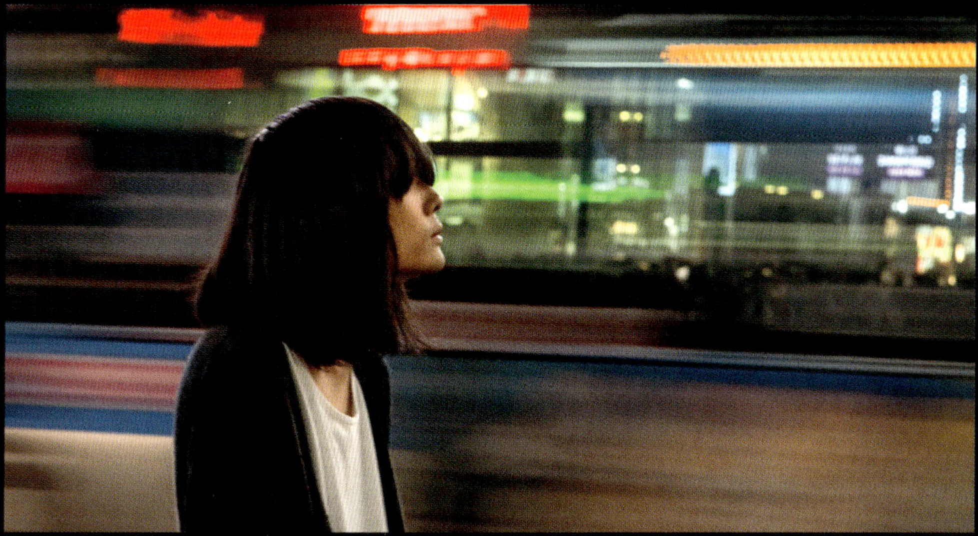

Mit der zweiten Option kann der Fotograf das eigene Portfolio erweitern und vielfältiger machen, indem er neue Techniken ausprobiert. Jeder Fotograf hat ein **persönliches Repertoire an Bildern** im Kopf, die er bewundert, von denen er oft inspiriert wird und die von ihm selbst oder von anderen unter Verwendung besonders geschätzter Techniken umgesetzt wurden. Der Vergleich mit diesem persönlichen Archiv kann dazu veranlassen, eine vertraute Technik einzusetzen, aber auch zum Experimentieren anregen, um neue Ergebnisse zu erhalten.

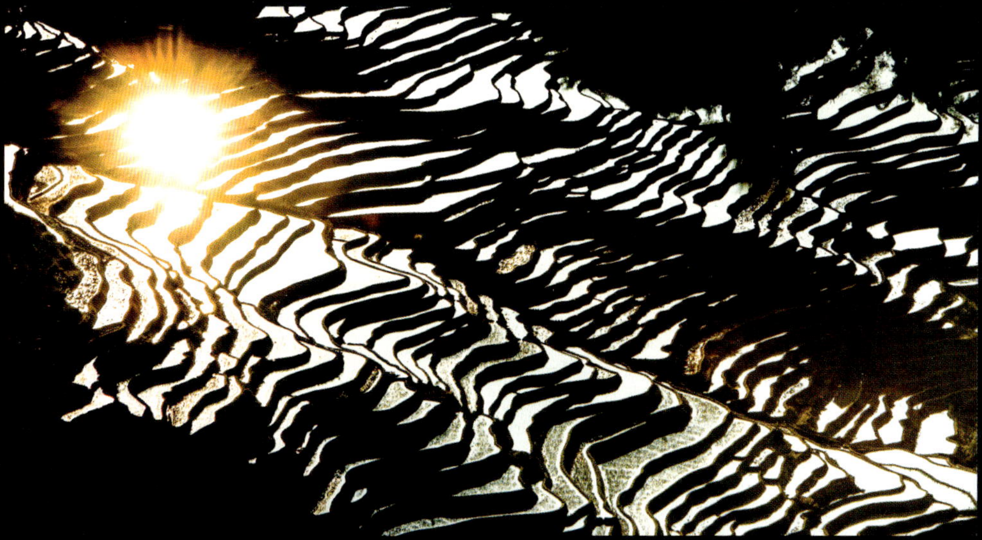

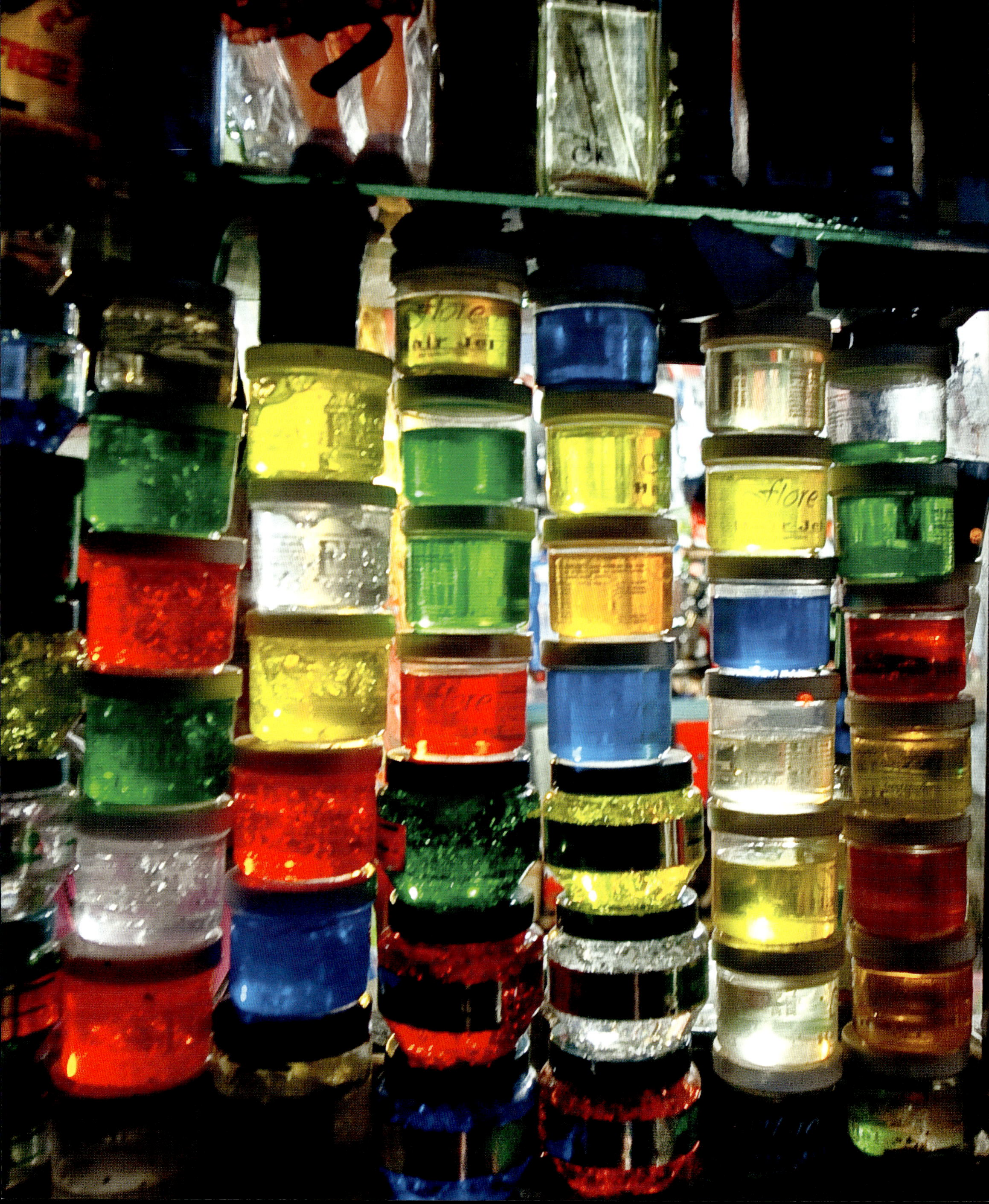
flore
flore

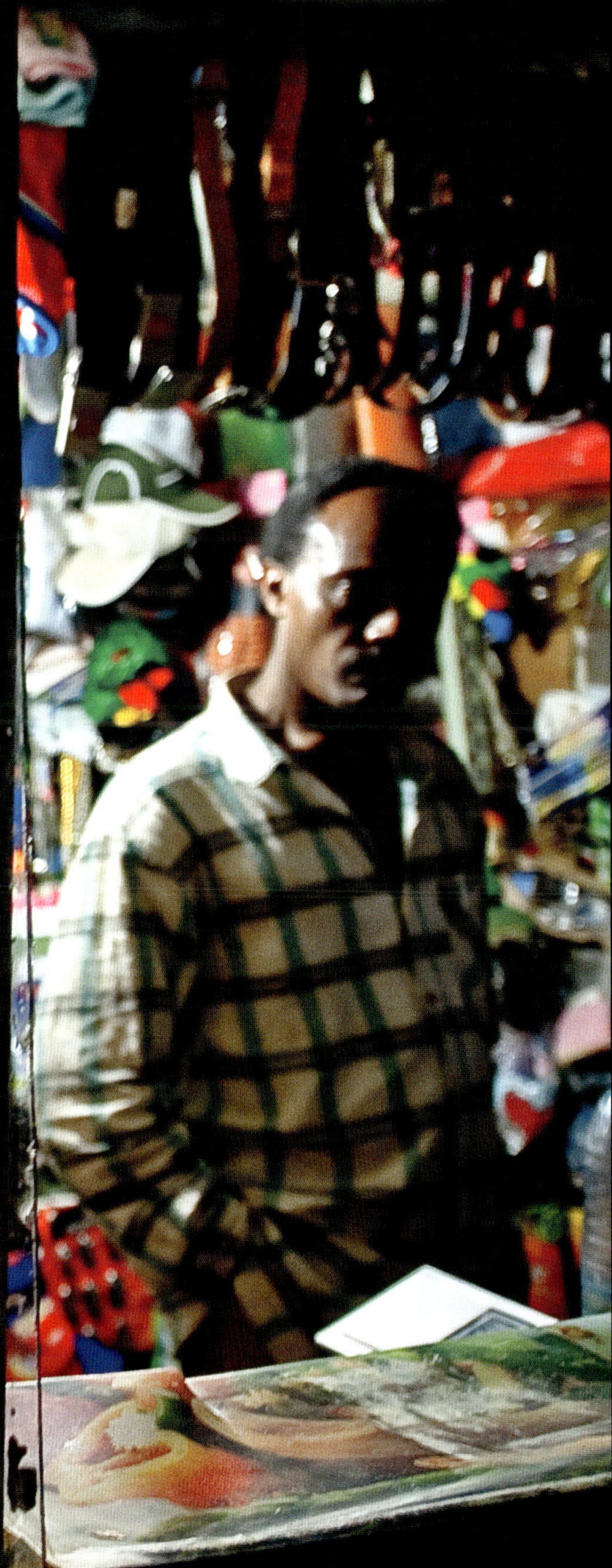

UNNÜTZE BILDER

BEOBACHTEN UND EINSCHÄTZEN

Wenn wir ein neues oder inspirierendes Motiv sehen, versuchen wir es sofort mit etwas bereits Bekanntem **zu vergleichen**, um eine **bessere Einschätzung** zu haben, und greifen instinktiv auf unsere gesammelten Erinnerungen zurück. Jedes neue Foto, das wir machen, gestaltet sich also entlang eines Wegs, der von der Beobachtung über unsere **Erfahrung und Analyse** zur Umsetzung eines Bildes führt, das möglichst genau unseren persönlichen Erwartungen entspricht. Die Reize, denen verschiedene Fotografen auf ihrer Reise begegnen, werden sich glücklicherweise sehr voneinander unterscheiden und daher auch unterschiedliche Ergebnisse hervorbringen. Eine Ausnahme bilden hier – wenn auch nur anfangs – die Schüler ein und derselben Schule für Fotografie, die, bevor sie einen eigenen, gut definierten Stil entwickeln, teilweise auf gemeinsame Beobachtungen und Erfahrungen zurückgreifen.

Äthiopien, Mizan Teferi

Nikon D 700 • 14–24 mm f/2,8
1/6 bei f/3,2 • ISO 800

Ich habe viel darüber geschrieben, dass man zuerst erkennen muss, was **„schlechte Fotografie“** ist, um zu verstehen, was **„gute Fotografie“** auszeichnet. Mir scheint jedoch, dass der Begriff „gut“ in Bezug auf eine Aufnahme sehr allgemein ist – es lassen sich viele Bedeutungen und Nuancen hineininterpretieren. Im Grunde kann die Qualität eines Bildes nicht mit der sehr **allgemeinen Kategorie** „gut“ definiert werden.

Nikon D 300 • 24-120 mm f/4
1/1000 bei f/5,6 • ISO 1000

Indien, Mathura

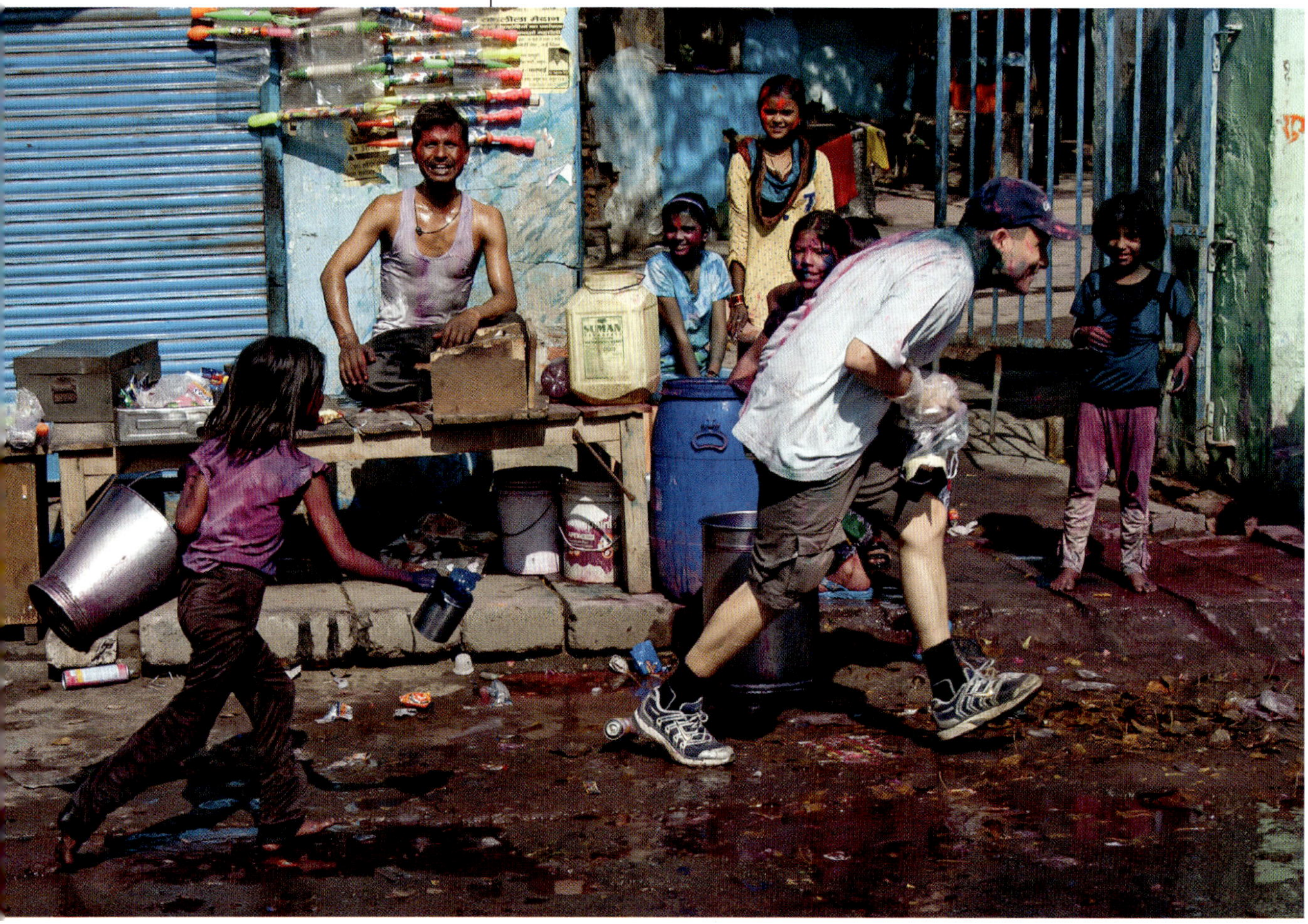

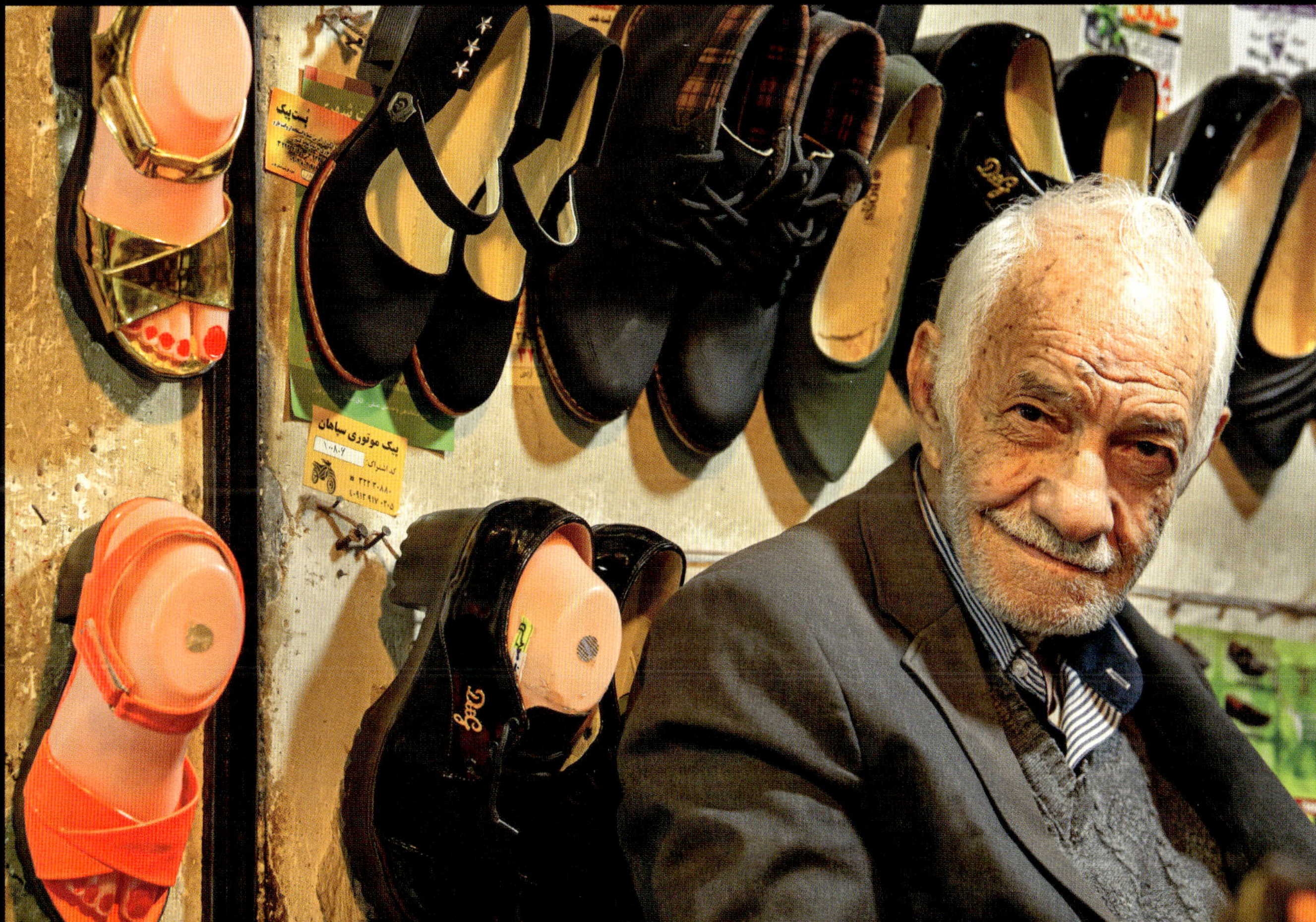

Daher ziehe ich es vor, das wichtigste Kriterium zu benennen, das ein „schlechtes Foto“ ausmacht: ein uninteressanter oder unzulänglicher Bildgegenstand. Nachdem wir dies erkannt und solche Motive ausgegrenzt haben, schaffen wir Raum für alles Schöne, das uns die Welt bietet.

Iran, Shiraz

Nikon D 850 • 70–200 mm f/2,8
1/50 bei f/4,5 • ISO 1000

Unter **schlechten** oder einfach hässlichen Bildern verstehe ich im Großen und Ganzen solche, die unnütz sind. Ein Reportagenfoto ist vollkommen überflüssig, wenn es **keine emotionale Reaktion** hervorruft, außer dass es vielleicht als ästhetisch empfunden wird. Wenn ein Bild ganz offensichtlich etwas schon Dagewesenes nachahmt, ist die Aufnahme eines Reporters nutzlos, denn Emotionen können **nicht kopiert, sondern nur gefühlt und hervorgerufen werden.** Eine Aufnahme ist ebenfalls nutzlos, wenn der abgebildete Moment **nicht spontan entstanden ist**, sondern eigens für den Betrachter konstruiert wurde. Unnütz sind auch Fotografien, die sich darauf beschränken, irgendwelche **Objekte zu gruppieren (1)**, nur weil sie ästhetisch mehr oder weniger ansprechend sind.

[1] (✗)

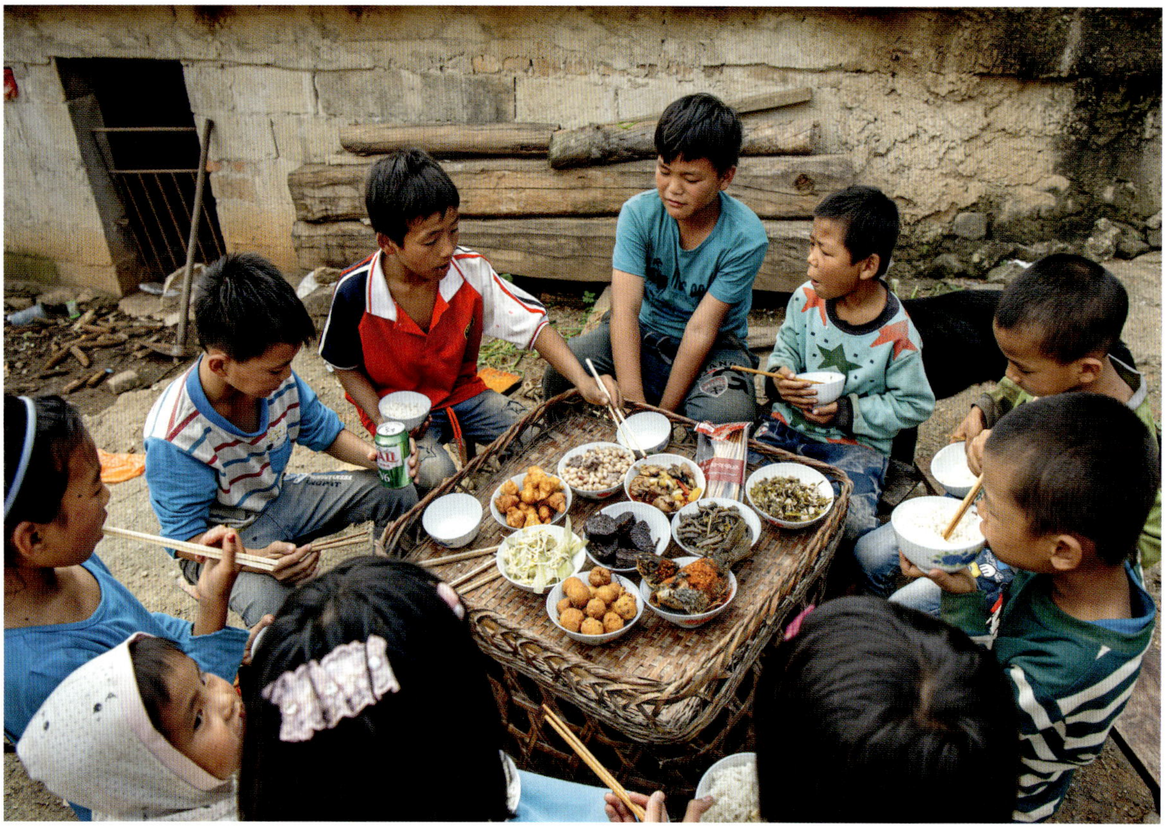

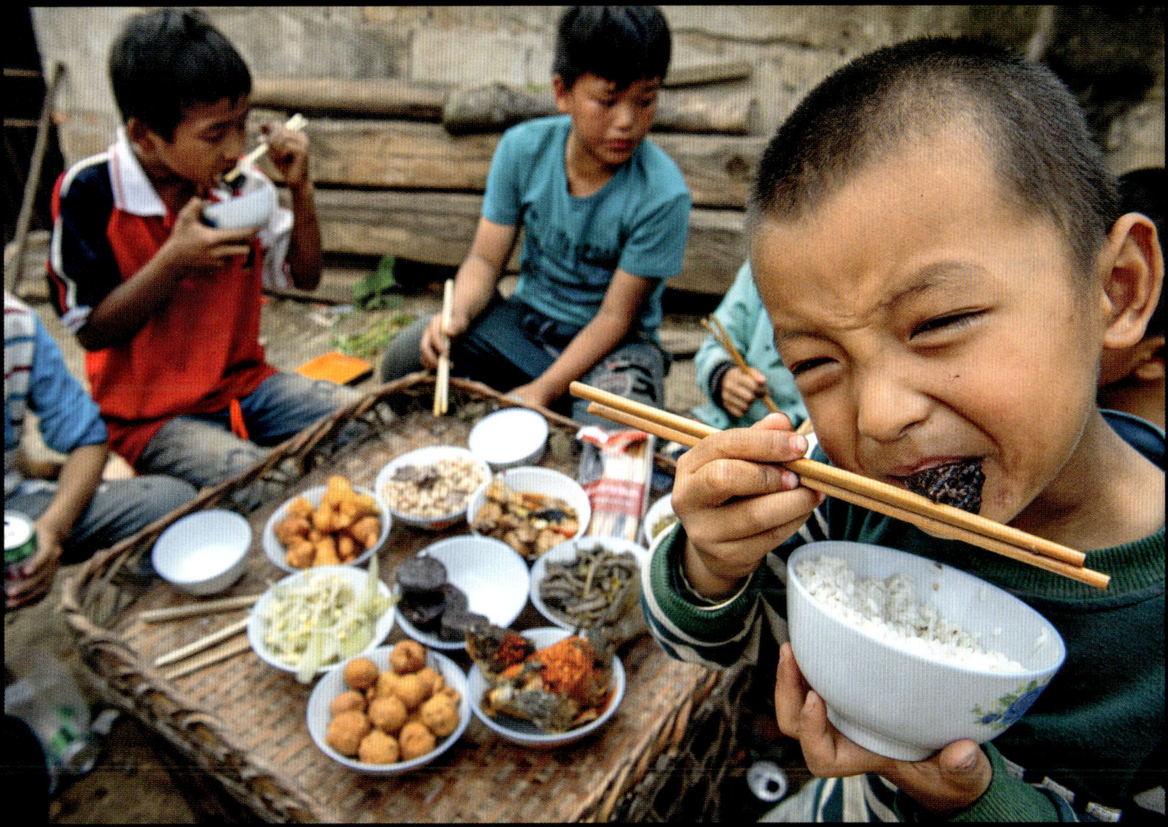

Ein Foto kann auch unzulänglich sein, wenn der Fotograf nicht über **ausreichend Technik** verfügt, um die Emotion einzufangen und sie dem Auge und dem Gefühl des Betrachters zu vermitteln. Ein Foto, das diese Eigenschaften nicht hat, kann höchstens als Fotonotiz dienen, als technisches Detail, als Beweis, den man seinen Freunden oder misstrauischen Eltern **als Beweis vorlegen** kann, dass man an einem bestimmten Ort war. Aber als Reportagefoto bleibt dieses Bild nutzlos, und unsere Aufgabe wäre es gewesen, es **nicht zu machen**. Bleiben nun noch die „guten" Fotos, diejenigen, die sich lohnen, die sinnvoll sind und **einen Wert (2)** haben.

Für einen Fotoreporter ist ein Bild mehr als nur eine **stilistische und technische Übung**. Es wird gestützt von einem Grundkonzept, von einer Idee, die es zusammenhält, von einem deutlich erkennbaren Grundgerüst. Wenn dies der Fall ist, dann ist eine Fotografie **visuell attraktiv**. Der Betrachter eines Bildes bewertet nicht alle Bereiche auf die gleiche Weise. Manche Punkte ziehen den Blick mehr an als andere und setzen eher **unterschwellige als bewusste Reize**. Solche aktiven Bildelemente besitzen eine gesteigerte **visuelle Anziehungskraft**.

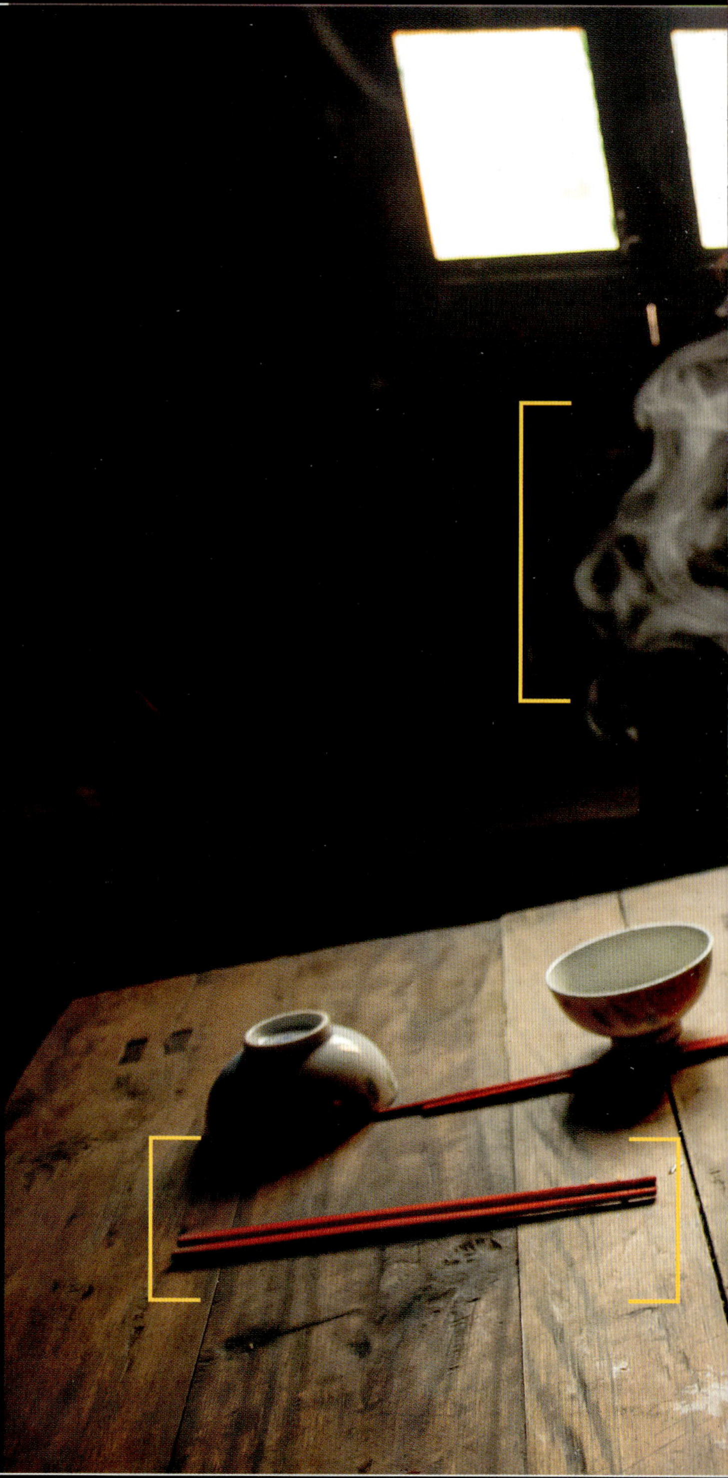

China, Chengjiang

Nikon D 800 • 14–24 mm f/2,8
1/100 bei f/3,2 • ISO 1600

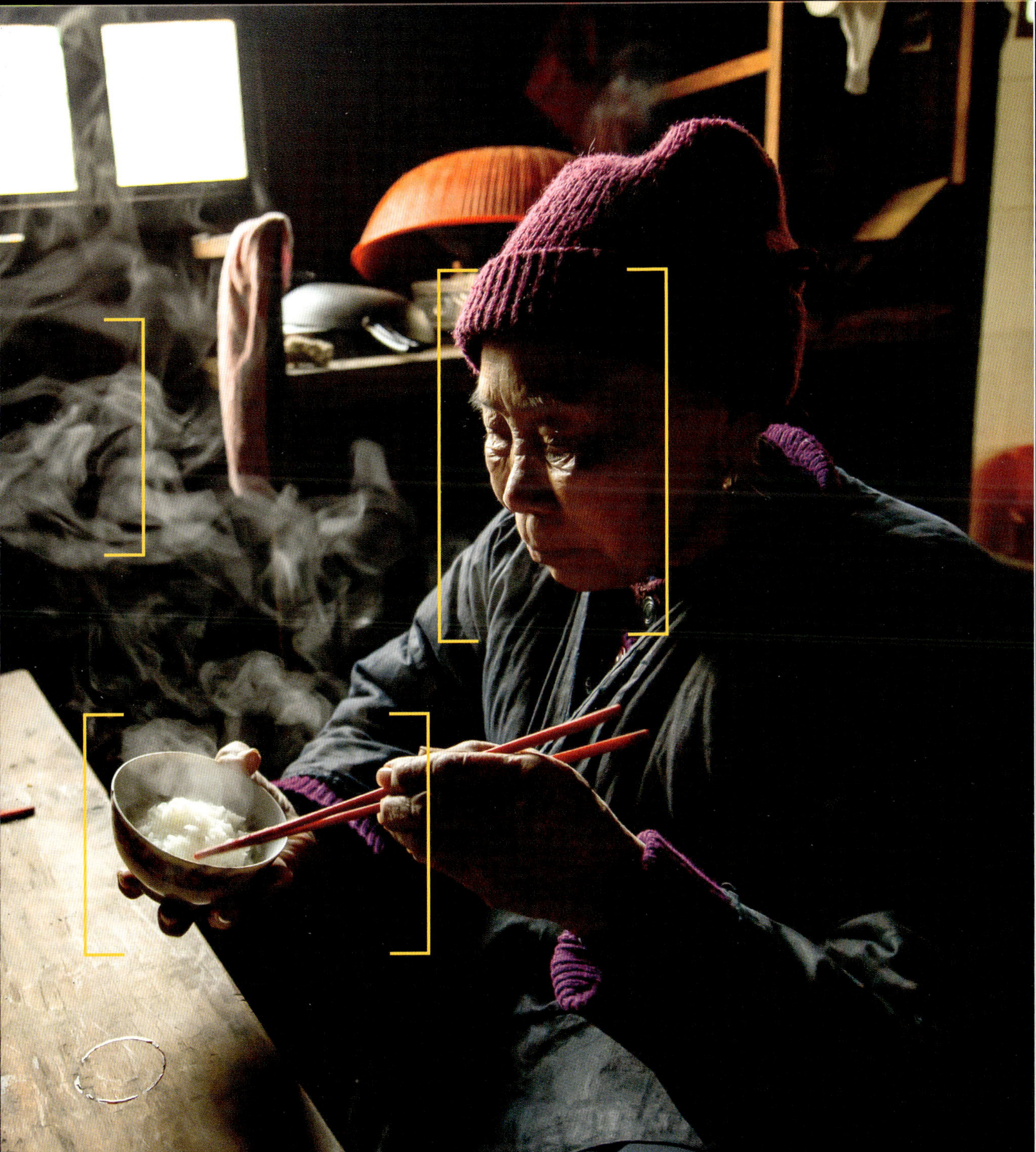

Indien, Varanasi

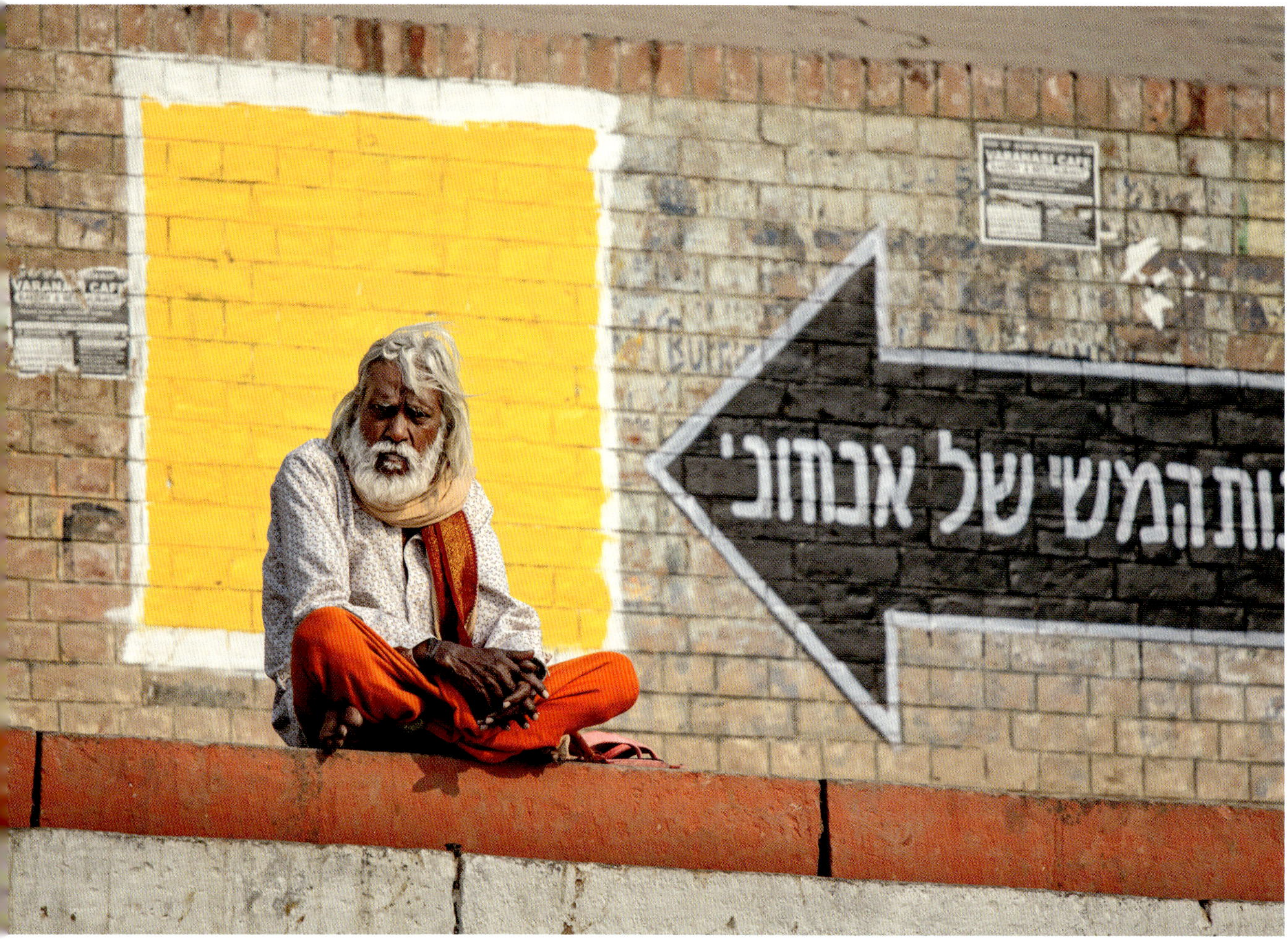

Nikon D 850 • 300 mm f/4
1/2500 bei f/5,6 • ISO 400

Die menschliche Gestalt ist generell ein Bildelement, das auf Betrachter eine starke Anziehungskraft ausübt. Das gilt vor allem für **das Gesicht**, weil es dank Miene und Blick **entscheidende Elemente von Lebendigkeit** in ein Bild bringt. Ebenso werden wir instinktiv von Schrift angezogen, weil sie ein unerlässliches Hilfsmittel der Kommunikation ist. Auch Buchstaben, die wir nicht lesen können, weil sie **Sprache repräsentieren**.

Einige Farben, zum Beispiel Rot, stechen auf diesem Bild besonders hervor, doch das liegt auch am Kontrast und an der Sättigung. Weiß besitzt zum Beispiel vor einem neutralen oder dunklen Hintergrund eine große visuelle Anziehungskraft, und unser Blick bleibt unweigerlich daran hängen. Doch abgesehen von solchen Wahrnehmungsmustern ziehen uns manche Objekte zweifellos mehr an als andere. Dies hängt auch von **früheren Erfahrungen** ab. Spezifische kulturelle und emotionale Prägungen bewirken, dass unsere Betrachtungsweise durch bestimmte Objekte gelenkt wird.

Nikon D 850 • 24-120 mm f/4
1/500 bei f/4 • ISO 800

Armenien, Garni

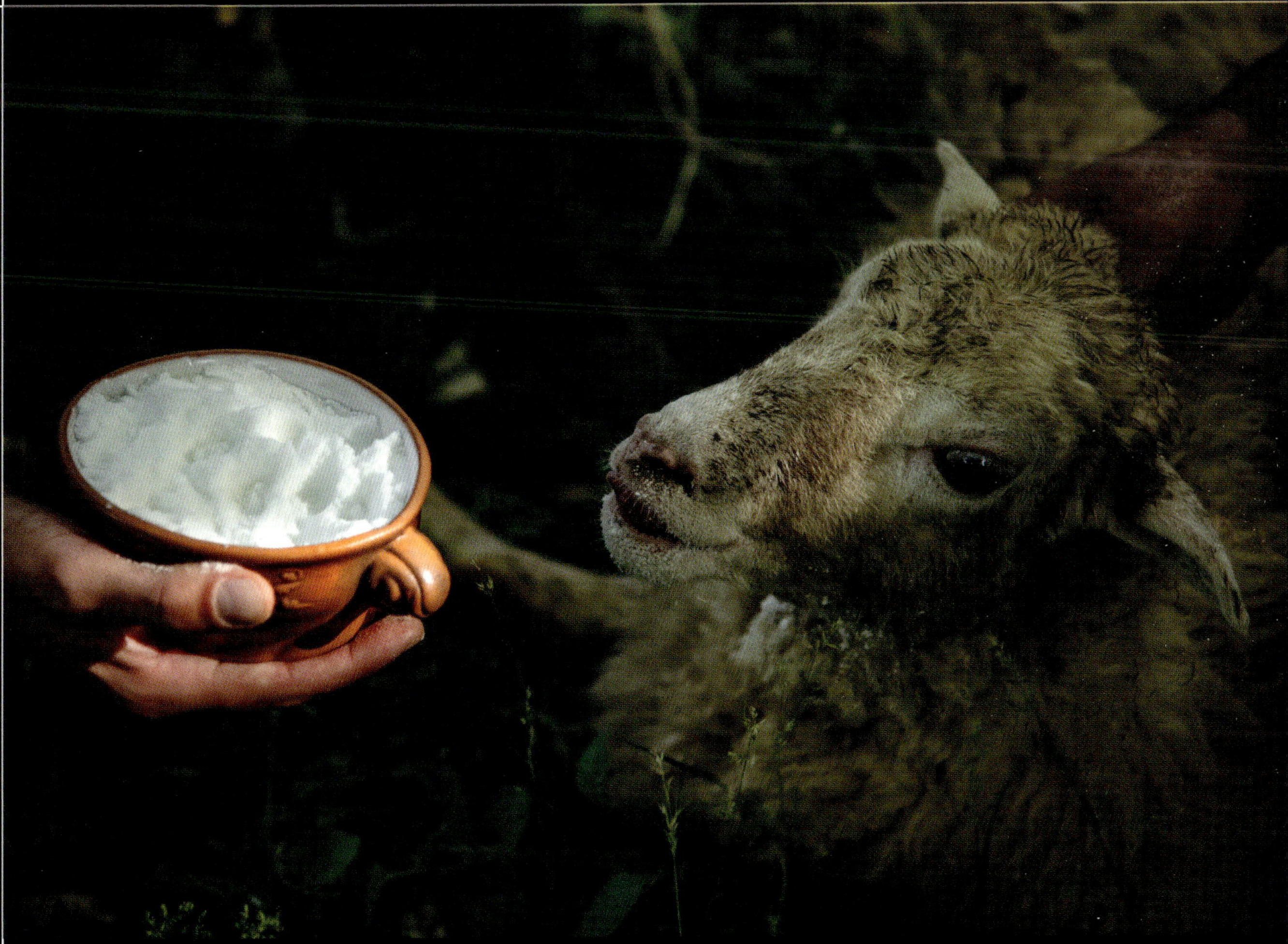

EINE FRAGE DES STILS

UNSERE PERSÖNLICHE SICHT

Wie fast alle Menschen auf dieser Welt sind auch wir **in der Lage zu sprechen**. Kaum äußern wir die ersten Silben, steht uns jemand zur Seite, der uns lehrt, wie wir mithilfe von Sprache mit anderen kommunizieren können.

Wie die meisten Menschen auf der Welt sind auch wir **mit einer Fotokamera ausgestattet**. Zu verdanken haben wir diese vor allem den leistungsfähigen Smartphones mit ihren vielfältigen Funktionen. Doch wenn wir anfangen, unsere ersten Fotos aufzunehmen, ist niemand da, der uns die Grundlagen dieser neuen Sprache vermittelt. Dabei ist die Fotografie in den letzten Jahren zu einer **universellen Form der Kommunikation** avanciert. Da uns niemand dabei hilft, unsere Ausdrucksfähigkeit in dieser neuen Sprache zu verfeinern, kommen wir nie über die ersten Silben hinaus. Nur mithilfe von Software mit attraktiven Benutzeroberflächen gelingt es uns, unsere Fotos so aufzubereiten, dass sie akzeptabel sind.

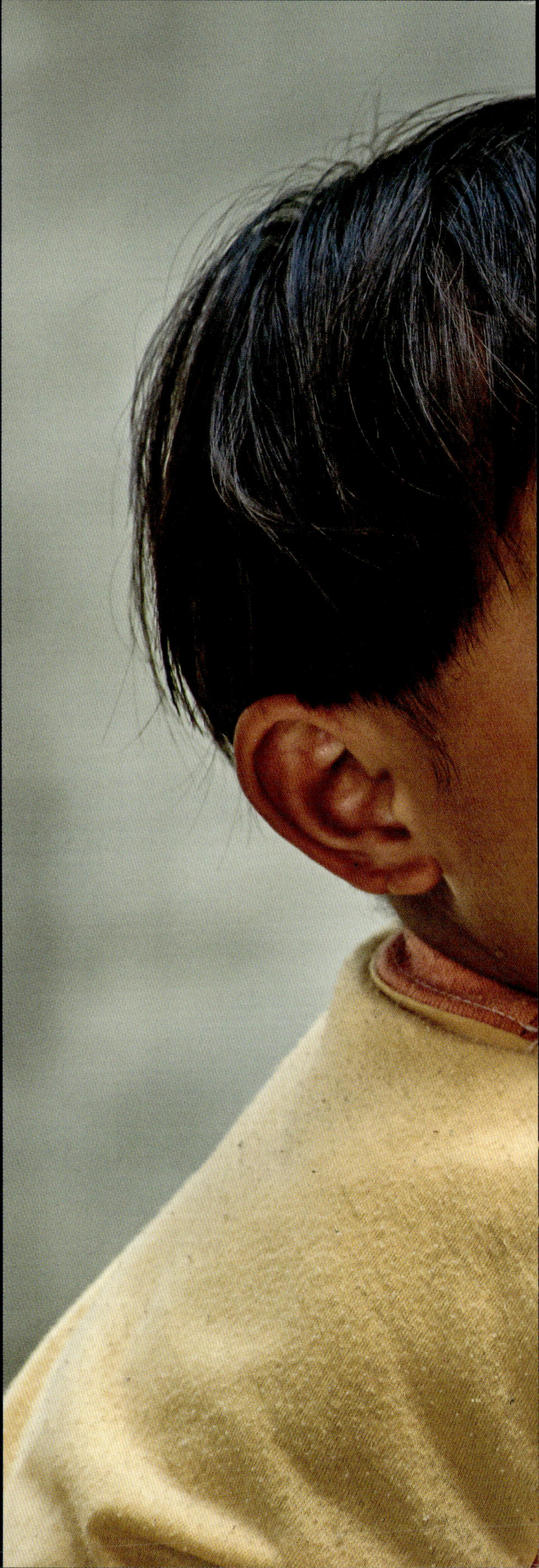

China, Xiajiang

Nikon D 810 • 70–200 mm f/2,8
1/320 bei f/6,3 • ISO 200

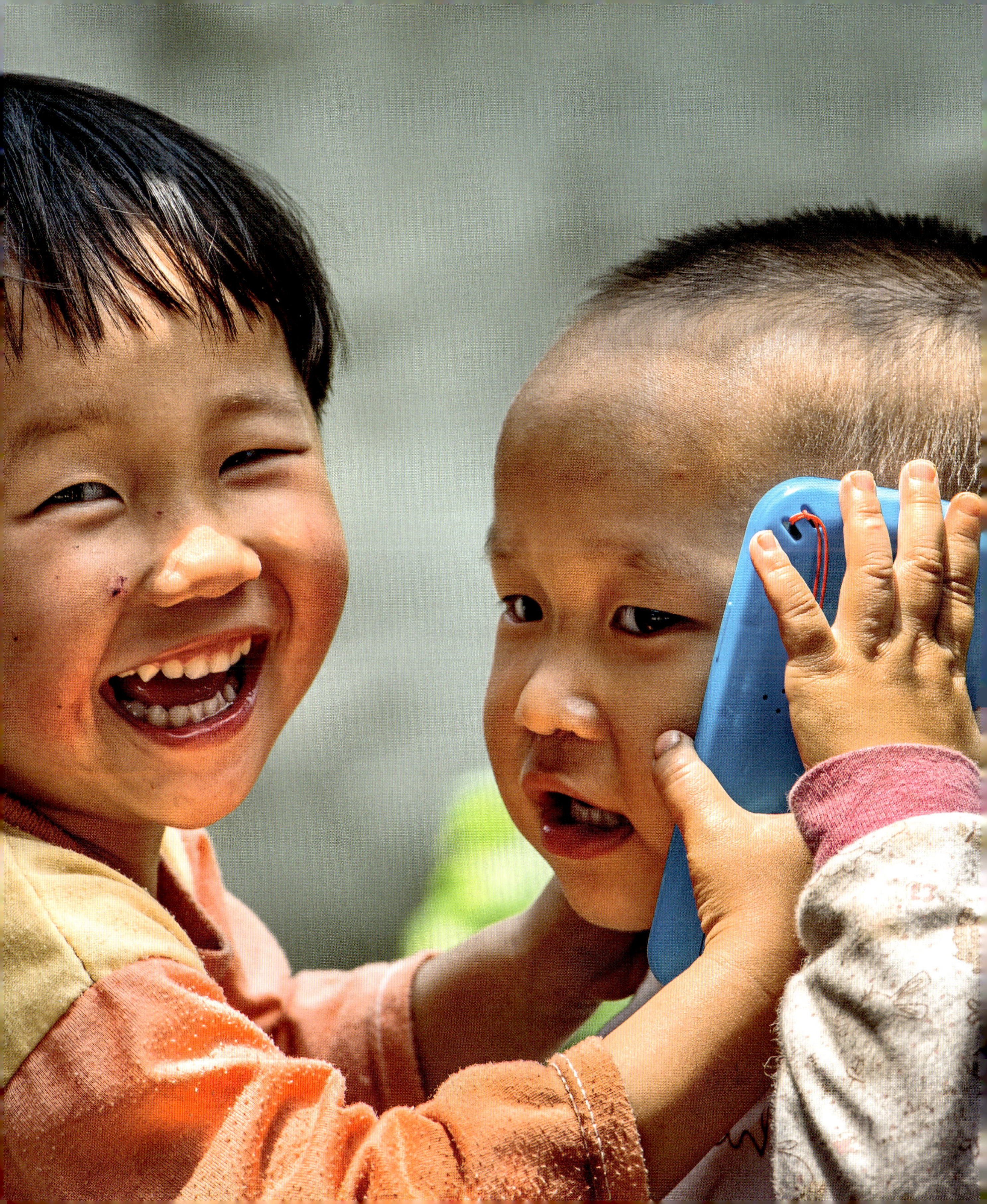

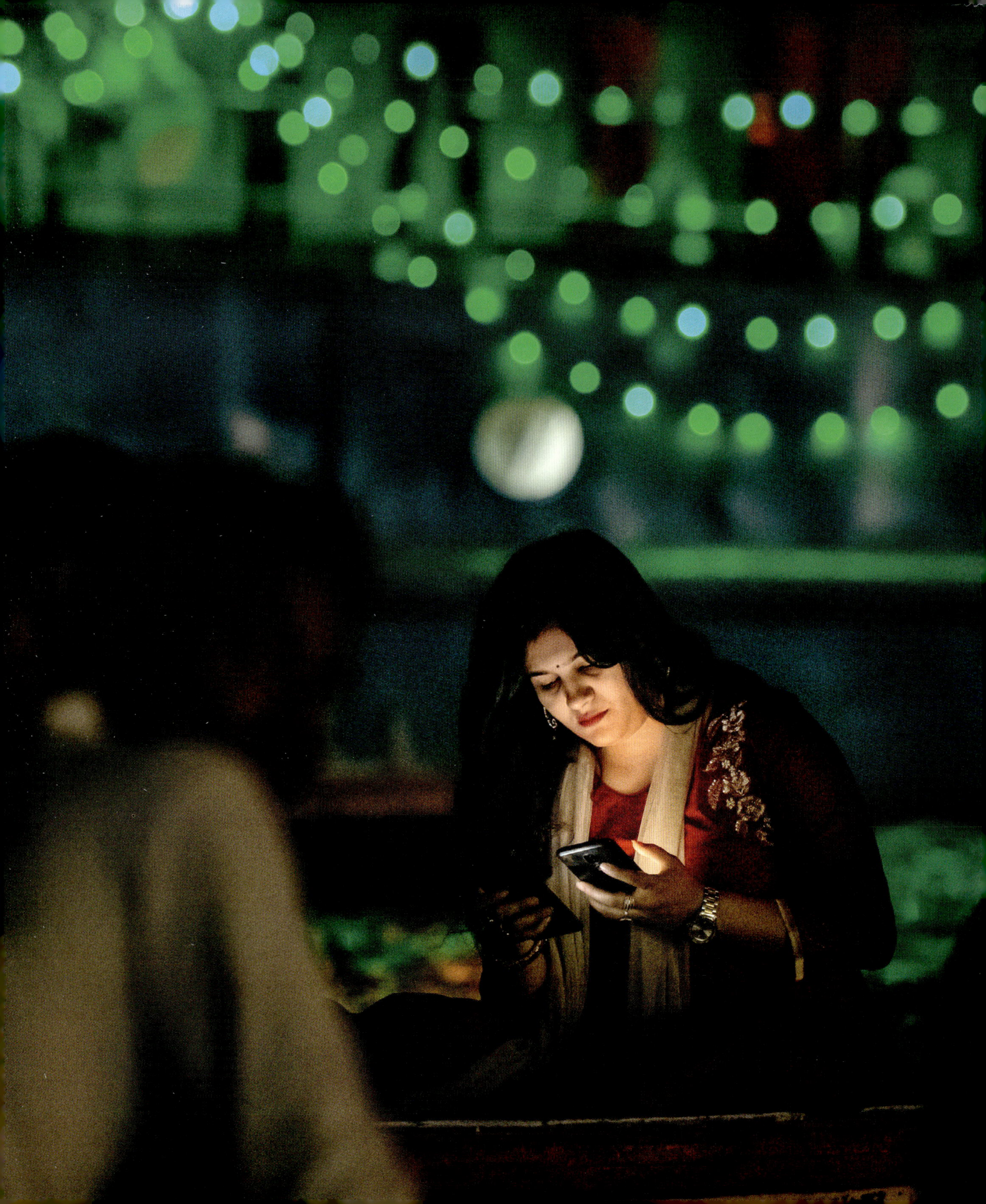

Obwohl uns niemand von Kindesbeinen an in die Grundlagen der Fotografie einführt, **sprechen wir die Sprache der Bilder** unser ganzes Leben lang. Wir teilen sogar unsere Gefühle mit anderen, indem wir immer mehr Bilder anstatt Worte verwenden. **Fotos, Filmmaterial und nette Bildchen** ersetzen allmählich **Substantive, Verben und raffinierte Adjektive**. Das Resultat ist, dass wir unsere Geschichten austrocknen, vereinheitlichen und steril machen. Der Grund dafür ist nicht, dass das neue Kommunikationsmittel weniger wert wäre als das Sprechen oder Schreiben, sondern die Tatsache, dass das Erlernen zu einfach erscheint. Man kann einfach anfangen, ohne in die Geheimnisse der Fotografie eingetaucht zu sein, ohne mit Nuancen ihres Ausdrucks umgehen zu können. Die Wunder der Fotografie bleiben uns daher verborgen. Eine gute Fotoausrüstung ist ein Schritt, um unsere **fotografische Kommunikation** zu **verbessern**, und indem wir uns aneignen, unsere Emotionen präzise und wirkungsvoll zu vermitteln, können wir unseren **persönlichen Stil** entwickeln.

Indien, Varanasi

Nikon D 850 • 70–200 mm f/2,8
1/125 bei f/4 • ISO 6400

Unser persönlicher Stil entsteht aus einer großen Summe **fotografischer Einzelentscheidungen**. Dank einem guten Einsatz der technischen Ausrüstung filtern wir durch unsere persönlichen Erfahrungen jede objektive Realität, die wir wahrnehmen. Auf diese Weise entscheiden wir, was, wie und wann wir fotografieren, wenn wir Momente erleben, die uns sehr beeindrucken, und wir Emotionen empfinden, die wir anderen **übermitteln wollen**.

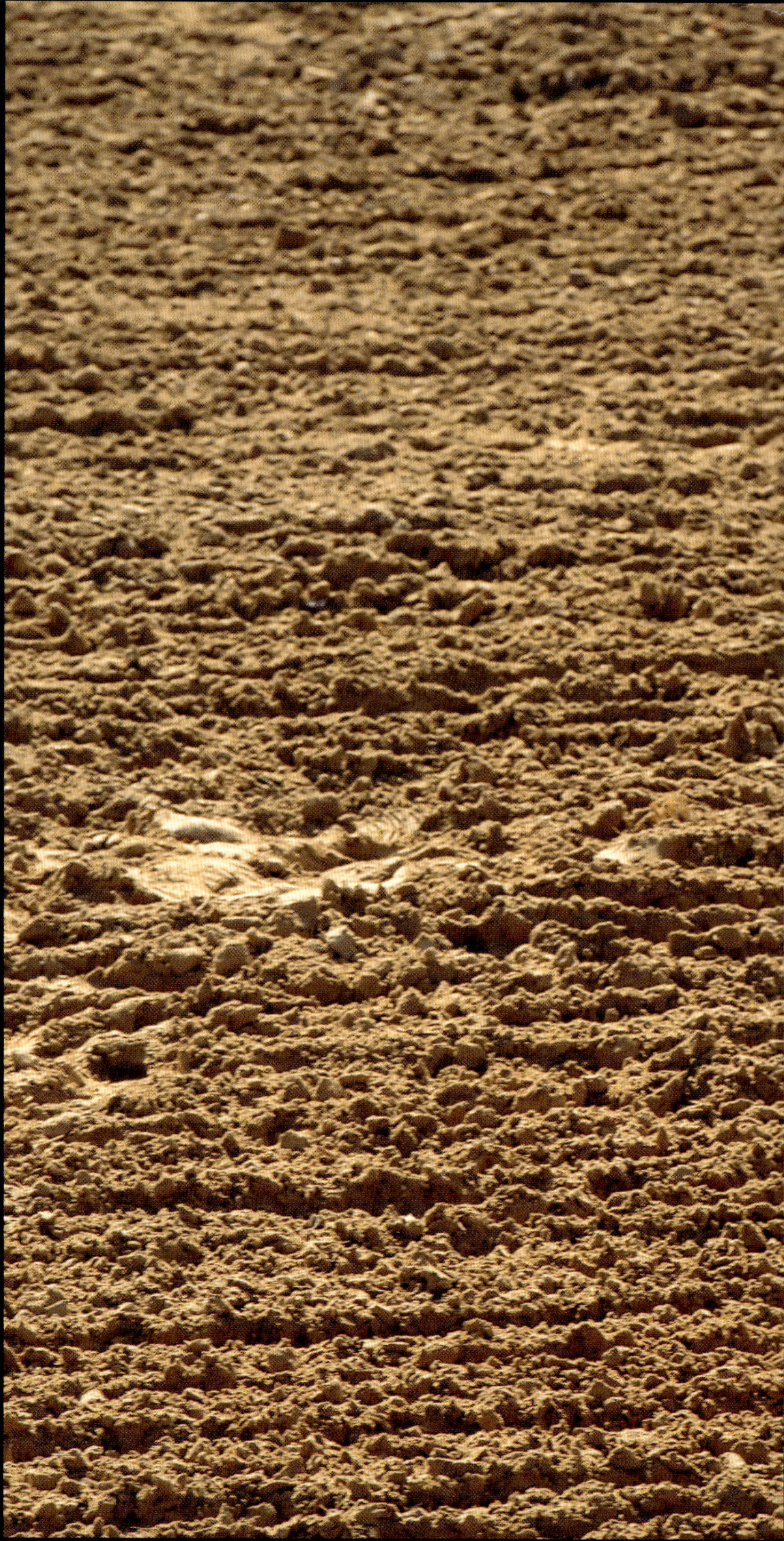

Indien, Bikaner

Nikon D 810 • 70-200 mm f/2,8
1/160 bei f/7,1 • ISO 64

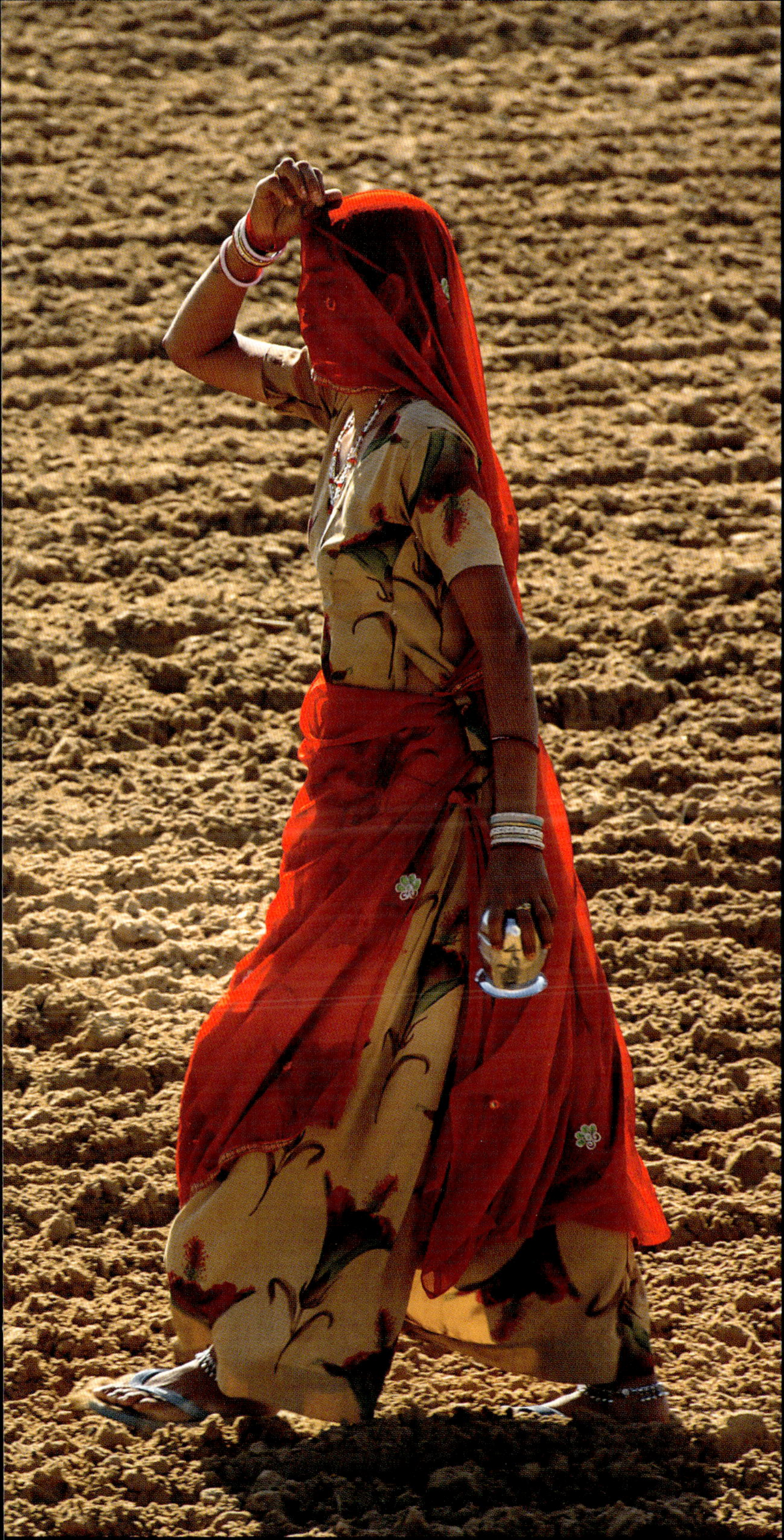

Unser Stil drückt sich demnach mittels einer **Reihe grundlegender Entscheidungen aus.** Sie betreffen:

- **das Licht**
- **das Motiv**
- **den Hintergrund**
- **den Bildausschnitt**
- **die Wahl des Objektivs**
- **die Komposition**
- **die Belichtung**
- **die Aufnahmetechnik**
- **den Aufnahmemoment**

EINE FRAGE DES STILS

DIE FALLSTRICKE

Ein Fotograf wird in seiner Laufbahn unweigerlich einige **Techniken anderen vorziehen** oder manche zumindest häufiger verwenden. Wir neigen dazu, diejenigen zu bevorzugen, die es uns ermöglichen, **unsere Kreativität und unsere Inhalte** am besten auszudrücken, diejenigen, die am ehesten **unserer Sicht der Dinge entsprechen**, aber auch einfach diejenigen, mit denen uns am häufigsten zufriedenstellende Bilder gelingen. Um Raum zu lassen für die Entwicklung eines wirklich persönlichen Stils, ist es jedoch notwendig, auf zwei heimtückische Fallen zu achten, Methoden, die statt unsere Wiedererkennbarkeit zu steigern uns **stark einschränken können**, weil sie dazu führen, dass wir serienweise sterile, nachahmende oder sich wiederholende Bilder produzieren.

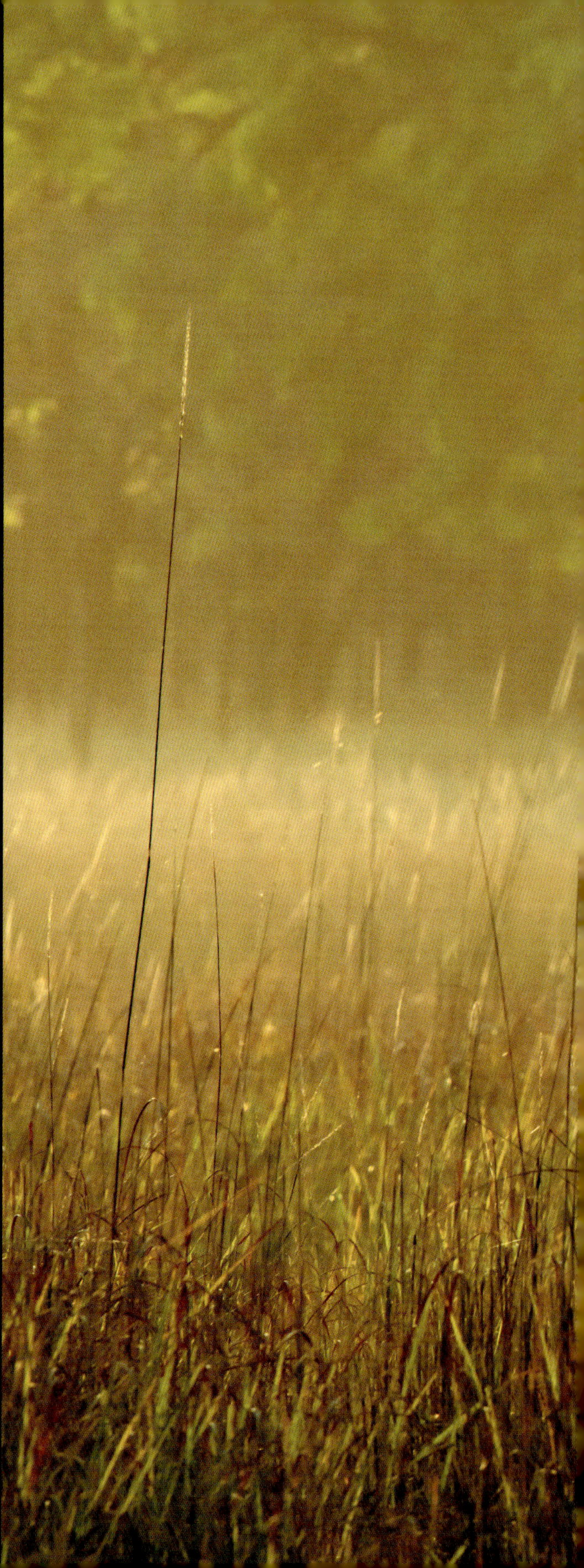

Indien, Bandhavgarh-Nationalpark

Nikon D 850 • 300 mm f/4
1/1250 bei f/8 • ISO 800

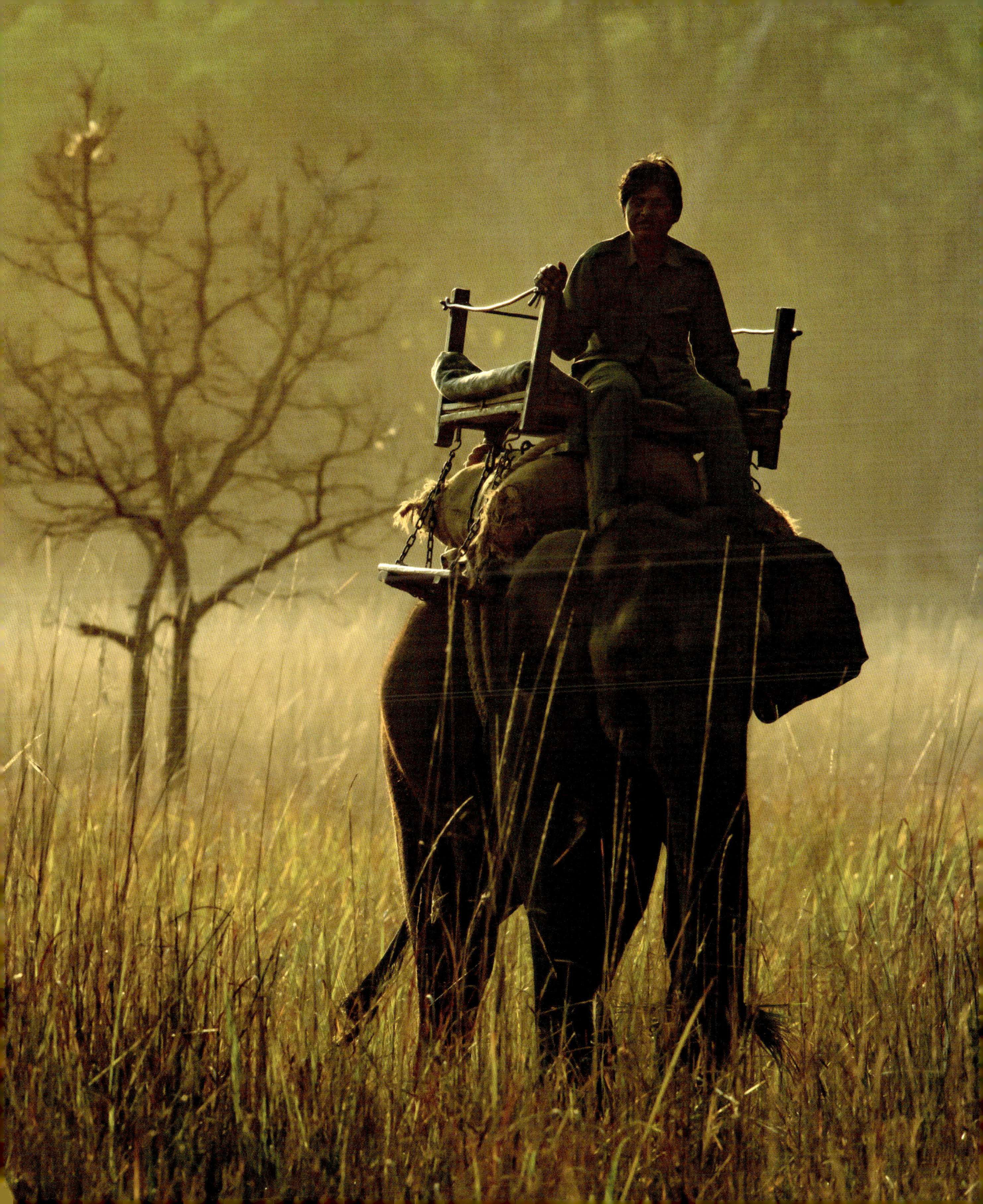

Auf erste Fallstricke stößt der Fotograf beim tieferen Einstieg in die Fotografie gewöhnlich dann, wenn er schon über grundlegende technische Kenntnisse verfügt und sich nun daran macht, die Feinheiten zu erlernen. In dieser Phase kann **eine eindeutige Vorliebe** für die Lösungen, die leichter umzusetzen sind, die Vertiefung und das Erlernen anderer Techniken beeinträchtigen. Diese sind vielleicht weniger intuitiv, aber dennoch für jeden Fotoreporter unverzichtbar, wenn es darum geht, die Komplexität von oft unvorhergesehenen Situationen zu bewältigen. Hat man also eine oder zwei Techniken so gut es geht gelernt und beherrscht sie, stellt das in diesem Kontext also keinen persönlichen Stil dar, sondern eine **ausgesprochene Einschränkung**.

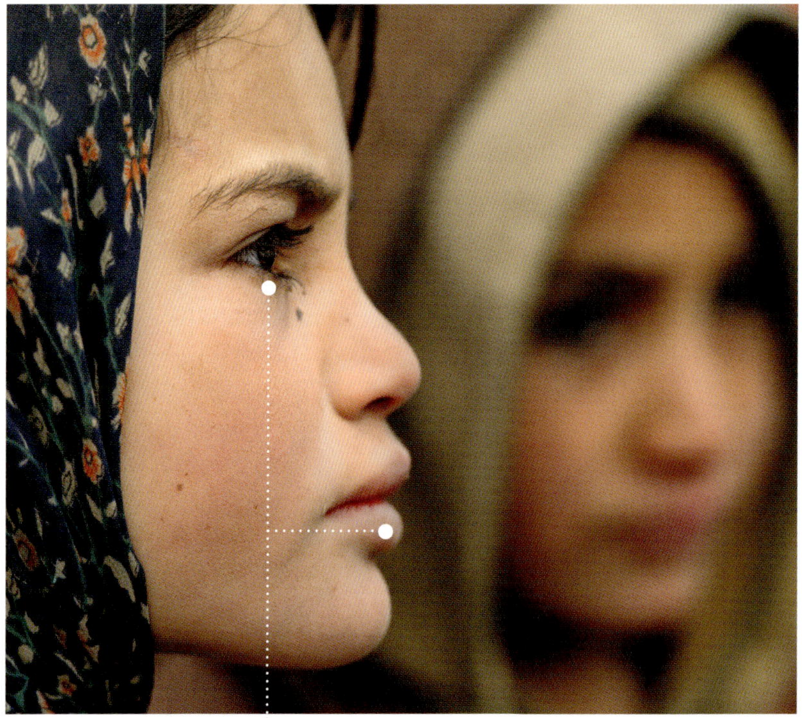

Blende **2,8** Die Schärfentiefe ist extrem begrenzt, damit alle Einzelheiten des im Fokus stehenden Gesichts gut herauskommen.

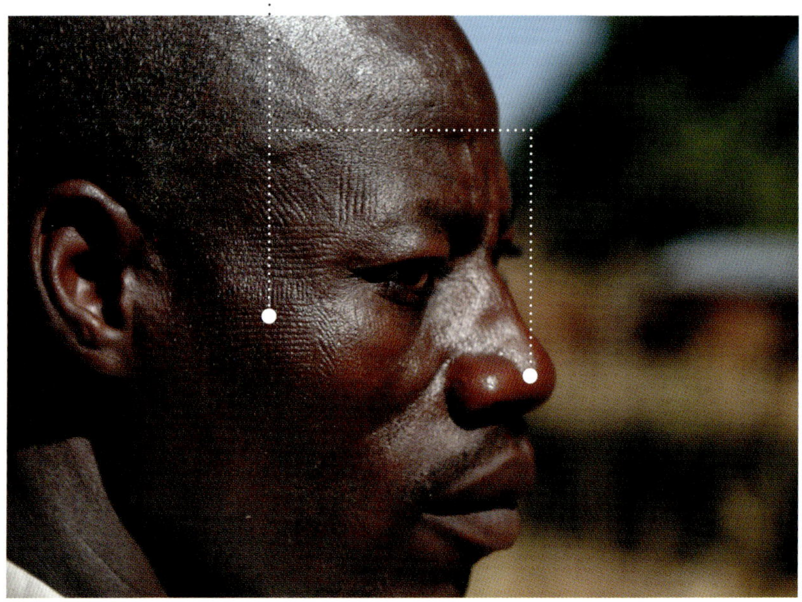

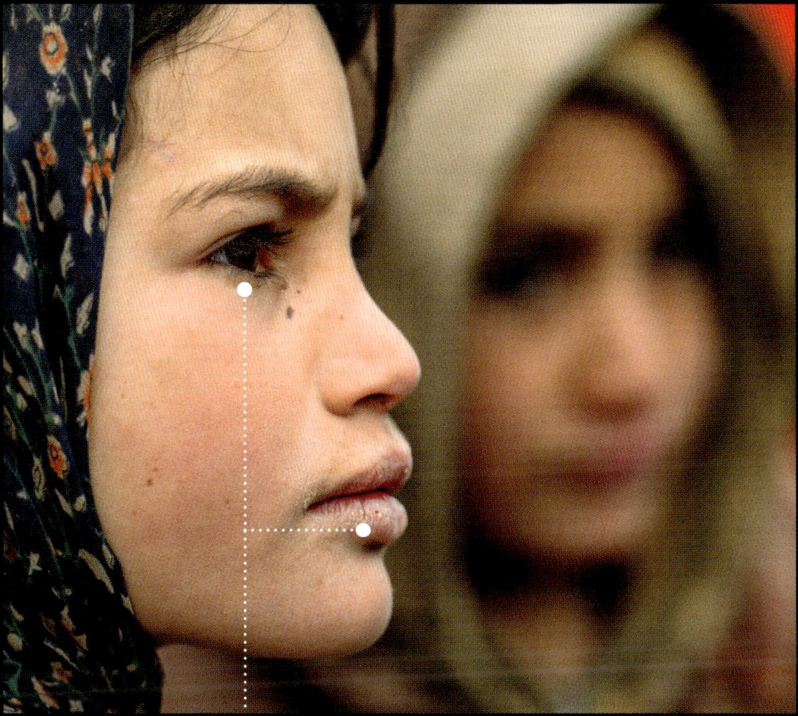

Blende 5,6 Die Schärfentiefe ist ausreichend und bewirkt, dass alle Einzelheiten des Gesichts scharf sind.

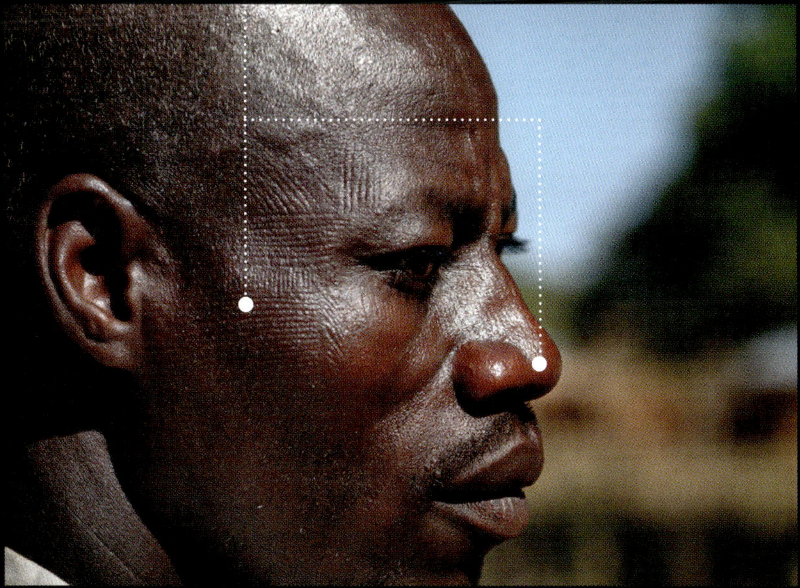

Ein Beispiel für diese **einschränkende Vorliebe** beobachte ich oft, wenn einige meiner Schüler in irgendein neues Objektiv investieren. Die Wahl dieses ersten Spezialobjektivs, das das Normalobjektiv ergänzen soll, mit dem man begonnen hat, ist immer das **„Tele"** oder besser gesagt ein Zoom mit einer Brennweite von 80–200 mm oder 70-200 mm bei einer Blende f/2,8, dessen Preis wegen der hervorragenden Lichtstärke und Qualität der Linsen hoch ist. Daran ist nichts verkehrt, außer dass in den folgenden Monaten aus der **variablen Brennweite** praktisch eine Festbrennweite wird, weil das Objektiv **dauernd mit den Höchstwerten 200 mm und f/2,8** verwendet wird, als wollte man sich bestätigen, dass sich die Investition gelohnt hat, weil es maximale Leistung erbringt. Dies führt natürlich zu einer Serie von **„zu nahen Nahaufnahmen"**, bei denen der scharfe Bildbereich so begrenzt ist, dass bei einem Porträt beispielsweise nur ein Auge im Fokus steht – oder es sind beide Augen, dafür ist aber die Nase unscharf.

Eine Alarmglocke schrillt jedoch für erfahrene Fotografen, die zwar die verschiedenen fotografischen Techniken gleich gut beherrschen, aber sehr oft nur ein paar wenige davon einsetzen. Wenn ihre Vorliebe ausgeprägt ist, werden sie praktisch zu **Gefangenen ihres Stils** und laufen Gefahr, **eintönige und redundante** Fotos zu machen, die dem Betrachter so vertraut sind, dass sie ihn emotional nicht besonders ansprechen und eher langweilig wirken. Wer ein Gefangener seines eigenen Stils ist – sei dieser nun originell ist oder nicht –, verliert die **Fähigkeit**, die Realität **unvorbelastet zu betrachten**, weil er nur noch eine bestimmte Art von Lichtverhältnissen sucht oder bestimmte Bildausschnitte oder auch eine ganz spezielle Situation, die seinem persönlichen fotografischen Ausdruck entsprechen. Solche Fotos geben ihm zugleich die **Sicherheit**, dass das **Resultat** gut sein wird. Wer so vorgeht, verliert die Bereitschaft zu experimentieren und engt seinen eigenen Wahrnehmungshorizont ein.

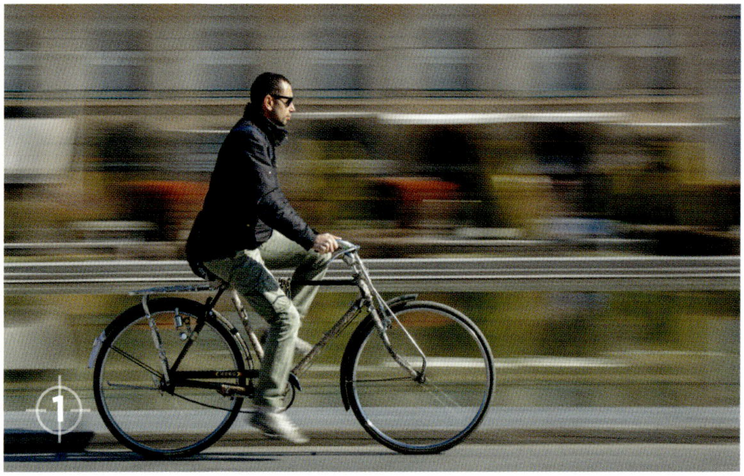

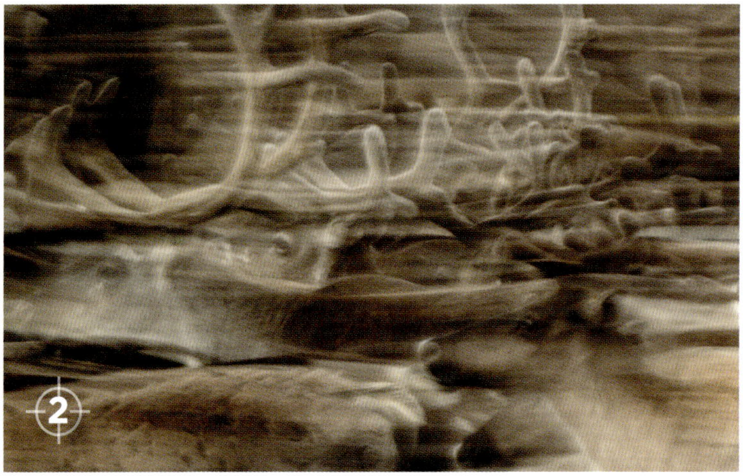

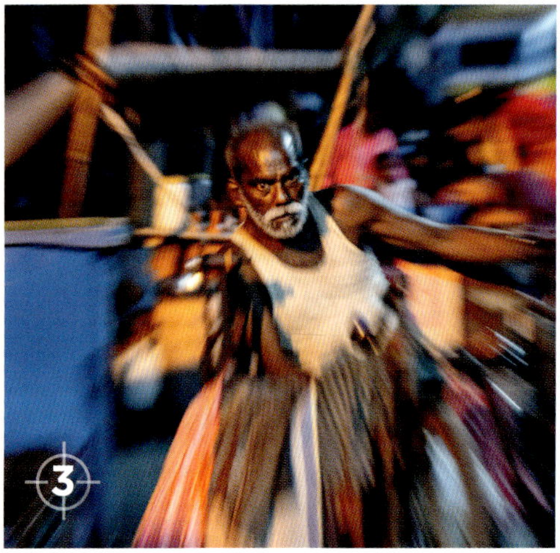

1 Mitziehen der Kamera

2 Kontrollierte Unschärfe

3 Zoomen

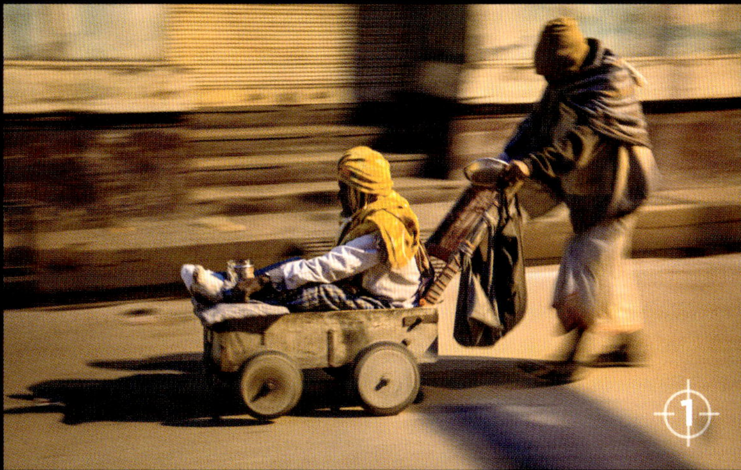

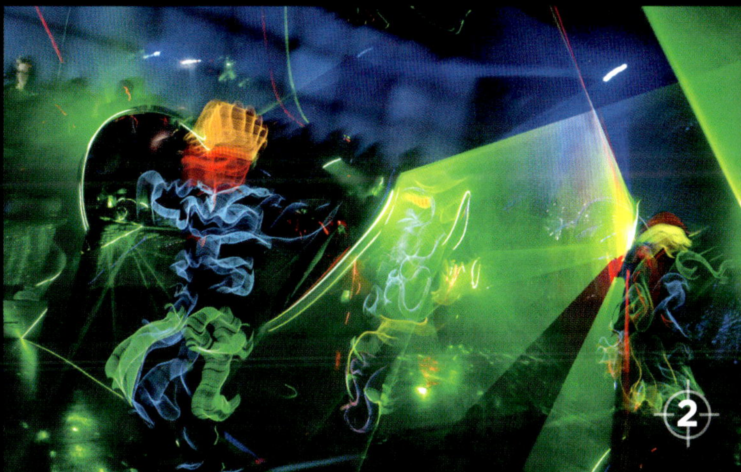

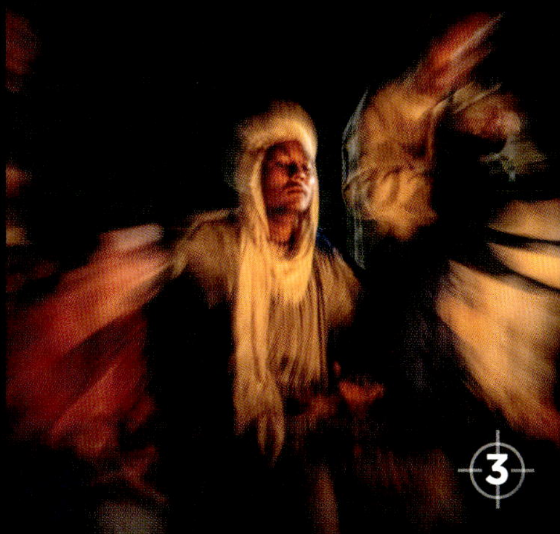

Mitziehen der Kamera 1

Kontrollierte Unschärfe 2

Zoomen 3

Das **Mitziehen der Kamera, kontrollierte Unschärfe und Zoomen** können spektakuläre Bilder liefern. Viele Fotografen bestehen daher darauf, dies zu einem Element des eigenen fotografischen Duktus zu machen. Mein Rat: **Suchen Sie nicht bewusst** nach einem Stil, der Sie von anderen unterscheidet, sondern lernen Sie, die verschiedenen Vorgehensweisen gleich gut zu beherrschen, und lassen Sie zu, dass Ihr Stil zusammen mit Ihnen und Ihren Fähigkeiten wächst. Nehmen Sie die Realität wahr, und probieren Sie, diese mit immer neuen Techniken einzufangen – das ist der Weg zum eigenen Stil. Aus ihm erwächst kein Zwang. Durch **praktische Erfahrung** reift eine persönliche Art und Weise, die Welt zu sehen und zu präsentieren. Nur wenn man das Werk eines Fotografen rückblickend betrachtet, kann man vielleicht einen bestimmten Stil erkennen, der ihn entscheidend geprägt hat, und selbst in diesem Fall ist dieser Stil wahrscheinlich spezifisch für eine begrenzte Periode seines fotografischen Wirkens.

BILD UND BEWUSSTSEIN

DIE FREIHEIT BEWAHREN

Jeder Fotograf **sucht wahrscheinlich etwas ganz Bestimmtes**, auch wenn er glaubt, die Realität neutral und nicht zielgerichtet zu betrachten. Der Vergleich zwischen dem, was er **gerade sieht** und dem, **was er schon gesehen hat**, führt ihn unausweichlich dazu, jeden möglichen Bildausschnitt subjektiv auszuwerten. Jeder neue Bildeindruck wird mit **Bekanntem aus der Erinnerung** abgeglichen. Sich einen neutralen Blick zu bewahren, ist durchaus nicht leicht, steigert aber die eigenen technischen Fähigkeiten und erweitert das Portfolio. Und es ist keine Frage des Instinkts, sondern eine konstante Übung, die eine permanente bewusste Anstrengung erfordert.

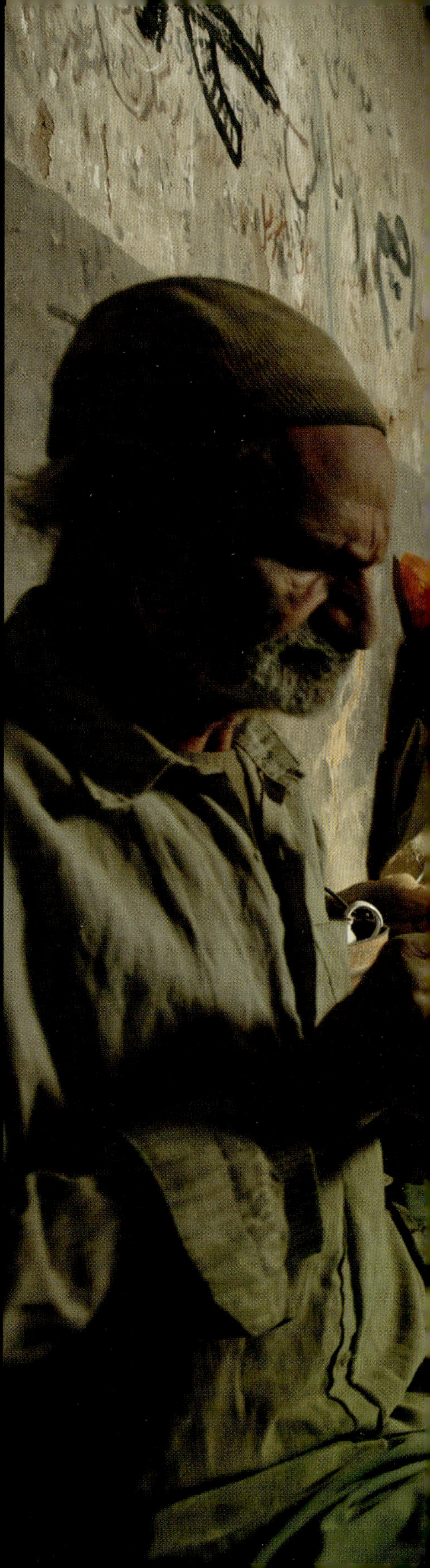

Iran, Yazd

Nikon D 700 • 14-24 mm f/2,8
1/125 bei f/4 • ISO 1600

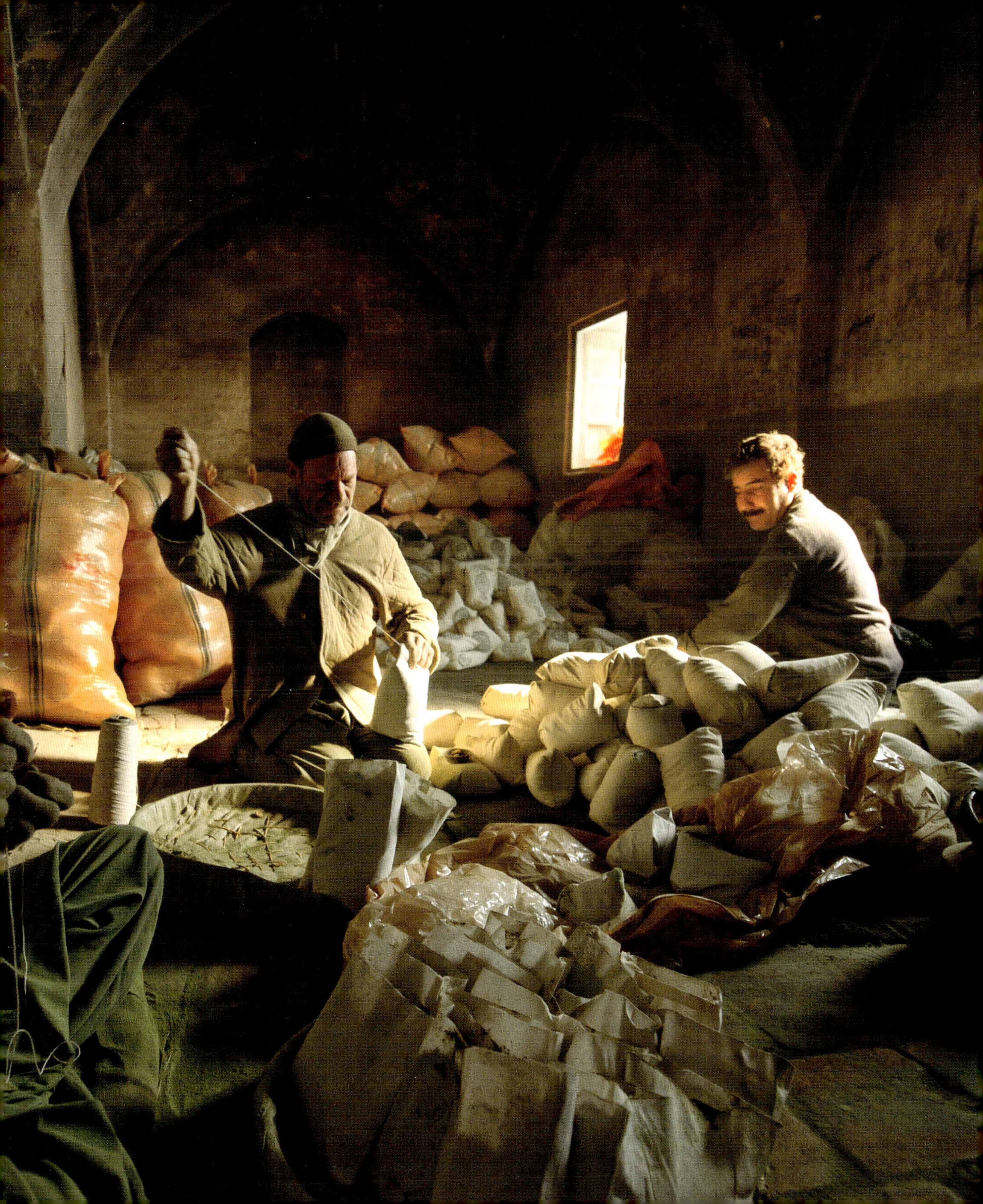

Wenn ich mit meinen Schülern mehrmals an Orte zurückkehre, die ich schon oft besucht und fotografiert habe, **zwinge ich mich** häufig, ein einziges Objektiv mit Festbrennweite zu benutzen, die vielleicht extrem ist, etwa ein 400-mm- oder ein 16-mm-Objektiv. Damit kann ich ganz besondere Bilder sammeln, die zusammen mit denen, die bereits in meinem Besitz sind, **das Erscheinungsbild** dieser Orte **durch neue Perspektiven vervollständigen** und es mir dadurch erlauben, eine größere Bandbreite an Emotionen zu vermitteln.

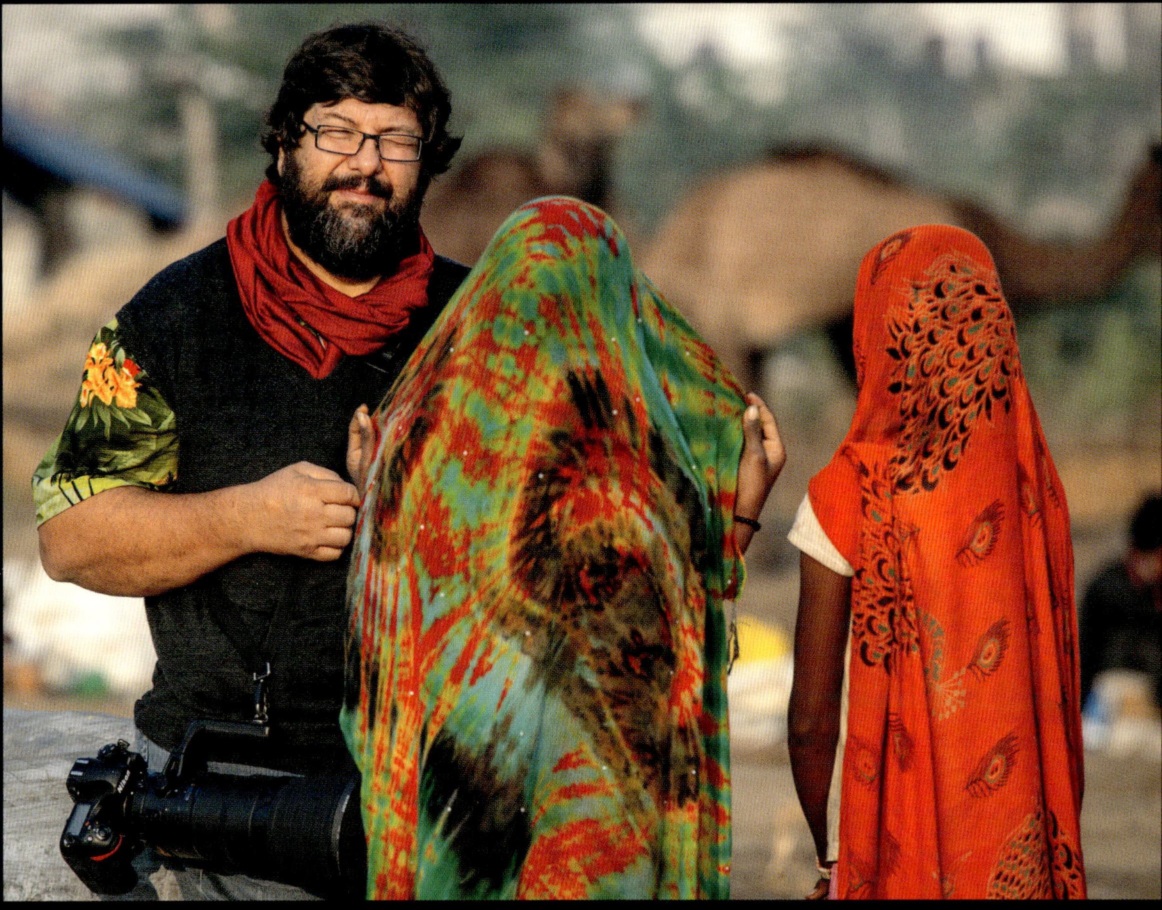

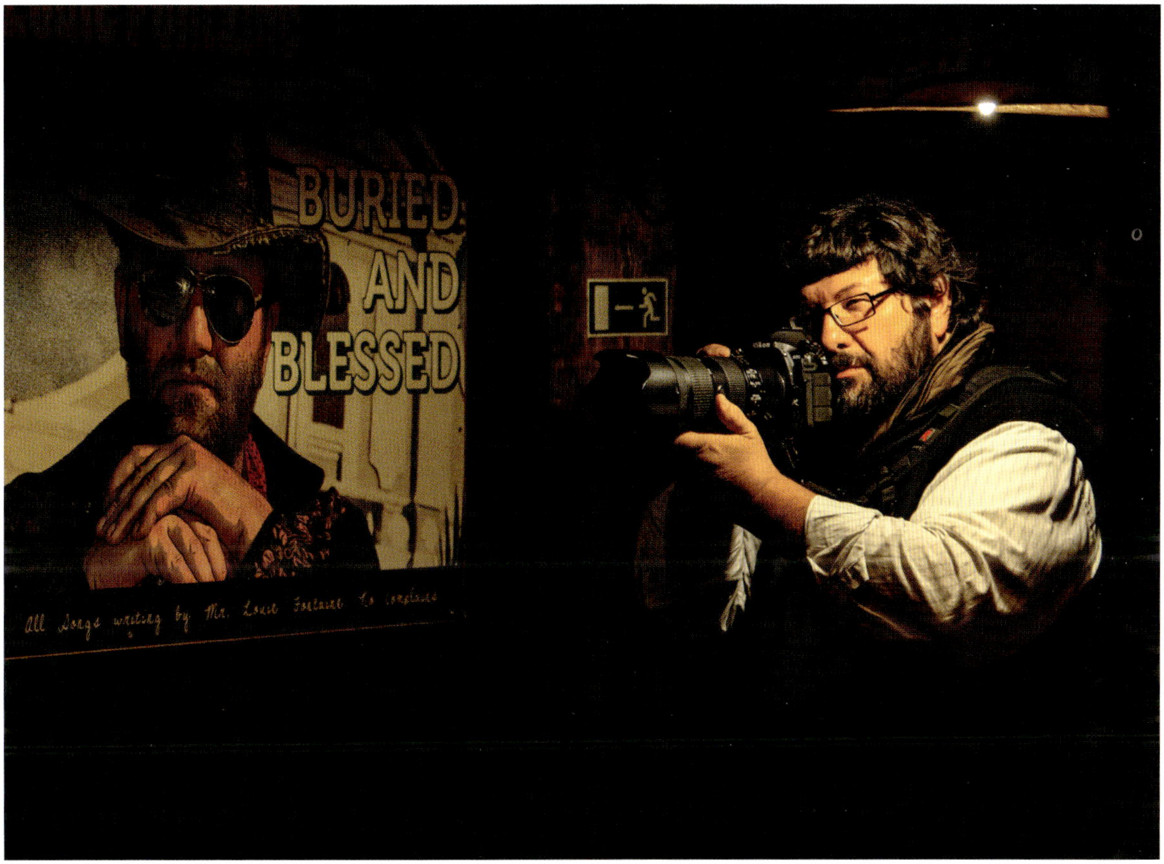

Bei dieser Übung – **der freiwilligen Beschränkung auf eine einzige Brennweite** – merke ich stets, dass es immer schwieriger wird, die **Bilder zu „sehen"**, die ich mit anderen Brennweiten hätte machen können, je länger ich mit dem Objektiv meiner Wahl arbeite. Schon nach kurzer Zeit erscheinen vor meinem inneren Auge nur noch die Bildausschnitte, die für das Objektiv, das auf die Kamera montiert ist, geeignet sind. In diesem Fall handelt es sich um eine **sinnvolle Beschränkung meiner Wahrnehmung**, weil das Ziel darin besteht, eine bereits existierende Bilderserie durch Neues zu ergänzen – dennoch ist es im Moment der fotografischen Arbeit eine Beschränkung.

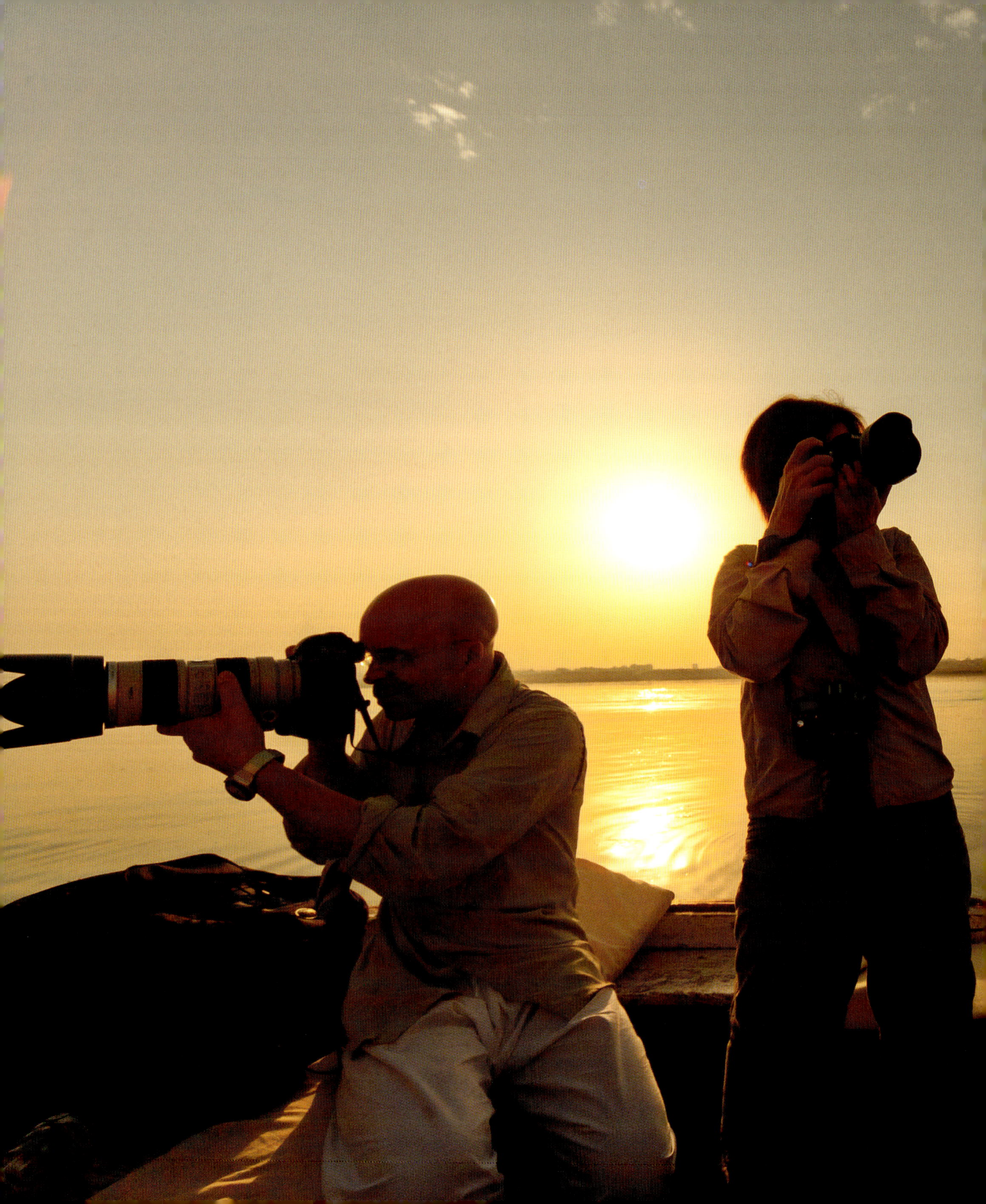

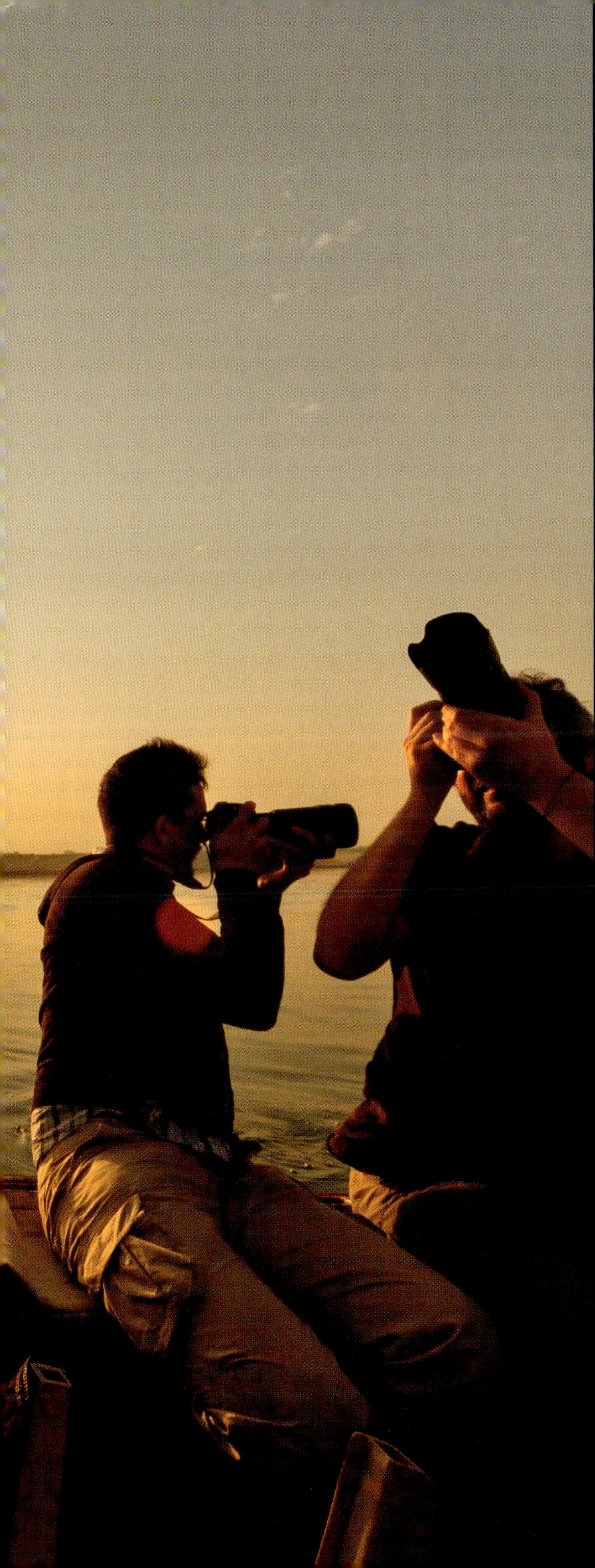

BILD UND BEWUSSTSEIN

DURCH BETRACHTUNG ERFORSCHEN

Wenn wir etwas **durch Betrachtung erforschen**, blenden wir automatisch und unvermeidlich eine Reihe von Dingen aus und reduzieren dadurch unser Bild der Realität. Dieses Ausblenden passiert auch, wenn unsere technische Ausrüstung begrenzt ist. Manche Bilder nehmen wir dann einfach nicht auf - nicht, weil wir befürchten, sie würden aufgrund der technischen Einschränkungen nicht gelingen, sondern, **weil wir sie erst gar nicht sehen**. Das Gleiche passiert, wenn wir versuchen, **Bilder von anderen**, die wir besonders schätzen, zu reproduzieren, und das in einem völlig unpassenden Kontext versuchen. Wenn wir **Sklaven unseres eigenen Stils sind,** passen wir permanent unsere Bilder der Realität an die Techniken an, die wir bevorzugen und die wir weiter perfektionieren wollen. Dadurch sind wir **in der Wahrnehmung** dessen, was wir sehen **eingeschränkt**, was auch der Qualität unserer fotografischen Arbeit Grenzen setzt.

Indien, Varanasi

Nikon D 700 • 14-24 mm f/2,8
1/1000 bei f/8 • ISO 100

Indien, Baldeo

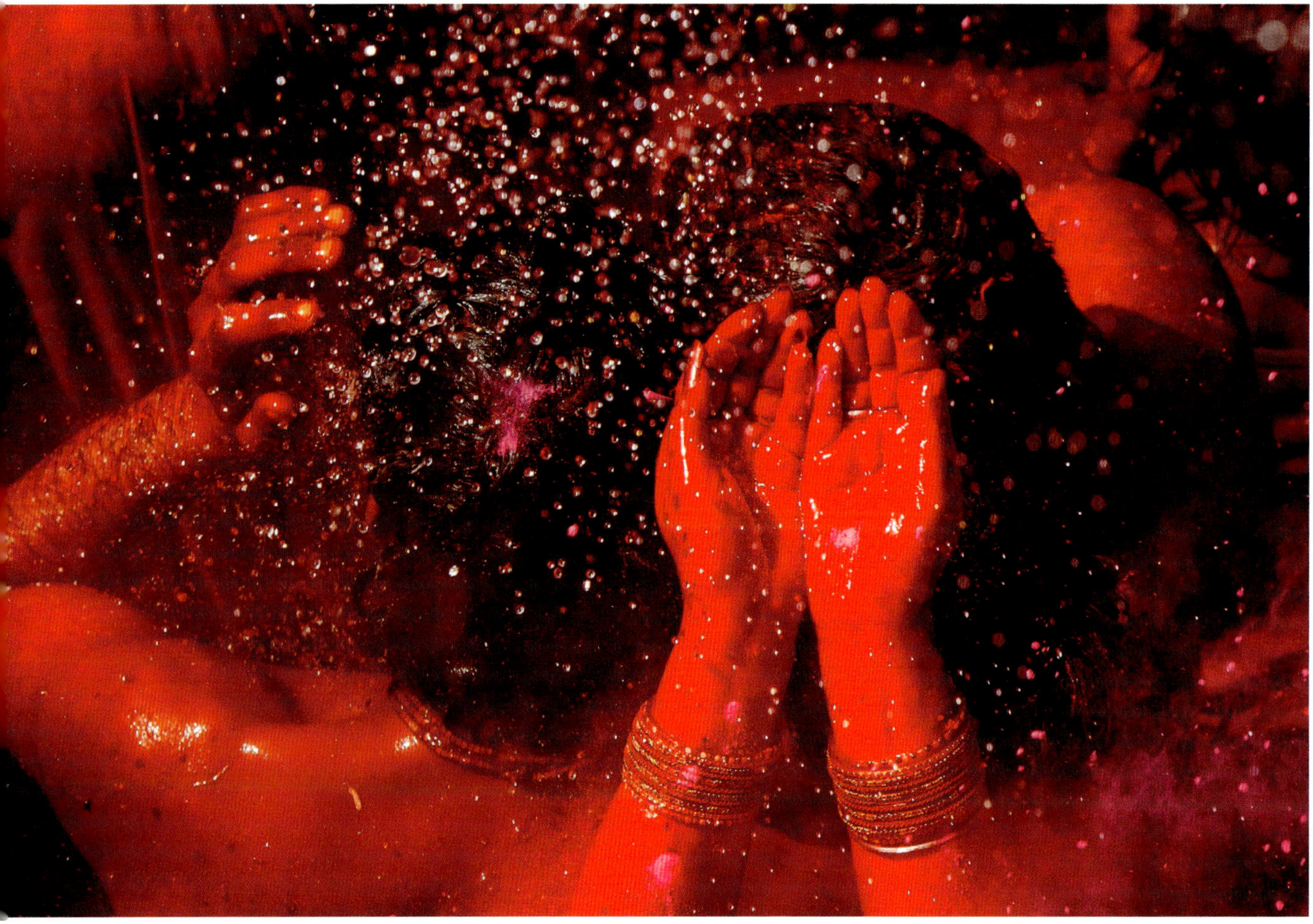

Nikon D 300S • 70-200 mm f/2,8
1/1250 bei f/5,6 • ISO 400

Außerdem schränken wir unsere Wahrnehmung der Wirklichkeit stark ein, wenn wir nicht mehr experimentieren, **altvertraute Techniken** bevorzugen und dauernd auf unsere innere Bilddatenbank zurückgreifen. Wir müssen uns also kontinuierlich anstrengen und auch unsere besten Fotos **kritisch prüfen:** Weisen sie Gemeinsamkeiten auf? Und sind es vielleicht bereits zu viele?

Wir müssen uns die **Werke anderer Fotografen** ansehen, um zu verstehen, weshalb wir einige Techniken, die letztlich ihre optimalen Ergebnisse hervorbrachten, selbst nicht einsetzen wollen. Wann immer möglich, sollten wir uns Zeit nehmen, **viele unterschiedliche Blickwinkel** auszuprobieren. Fotografen, denen eine **Vielfalt an Möglichkeiten** offen steht, gelingt es am ehesten, einen eigenen Stil zu etablieren – im Ausprobieren nimmt er Gestalt an.

Nikon D 850 • 70-200 mm f/2,8
1/8000 bei f/5 • ISO 1600

Indien, Baldeo

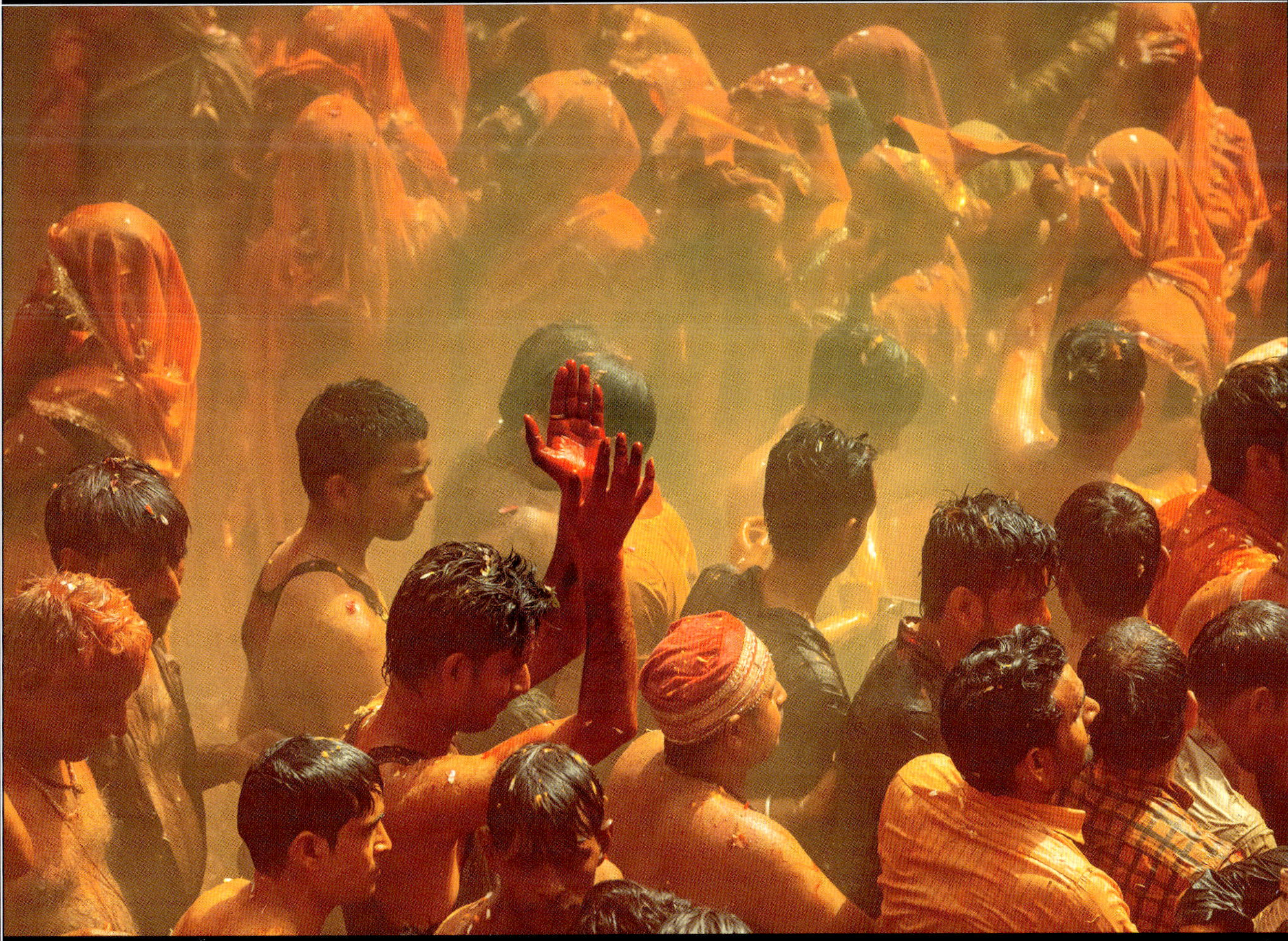

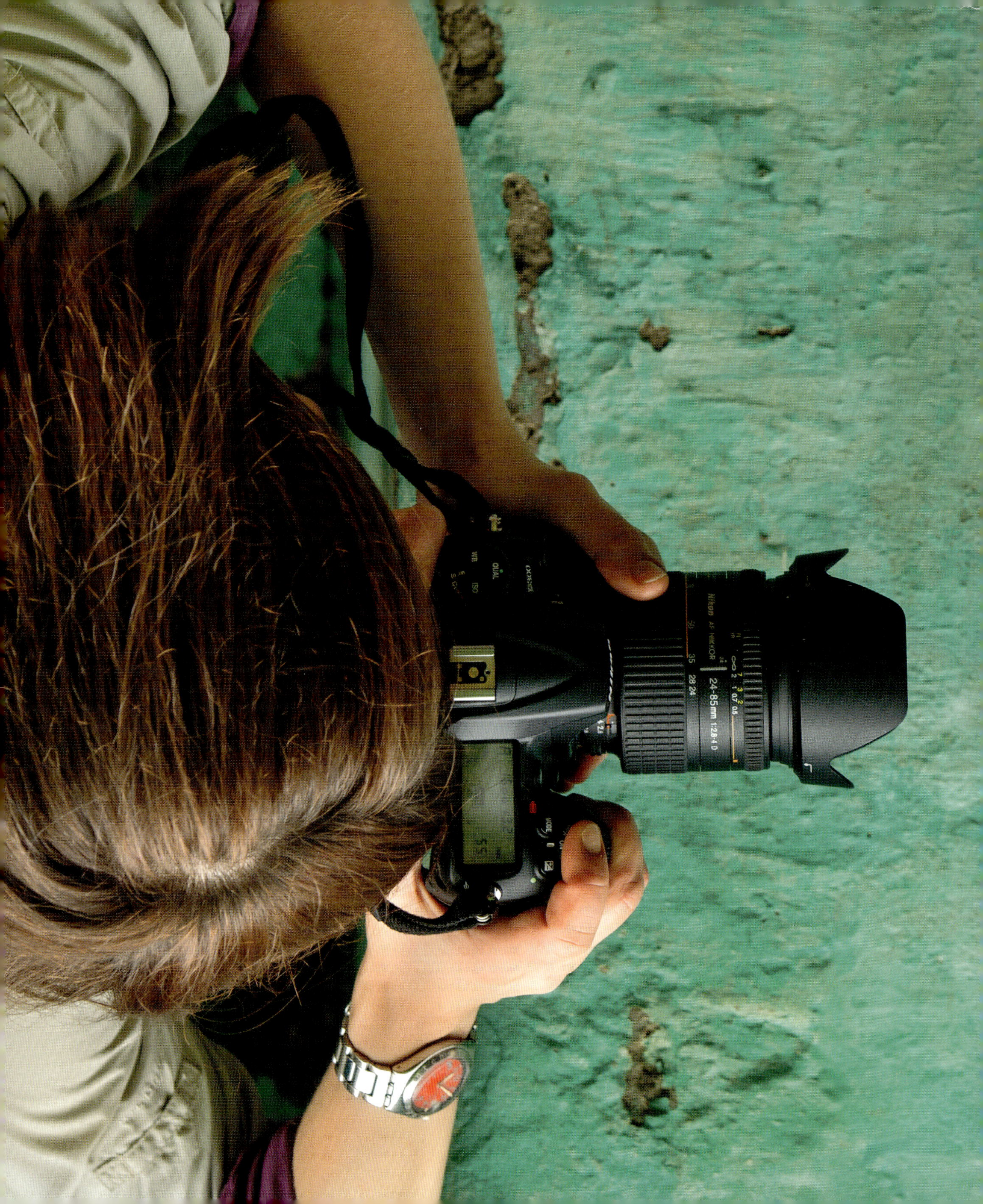
Nikon AF NIKKOR
24-85mm 1:2.8-4 D

OBJEKTIVE SICHT
frei, unvoreingenommen

- Verschiedene Motive
  - Verschiedene Techniken
  - Verschiedene Techniken
  - Verschiedene Techniken
- Verschiedene Motive
  - Verschiedene Techniken
  - Verschiedene Techniken
  - Verschiedene Techniken
- Verschiedene Motive
  - Verschiedene Techniken
  - Verschiedene Techniken
  - Verschiedene Techniken

Wenn ein Fotograf die Wirklichkeit objektiv, frei und unvoreingenommen betrachtet, kann er eine große Zahl an Motiven erkennen. Er kann sie am besten interpretieren, wenn er jedes Mal genau die Technik einsetzt, die sich am besten dafür eignet.

VERZERRTE SICHTWEISE
durch Stilvorgaben eingeschränkt

- Verschiedene Motive
- Verschiedene Motive
  - Eigener technischer Stil
  - Eigener technischer Stil
  - Eigener technischer Stil
- Verschiedene Motive

Wer hingegen die Realität nur verzerrt wahrnimmt, weil er sich in die Wiederholung eines bekannten Konzepts oder in eine Technik, die geeignet erscheint, flüchtet, läuft Gefahr, dass dies zu Ergebnissen führt, die einander oft ähneln oder eintönig sind, selbst bei unterschiedlichen Motiven.

WAHRNEHMUNG
durch Nachahmung eingeschränkt

SUCHE
nach einem bestimmten Motiv

VERSUCH
der technischen Replikation

Wenn man mehr oder weniger bewusst versucht, andere Fotos zu imitieren, schränkt dies die eigene Wahrnehmung ein. Es werden dann nur wenige Motive als lohnend erkannt und die technischen Möglichkeiten werden nicht ausgeschöpft.

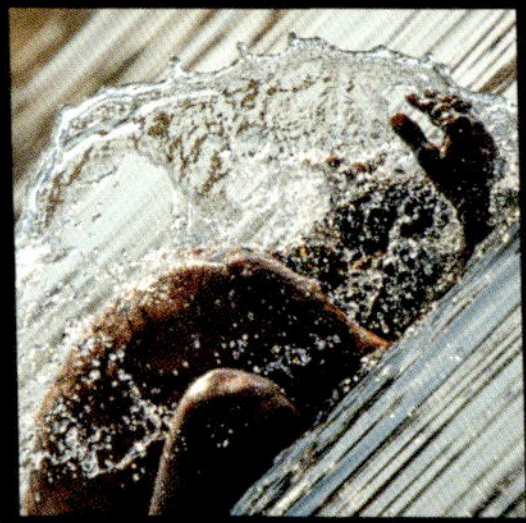
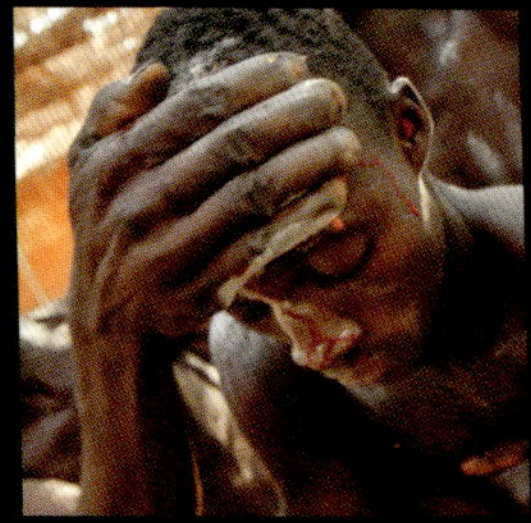
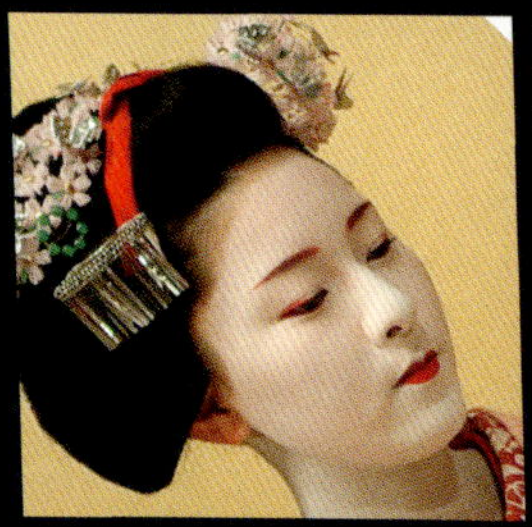
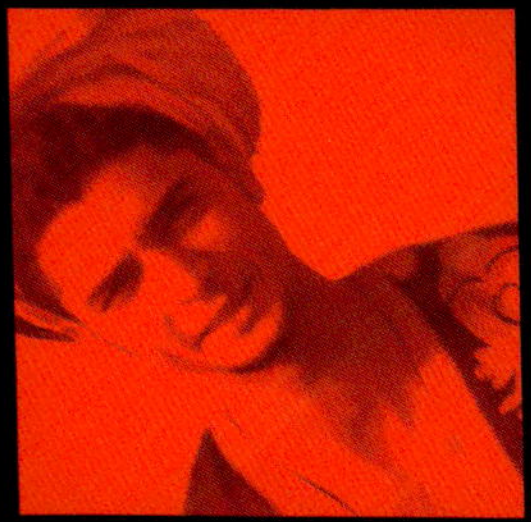
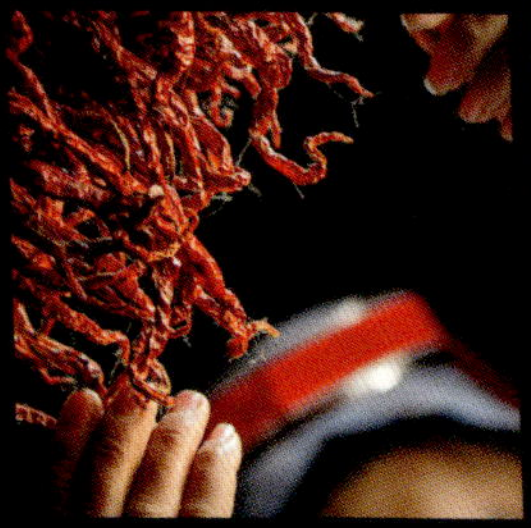
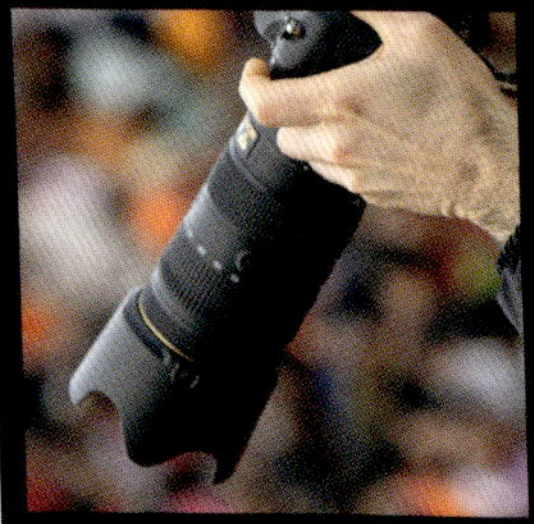
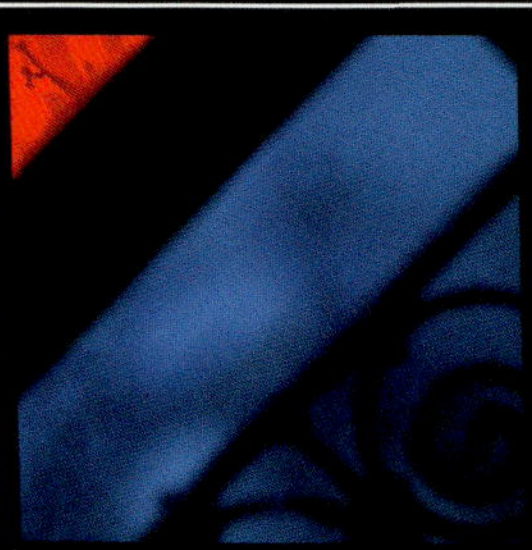
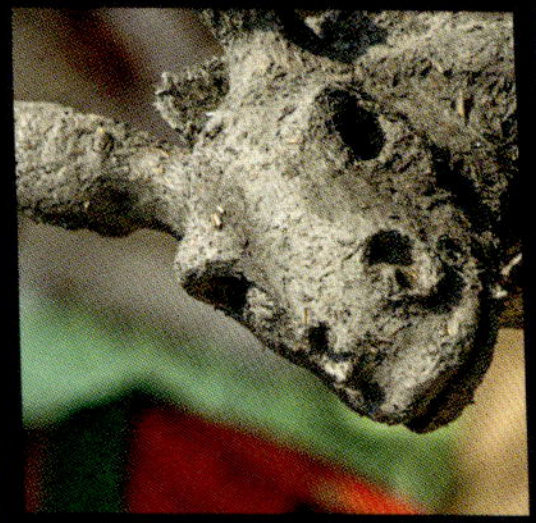
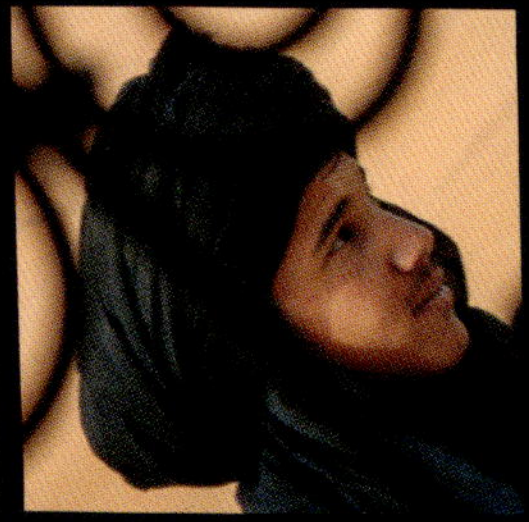
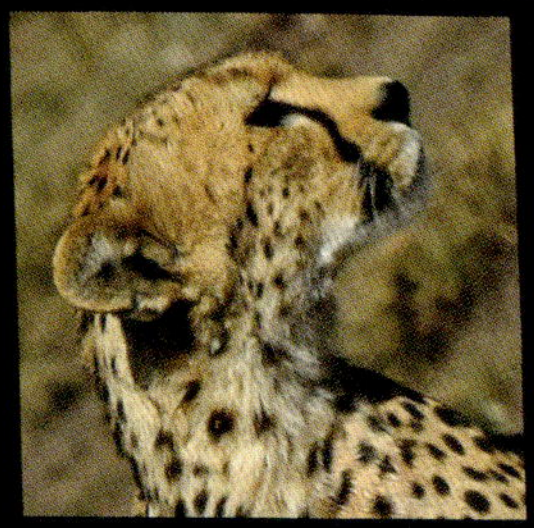

KOMPOSITION UND STRUKTUR

DIE ANORDNUNG DER BILDELEMENTE

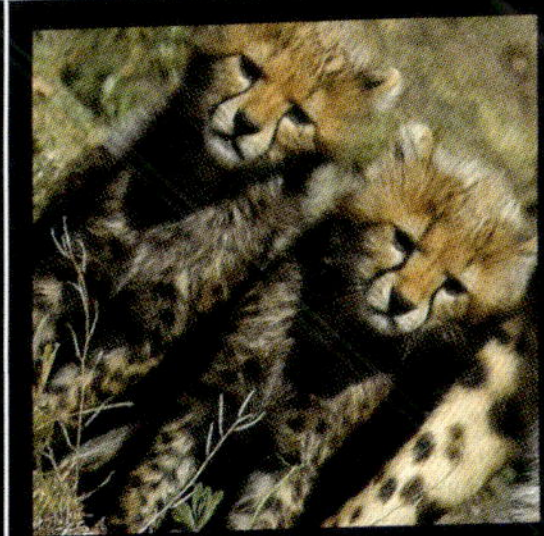
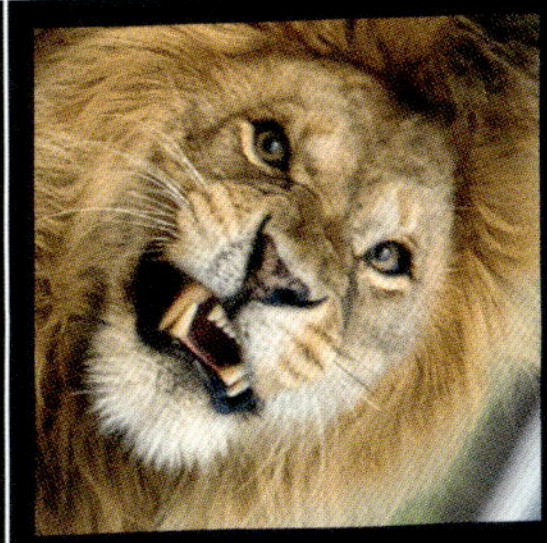
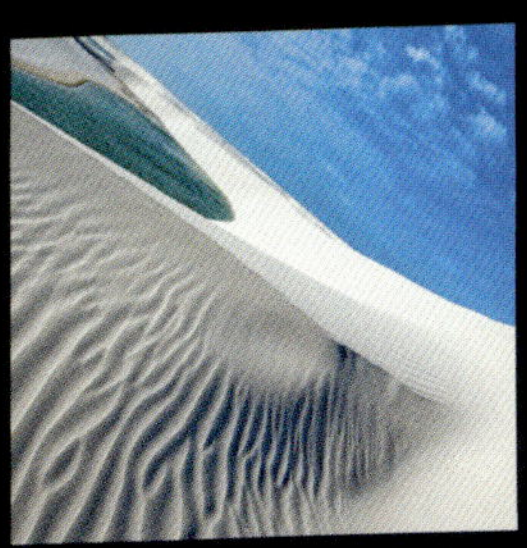
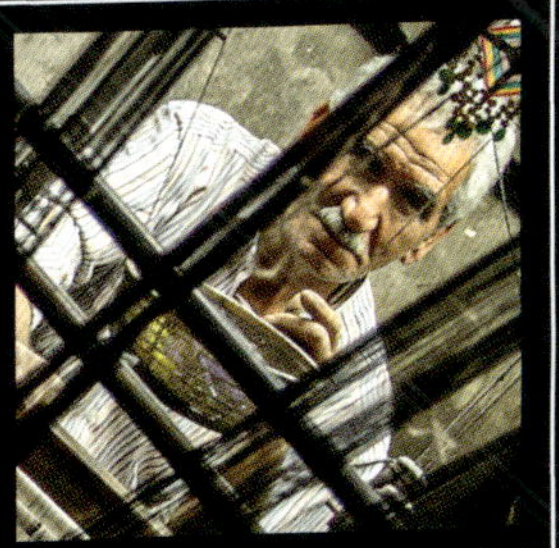
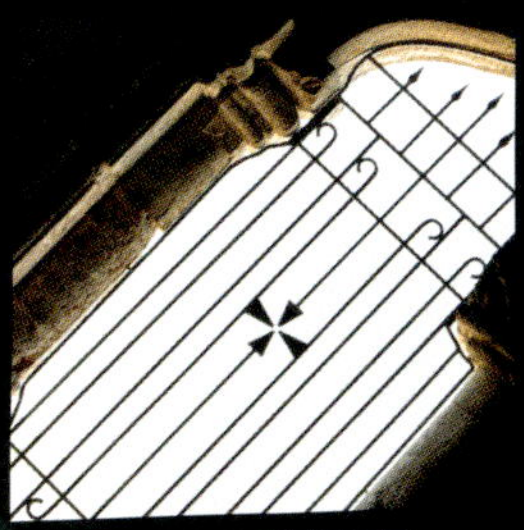
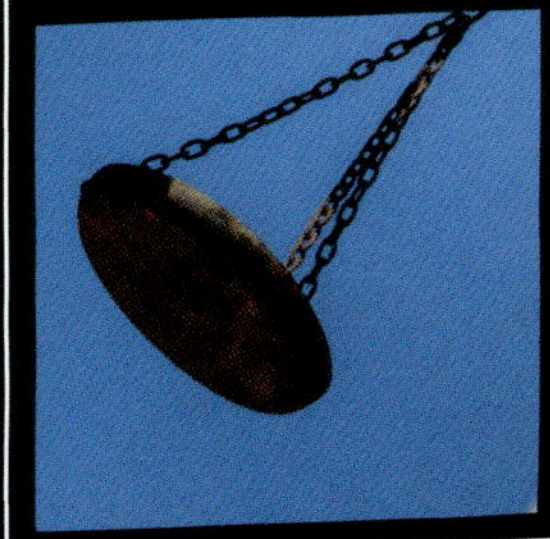
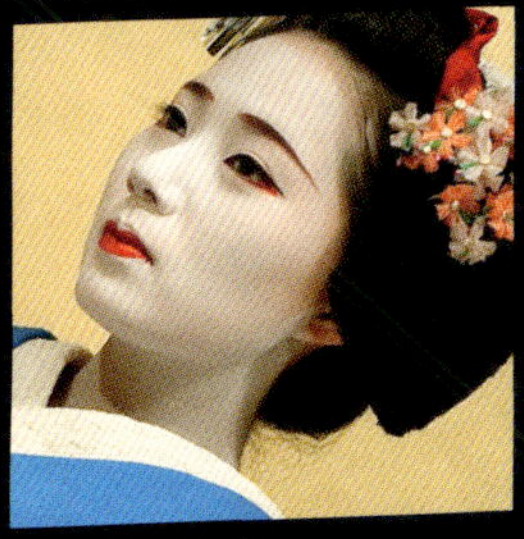

DER BILDAUFBAU

UNIVERSELLE GESTALTUNGSREGELN

Die Kamera selbst ist ein Apparat, der Bilder einfach nur wiedergibt. Der Fotograf aber konzipiert ein Bild, das vor seinem geistigen Auge erscheint. Dieser Prozesse schließt das **Nachdenken über die Reaktion** ein, die er beim Betrachter hervorrufen will. Daher kann man den kreativen Prozess als ein **Abwägen von verschiedenen Aspekten** ansehen: dem Einsatz technischer Kenntnisse, persönlicher Erfahrung, dem Wunsch nach künstlerischem Ausdruck und der Absicht, eine bestimmte Reaktion beim Betrachter hervorzurufen. Das Resultat dieses Prozesses findet seinen Ausdruck durch die Bildgestaltung, wobei ein Fotoreporter über Bildausschnitt und Komposition stets **intuitiv** entscheidet, weil die Zeit für einen langwierigen analytischen Prozess meist zu knapp ist. Aus demselben Grund ist es auch nicht möglich, ein Foto zu planen, indem man Proben, Entwürfe oder Skizzen auf Papier anfertigt. Stattdessen wartet der Fotograf auf den perfekten Augenblick, in dem sich die Elemente von selbst auf interessante Weise anordnen und das Handeln der Personen in der Momentaufnahme klar und deutlich erkennbar ist.

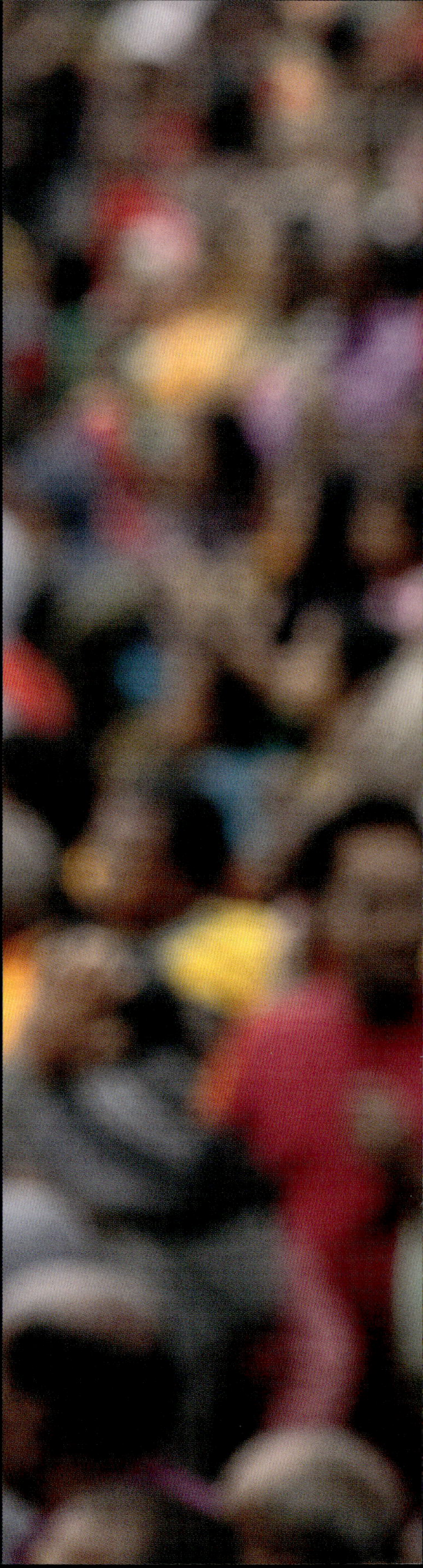

Indien, Joranda

Nikon D 850 • 70–200 mm f/2,8
1/125 bei f/4 • ISO 800

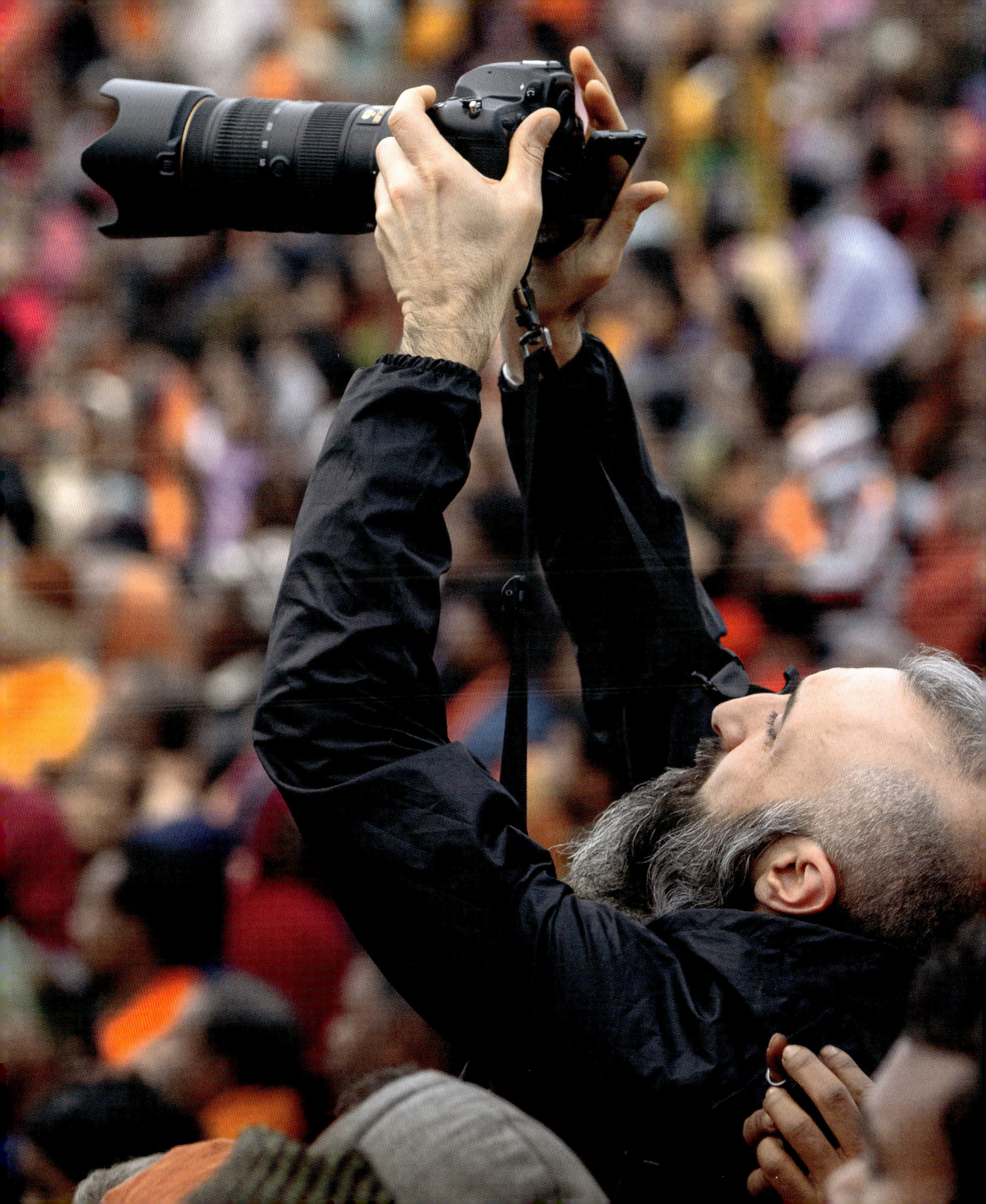

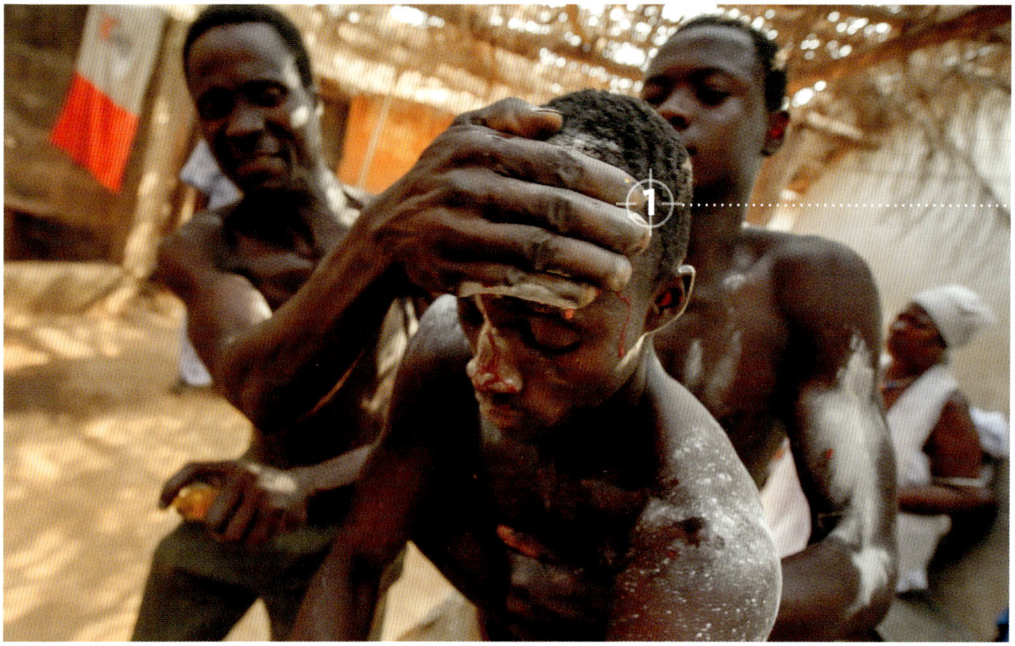

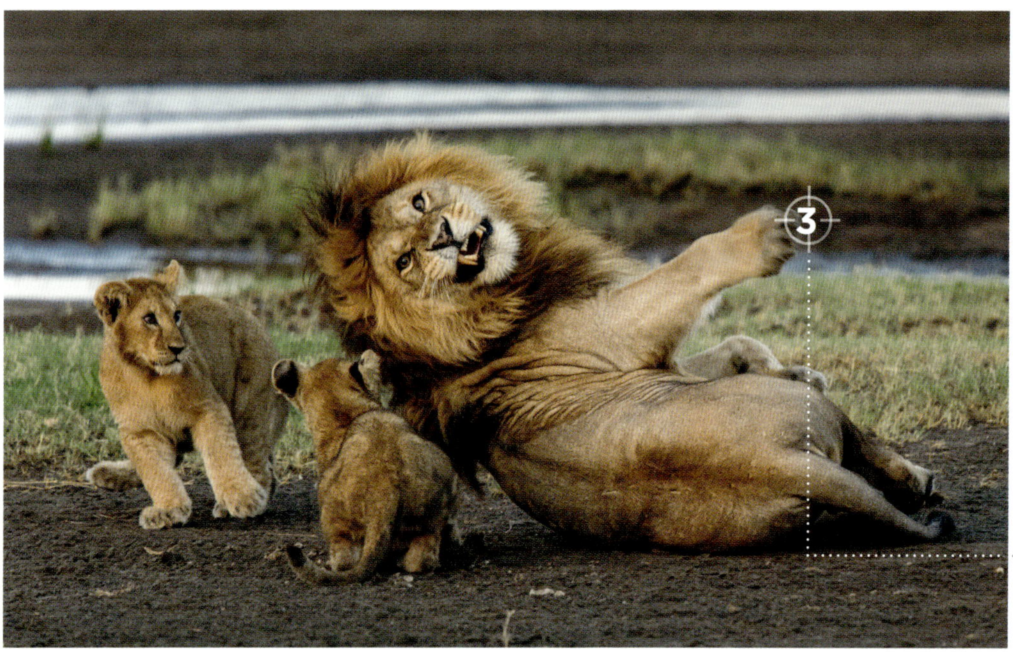

1
2
3

Die Fotos eines Fotoreporters sind nie geplant. Sie tauchen plötzlich auf, werden oft unter verbotenen Bedingungen geschossen und zwingen den Fotografen dazu, sich auf seine Fähigkeit zu verlassen, **schnelle Entscheidungen** zu treffen, die überwiegend auf seiner Erfahrung basieren.

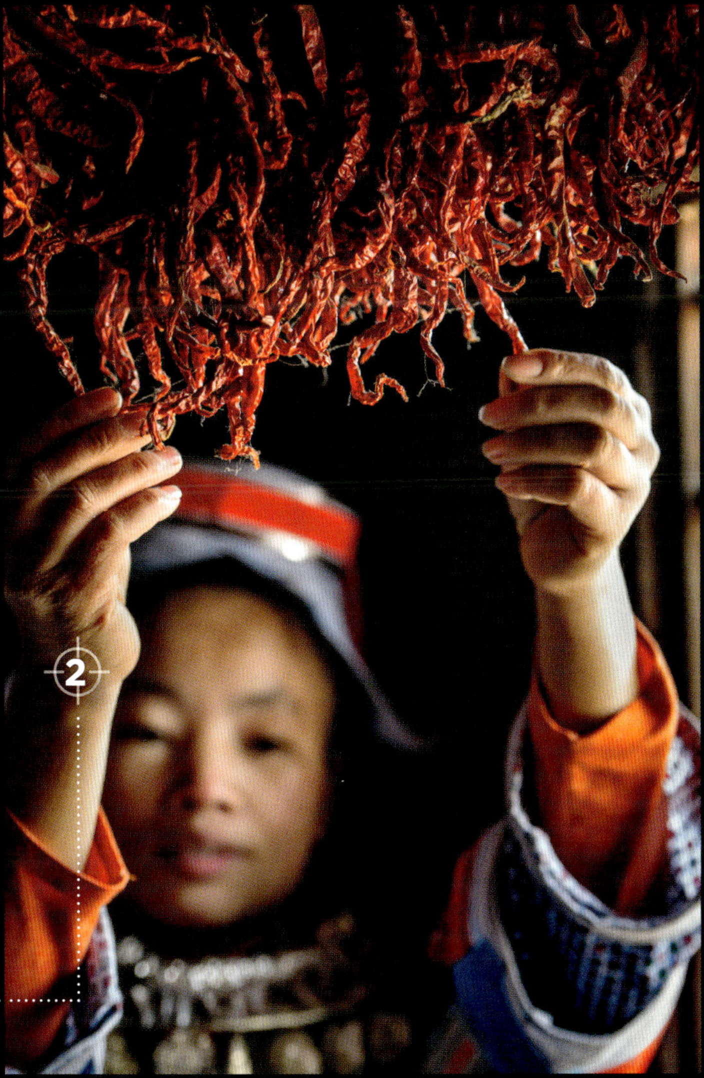

Das ist der Grund, weshalb Fotos manchmal technisch nicht ganz einwandfrei sind. Doch wenn die Strahlkraft des Motivs den Betrachter erreicht, werden eine **leichte Verschwommenheit (1), ein leicht unpräziser Bildausschnitt (2)** oder **eine leichte Verwackelung (3)** absolut unbedeutend. Daher ist es so wichtig, die Grundlagen von Komposition und Bildaufbau zu kennen und deren **wichtigste Regeln** zu erlernen. Wenn es nicht genug Zeit gibt und wir intuitiv entscheiden müssen, schenken uns diese Regeln Orientierung und die Resultate werden besser.

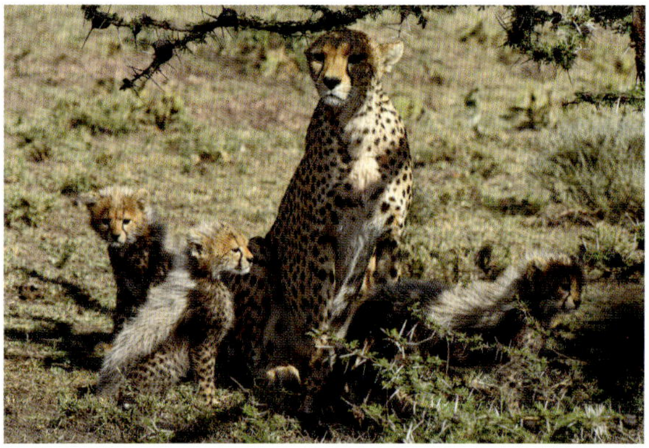

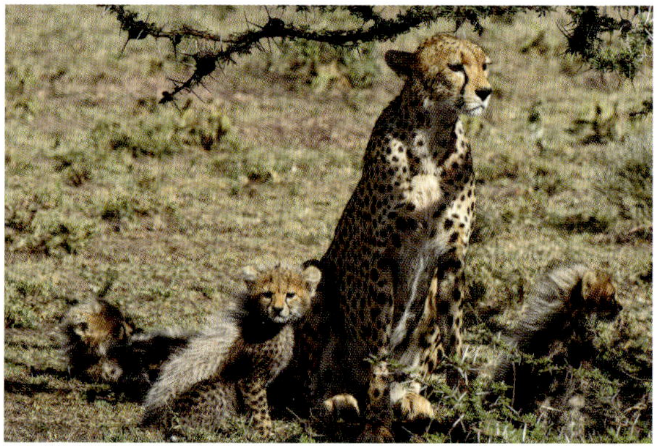

1 (✗) 2 (✗)

Anfangs, wenn man mit den Fragen der Komposition nicht vertraut ist, wird das Motiv aus Unerfahrenheit fast immer in der Bildmitte positioniert. Nicht einmal die Entscheidung über eine horizontale oder vertikale Ausrichtung der Kamera, wird dann bewusst getroffen. Doch früher oder später werden **Zufallsbilder (1-6)** langweilig, und es entsteht der Wunsch, Bildelemente - nicht nur das Hauptmotiv - **korrekt zu positionieren (7)** oder zu warten, bis sie sich **von selbst optimal anordnen**. So fangen wir an, unsere Fotos auf irgendeine Weise **zu komponieren und zu planen**.

3 (✗) 4 (✗)

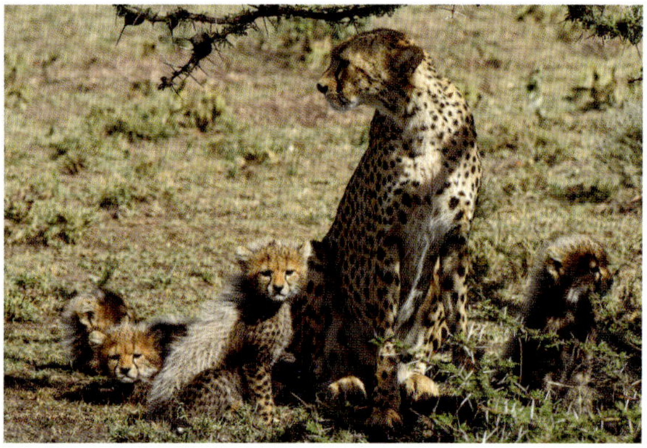

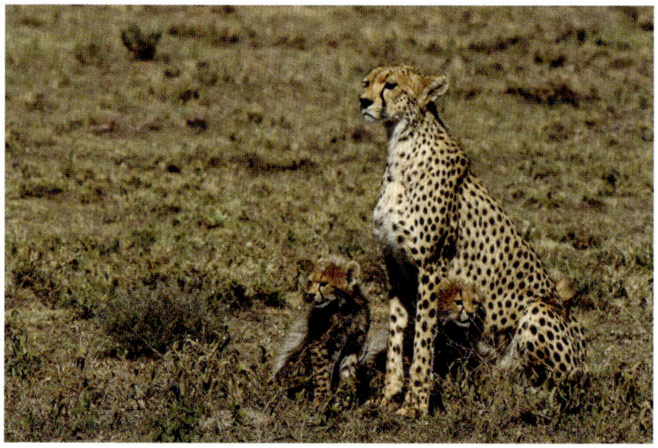

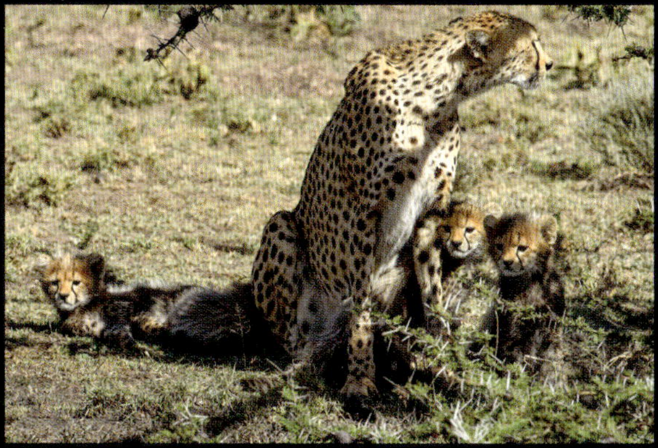

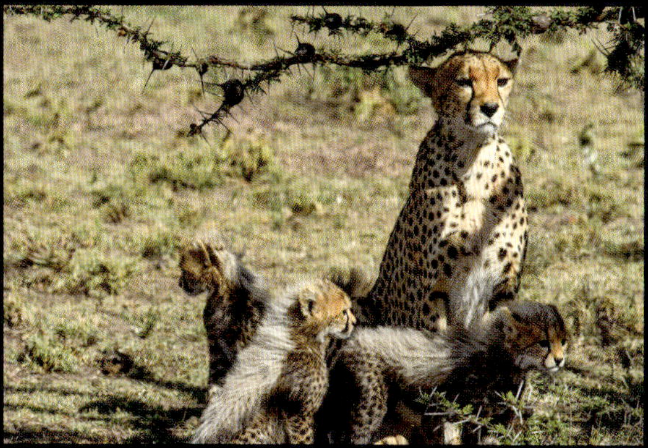

5 (✗)

6 (✗)

7 (✓)

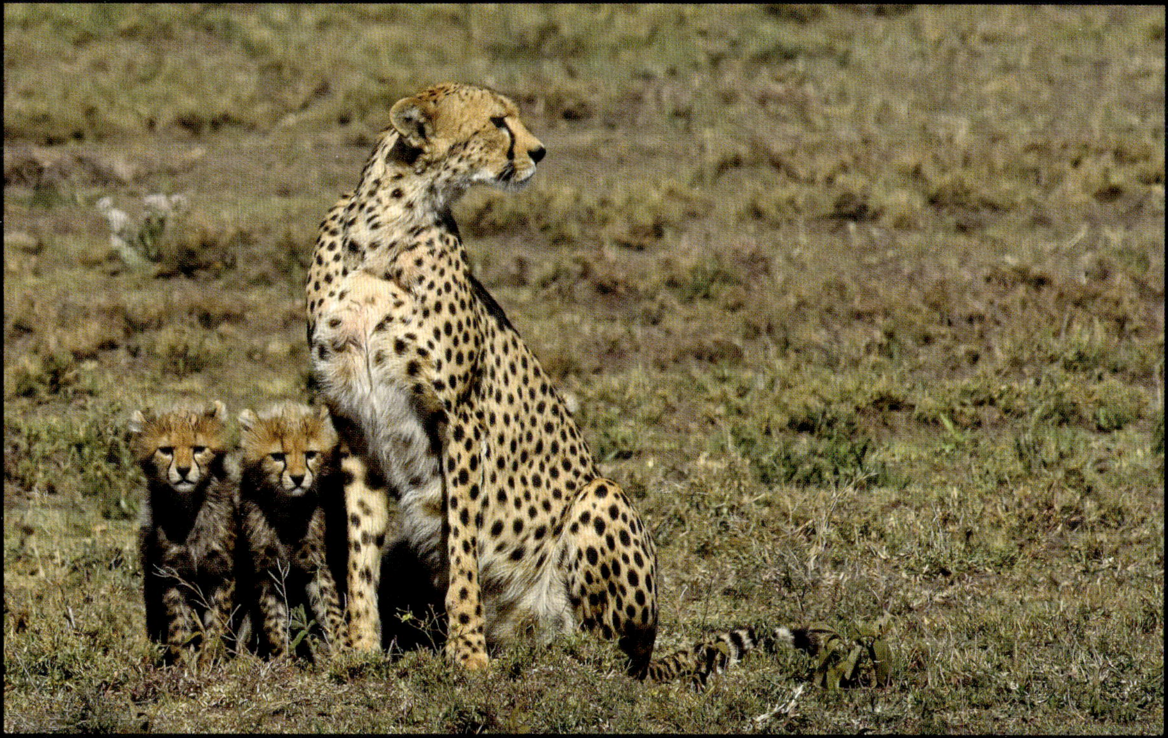

DER BILDAUFBAU

BILDAUSSCHNITT UND KOMPOSITION

Eine Komposition erfordert konzeptionelles Vorgehen und erfolgt keineswegs intuitiv, auch wenn manche behaupten, sie hätten eine natürliche Begabung dafür. Tatsächlich erlernt man die Grundbegriffe der Bildkomposition durch das **Betrachten und Auswerten** der Fotos anderer, durch den Vergleich von fotografischen und filmischen Aufnahmen, wahrscheinlich sogar durch das isolierte Betrachten von Bildausschnitten, die man von Kindesbeinen an aus Zeichentrickfilmen kennt. Die Fähigkeit zur Bildkomposition erwirbt man durch jahrelange Erfahrung. Mit ihrer Hilfe kann der Fotograf seine Bildideen ausdrücken und in eine **physische Form bringen**. Die Fähigkeit, eine gelungene Komposition zu erkennen, nimmt zu, wenn man eine Reihe von Gestaltungsregeln begriffen hat – die dann auch wieder bewusst gebrochen werden können. Wir sollten für uns immer neue, unseren Bedürfnissen entsprechende Regeln festlegen und **permanent experimentieren.** Eventuell ist es auch eine gute Idee, unsere Fotos von erfahrenen Kollegen beurteilen zu lassen, die uns beraten können.

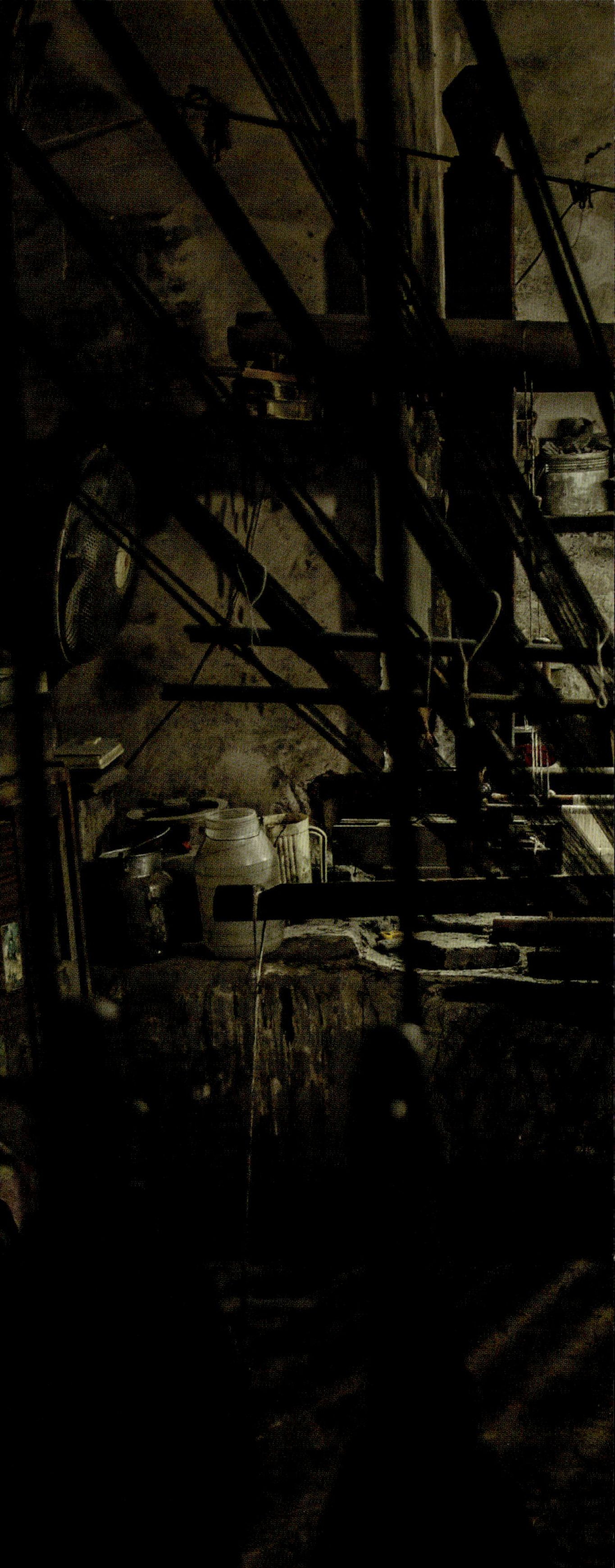

Iran, Kaschan

Nikon D 850 • 24-120 mm f/4
1/15 bei f/4 • ISO 800

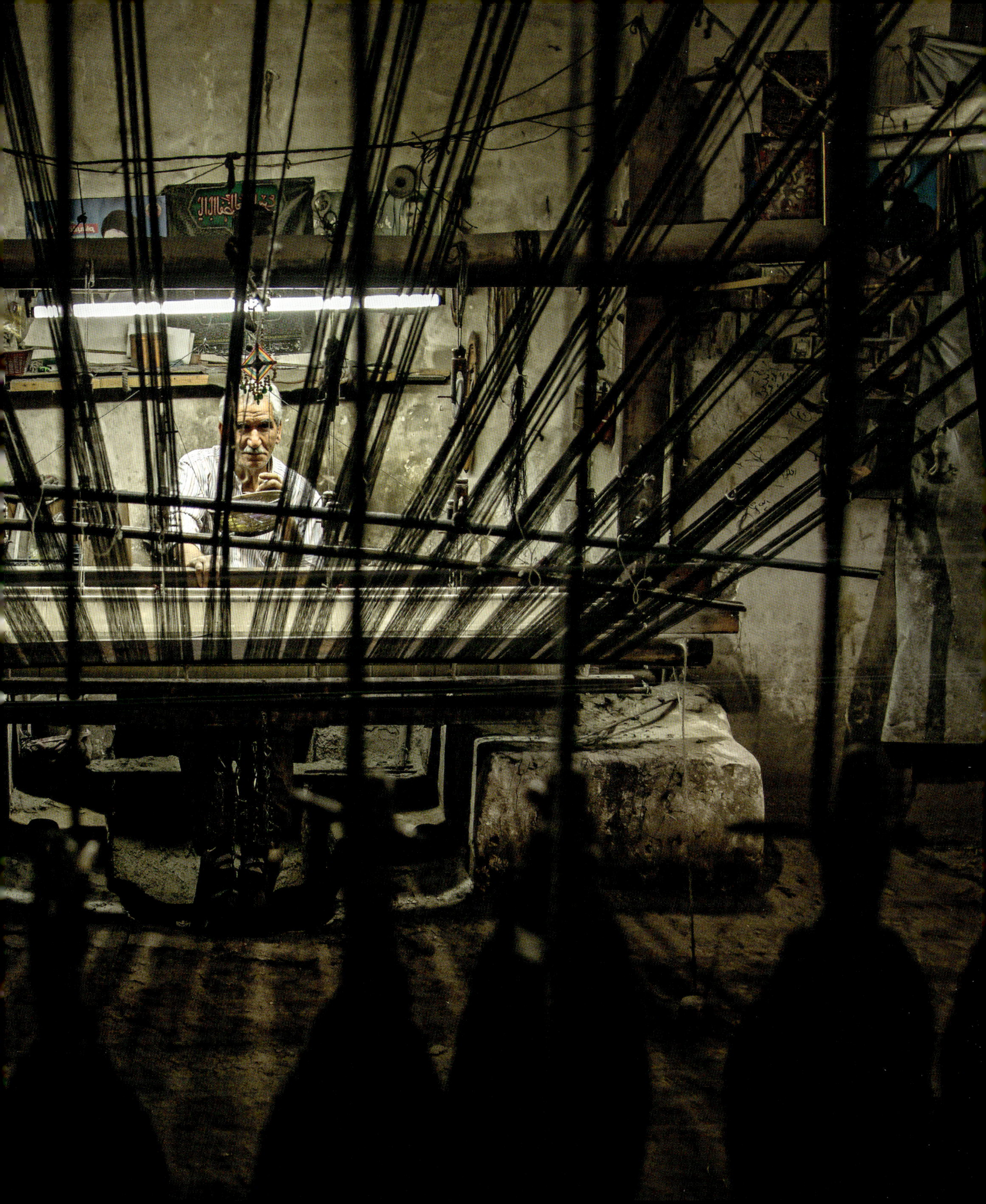

Bildausschnitt und Komposition sind in Wirklichkeit ...

Der **Bildausschnitt** bestimmt, welcher Teil der Realität wiedergegeben und welcher ausgelassen wird. Indem wir einen bestimmten Bildausschnitt wählen, können wir entscheiden, ob wir bestimmte Elemente in den rechteckigen Rahmen des Suchers einbeziehen oder nicht. Schon indem wir zwischen horizontaler und vertikaler Ausrichtung entscheiden, setzen wir eine erste Phase der Komposition um. Durch einen Standortwechsel oder den Einsatz verschiedener Brennweiten können wir die Proportionen festlegen und die Gewichtung, die andere Elemente bekommen sollen, aber das geht nur innerhalb der Grenzen, die uns durch die Kamera gesetzt sind. Die schwarzen Ränder des Suchers helfen uns dabei, den Bildausschnitt zu wählen, weil sie verhindern, dass unser Blick seiner Tendenz nachgibt, Linien weiterzuverfolgen: Die Blickbahnen werden durch die Ränder unterbrochen. Wie geschickt ein Fotograf bei der Festlegung des Bildausschnitts ist, hängt stark von seiner **Kenntnis der Gestaltungsregeln** und seiner **fotografischen Erfahrung** ab. Trotzdem müssen die Bildelemente gut angeordnet sein – sie müssen ihr eigenes harmonisches und funktionales Arrangement finden.

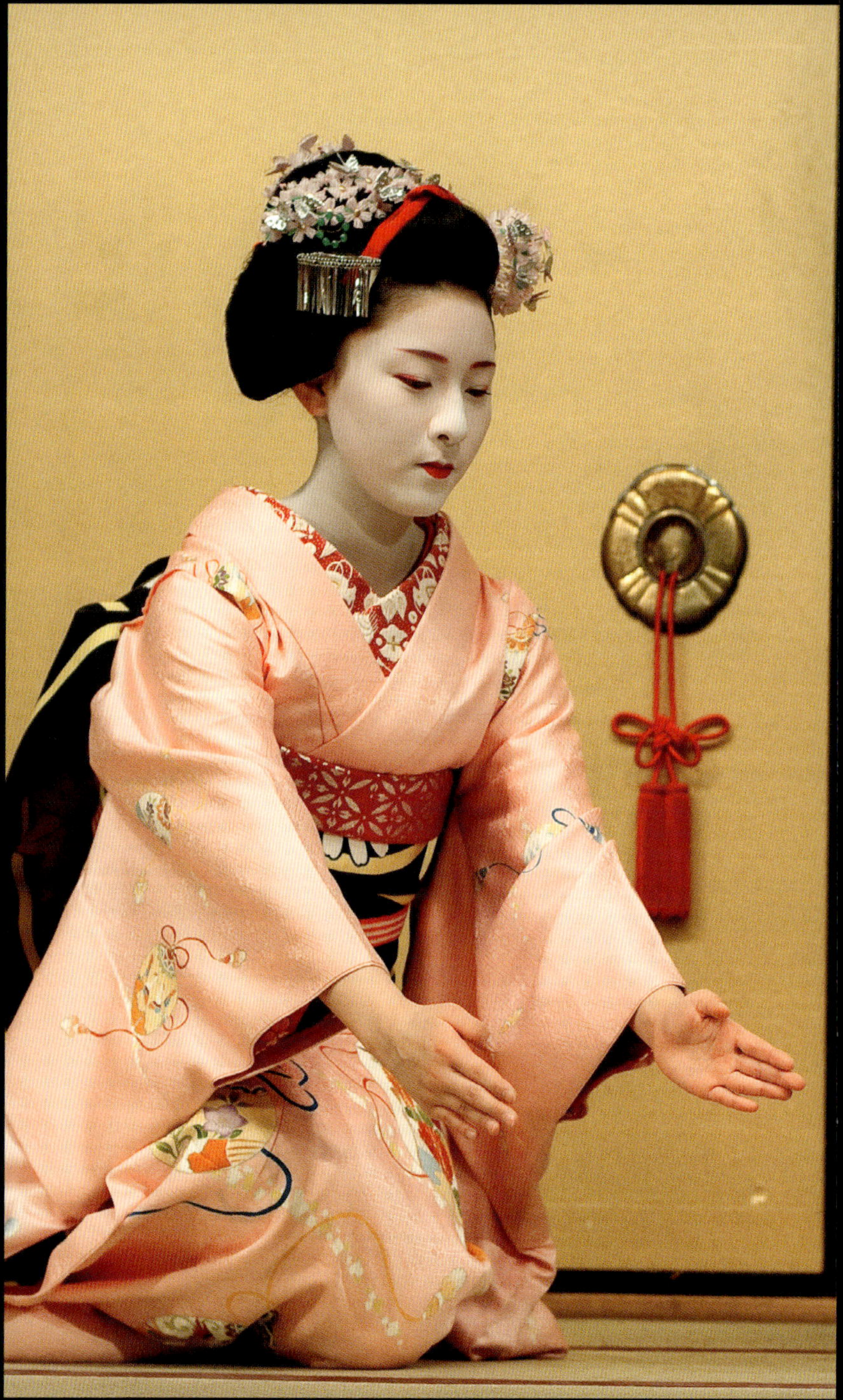

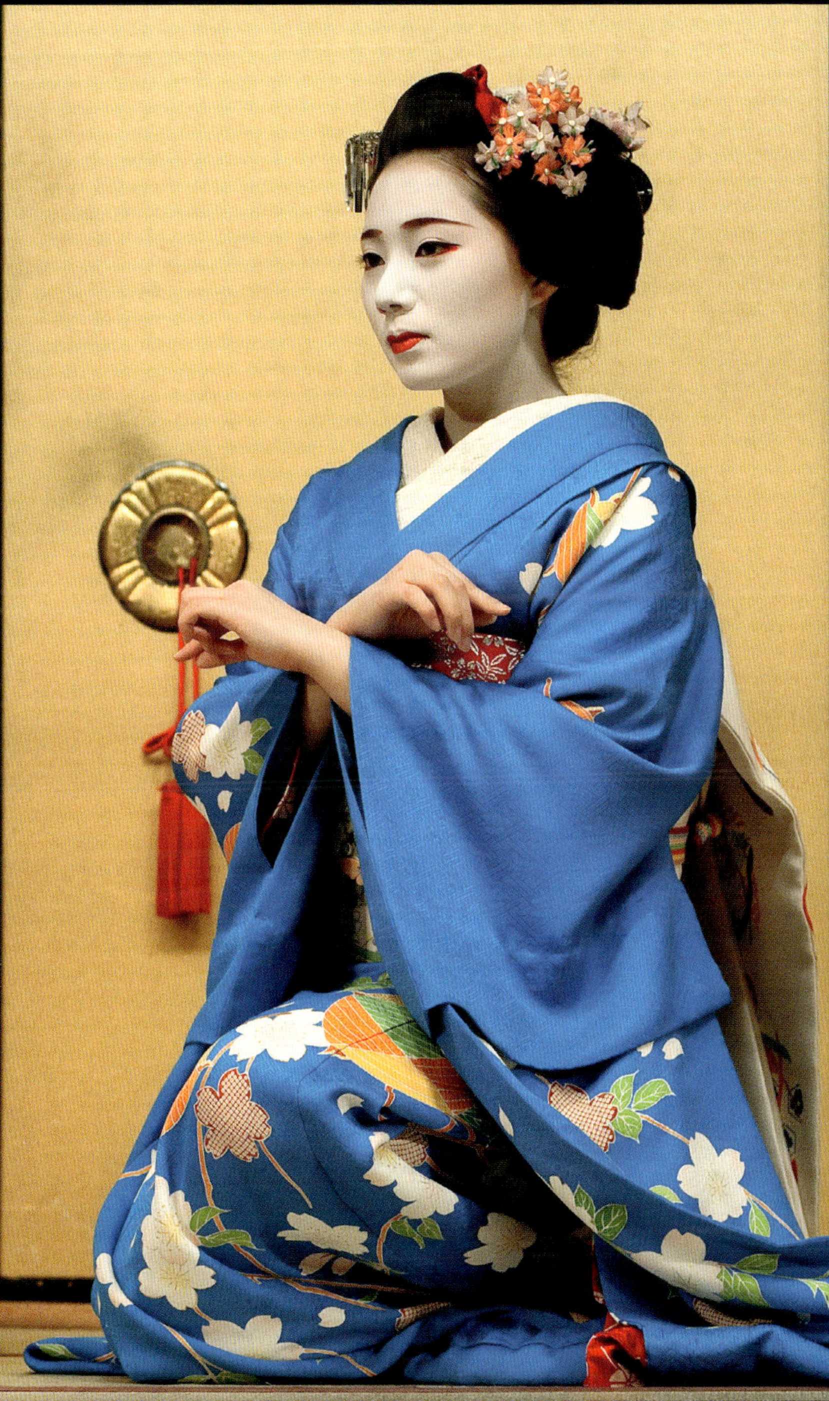

Die Komposition kann demnach erst **na-ch der Wahl des Bildausschnitts** erfolgen, und beides geht der eigentlichen Aufnahme voraus. Bei der Bildkomposition geht es um die Organisation der Bildelemente – um ihre Anordnung im Bildausschnitt und um Geometrie. Sie ist von so großer Bedeutung, dass man sagen könnte, die Komposition sei das Einzige, was letztendlich **tatsächlich** auf unseren Bildern **erscheint**. Wenn ein Foto zum Beispiel verschwommen oder verwackelt aussieht, fällt das jedem auf. Wenn unser Bild jedoch scharf ist, denkt über diese Tatsache niemand nach. Dann liegt die volle Aufmerksamkeit des Betrachters auf der Komposition. Manche Fotografen können den Bildausschnitt und den Bildaufbau nicht auseinanderhalten, da beides zusammen die Komposition ausmacht. Sie arbeiten mit beiden Komponenten **mehr oder weniger bewusst**. Kompositionsregeln sind keine starren Vorgaben, sondern eine persönlich entwickelte Gestaltungsweise, die anfangs meist schwer beschreibbar ist.

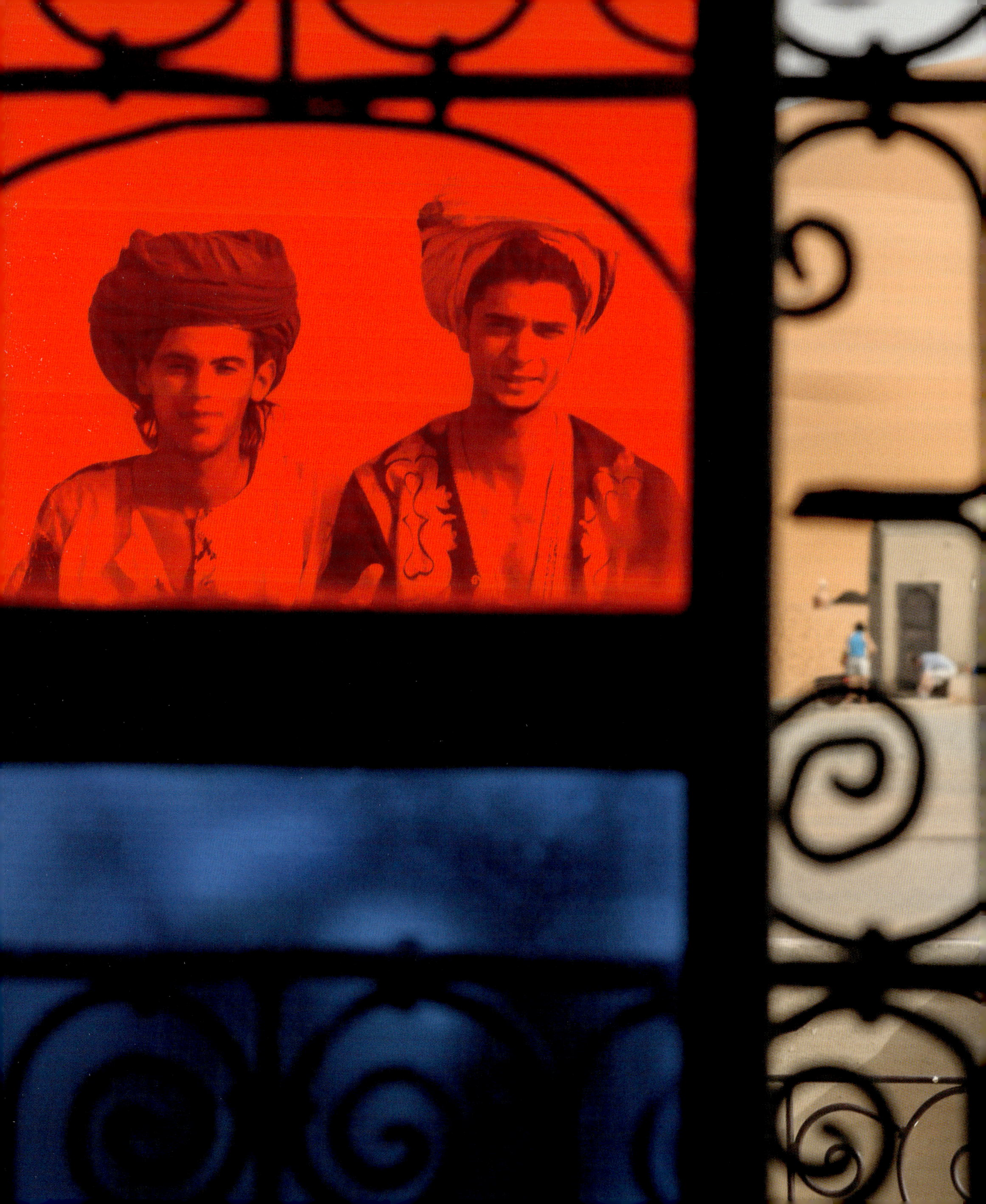

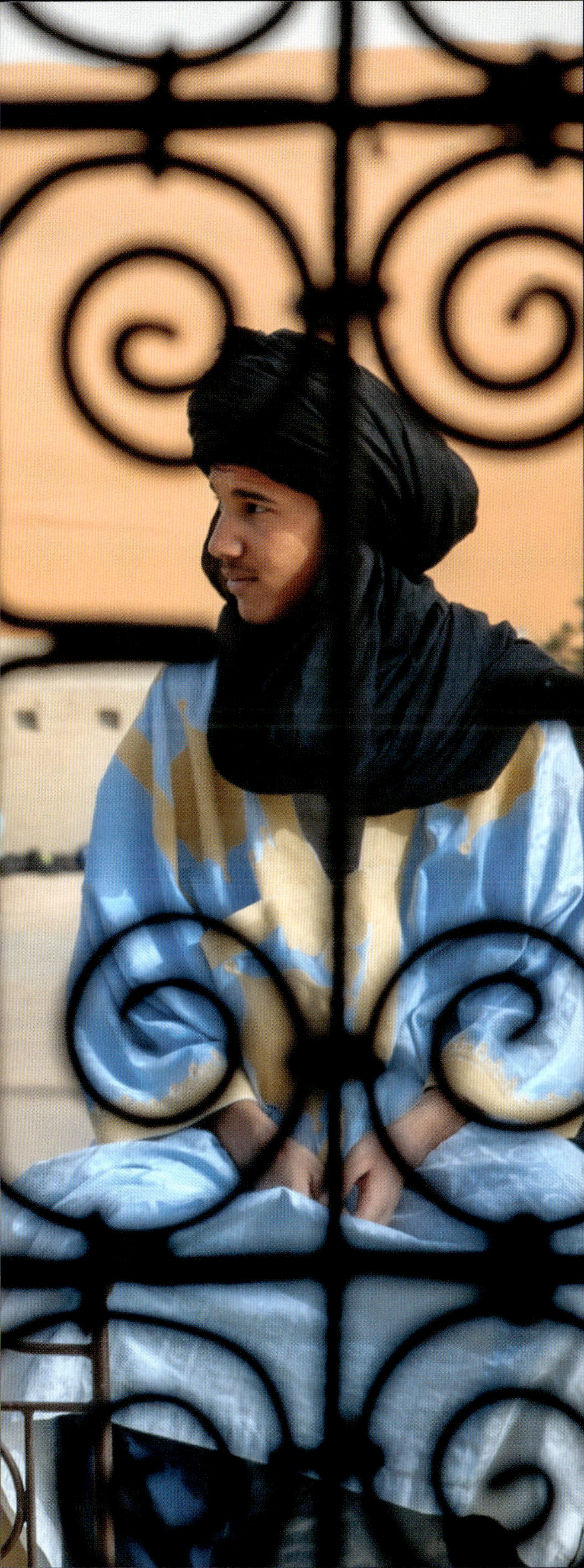

DER BILDAUFBAU

KONTRAST UND AUSGEWOGENHEIT

Von Komposition zu sprechen, ist ein wenig wie von Organisation zu sprechen. Wenn das Motiv erst einmal im Bildausschnitt positioniert ist, **unterteilt es das Bild** in Räume, die weitere Elemente enthalten und die proportioniert, ausgeglichen und ausbalanciert werden. Ein Bild zu komponieren bedeutet, die im Bildausschnitt enthaltenen Elemente zu ordnen und zu positionieren, und zwar auf der Grundlage einer Reihe von Techniken und **auf der Wahrnehmung basierenden Gestaltungsregeln**, die – so objektiv und nachvollziehbar sie auch sein mögen – dennoch interpretiert und nicht streng und starr angewendet werden dürfen, da dies mit Sicherheit zulasten der Kreativität gehen würde. Die Komposition ist nämlich kein einfaches Mittel, um Fotos gefällig und geordnet zu machen, sondern sie gestattet es dem Fotografen, sich auszudrücken, indem er spezielle Inhalte hervorhebt und ihnen **Form verleiht**. Diese Regeln zu befolgen – oder sich bewusst von ihnen zu lösen –, kann für die Bildwirkung entscheidend sein. So können dem Betrachter Ruhe oder Spannung, Akzeptanz oder Ablehnung, Frieden oder Unruhe, Zufriedenheit oder Unwillen vermittelt werden.

Marokko, Erg Chebbi

Nikon D 300S • 70-200 mm f/2,8
1/100 bei f/13 • ISO 200

Zwei wichtige **Grundprinzipien** sind **Kontrast und Ausgewogenheit**, aber es gibt auch noch viele andere, dank derer es möglich wird, eine unendliche Reihe unterschiedlicher und absolut persönlicher Fotos zu schießen.

KONTRAST

K**ontraste** lassen **Unterschiede im Wesen von Bildelementen** deutlich zutage treten. Dabei kann es sich um einen **Kontrast** von Farben, Formen oder Größen handeln oder um deutliche Unterschiede in Schärfe und Licht. Darüber hinaus gibt es **Kontraste, die eher konzeptioneller Natur** sind, zum Beispiel soziale Unterschiede. Auch auf der symbolischen Ebene kann mit Kontrasten gearbeitet werden. Grundsätzlich gilt, dass sich zwei kontrastierende Elemente **gegenseitig verstärken**.

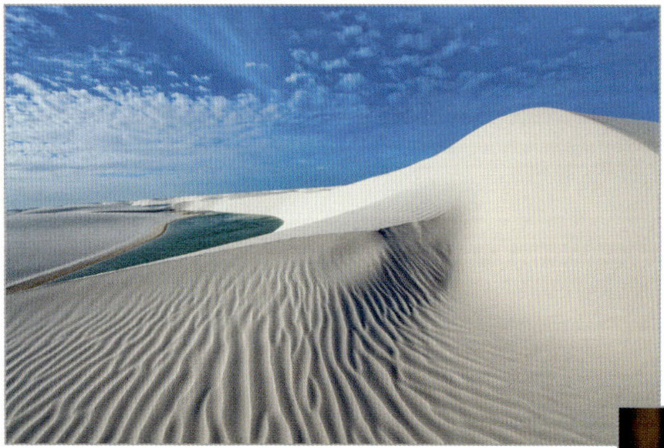

Farbkontrast
Das Blau des Himmels bildet einen starken Kontrast zu den schneeweißen Dünen von Maranhão in Brasilien.

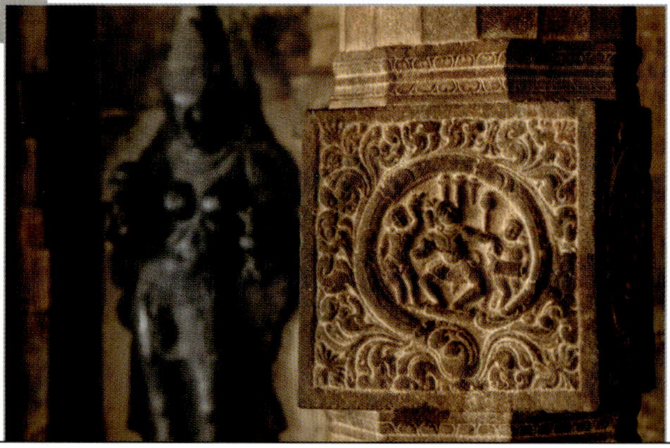

Kontrast in der BIldschärfe
In diesem Fall stehen sich eine scharfe und eine unscharfe Bildebene gegenüber.

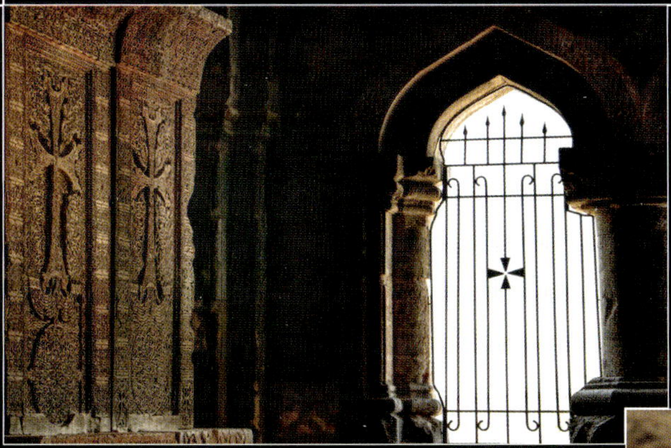

Hell-Dunkel-Kontrast

Dieser Innenraum wirkt durch seinen Hell-Dunkel-Kontrast. Durch die Dunkelheit der umgebenden Mauer tritt das Fenster umso heller hervor.

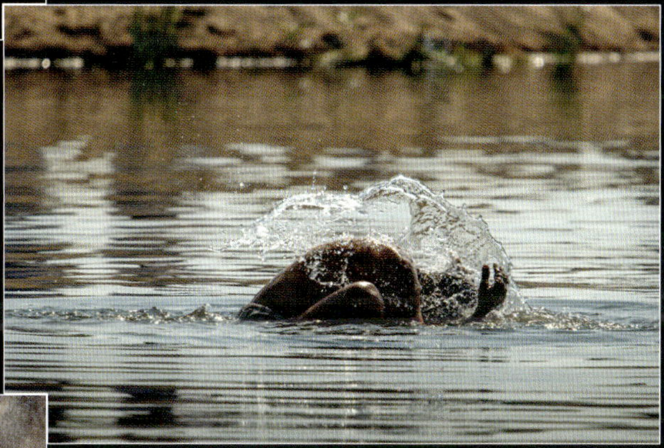

Kontrast der Form

Hier kontrastiert der solide Körper des Schwimmers mit dem flüssigen Wasser.

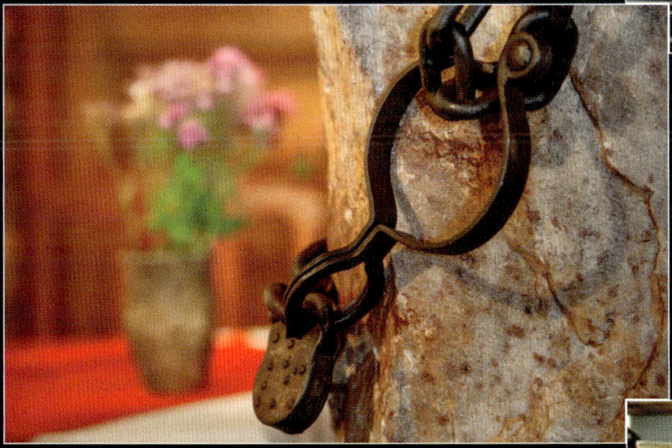

Emotionaler Kontrast

Die Empörung über die Ketten, in denen die Sklaven gefangen gehalten wurden, wird durch die Blumen im Hintergrund unterstrichen.

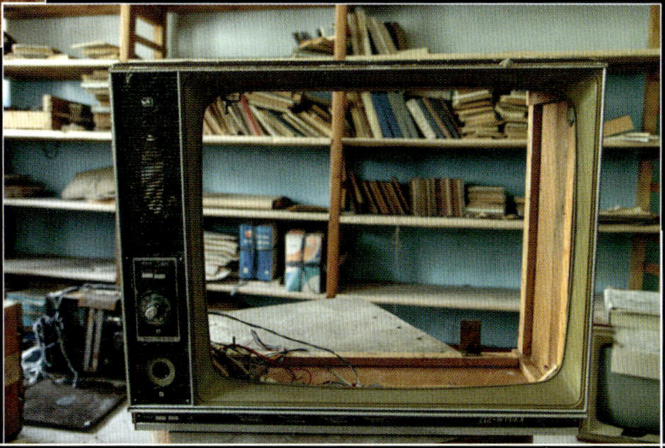

Konzeptioneller Kontrast

Stehen das Fernsehen und das Buch zueinander in Konkurrenz? Diese Frage wird durch den Kontrast des TV-Geräts und des Bücherregals aufgeworfen.

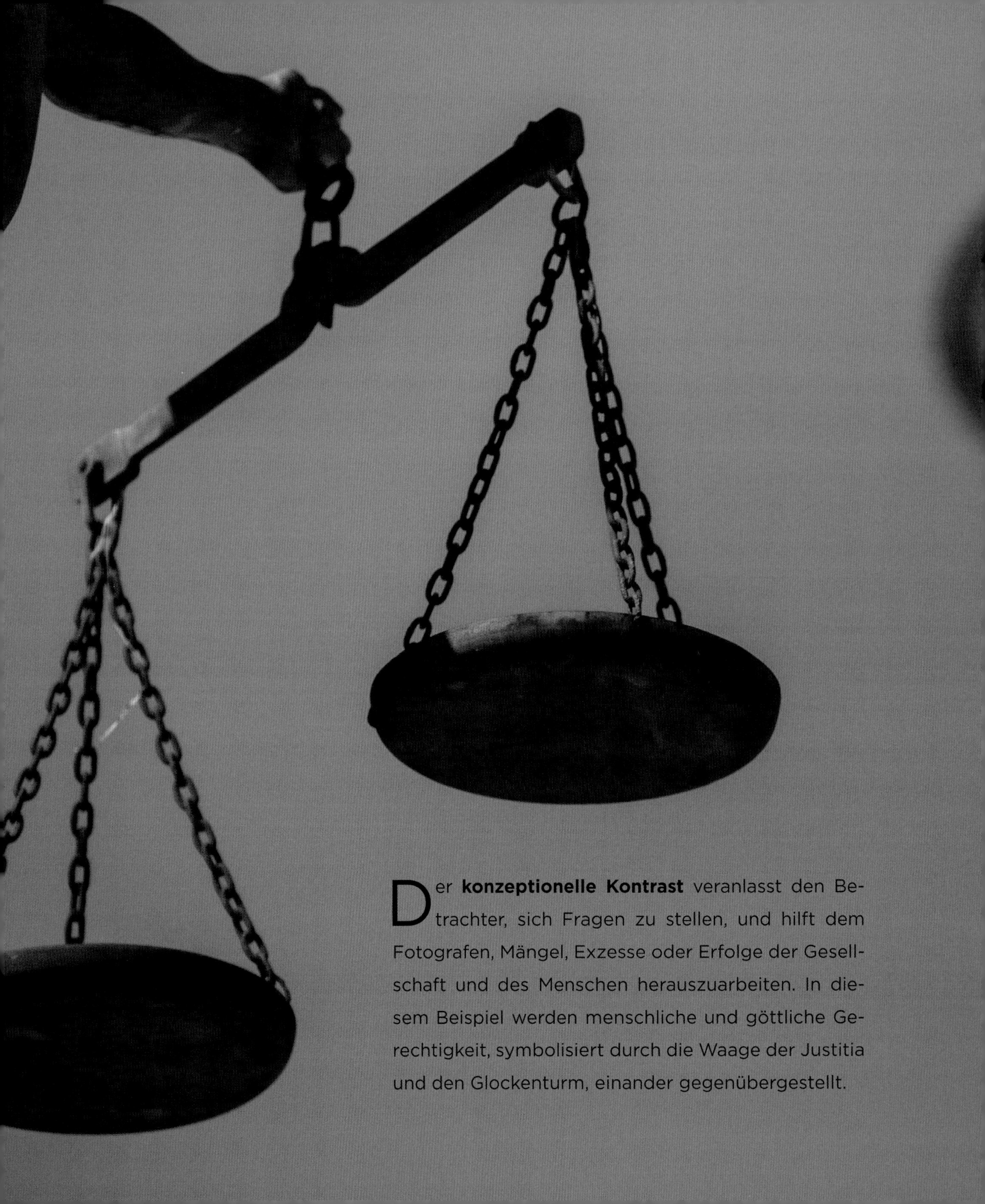

Der **konzeptionelle Kontrast** veranlasst den Betrachter, sich Fragen zu stellen, und hilft dem Fotografen, Mängel, Exzesse oder Erfolge der Gesellschaft und des Menschen herauszuarbeiten. In diesem Beispiel werden menschliche und göttliche Gerechtigkeit, symbolisiert durch die Waage der Justitia und den Glockenturm, einander gegenübergestellt.

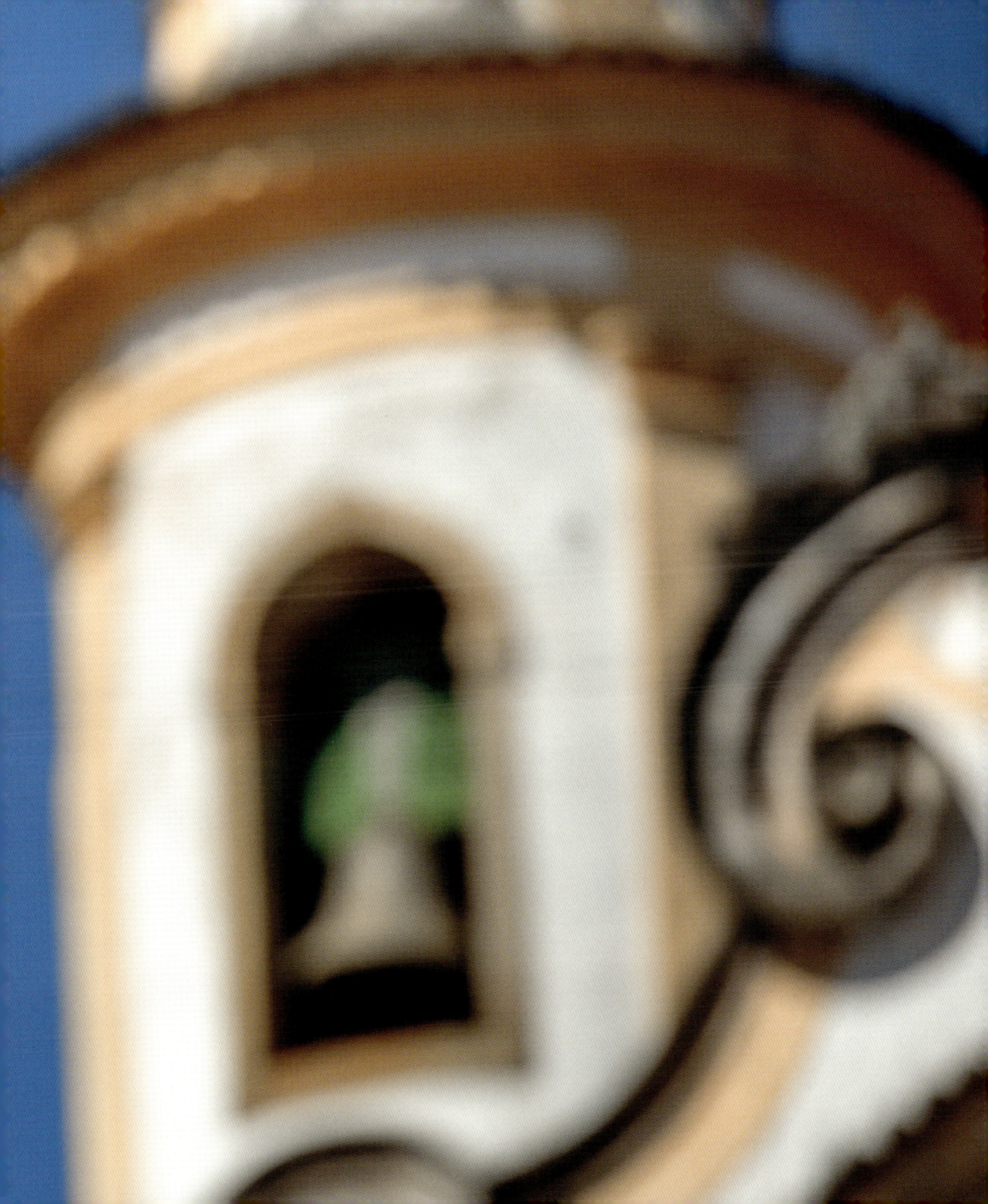

AUSGEWOGENHEIT

Um für Ausgewogenheit zu sorgen, müssen wir hingegen einen **Bezug zwischen den Elementen** eines Bildes herstellen, indem wir sie ins Gleichgewicht bringen und aufmerksam den Gesamteindruck im Auge behalten. Die Gesetze der visuellen Wahrnehmung zeigen, dass unser Gehirn danach strebt, **jede Spannung** mit einer Gegenspannung **auszugleichen**. **Dieser Neigung zu entsprechen,** bedeutet bereits, dass man ein angenehmes, eben ein ausgewogenes Bild schafft. Wir kön-

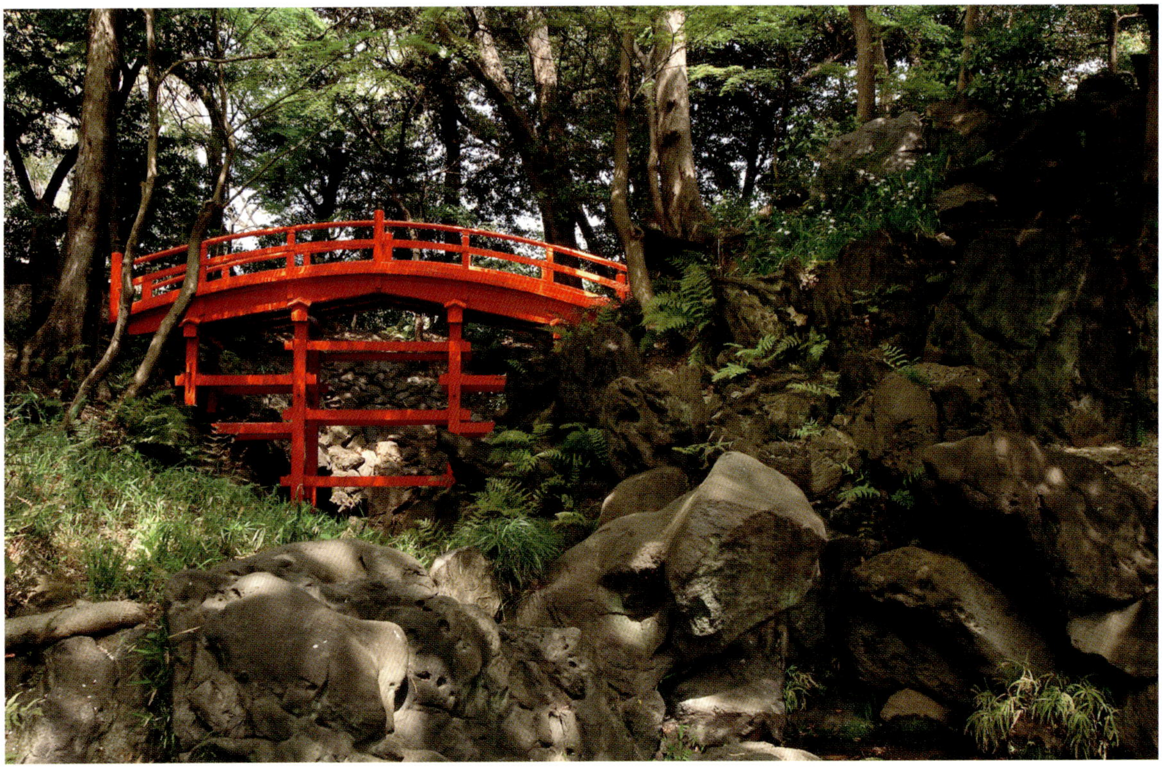

nen dieses Harmoniebedürfnis unterstützen und ruhige Stabilität herstellen oder aber Spannung im Bild erzeugen. Dies geht ganz einfach, indem man lernt, zwei Arten von Ausgewogenheit bewusst gestalterisch einzusetzen: das **STATISCHE GLEICHGEWICHT** und das **DYNAMISCHE GLEICHGEWICHT**.

BEISPIELE FÜR DAS STATISCHE GLEICHGEWICHT

Statisches Gleichgewicht
wird hier erlangt, indem das Objekt einfach in die Bildmitte gesetzt wird.

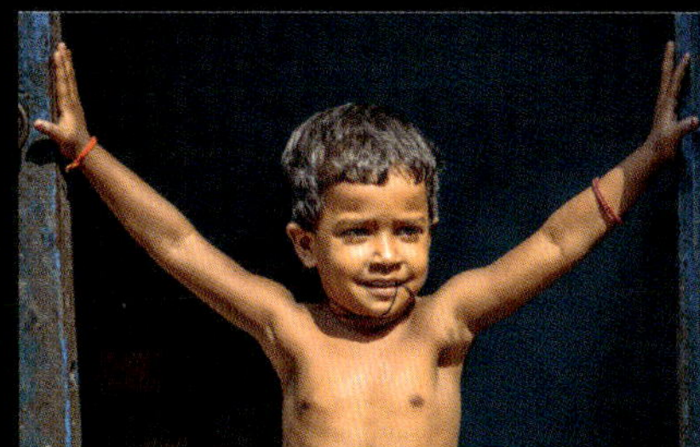

Statisches Gleichgewicht
wird erreicht, indem mehrere ähnliche Objekte um ein Gravitationszentrum herum angeordnet werden.

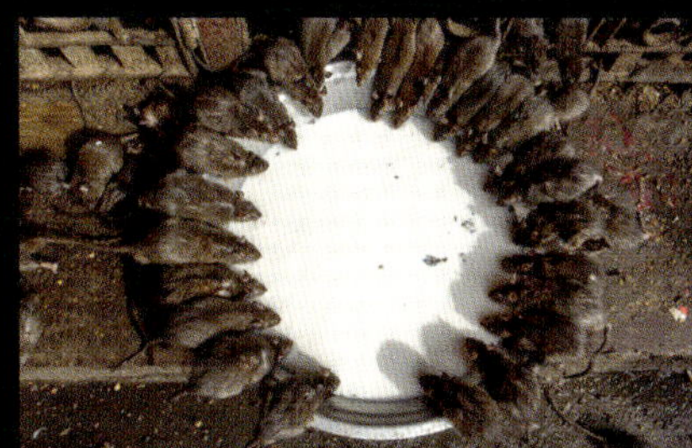

Statisches Gleichgewicht
wird erzielt, indem zwei vergleichbare Objekte im gleichen Abstand zur Bildmitte angeordnet werden.

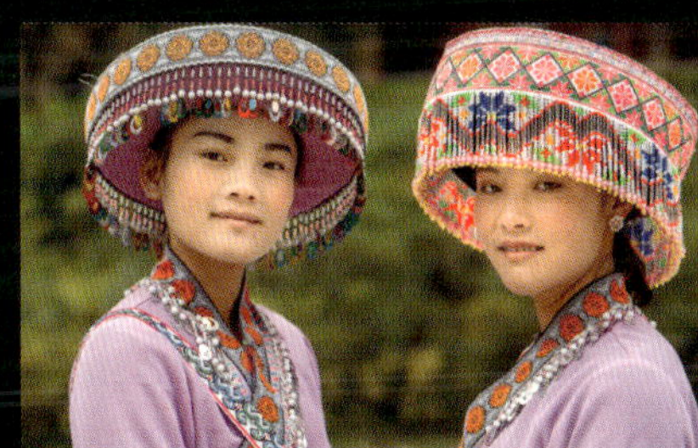

Statisches Gleichgewicht
wird erhalten, indem man zwei Objekte von gleicher visueller Bedeutung gegeneinander aufwiegt – Mensch und Schrift.

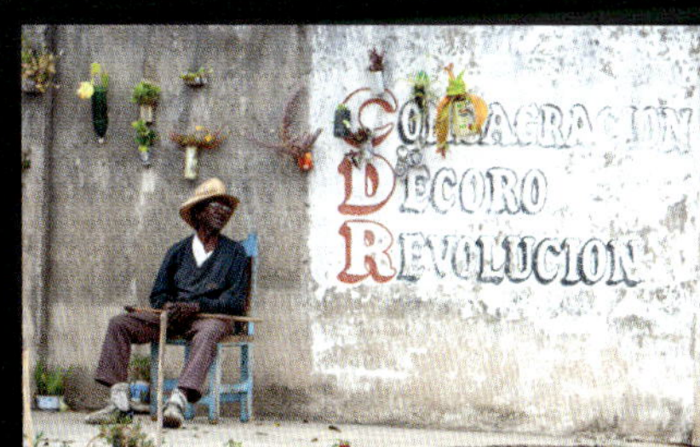

Statisches Gleichgewicht
entsteht dadurch, dass mehrere ähnliche Objekte in derselben Haltung abgebildet werden.

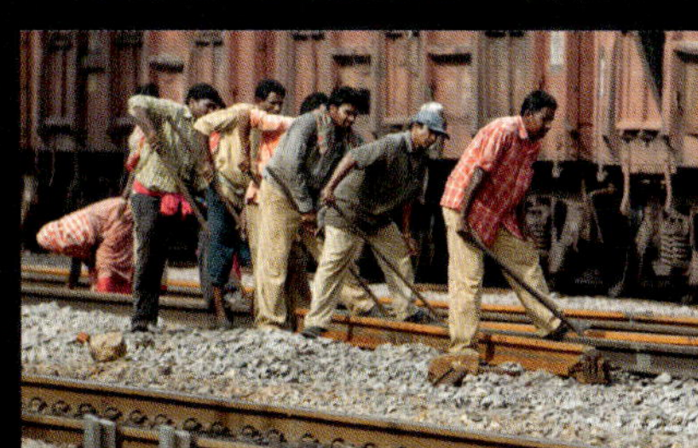

BEISPIELE FÜR DAS DYNAMISCHE GLEICHGEWICHT

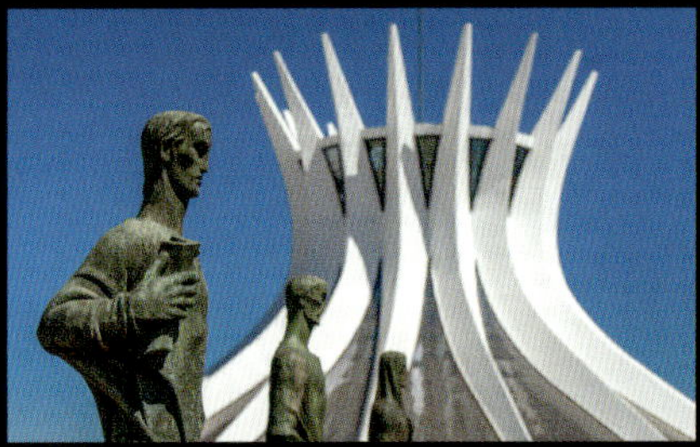

Dynamisches Gleichgewicht wird erzielt, indem ungleiche Kräfte gegenübergestellt werden, um das Foto belebter und dynamischer zu machen.

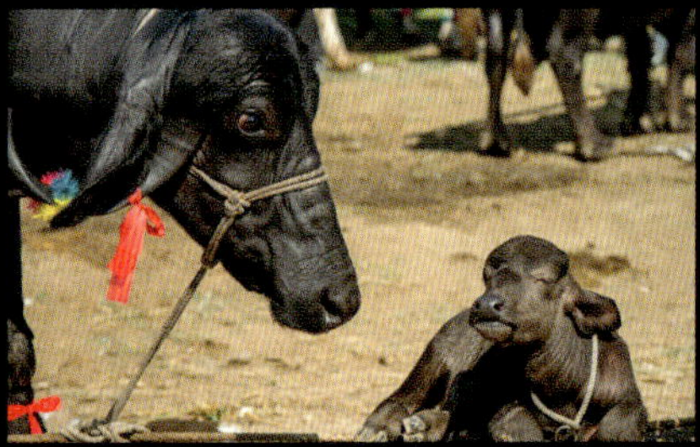

Dynamisches Gleichgewicht entsteht dadurch, dass ein großes Objekt gleich weit von der Bildmitte entfernt ist wie ein kleines.

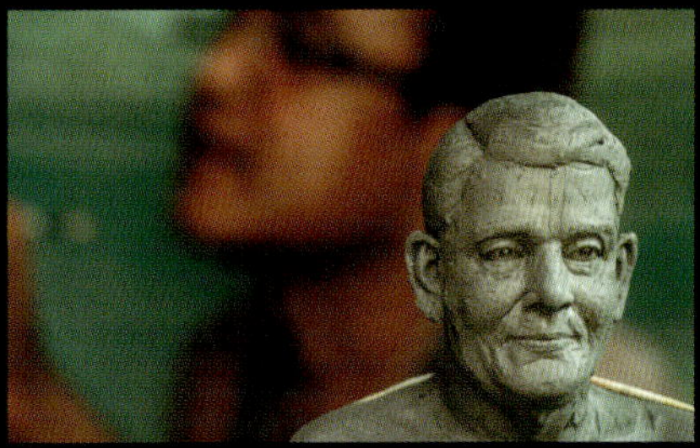

Dynamisches Gleichgewicht wird erreicht, wenn ein Mensch einem Objekt gegenübergestellt wird und damit eine eher konzeptionelle Dynamik ausgenutzt wird.

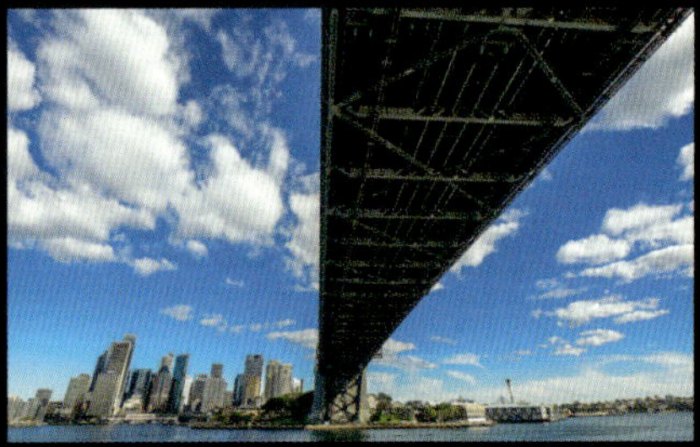

Dynamisches Gleichgewicht entsteht, indem einer Totalen ein Vordergrund entgegengesetzt wird.

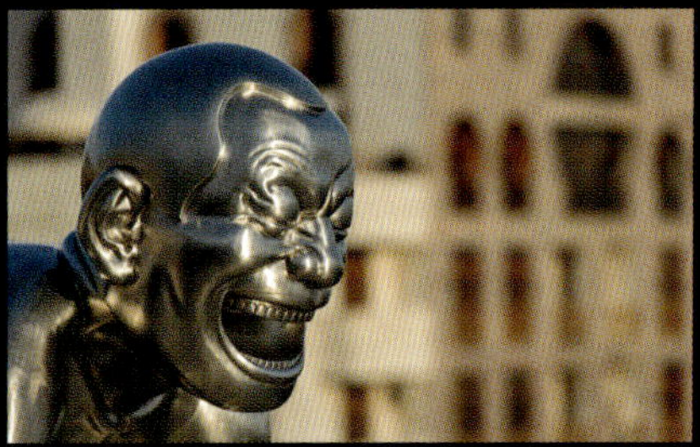

Dynamisches Gleichgewicht entsteht, wenn einem Objekt eine perspektivische Wirkung entgegengesetzt wird.

Fast immer lassen sich auf ein und demselben Bild sowohl kontrastierende als auch ausgewogene Elemente erkennen, auch wenn der Kontrast die Unterschiede betont, während die Ausgewogenheit die Bezüge zwischen ihnen herstellt. Und wie wir bereits gesehen haben, ist das Erreichen eines **statischen Gleichgewichts** nicht immer das vom Fotografen angestrebte Ergebnis. Es ist nämlich nicht gesagt, dass ein gutes Foto ausgewogen, harmonisch oder ausgeglichen sein muss – dies sind nur die Grundregeln. Ganz sicher ist jedoch, dass der Betrachter **nach Gründen sucht,** wenn ein Bild eindeutig absichtlich asymmetrisch ist. Als Fotografen sollten wir versuchen, diese Gründe ersichtlich zu machen.

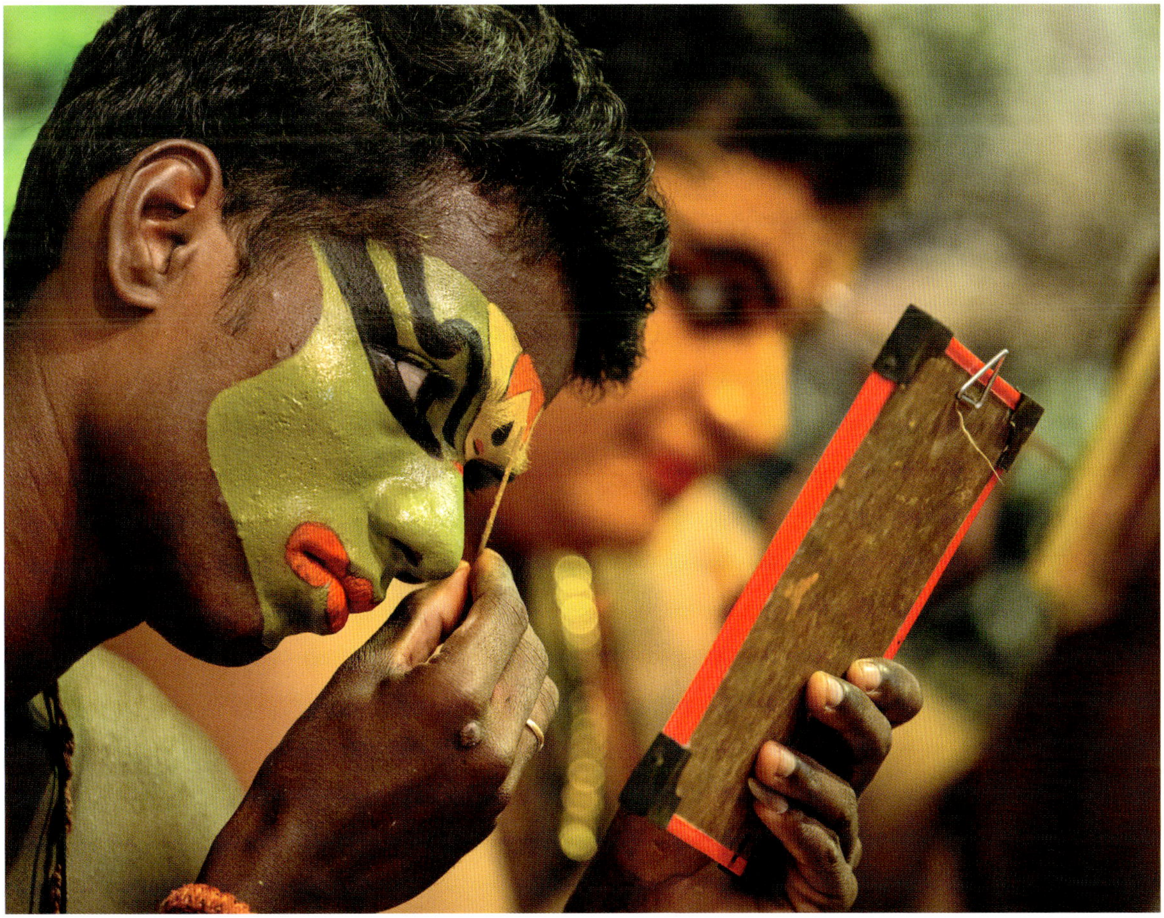

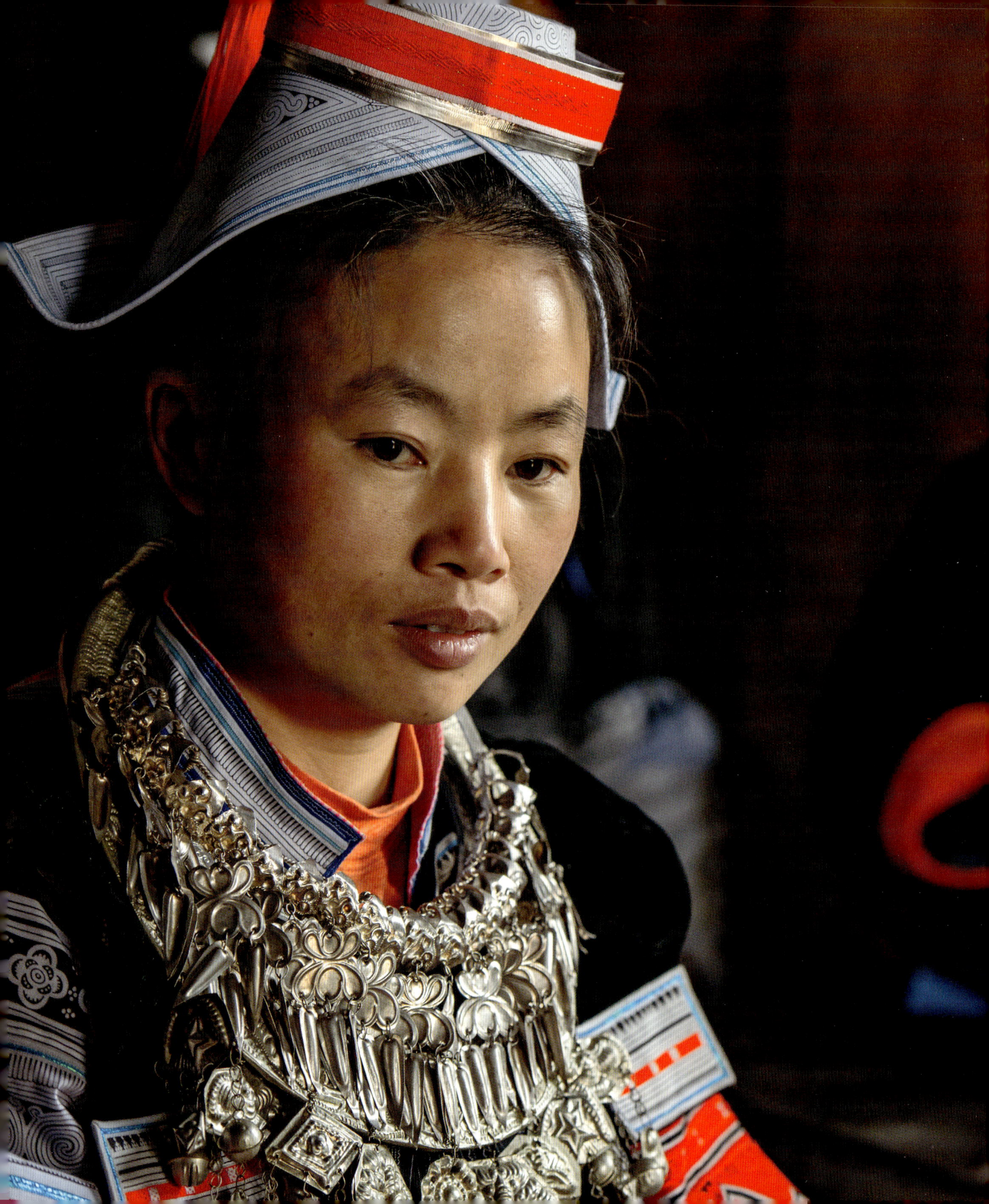

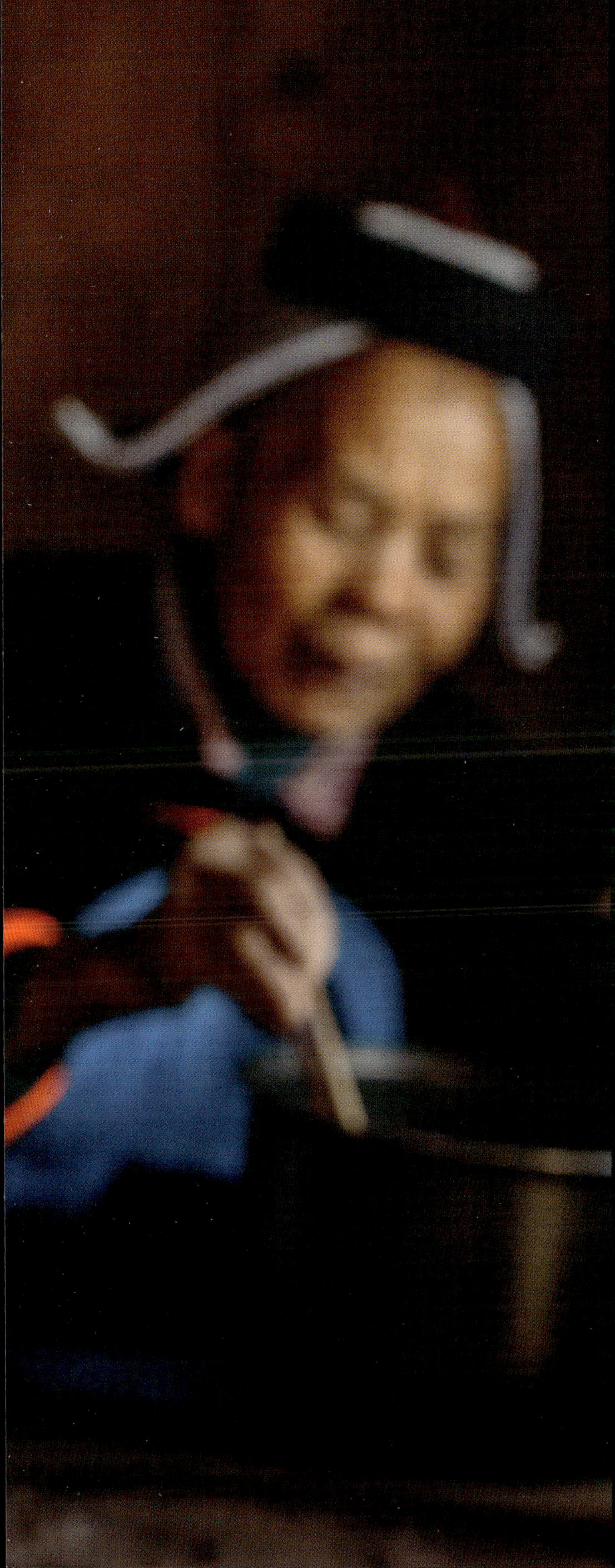

KONZEPTIONELLER KONTRAST UND DYNAMISCHES GLEICHGEWICHT

Zwei Bildmotive werden einander gegenübergestellt. Diese beiden Frauen aus derselben ethnischen Gruppe gehören unterschiedlichen Generationen an. Gemeinsam bereiten sie ein traditionelles Gericht zu. Die Zufriedenheit der Älteren findet sich jedoch nicht in der Miene der Jüngeren wieder, die Unzufriedenheit vermittelt – vielleicht über ihr ländliches Leben, das noch immer vollkommen in den Bräuchen der Vergangenheit verwurzelt ist.

China, Gejia Rencun

Nikon D 800 • 70–200 mm f/2,8
1/100 bei f/4 • ISO 1600

MODELLE DES BILDAUFBAUS

ALLES AM RICHTIGEN PLATZ

Das Hauptziel der Komposition besteht darin, die Bildelemente zweckdienlich anzuordnen. Wenn ein Foto ein sofort entzifferbares Gestaltungsmuster und ein klares und sofort erkennbares grafisches Design hat, kann es dem Betrachter seine Botschaft schnell und direkt vermitteln. Daher sind die kraftvollsten Bilder meist schlicht und linear. Abgesehen von primären Gestaltungsaspekten, wie **Kontrast und Ausgewogenheit**, können natürlich auch andere, sekundäre Modelle des Bildaufbaus angewandt werden, die jedoch nicht das Motiv verschleiern oder andere tragende Gestaltungselemente durcheinanderbringen dürfen. Manche Richtlinien und Modelle der Gestaltung können also bei der Komposition unserer Bilder helfen, und es wird nützlich sein, sie zu kennen. Das gilt auch dann, wenn wir beschließen solllten, ihnen **nicht zu folgen**, weil wir in einem speziellen Fall die Realität aus unserem ganz persönlichen Blickwinkel heraus interpretieren möchten.

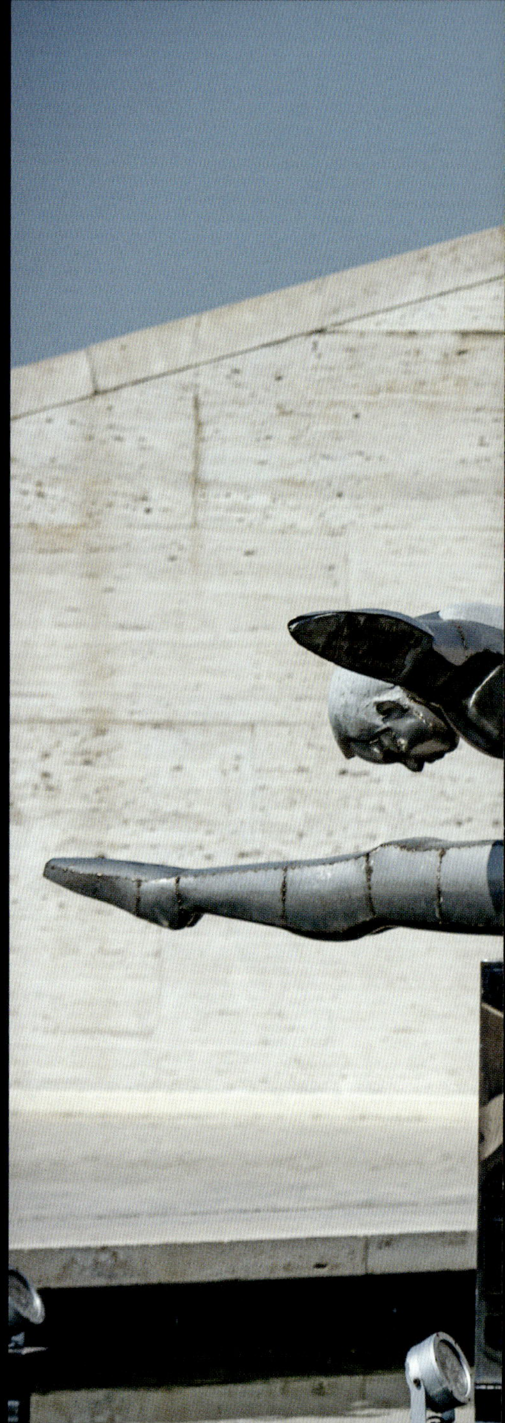

Armenien, Jerewan

Nikon D 810 • 70-200 mm f/2,8
1/3200 bei f/5 • ISO 64

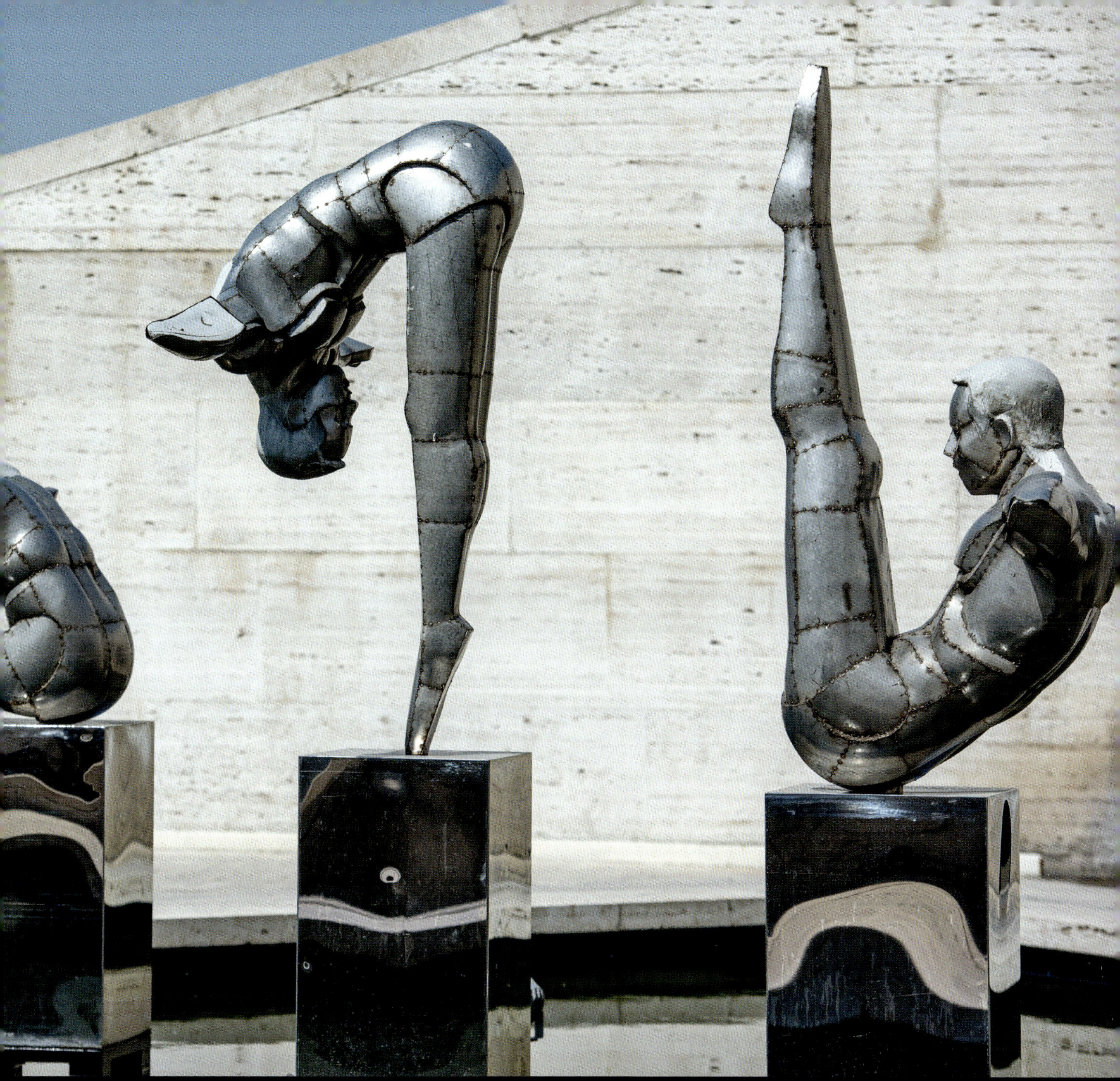

[DIE DRITTELREGEL]

Wenn wir das Objekt in die Bildmitte setzen, wird der Bildausschnitt in **gleichgroße, rechteckige Flächen** geteilt, wodurch Unbeweglichkeit und Stabilität kommuniziert werden, aber auch Starre und mangelnde Dynamik.

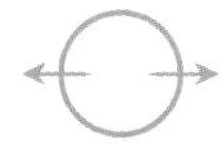

Statisches Gleichgewicht

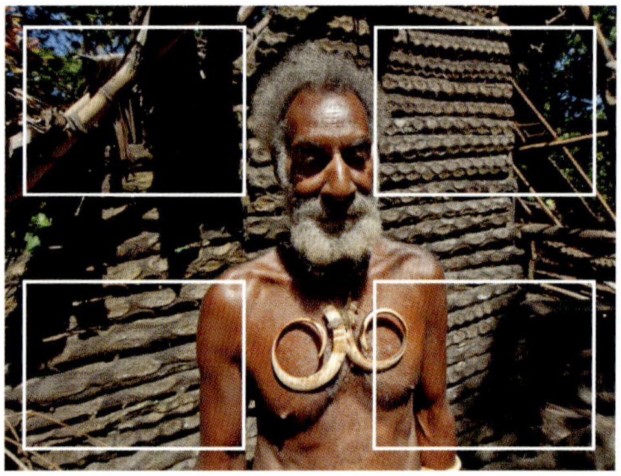

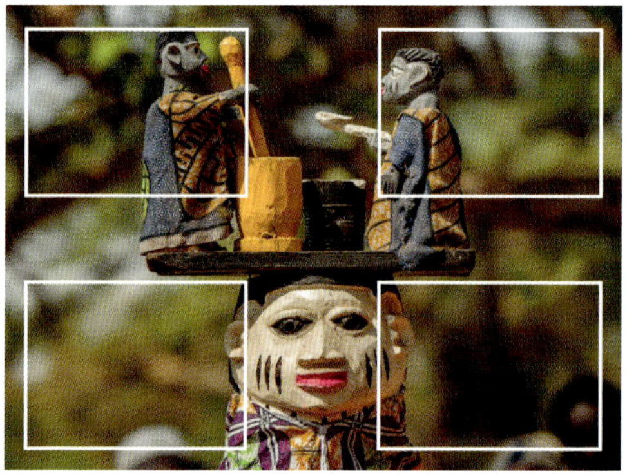

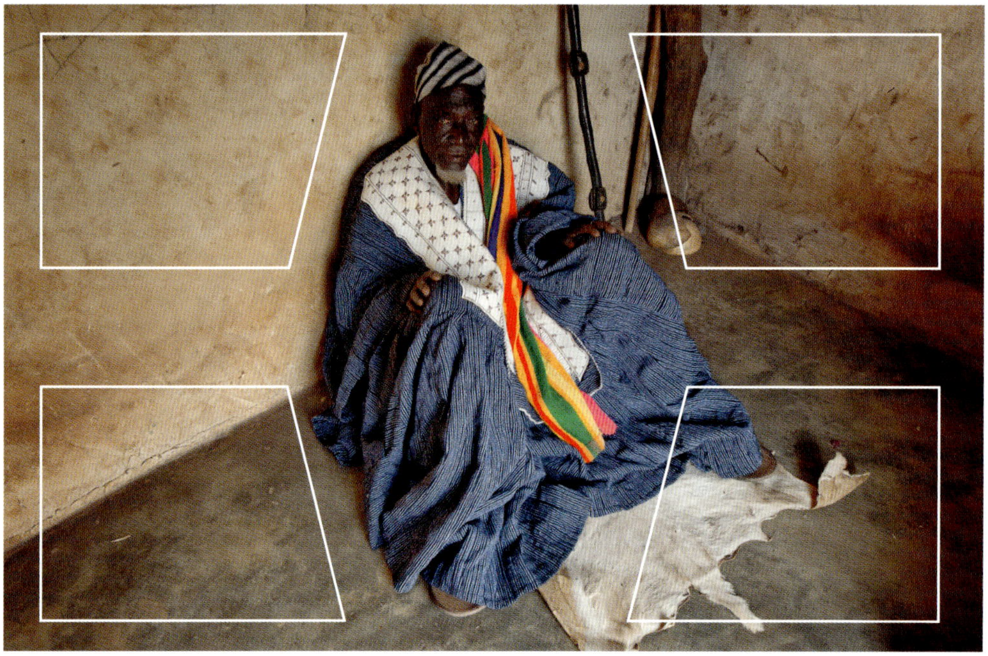

Schieben wir jedoch das Objekt zur Seite, erzeugt die dadurch entstandene Asymmetrie sofort ein Gefühl von **Dynamik und Energie**, wodurch Veränderung angedeutet wird. Die bekannte und häufig angewandte Drittelregel hilft dabei, ein Objekt genau an den Punkten eines Bildes zu positionieren, wo der Betrachter, dessen Blick intuitiv den Linien entlang zu ihren Schnittpunkten wandert, es zuerst suchen wird.

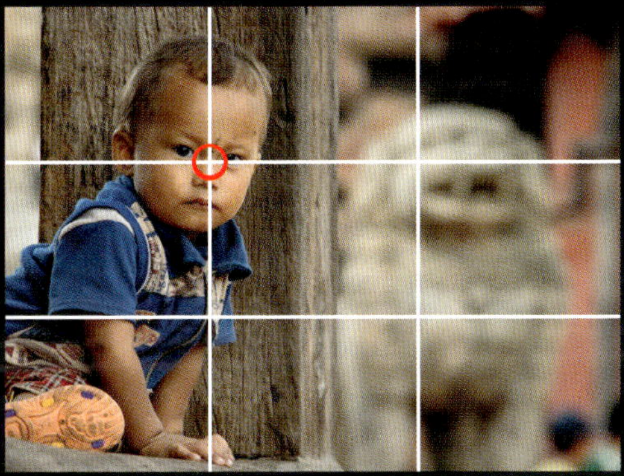

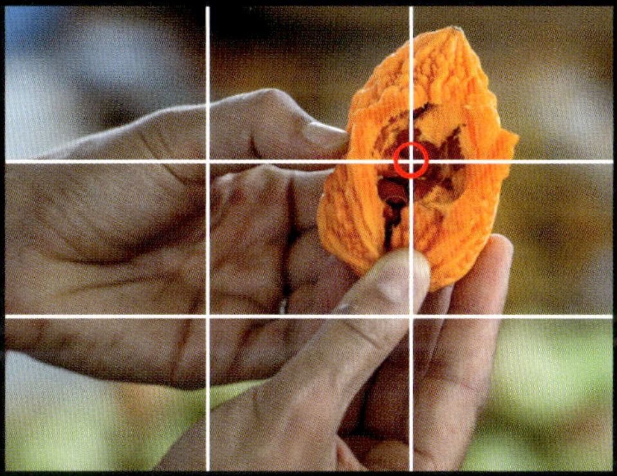

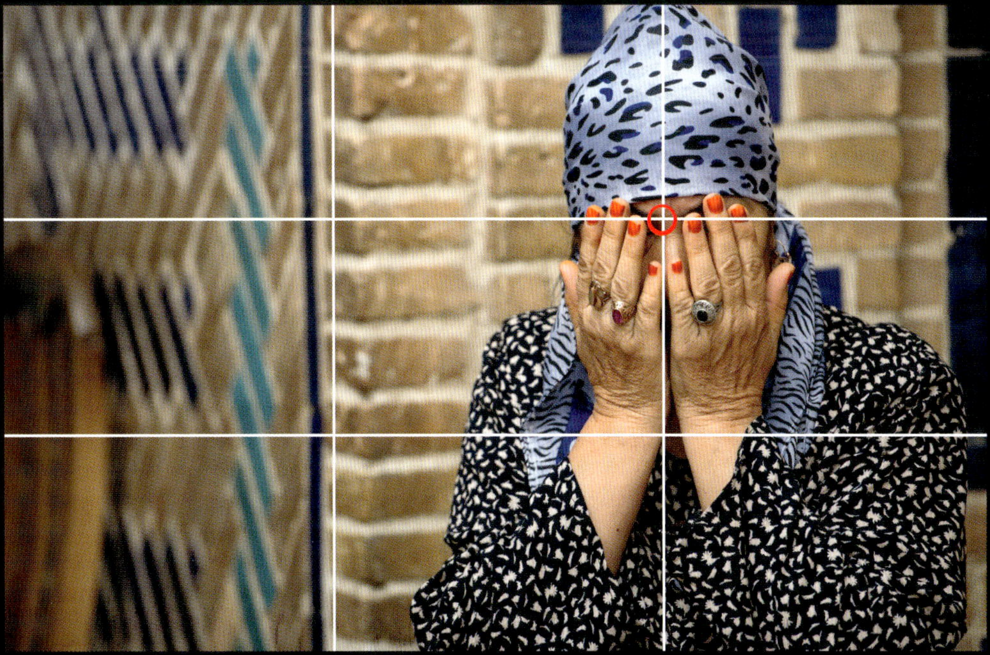

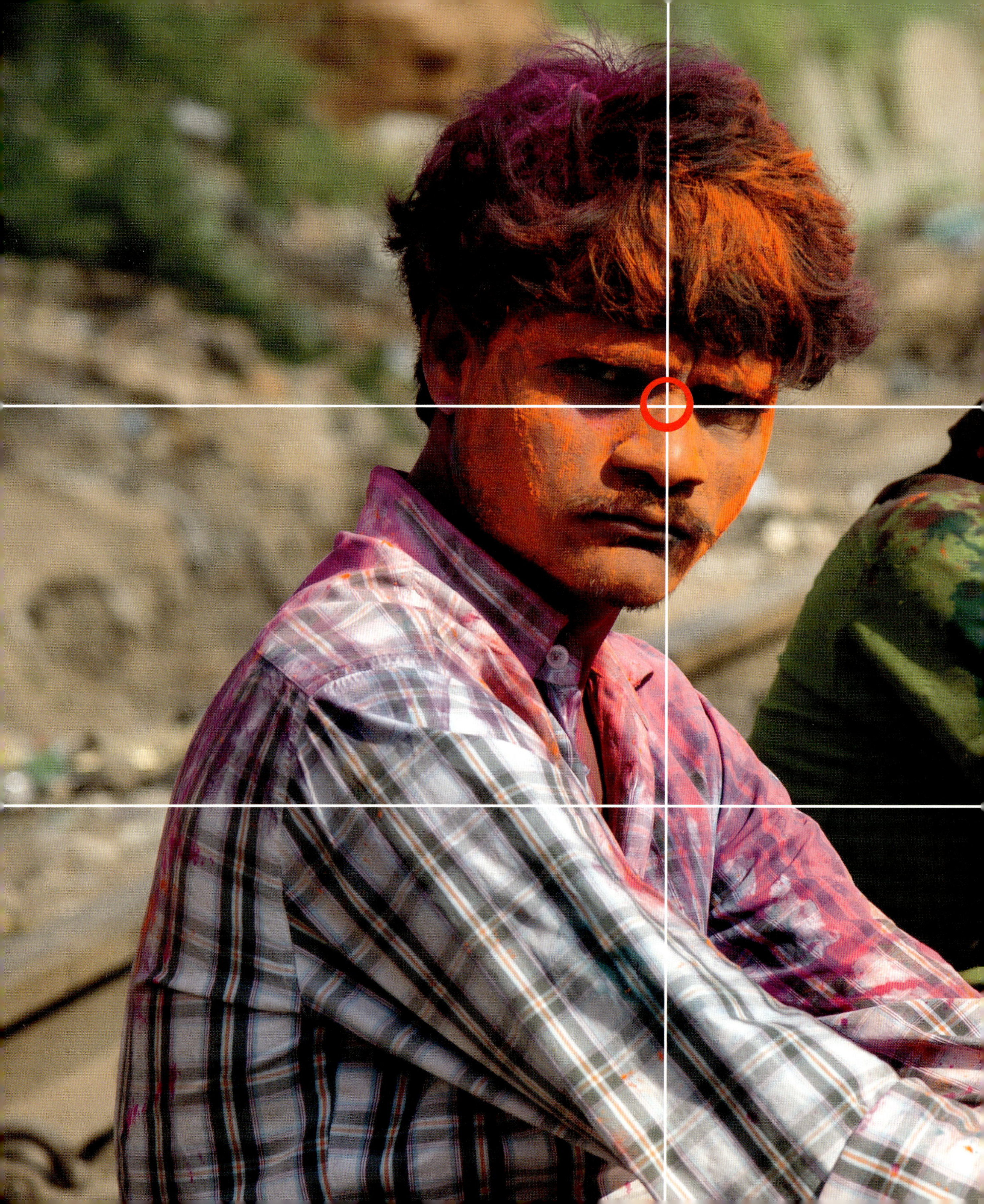

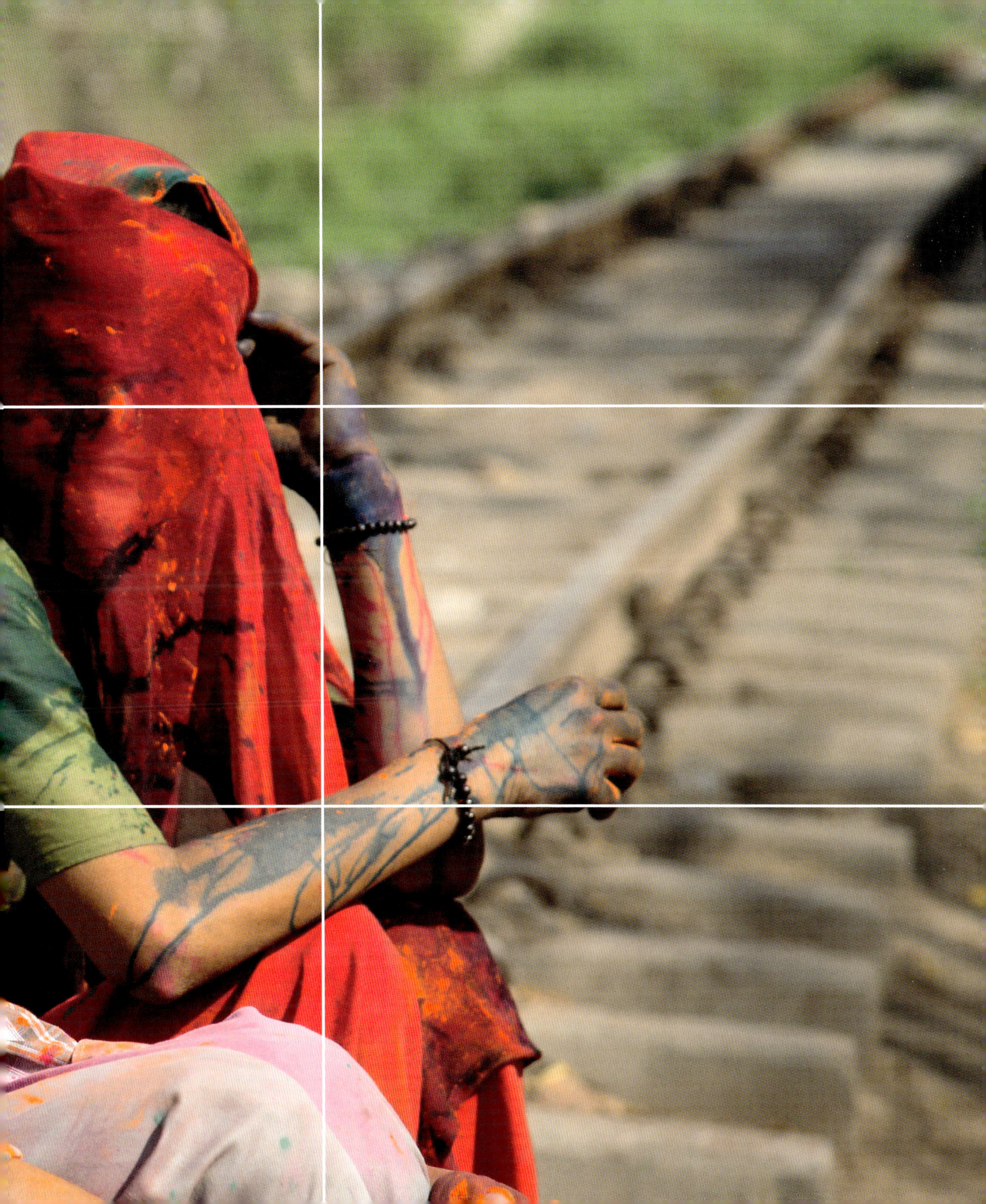

SEQUENZEN

Wenn sich auf einem Foto gleiche Elemente wiederholen, kann ihre Kombination rhythmisch wirken und dem Bild **Musikalität** verleihen. Eine Sequenz kann in einer Aufnahme große Dynamik und ein **Gefühl von Bewegung** vermitteln. Die Wahrnehmung der rhythmischen Abfolge kann auch durch die sich wiederholenden und ähnlichen Bewegungen mehrerer Personen erzeugt werden. Ihre Gesten sollten möglichst synchron sein.

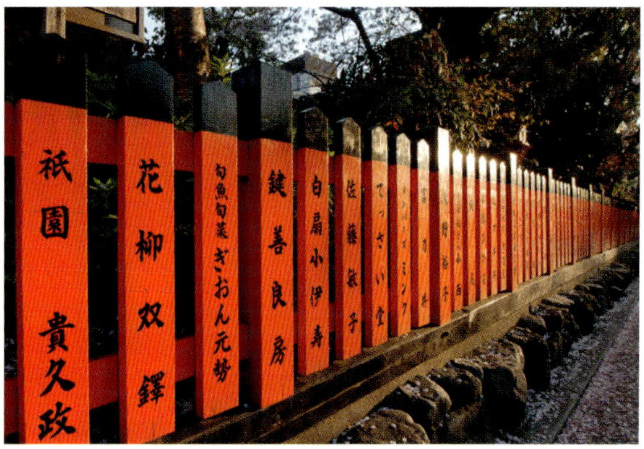

Licht, Schatten und Farbe wechseln sich zwischen den Elementen eines Bretterzauns in Kyoto, Japan, ab.

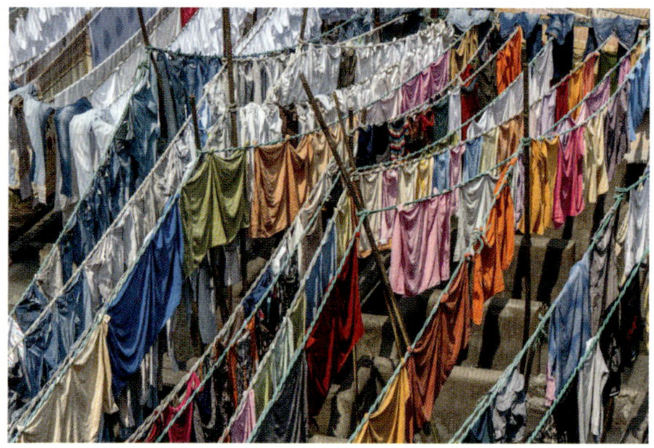

Der Rhythmus wird hier durch den Wechsel der Tücher kreiert, die an einem Liniensystem aus Nylonschnüren hängen.

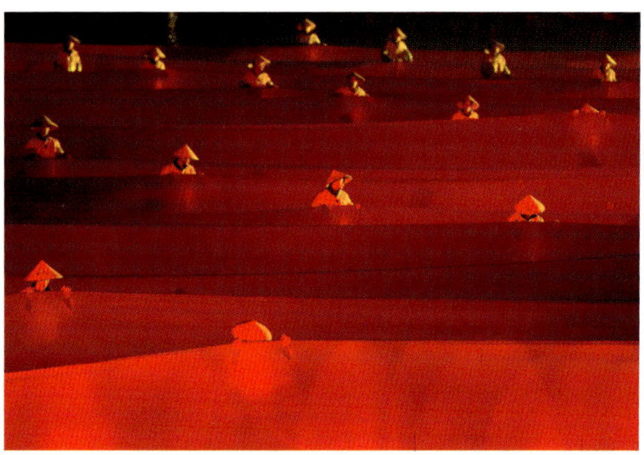

Auch eine Reihe von Objekten mit gleicher Haltung kann eine rhythmische Sequenz bilden.

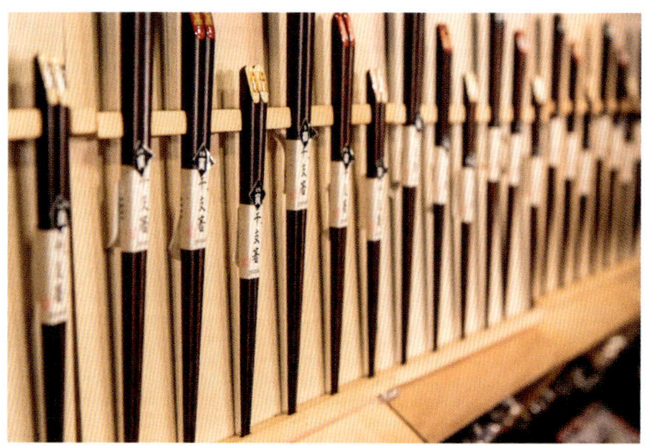

Ein guter Einsatz von Schärfentiefe kann zur rhythmischen Deutung einer Reihe von Objekten beitragen.

Eine noch dynamischere Sequenz kann man erhalten, wenn das Licht, das sich zwischen den Formen der Objekte wiederholt, mit der Rhythmik spielt und damit den Blick dazu anregt, **einer regelmäßigen Kadenz zu folgen.** Dies erfolgt meist entlang **horizontaler Linien,** weil wir dazu neigen, Bilder in Leserichtung zu betrachten, während das Auge in vertikaler Richtung mehr Schwierigkeiten hat, die Sequenzverläufe wahrzunehmen.

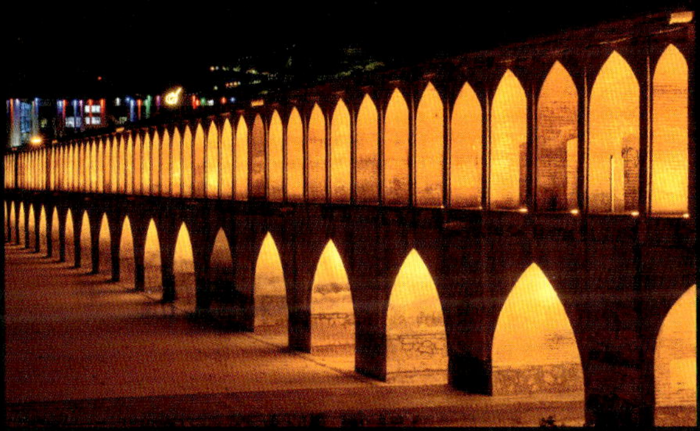

Das Lichtspiel zwischen den Bögen der Si-o-se Pol in Isfahan erzeugt eine fesselnde Sequenz.

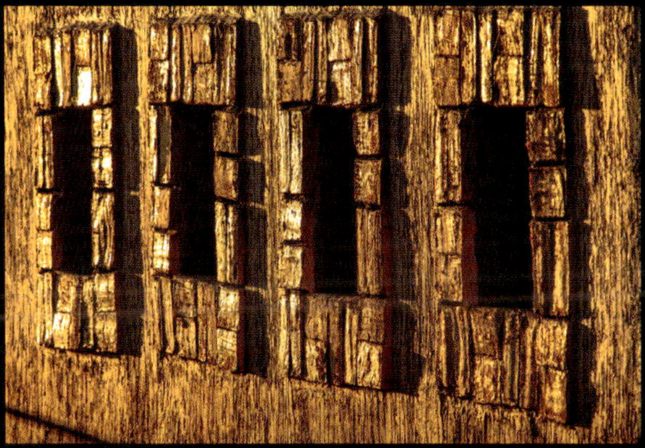

Oft sorgt Streiflicht oder seitliches Licht für rhythmischen Wechsel, den eine diffuse Beleuchtung nicht bieten würde.

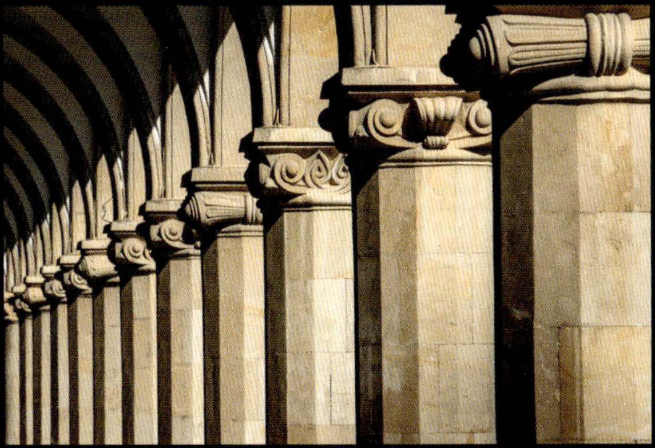

Lange Reihen unbeweglicher Säulen können sich bei guter Beleuchtung als Motive von hoher Dynamik erweisen.

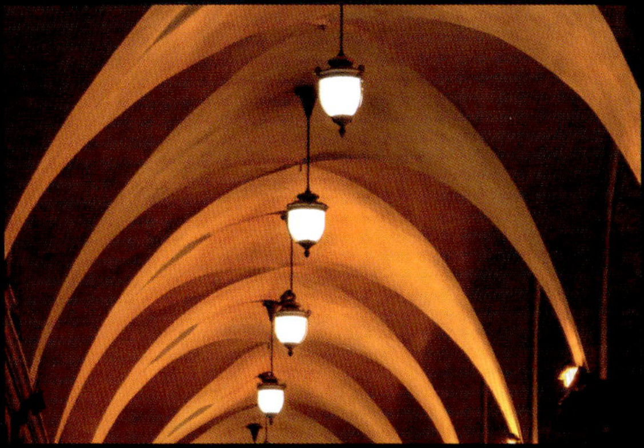

Die Geometrie, die durch das Licht und die Architektur dieses Gewölbes entsteht, erzeugt ein Gefühl starker Bewegung.

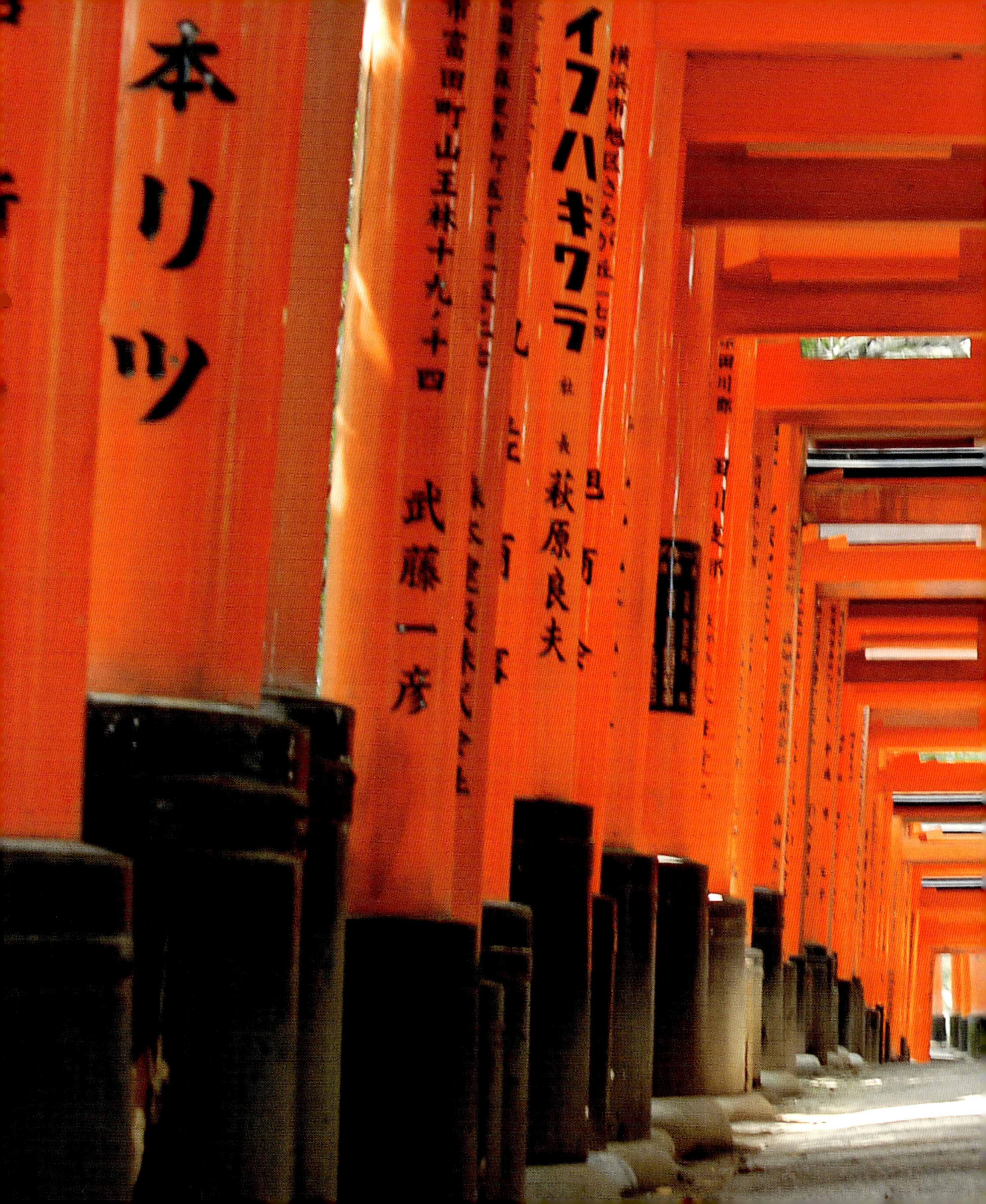
萩原良夫
武藤一彦

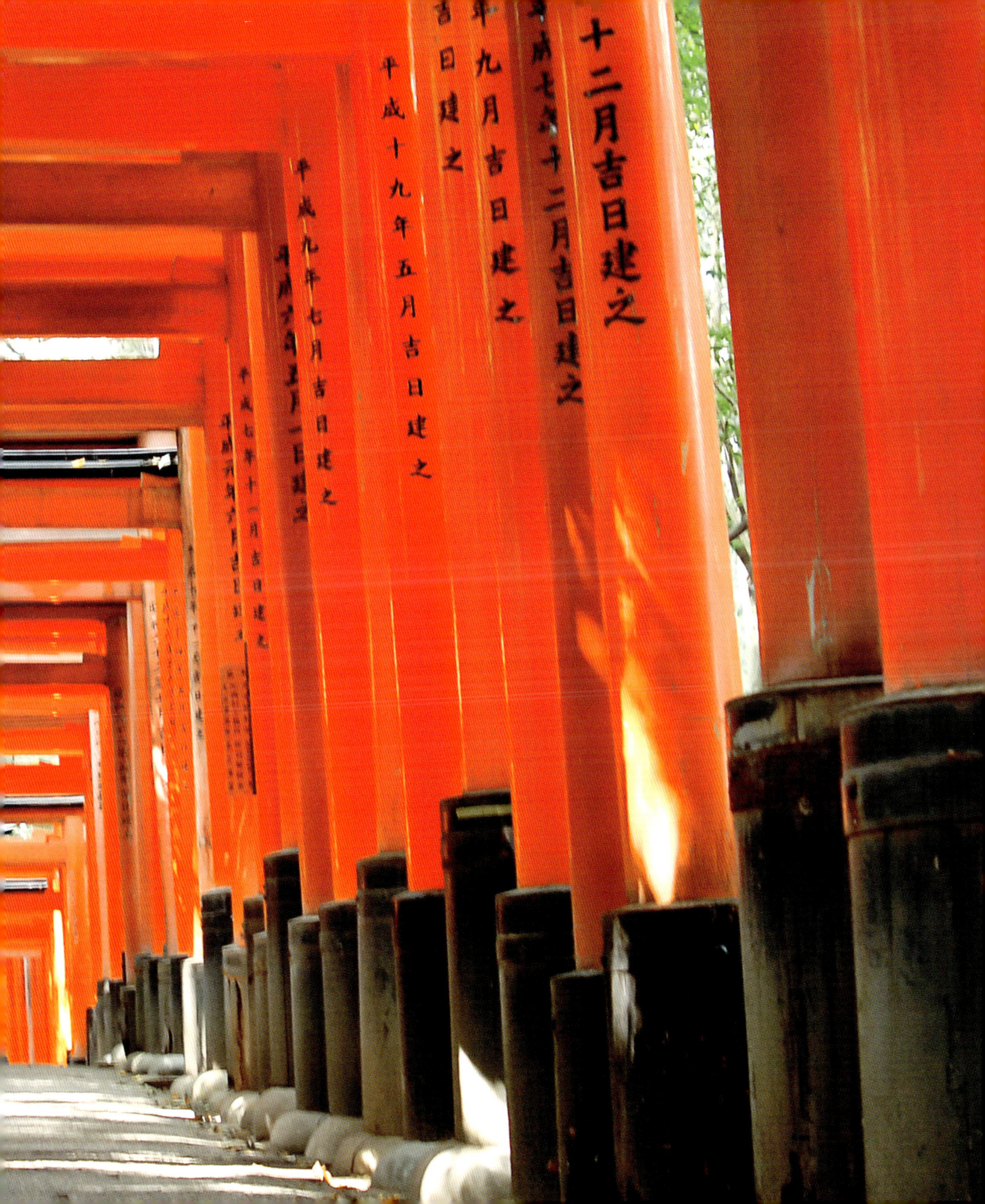

十二月吉日建之
九月吉日建之
平成十九年五月吉日建之
平成九年七月吉日建之

MUSTER

Ein Muster entsteht durch Wiederholung eines Bildelements. Je zahlreicher die auf einem Bild versammelten Einzelelemente sind und je ähnlicher sie sich sind, desto mehr wirkt das Bild **flächig und dekorativ**. Die Einzelobjekte verlieren an Bedeutung. Solche Bildelemente haben keine Richtung - sie sind statisch und nehmen einfach nur Raum ein. Um sie interessanter zu gestalten, können wir sie so aufnehmen, dass sie die **gesamte Bildfläche** einnehmen, sodass das Auge versucht, die Sequenz der Einzelobjekte ins Unendliche fortzusetzen.

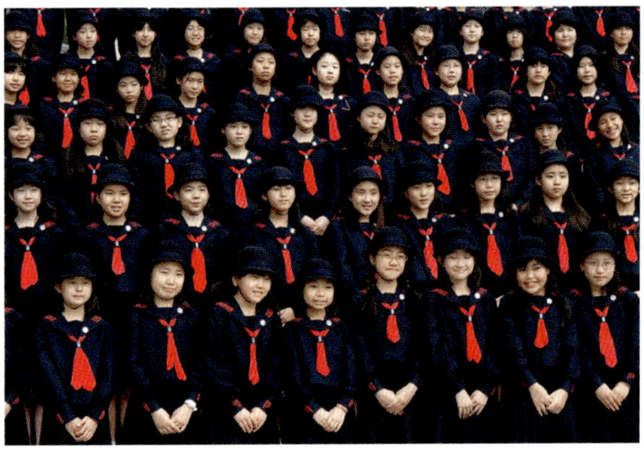

Diese Reihen von Schülerinnen bilden ein Muster. Dieser Effekt wird durch die Farben ihrer Uniformen verstärkt.

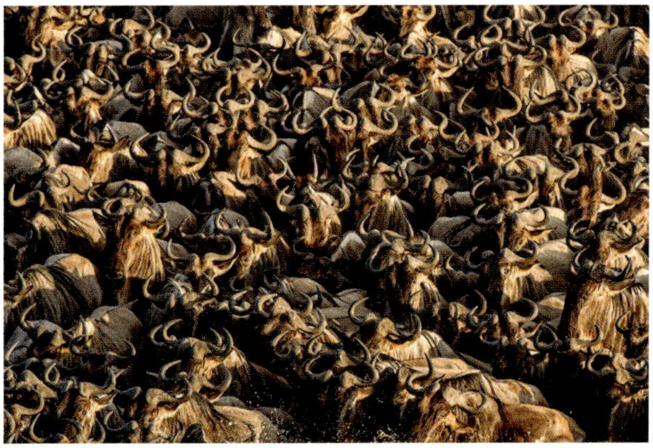

Eine große Ansammlung von Tieren oder Menschen erzeugt praktisch immer ein spannendes Muster.

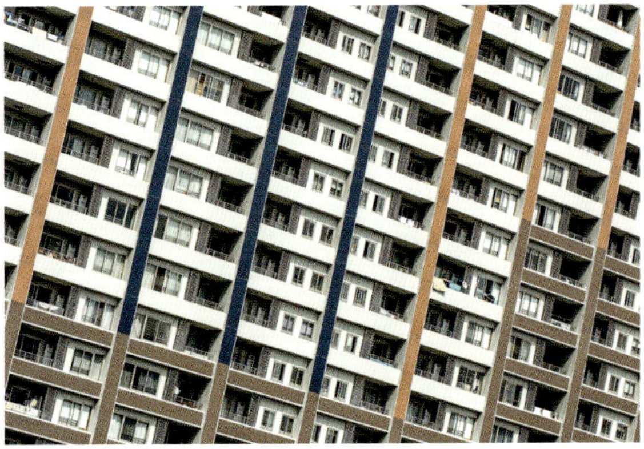

Die architektonische Gestaltung großer Wohnanlagen findet ihr ästhetisches Heil oft in einem ansprechenden Muster.

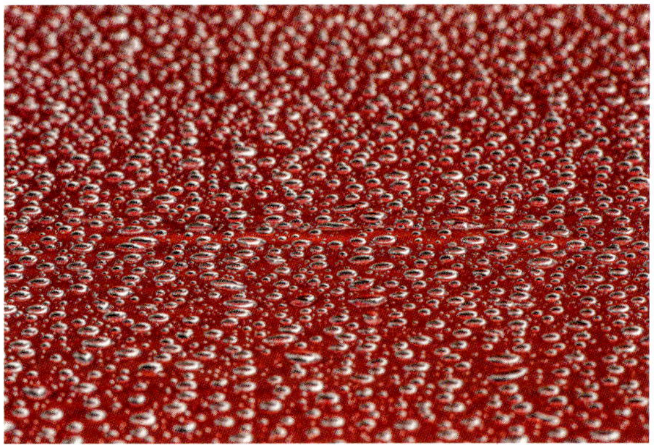

Tropfen, die in großer Menge auf einer Tischplatte zurückgeblieben sind, bilden ein faszinierendes Muster.

[STRUKTUR]

Die Struktur hingegen ist eine **Oberflächeneigenschaft**, bei deren Wahrnehmung sich Gesichtssinn und Tastsinn eng miteinander verbinden. Durch richtige Belichtung – praktisch immer von der Seite – nimmt der Betrachter die Oberfläche zum Beispiel als **rau, samtig oder uneben** wahr und hat den Eindruck, das Foto, das so optisch eine Dreidimensionalität erhält, physisch ertasten zu können.

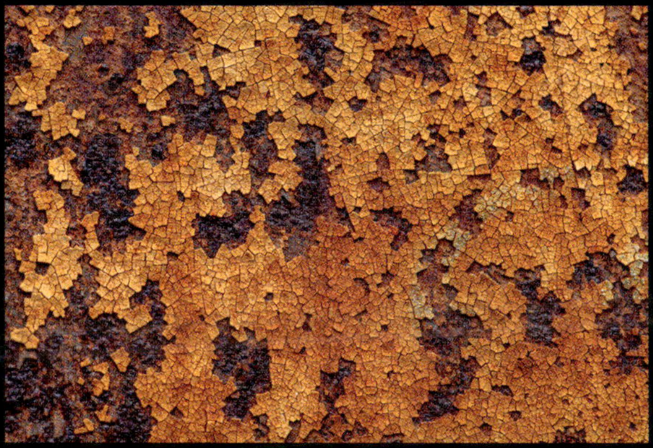

Die Rauheit dieses mit der Zeit durch Oxidation zersetzten Lacks ist ein perfektes Beispiel für Struktur.

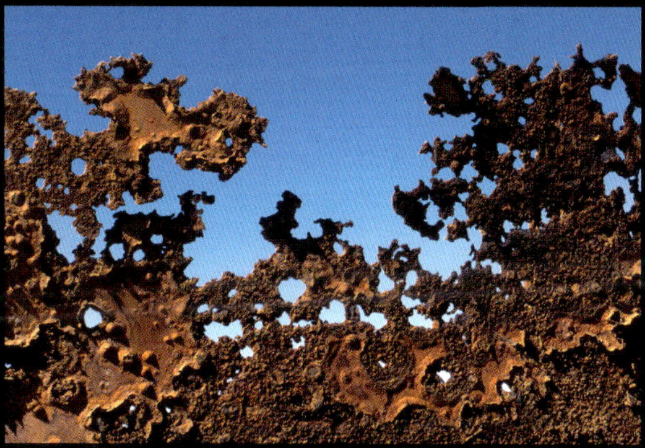

Der Rost, der dieses Blech zerfressen hat, ruft unweigerlich unseren Tastsinn auf den Plan.

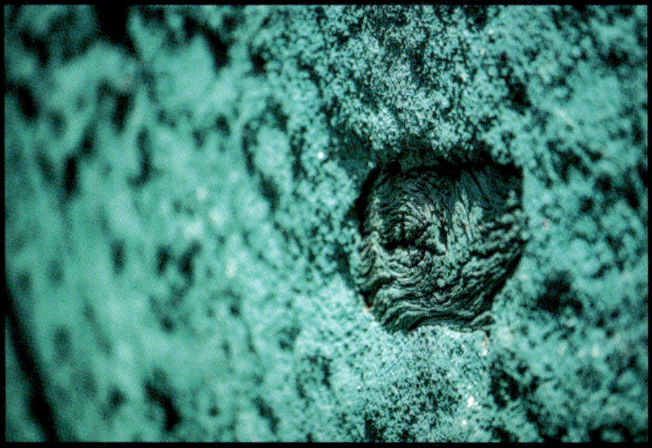

Das Holz und die Mauer wirken durch ihre Struktur dreidimensional, was mithilfe des Fokus verstärkt wird.

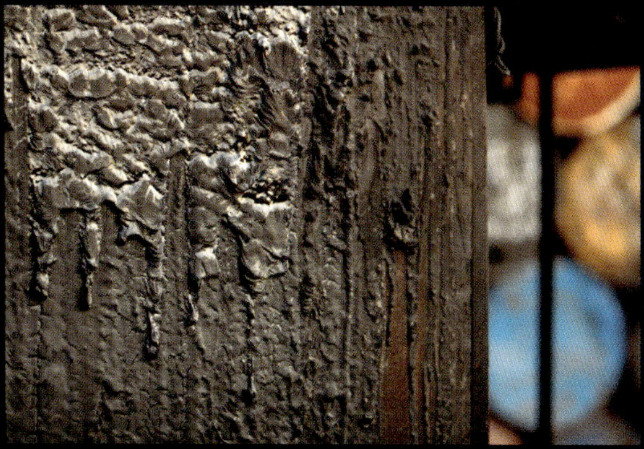

Die Struktur des geschweißten Bleches hebt sich durch Form- und Farbkontrast vom Untergrund ab.

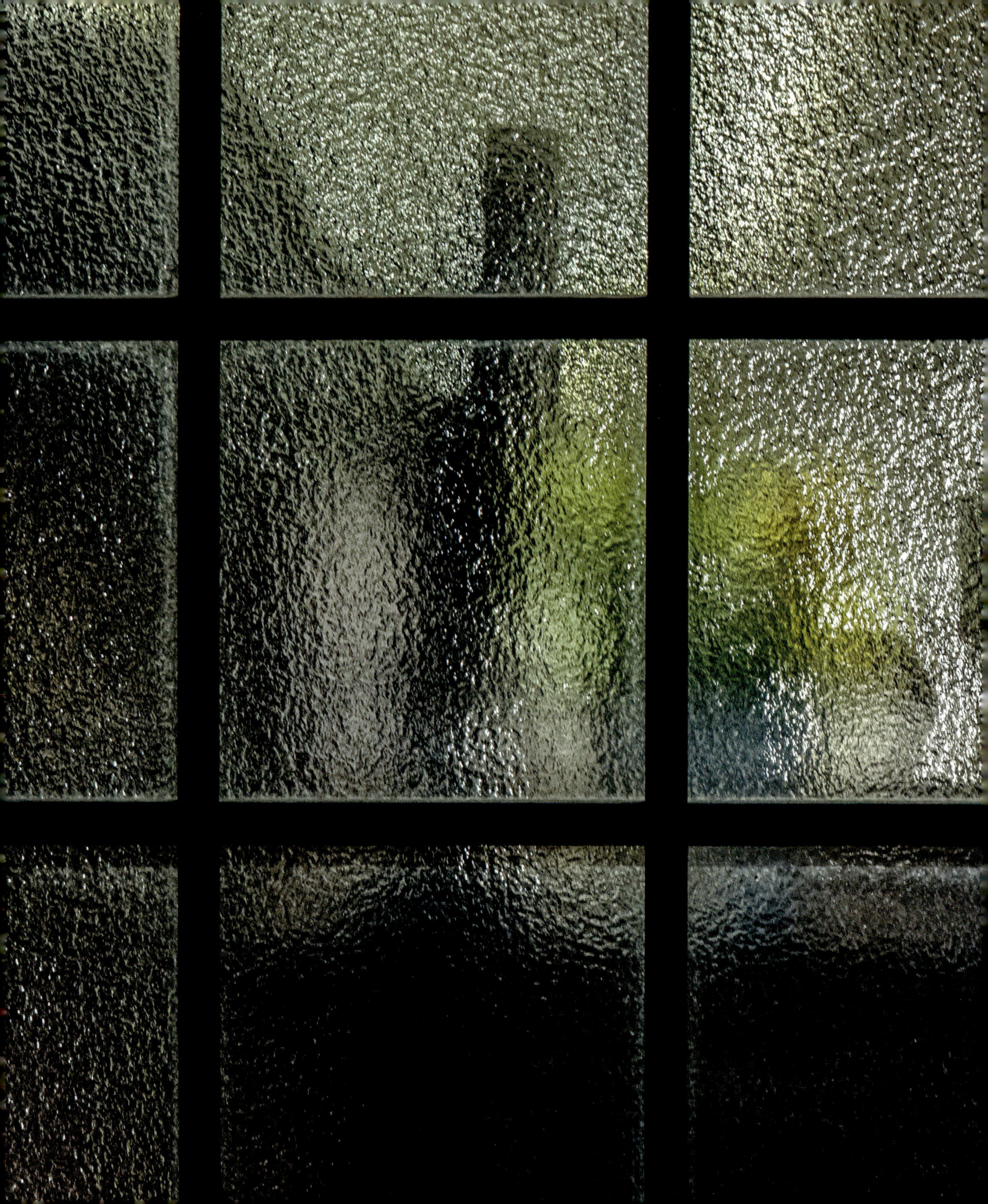

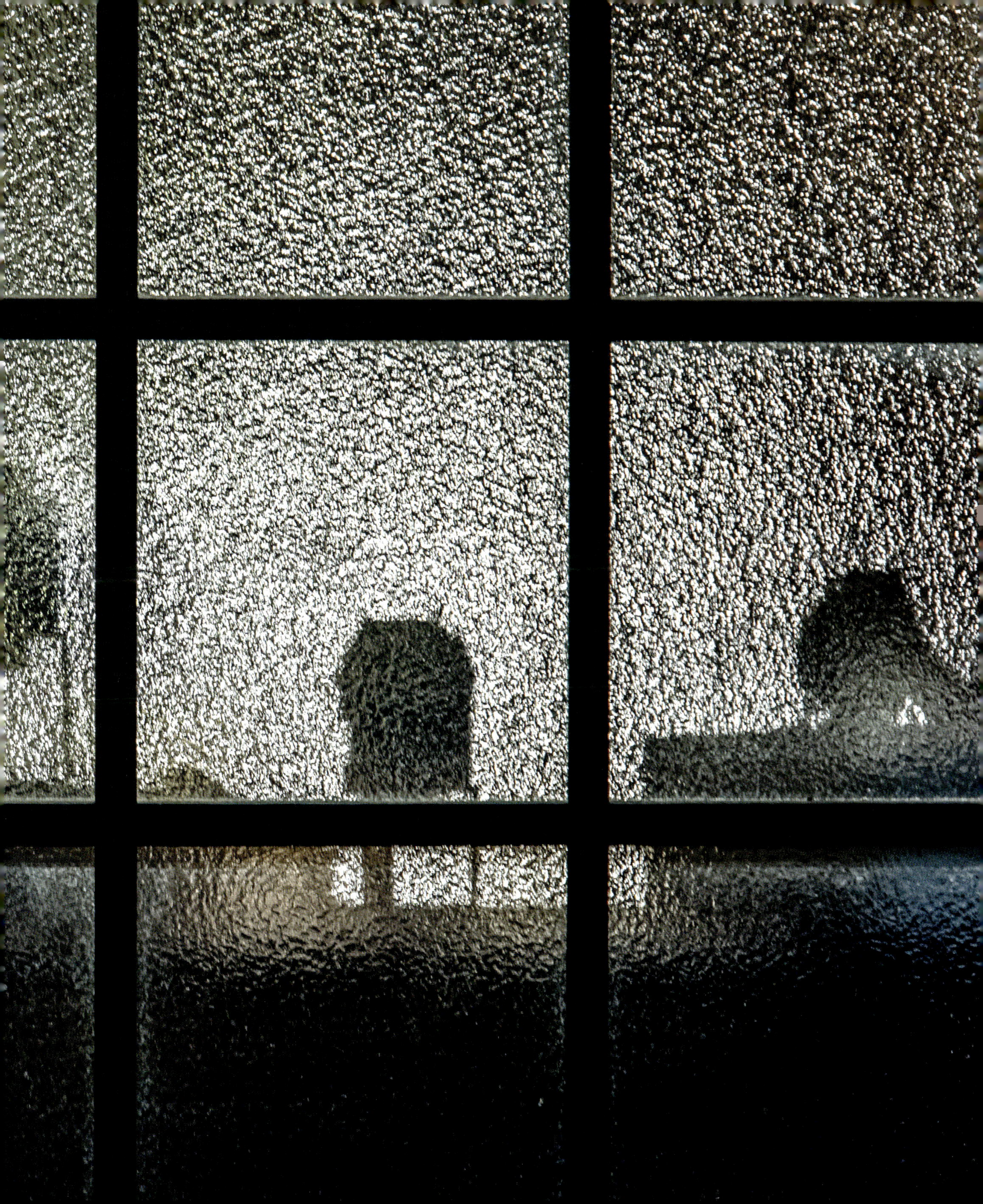

FRAGMENTIERUNG DES BILDES

Dieser Stil scheint den klassischsten Regeln der Komposition zu widersprechen, zum Beispiel der Regel, dass das Hauptmotiv sofort erkennbar sein sollte. In diesem Fall zielt der Fotograf jedoch darauf ab, die Aufmerksamkeit des Betrachters einzufangen, indem er dessen **Neugier weckt** und den Prozess des Verstehens etwas verzögert, um dann vom **Überraschungseffekt** zu profitieren. Dieses Modell des Bildaufbaus bedarf jedoch einer zweckmäßigen Wahl des Bildausschnitts und einer klugen Positionierung der Elemente darin.

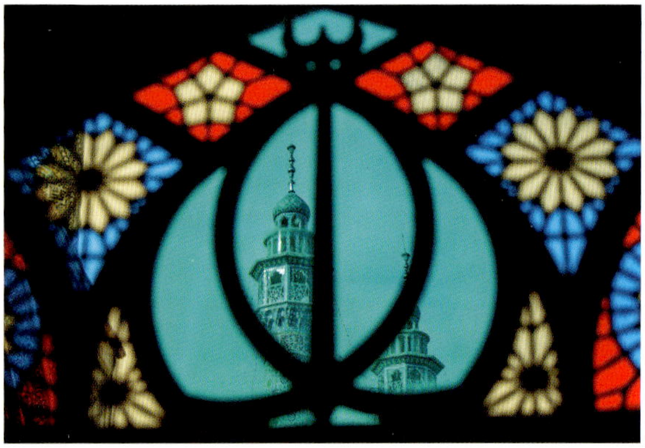

Ein schönes Glasfenster unterteilt die Fläche und gibt das Hauptmotiv erst auf den zweiten Blick preis.

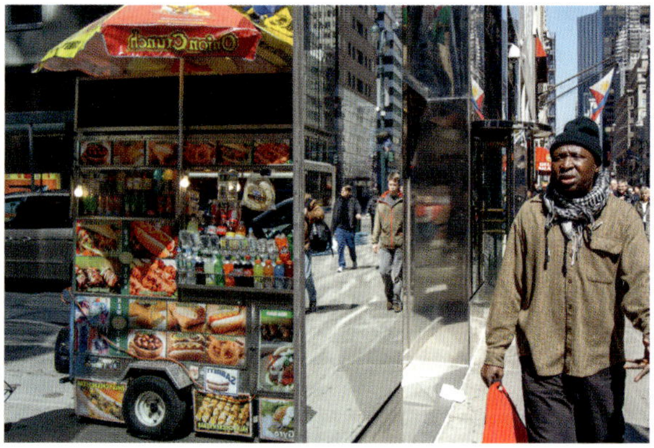

Ein Spiel mit Spiegeln, Reflexionen und Bildausschnitten verwirrt den Betrachter und fordert seine Aufmerksamkeit.

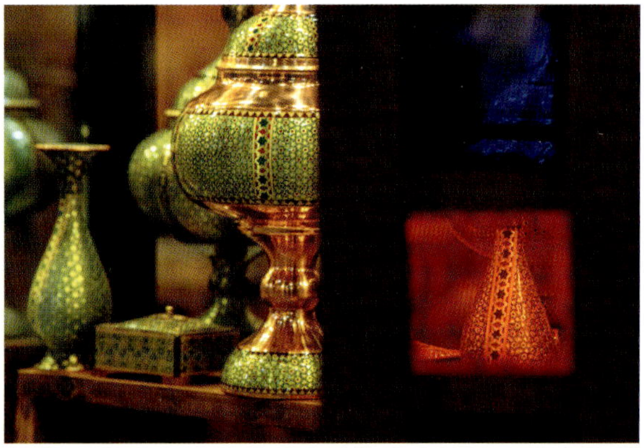

Das Hauptmotiv ist hier durch ein Element im Vordergrund verdeckt, wodurch die Bildfläche in Teile zerfällt.

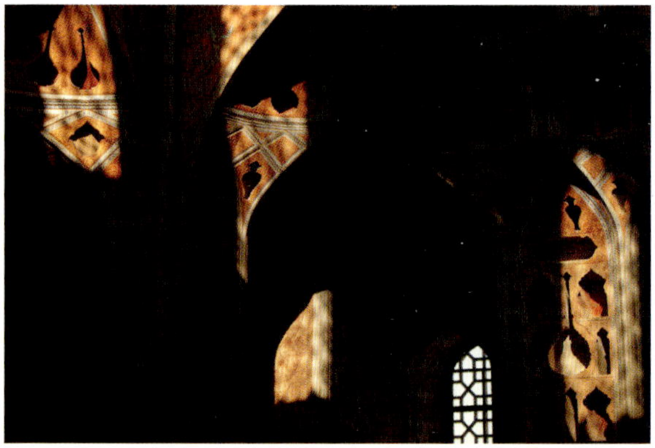

Lichter und Schatten bilden auf diesem Foto eine Art Puzzle, das der Betrachter selbst zusammensetzen muss.

Um das Bild zu fragmentieren, verwendet man oft **Spiegelungen** durch reflektierende Oberflächen oder Wasser, wodurch man das Objekt leicht spalten kann und ansprechende Kipp- oder Verdrehungseffekte erzielt. Interessant sind auch **Geisterbilder**, die man erhält, wenn man Aufnahmen durch halbdurchsichtige Oberflächen, wie **verschmutzte oder bearbeitete Spiegel,** macht und Schatten, die eine wertvolle Hilfe sein können, das Objekt und die Hintergründe in ihrer Struktur aufzulösen.

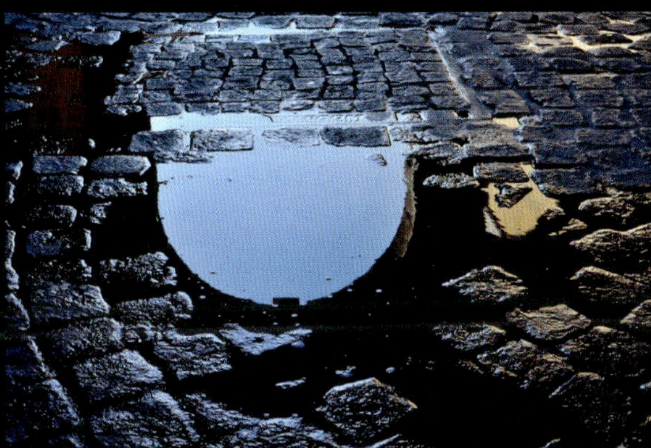

Eine Spiegelung in einer Pfütze ist manchmal optimal, um die Komposition eines Bildes aufzubrechen.

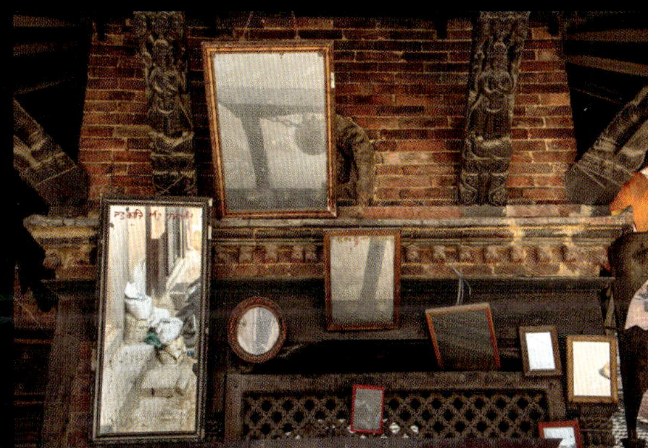

Eigentlich ist der Tempel das Hauptmotiv, aber die gespiegelten Objekte bringen zusätzliche Aspekte ins Bild.

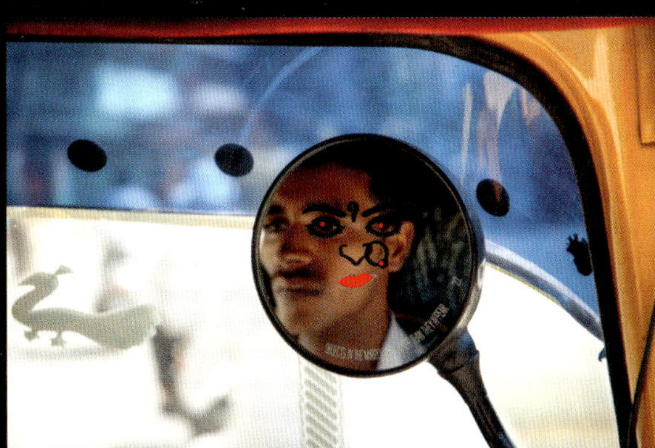

Der einfache Effekt des gespiegelten Gesichts wird durch die Überzeichnung im Spiegel noch verstärkt.

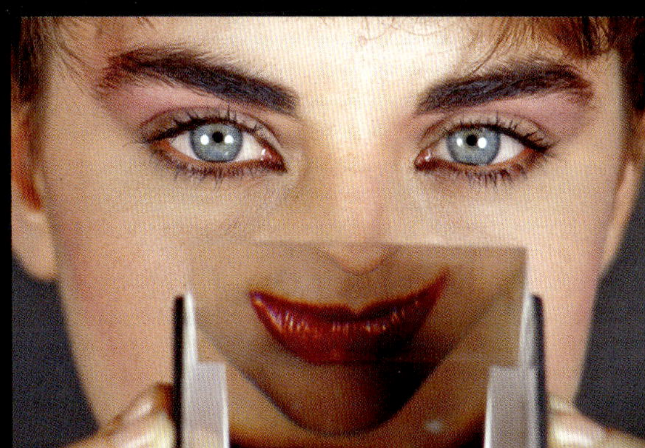

Prismen und Gegenstände aus Glas, wie Trinkgläser, oder Flaschen, können ein Hilfsmittel der Fragmentierung sein.

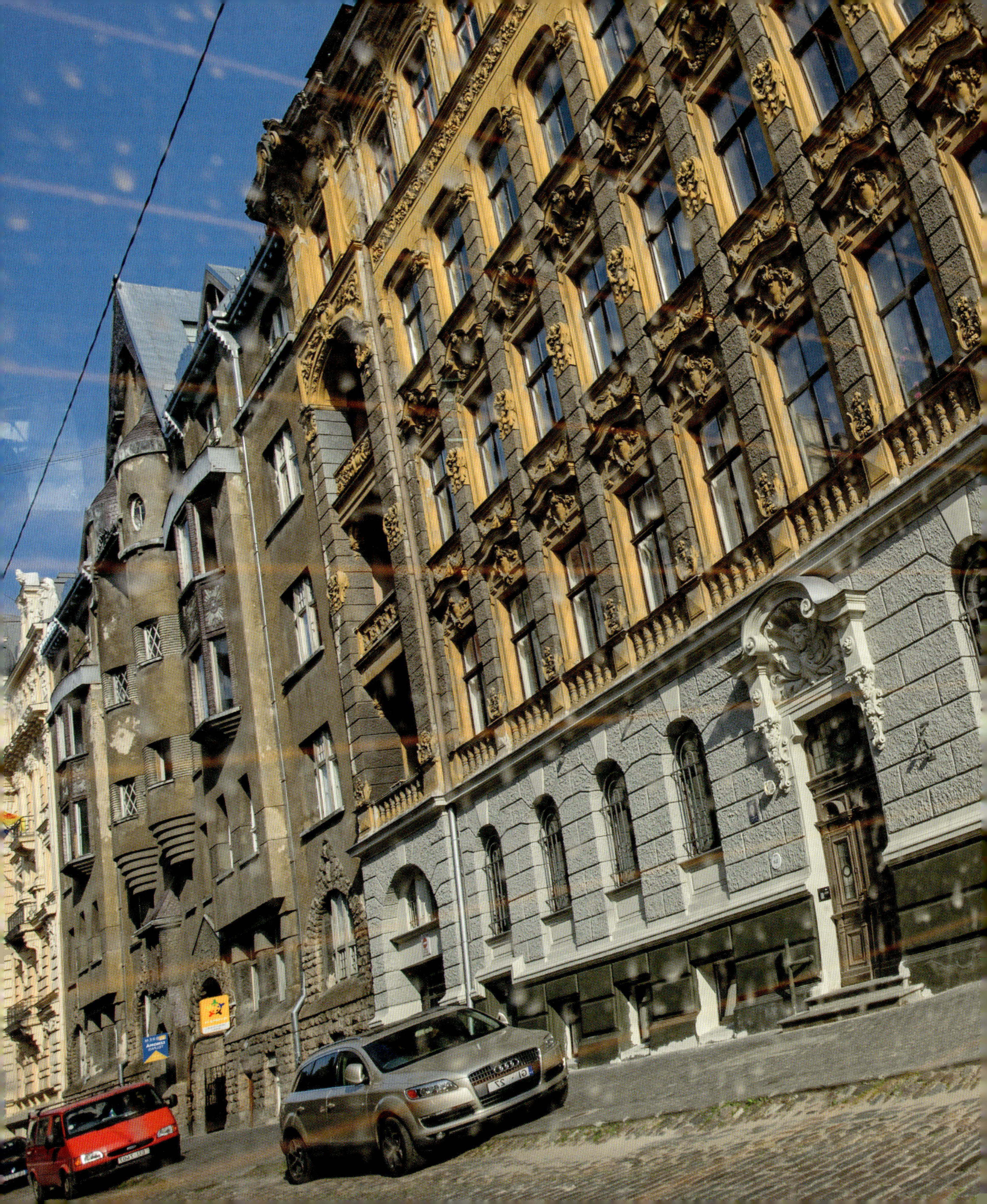

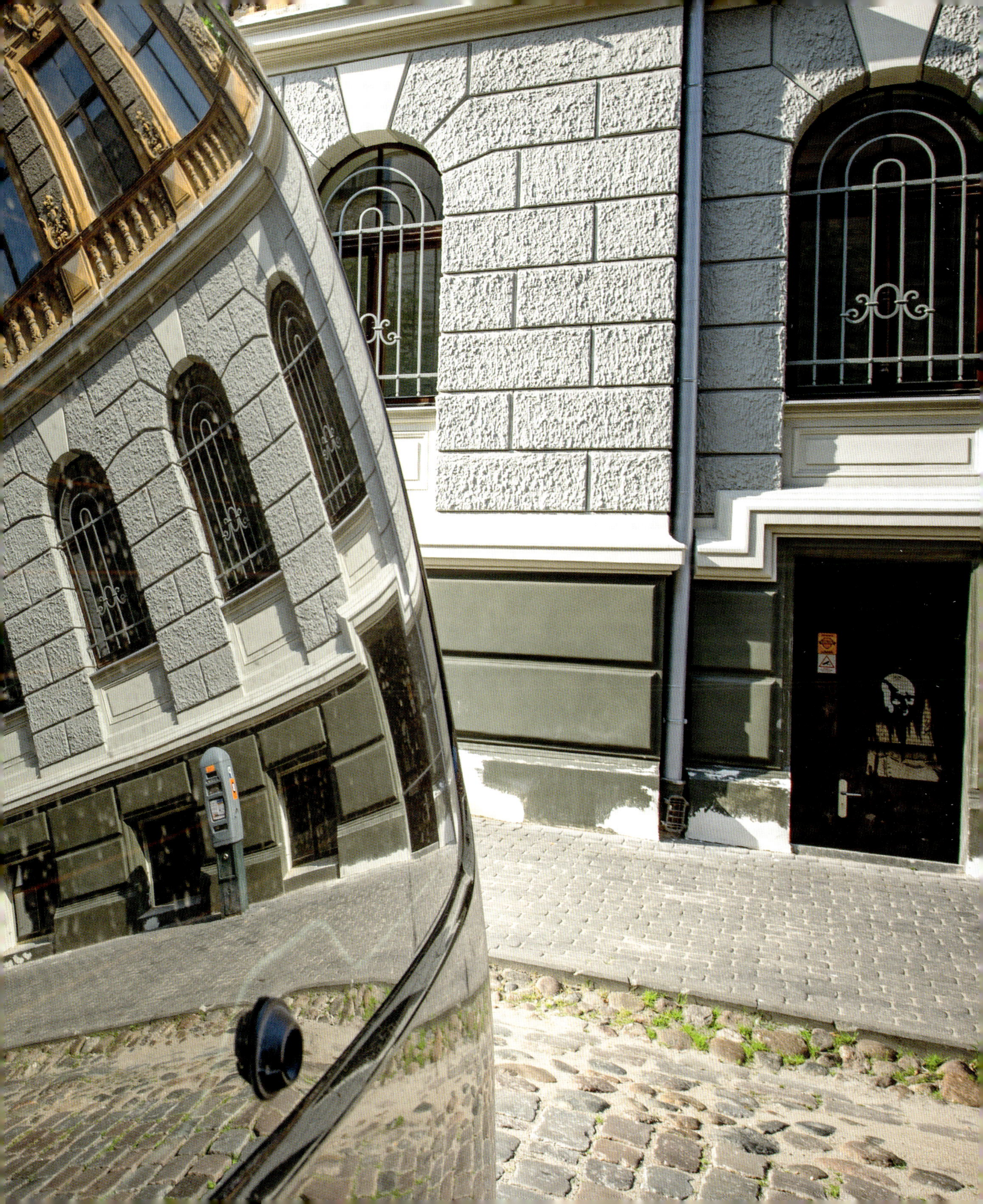

DETAILS HERVORHEBEN

Eine der wichtigsten Fähigkeiten des Fotoreporters besteht darin, diejenigen Details einer Szene zu erfassen, die **eine Aussage** haben. Manchmal reicht nämlich ein winziges Detail aus, um ein ganzes Bild zu erklären, manchmal sogar eine ganze Geschichte zu erzählen. Es kann auch vorkommen, dass eine Szene als Ganzes uninteressant, diffus, chaotisch oder einfach nur banal ist. Auch in einem solchen Fall ist es besser, ein besonderes Detail hervorzuheben und seine **Wirkung auf das Ganze ausstrahlen** zu lassen.

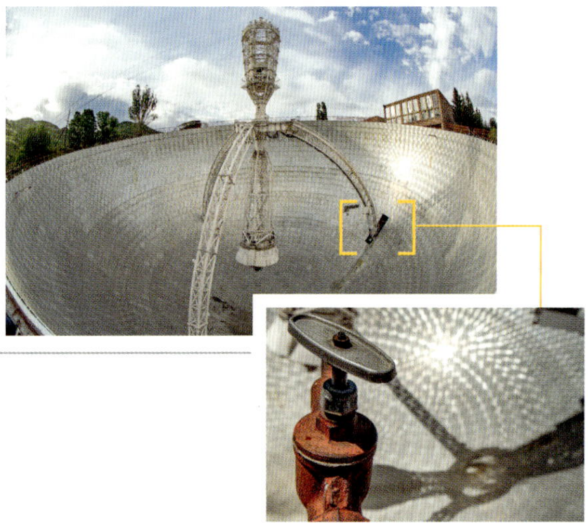

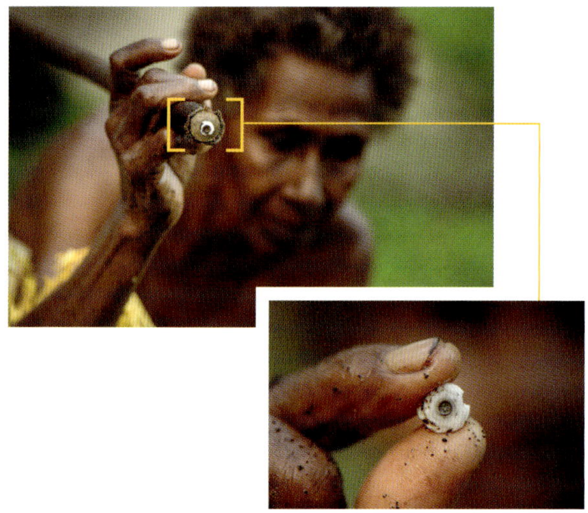

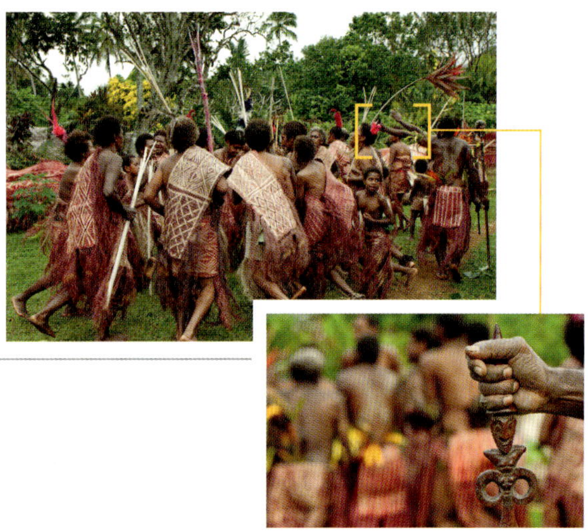

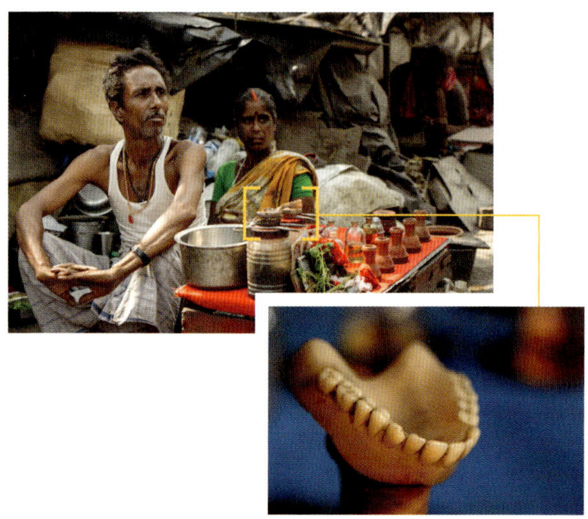

Es kann sein, dass die Szene, die wir betrachten, schon **viel zu oft** fotografiert wurde, um interessante oder reizvolle Gesamtbilder herzugeben. Auch in diesem Fall kann die Betonung eines aufschlussreichen Details die richtige Wahl sein. Manchmal kann es ein **spezielles Licht** sein, das uns auf ein Detail aufmerksam macht, das uns eine Geschichte zu erzählen vermag.

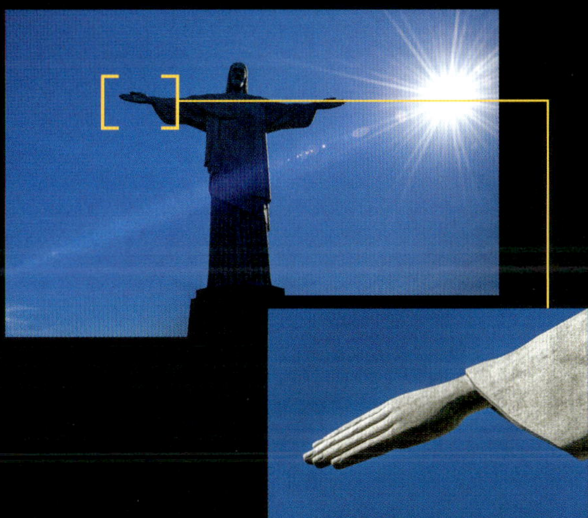

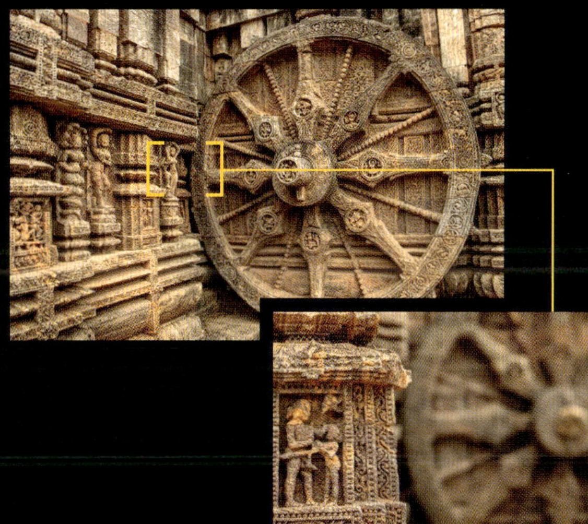

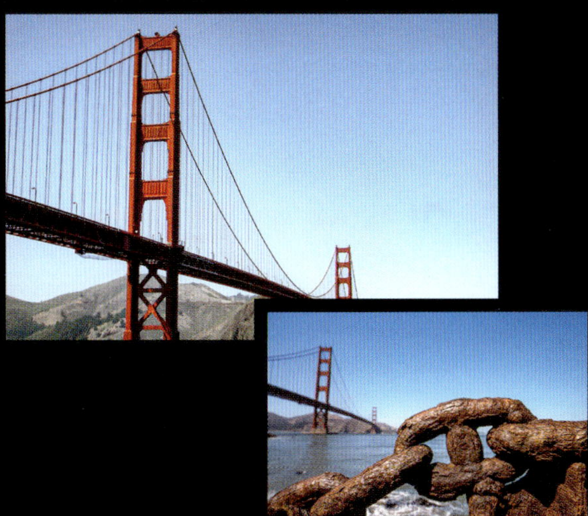

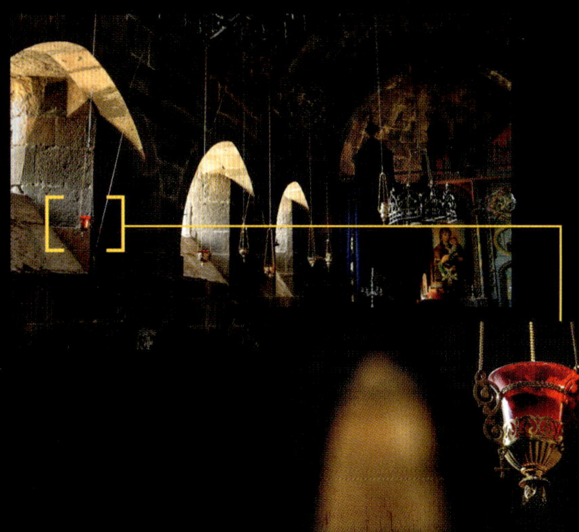

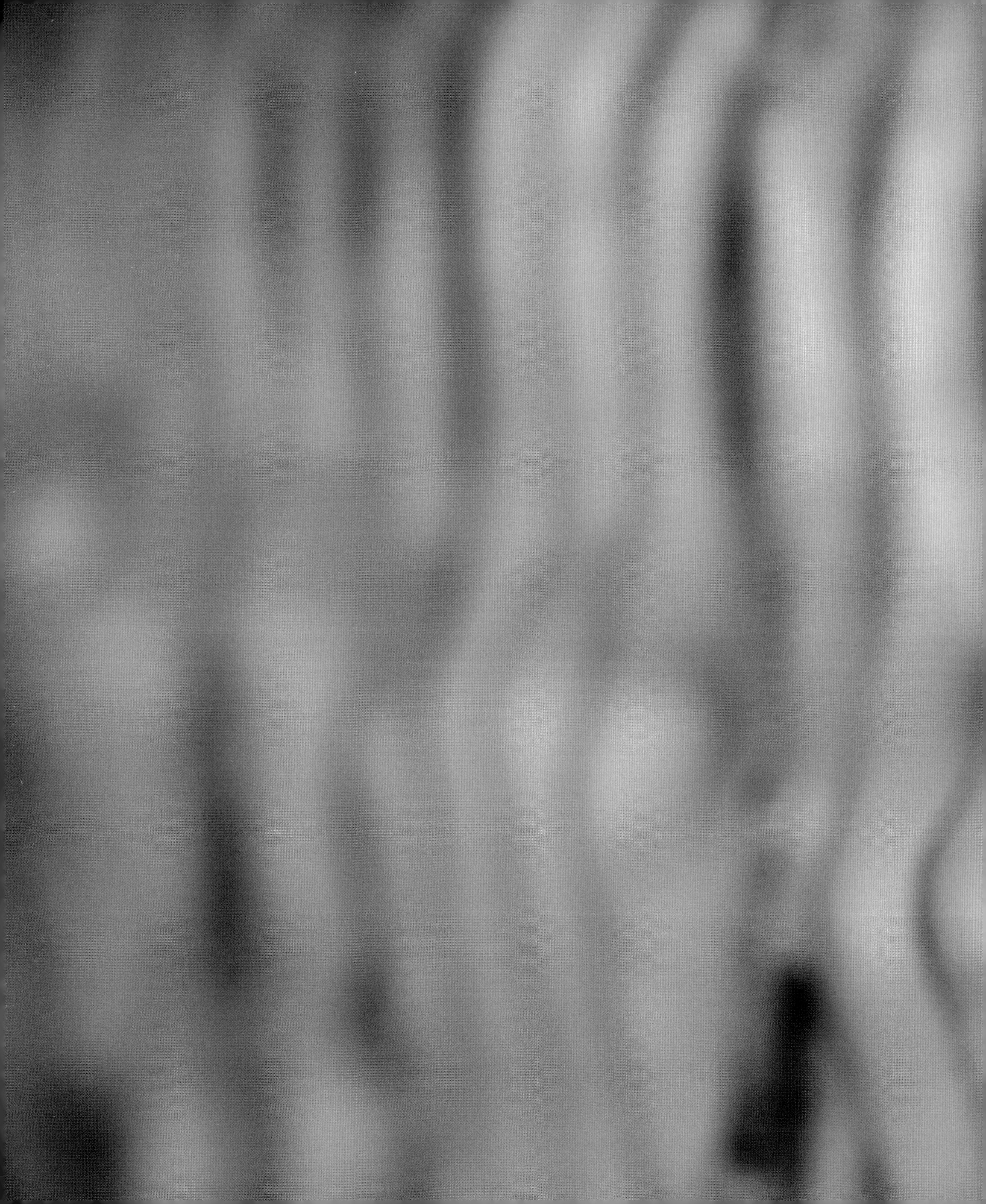

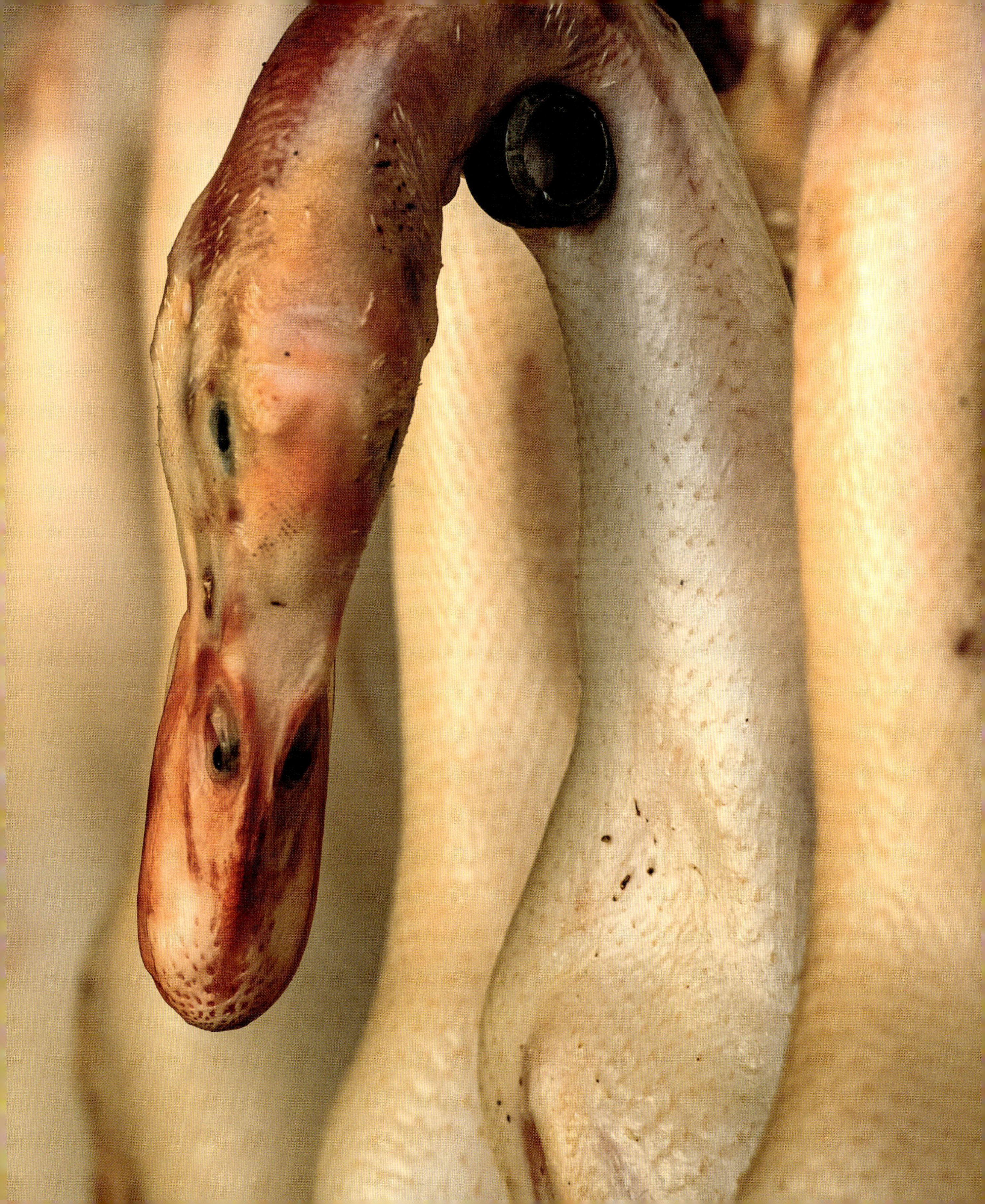

GEGENSÄTZLICHE MOTIVE

Für jeden Fotoreporter ist die Bildkomposition mit Gegensätzen eine grundlegende Technik: Dabei werden zwei oder mehr **Elemente einander gegenübergestellt**, sodass sich der Betrachter fragen muss, in welchem Bezug sie zueinander stehen. Je ungewohnter die Beziehung zwischen diesen Elementen ist, desto größer ist der Überraschungseffekt beim Betrachter. Im Alltag sind solche Konstellationen **nicht leicht zu entdecken**, und gerade das macht diese Art des Bildaufbaus so besonders wirkungsvoll.

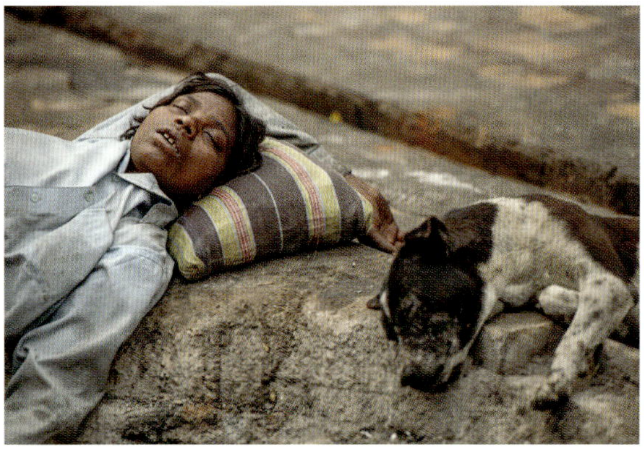

Ein Mensch schläft auf dem nackten Boden, genauso wie der Straßenhund, der neben ihm liegt.

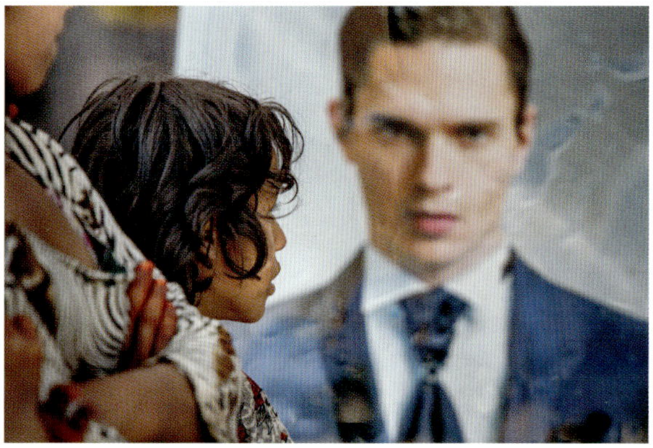

Parallelwelten: In einem Slum in Nepal betrachtet ein Mädchen ein Plakat mit einem westlich gekleideten Mann.

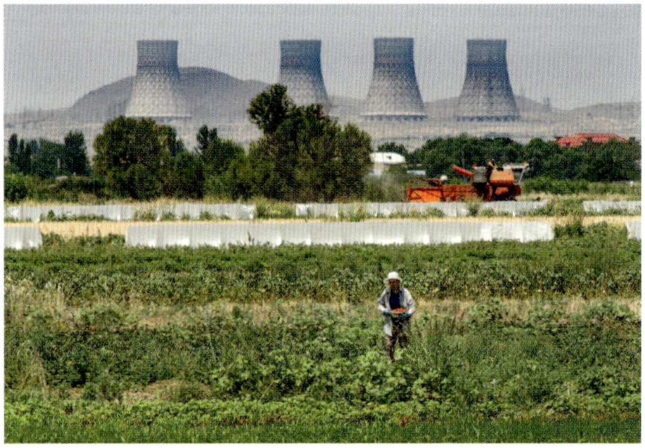

Direkt neben einem riesigen Atomkraftwerk baut ein alter Armenier Tomaten und Gemüse an.

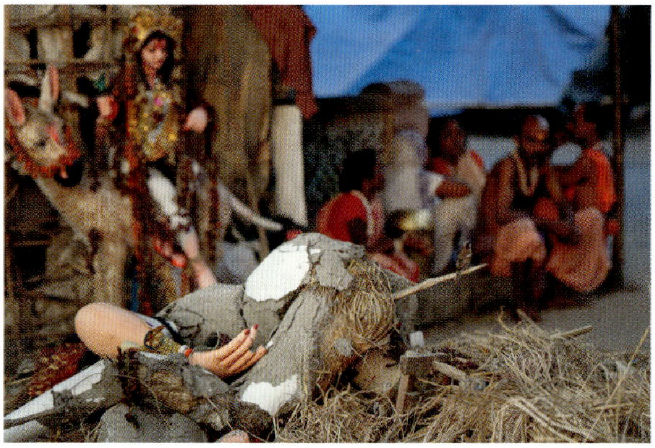

Ein hinduistischer Priester – unscharf im Hintergrund – schaut auf eine zerfallene Götterstatue.

Neben der Fähigkeit, besondere Bezüge zwischen verschiedenen Bildelementen einzufangen, um manche Ideen fotografisch zu vermitteln, braucht es eine gute Technik und oft auch eine **adäquate Ausrüstung.** Wenn zum Beispiel zwei interessante Elemente weit voneinander entfernt sind, kann nur ein Teleobjektiv sie **optisch näher zusammenrücken** und dabei trotzdem die richtigen Proportionen gewährleisten.

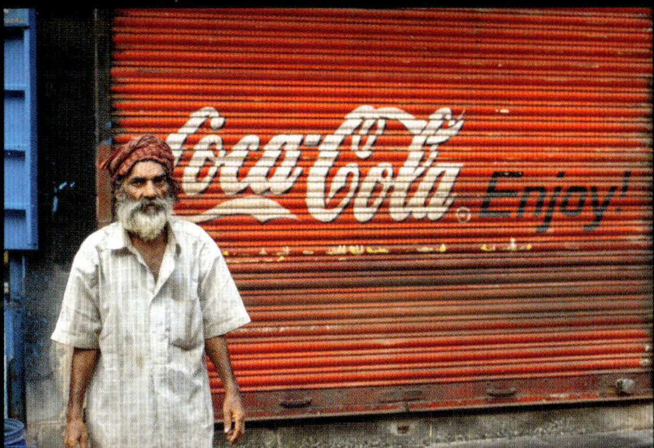

Das Porträt spiegelt Armut und ein traditionelles Leben. Was für ein Kontrast zur Coca-Cola-Werbung dahinter!

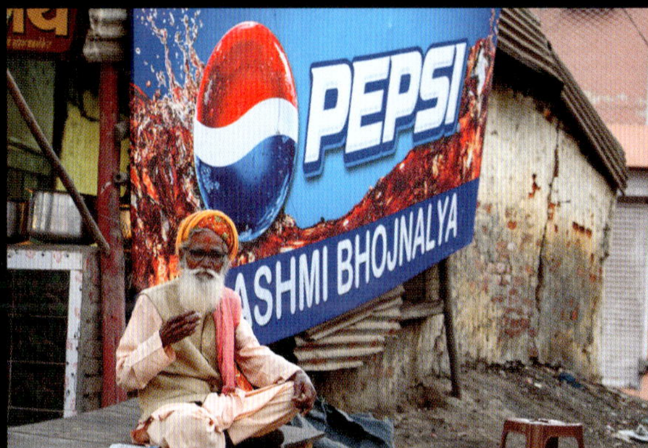

Ein Bild mit schrillen Elementen und voller Ironie: Glücksversprechen können sehr unterschiedlich sein.

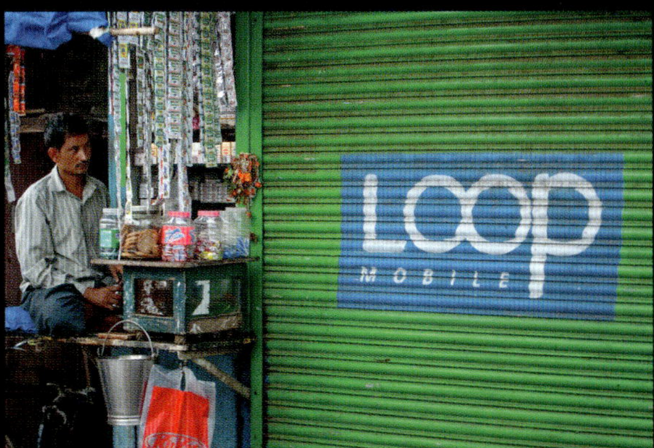

Der virtuelle Markt nimmt immer größeren Raum ein – da bleibt nur wenig Platz für den Händler vor Ort.

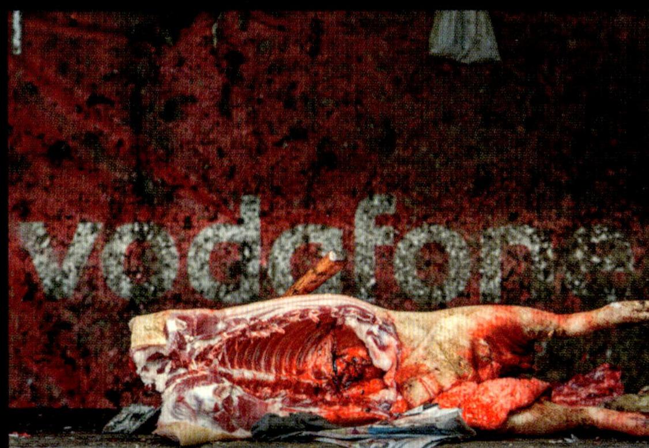

Der profane Mensch opfert in seiner Gier das Leben der Tiere, das heilig ist, und fröhnt dem Fortschritt.

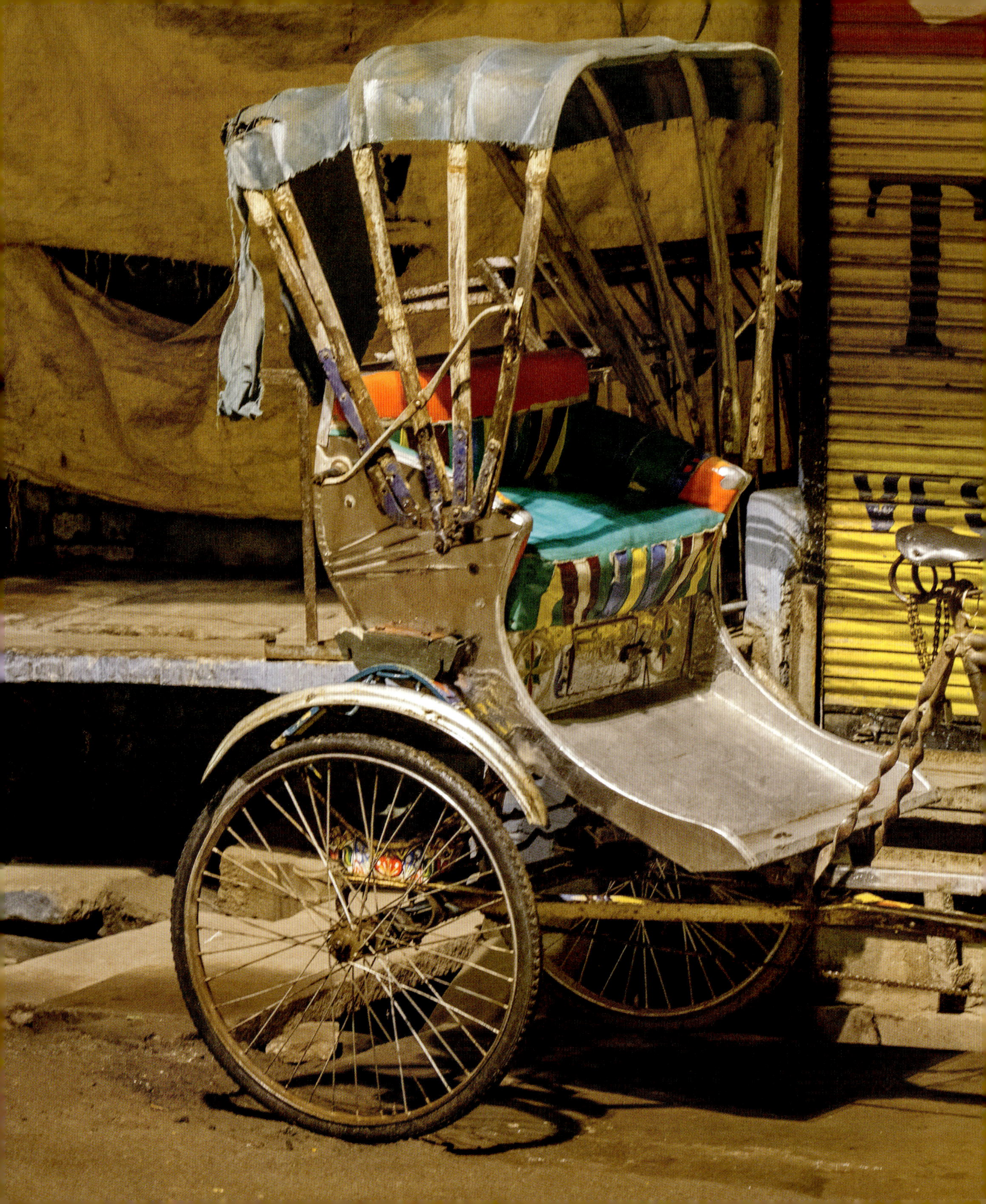

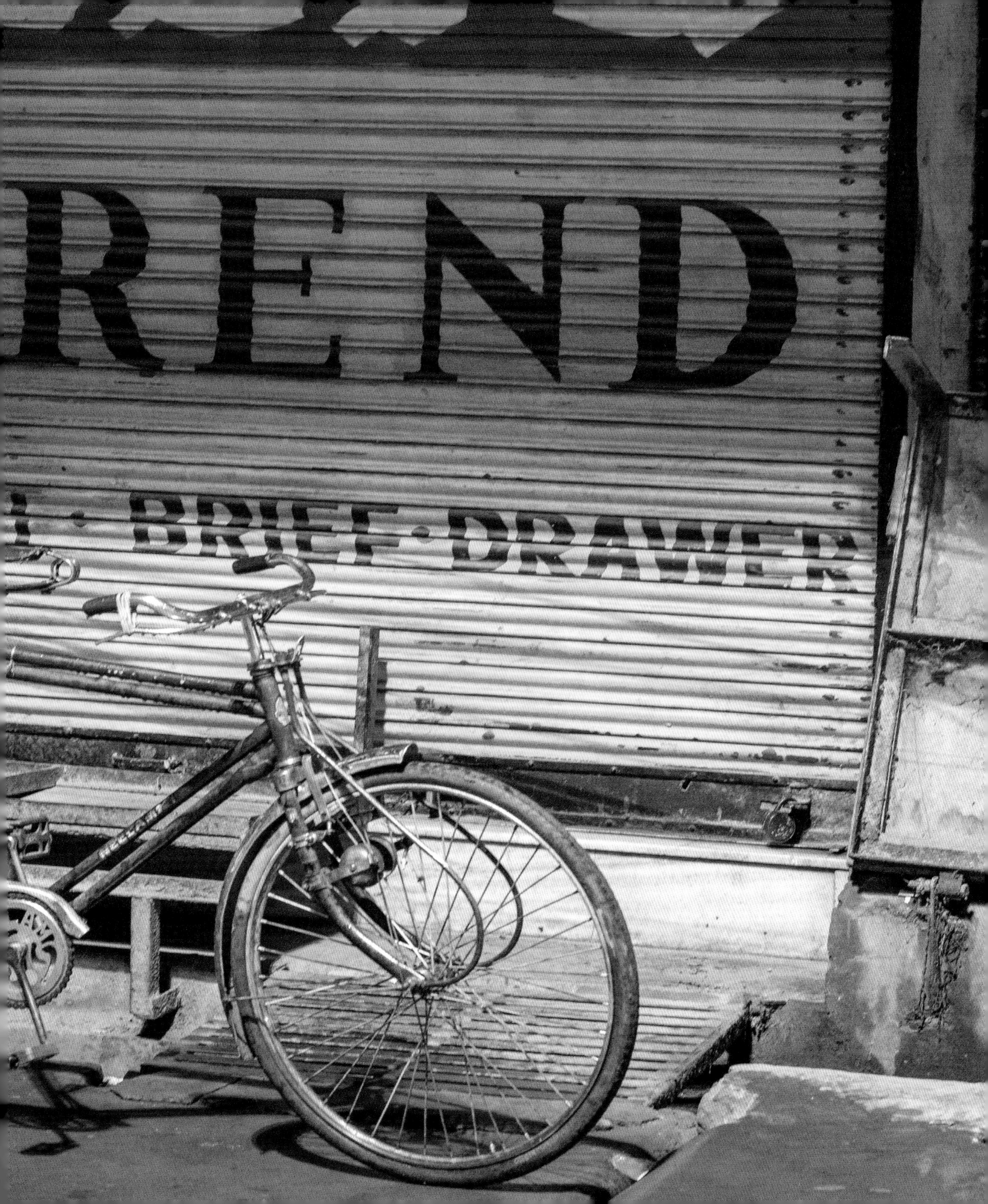
REND
BRIEF·DRAWER

[VERBERGEN]

Die Technik der **Erzeugung von Spannung** kommt hauptsächlich im Film zum Einsatz, um beim Zuschauer Angst zu erzeugen und Erwartungen zu wecken. Ein Bild so zu konzipieren, dass der Betrachter das Hauptmotiv des Fotos nicht sofort entdeckt und die Botschaft nicht gleich entschlüsselt, weil sie zunächst **im Verborgenen** liegt, ist sehr kompliziert, aber nicht unmöglich.

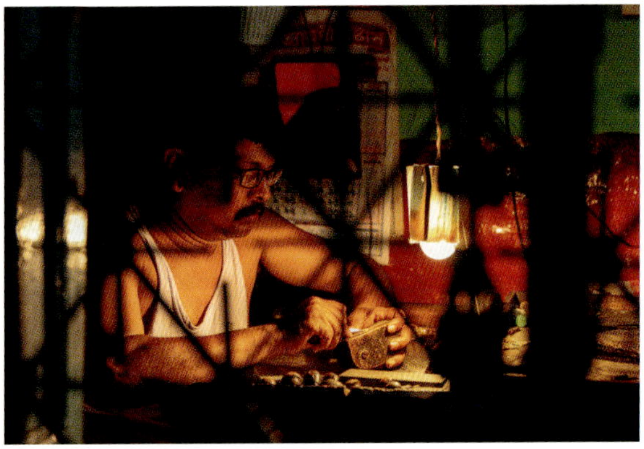

Ein einfaches Gitter, verschwommen durch den richtigen Einsatz der Schärfentiefe, macht das Motiv fesselnd.

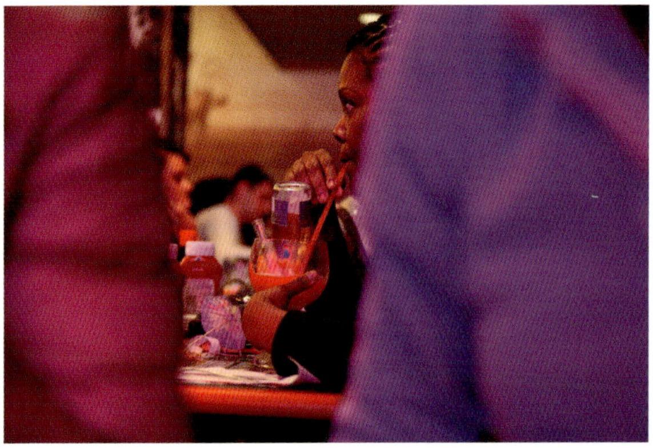

Elemente im Vordergund verbergen teilweise die jungen Frauen dahinter. Dies suggeriert Enge im Lokal.

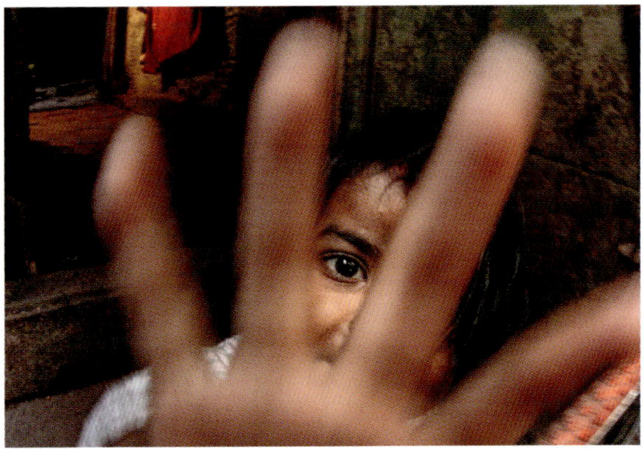

Das Gesicht des Kindes ist halb verdeckt, aber seine Spielfreude und sein Lachen in den Augen sind unübersehbar.

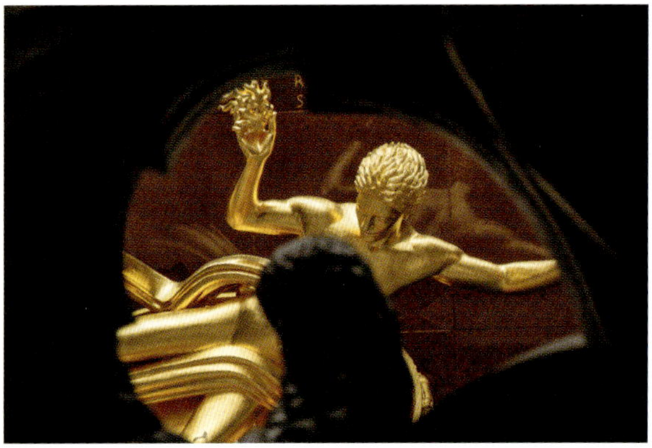

Durch den gut platzierten Rahmen wird die Aufnahme dieses häufig abgelichteten Kunstwerks einzigartig.

Es gibt viele Möglichkeiten, den Blick des Betrachters abzulenken und Bildobjekte erst bei geneuerem Hinsehen erkennbar zu machen. Man kann das Hauptmotiv in den Hintergrund verbannen, mithilfe einer besonderen Linienführung davon ablenken. Man kann ablenkende Sekundärobjekte einfügen oder das Hauptmotiv durch halbdurchsichtige Textilien oder Wasserschleier **hindurchscheinen** lassen. All dies irritiert den Betrachter, der auf diese Weise zum Hauptmotiv und zur **Entschlüsselung der Bildbotschaft** geleitet wird.

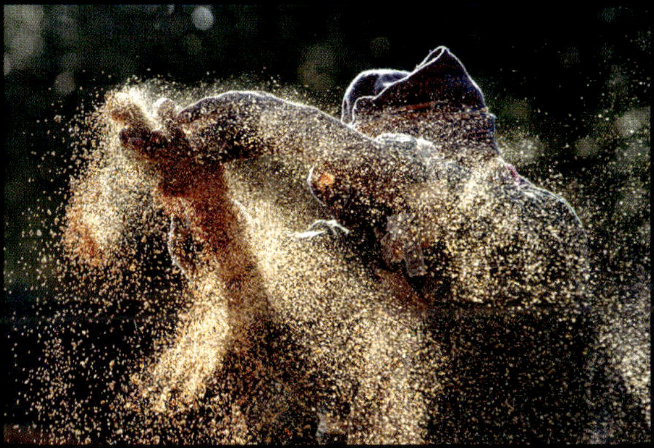

Es ist nicht nötig, das Gesicht dieses Bauern zu sehen. Allein seine Geste beim Säen ist ausdrucksstark genug.

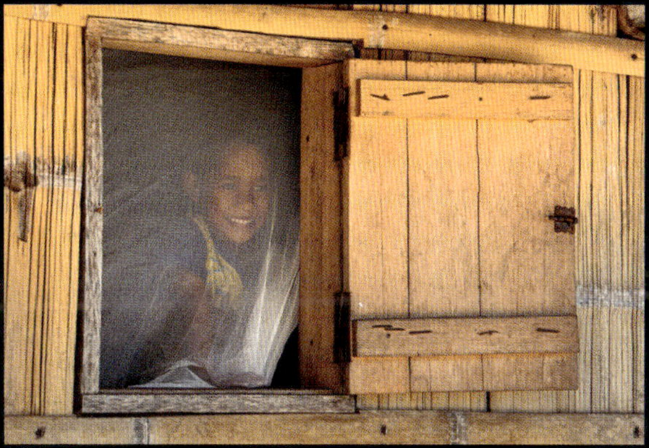

Man muss sich ein anstrengen, um durch ein Fliegengitter zu sehen – das gilt für das Kind und den Betrachter.

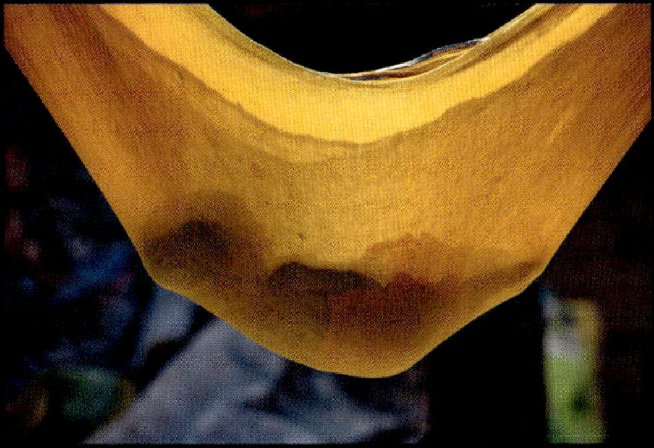

Erst auf den zweiten Blick enthüllt das Segeltuch dieser Hängematte den Schatten eines schlafenden Kindes.

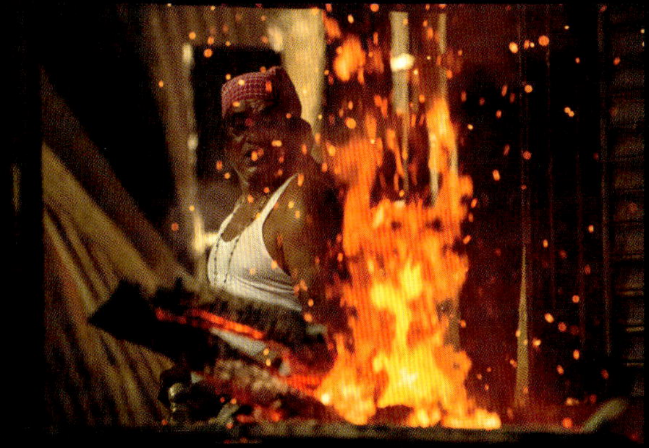

Das Feuer einer Einäscherung macht diesen Unberührbaren halb unsichtbar – wie die Gesellschaft seine Kaste.

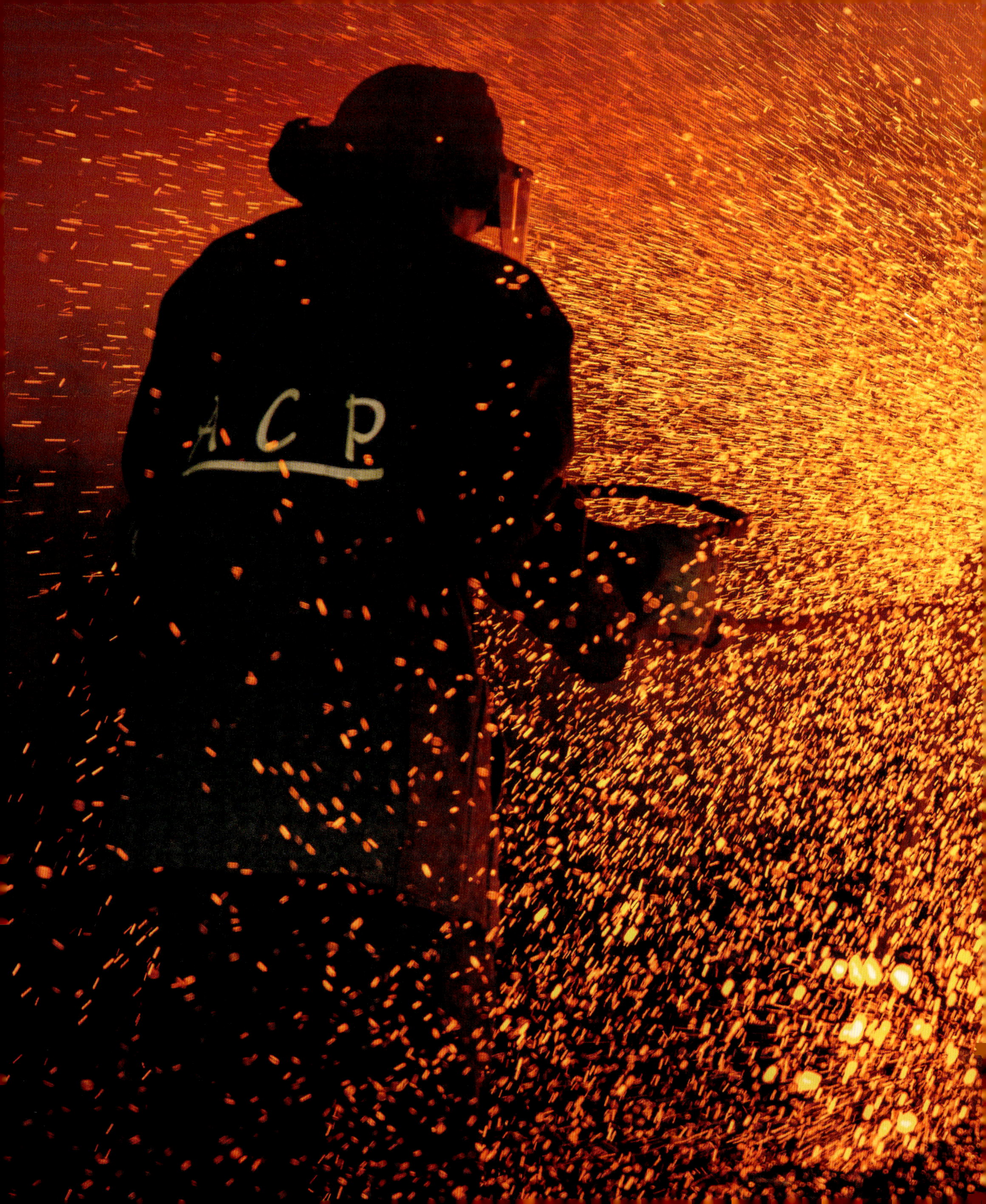
ACP

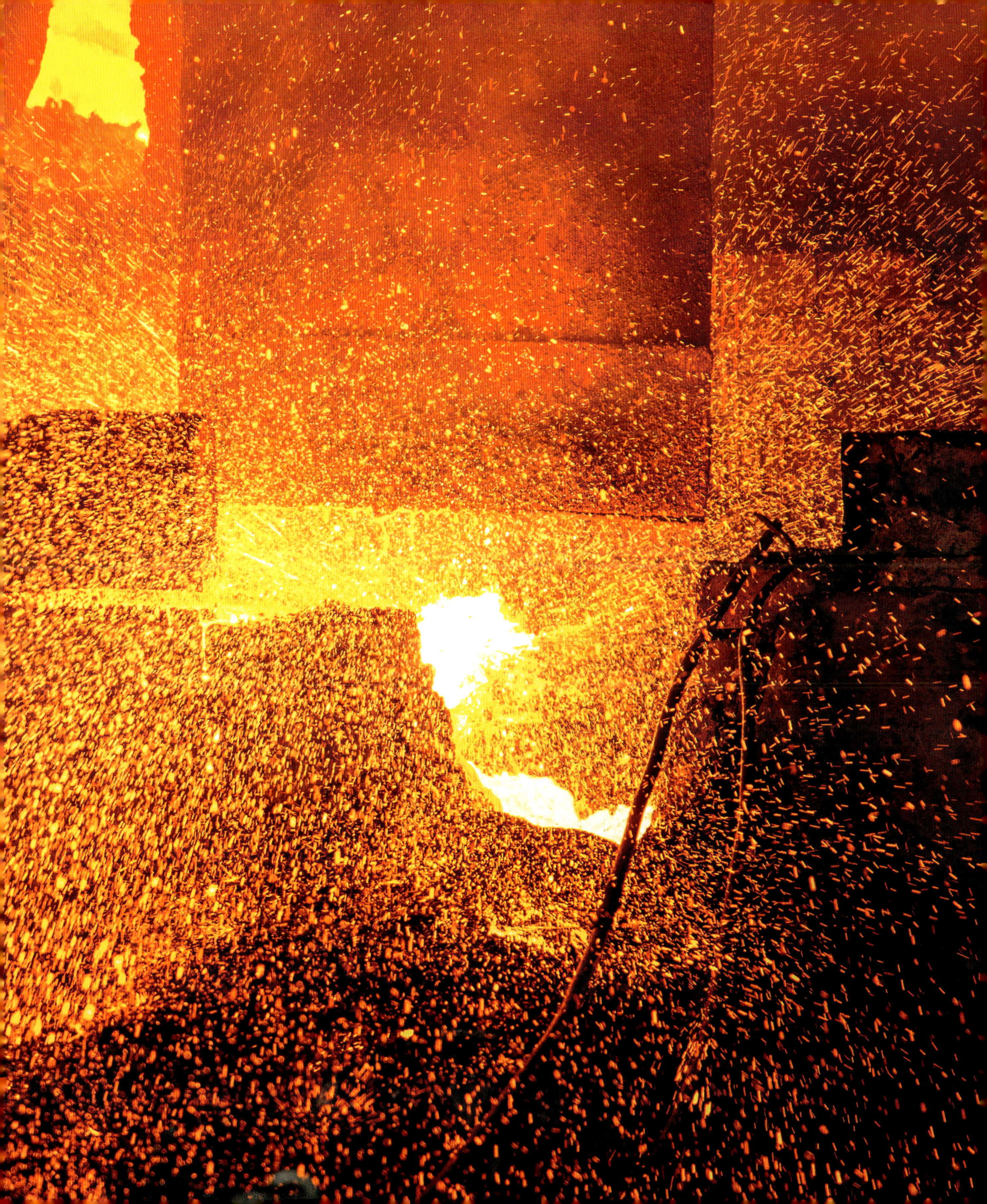

[FÜHRUNGSLINIEN]

Führungslinien werden oft auch von Profis eher intuitiv als bewusst verwendet. Sie können aus allem Möglichen bestehen - aus einer Reihe von Bäumen oder Personen, aus einem architektonischen Profil, aus Wolken oder sonst irgendeinem Element, das unseren Blick auf der Fotografie von einem Bereich zu einem anderen lenken kann. Eine Führungslinie kann jedoch auch den Blick fehlleiten, das heißt vom Hauptmotiv wegführen, und dies schwächt mit Sicherheit die Wirkung des Fotos.

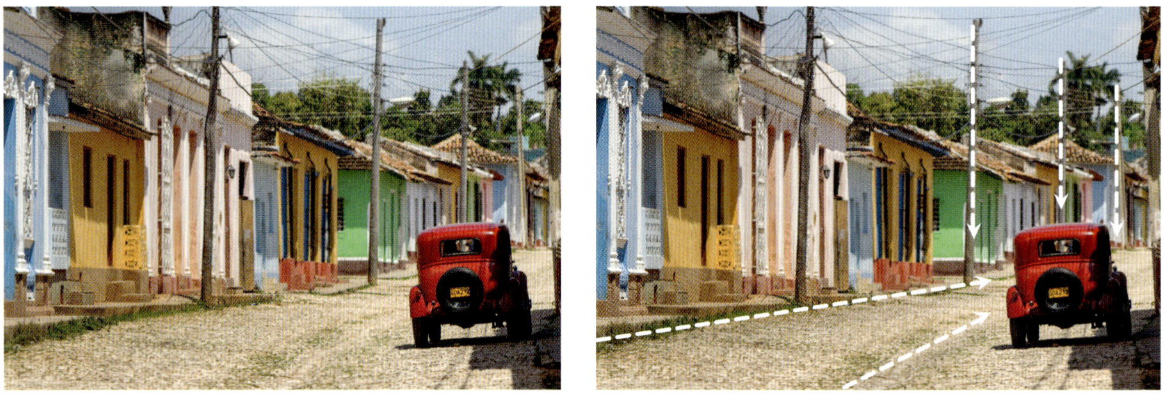

Auf diesem Bild leiten alle mehr oder weniger offensichtlichen Linien den Blick zum Objekt hin, das außerdem einen Kontrast in Ton und Farbe bildet.

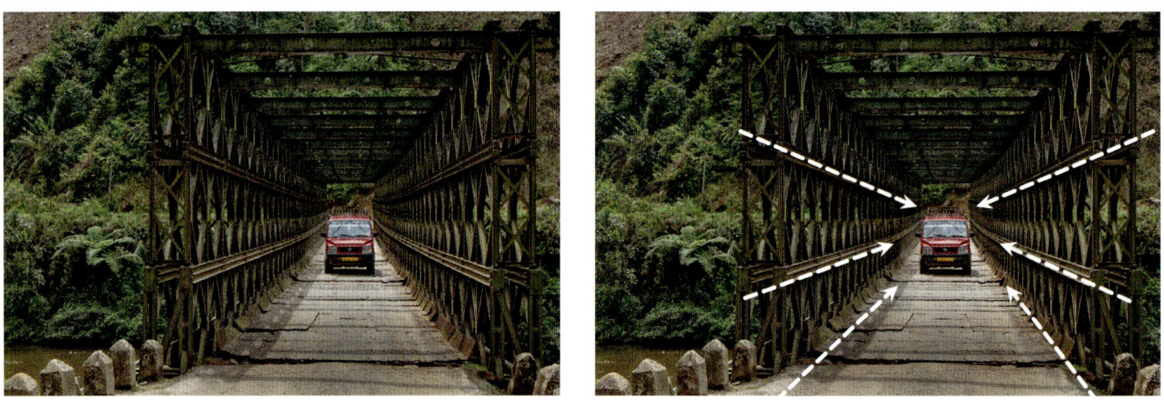

Ein augenfälliges Beispiel für symmetrische Führungslinien, die alle auf das Motiv in der Mitte ausgerichtet sind. Es entsteht ein Tunneleffekt.

Die Fertigkeit des Fotografen zeigt sich, wenn er für seinen Bildaufbau bestmöglich Führungslinien nutzt – offensichtliche und implizierte –, um den **Blick** des Betrachters zum Hauptmotiv **hinzuleiten**. Bei einem Porträt können die Führungslinien zum Beispiel der **Körperachse** oder dem Verlauf des Halses, eines Armes oder einer Hand entsprechen. Auch Elemente der Kleidung können als Führungslinien fungieren. Neben sichtbaren Linien können auch **imaginäre Linien** geschaffen werden, die, gestützt auf einzelne grafische Elemente, von unserer visuellen Wahrnehmung komplettiert werden.

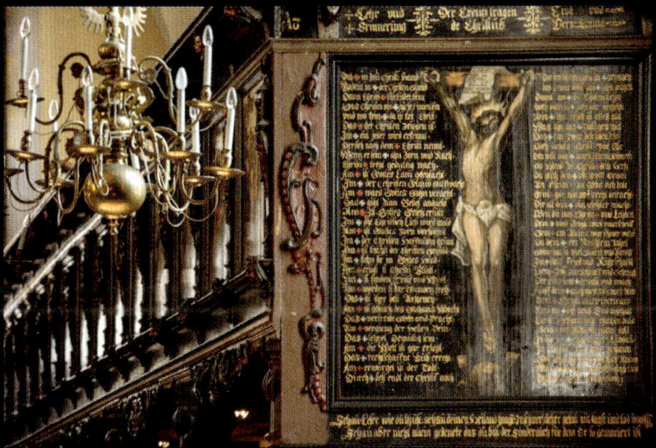

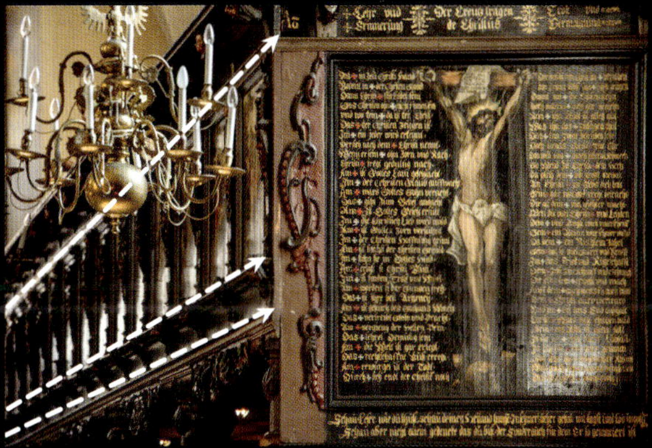

In diesem Fall ermöglichte eine geschickte Wahl des Bildausschnitts, dass in der Holzvertäfelung der Empore Führungslinien entstehen, die auf das Motiv weisen.

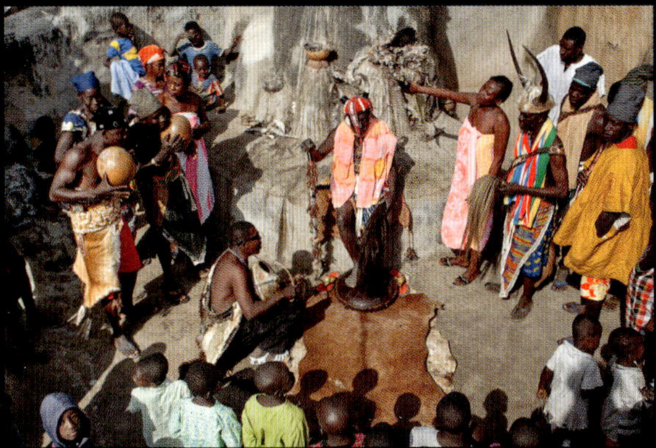

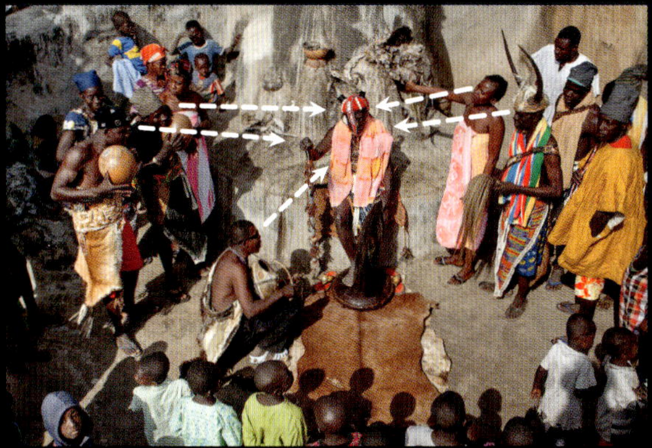

Folgt man den Blicken erkennt man leicht mehrere Führungslinien auf diesem Bild – sie sind nur angedeutet, aber deshalb nicht weniger wirkungsvoll.

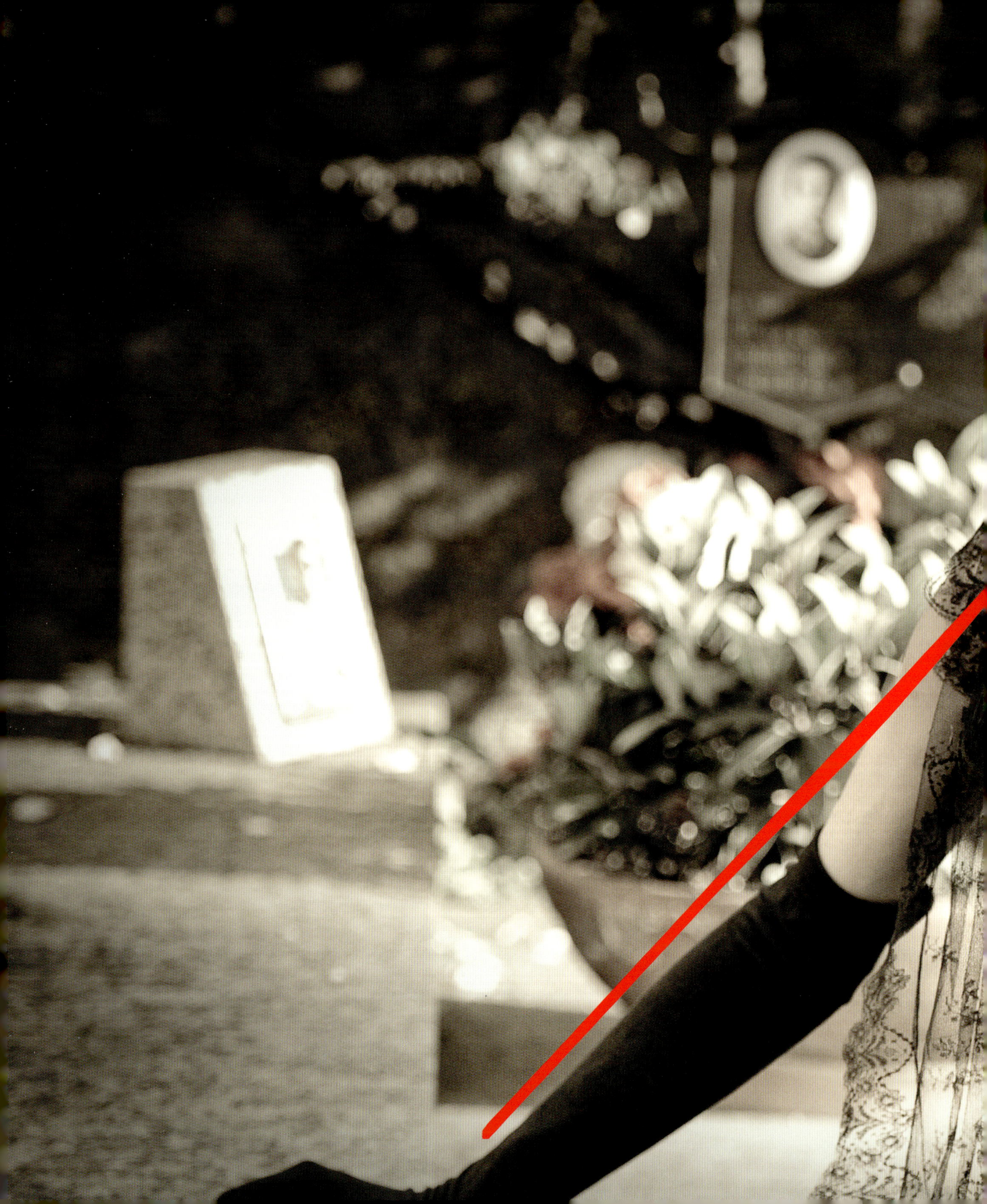

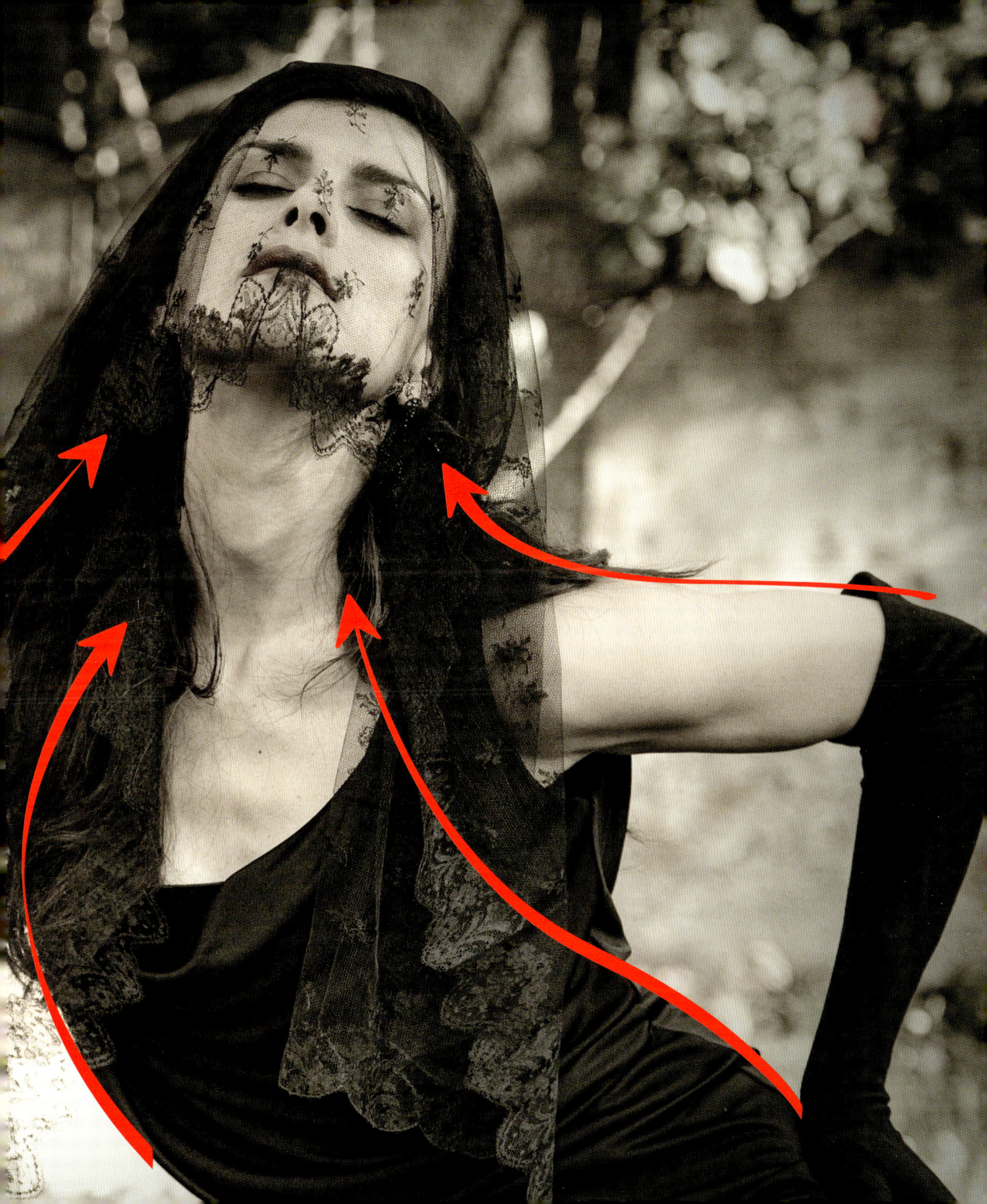

GRAFISCHE PRÄGNANZ

Ein gutes Foto muss einen Inhalt haben, und eine gute Komposition muss dem Betrachter dabei helfen, diesen Inhalt umgehend wahrzunehmen. Doch wenn man Fotos von **hoher grafischer Prägnanz** aufnimmt, kann man sich bei der Komposition darauf beschränken, das Muster und die Geometrie hervorzuheben. Der Betrachter sollte **nicht abgelenkt** werden.

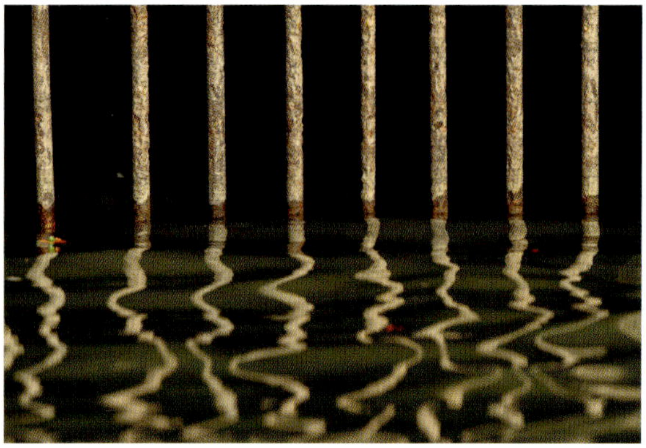

Die grafische Prägnanz und das dynamische Gleichgewicht zwischen oben und unten zeichnen dieses Foto aus.

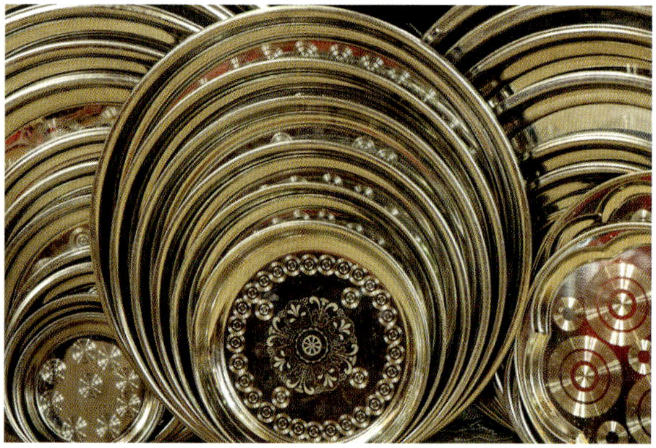

Dieses Bild enthält keinerlei Botschaft, deshalb muss es durch seinen ästhetischen Wert überzeugen.

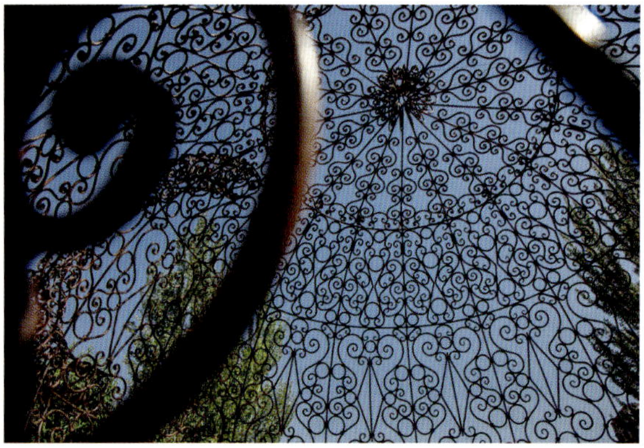

Die geometrischen Formen dominieren hier so stark, dass die Kuppel kaum noch wahrgenommen wird.

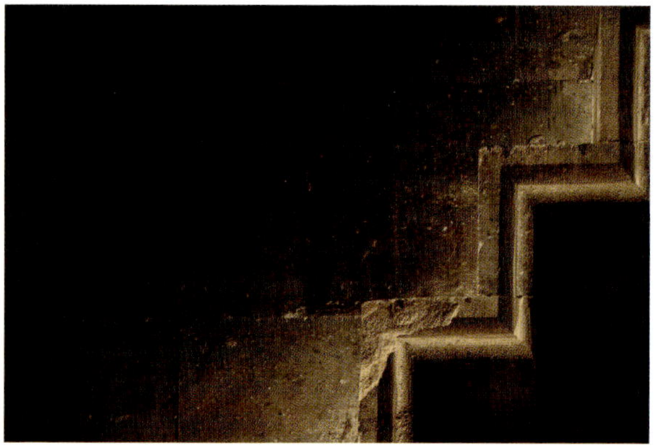

Eine Speziallampe haucht diesem banalen, aber grafisch interessanten Detail durch Schattenwurf Leben ein.

Wenn man sich für ein Bild mit einer Komposition entscheidet, die im **Wesentlichen grafisch** ist und daher auf ihrer ästhetischen Qualität beruht, sollte jedes Element außerhalb seiner geometrischen Ordnung eliminiert werden, weil es die Aufmerksamkeit sofort auf sich zieht und damit **Störung erzeugt** und die Harmonie des Bildes beeinträchtigt. Die Architekturfotografie eignet sich sehr für diese Art der grafischen Komposition.

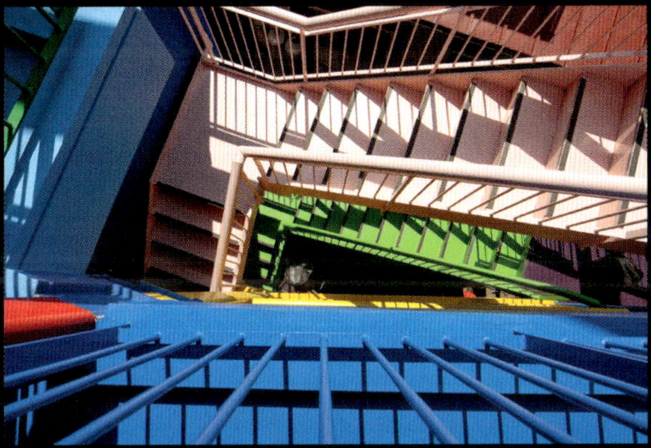

Wenn sich die grafische Prägnanz eines Motivs geradezu aufdrängt, sollte man sie mit technischen Mtteln betonen.

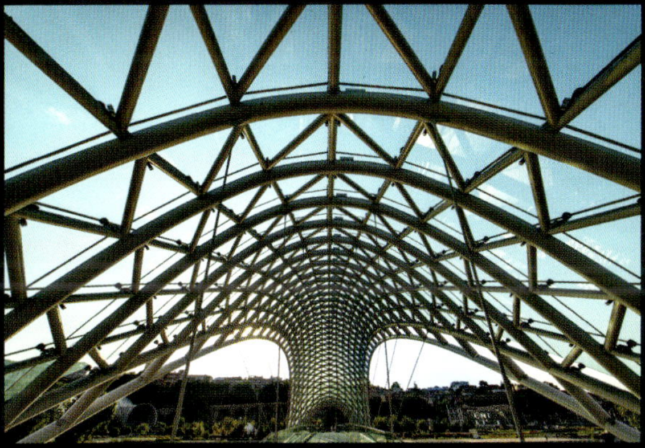

Eine statische, aber dennoch gefällige Komposition, dank der Ausgewogenheit der Formen und der Symmetrie.

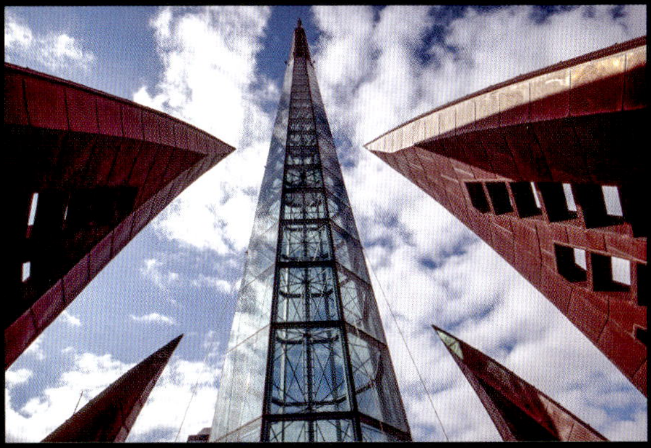

Ein interessanter Aufnahmewinkel verleiht den Gebäuden eine Pfeilform. Das ist plakativ und erinnert an Mangas.

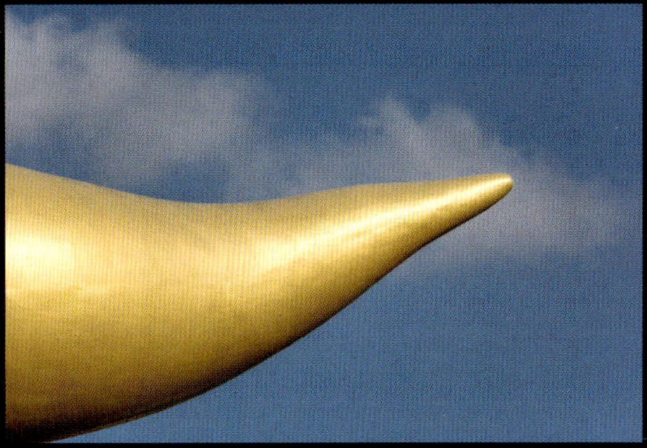

Der Erfolg dieses Fotos beruht auf seinem ungewöhnlichen Bildausschnitt und dem starken Farbkontrast.

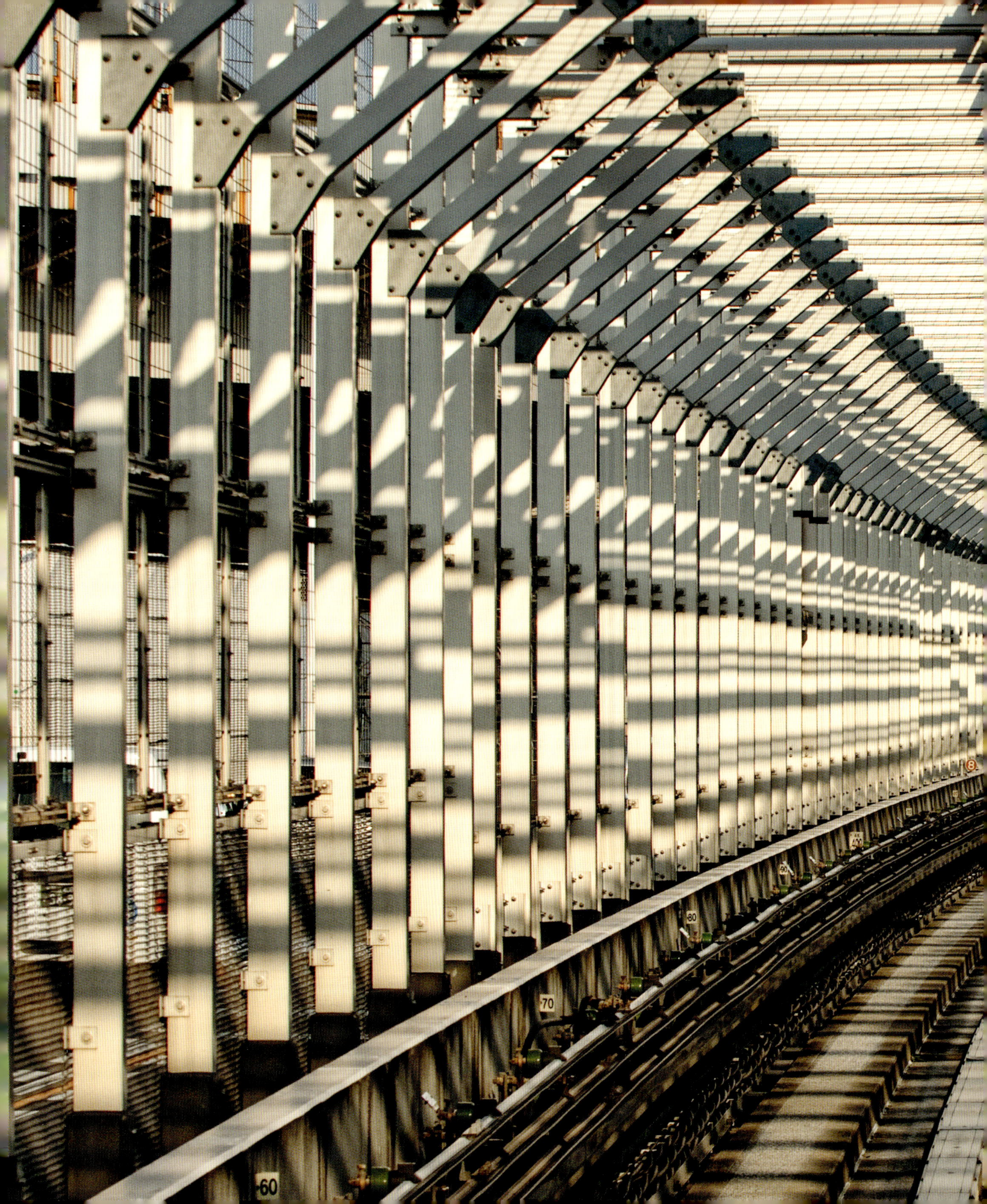

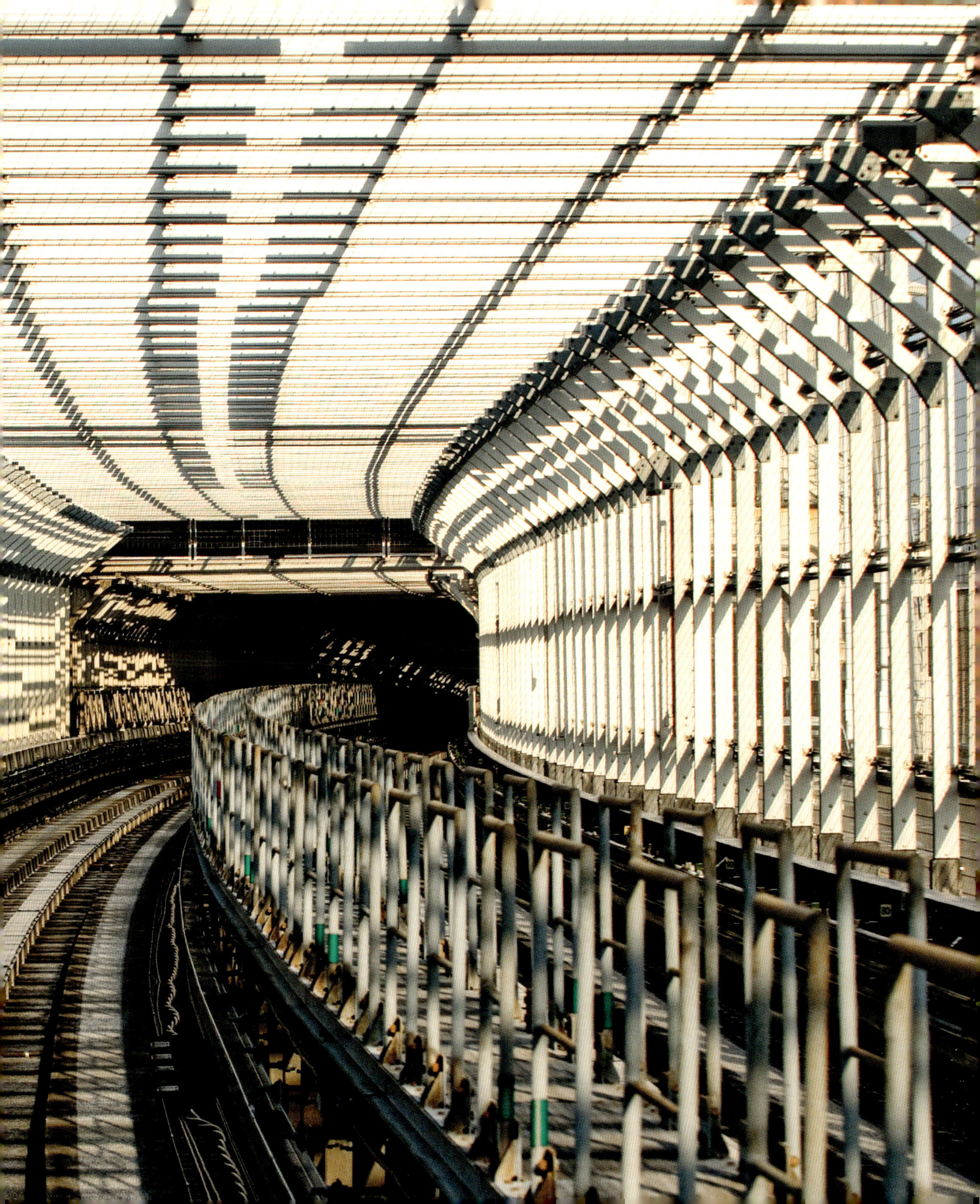

SCHRÄGE LINIEN UND GENEIGTER HORIZONT

Elemente, die sich aufgrund direkter alltäglicher Erfahrung **offensichtlich vertikal oder horizontal** zeigen müssten, vermitteln starke Spannung und Unruhe, wenn sie auf dem Bild schräg oder gar diagonal erscheinen. Der Horizont ist das wichtigste dieser Elemente, weil von seiner Achse auch **unser Gleichgewicht** abhängt, und ihn in Schieflage zu sehen, stört uns mehr als zum Beispiel der Anblick eines schief hängenden Bildes. Doch ab und an, etwa auf Sportfotos, dient die **bewusste Neigung** der Horizontlinie dazu, der Szene Dynamik und Emotion zu verleihen, oder trägt dazu bei, den Blick des Betrachters zum Motiv zu lenken.

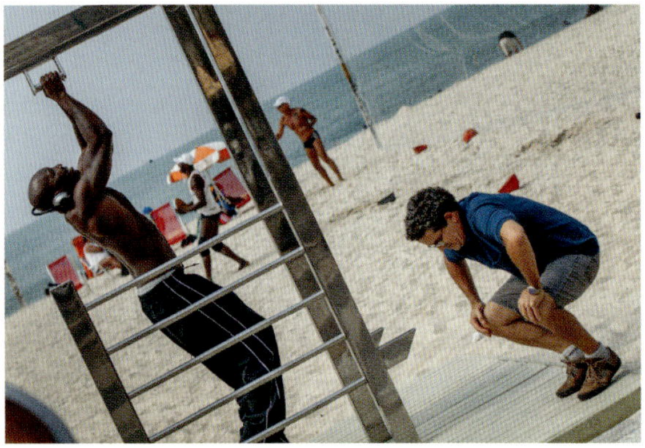

Die Schräglage des Horizonts unterstreicht das physische Ungleichgewicht zwischen den beiden Personen.

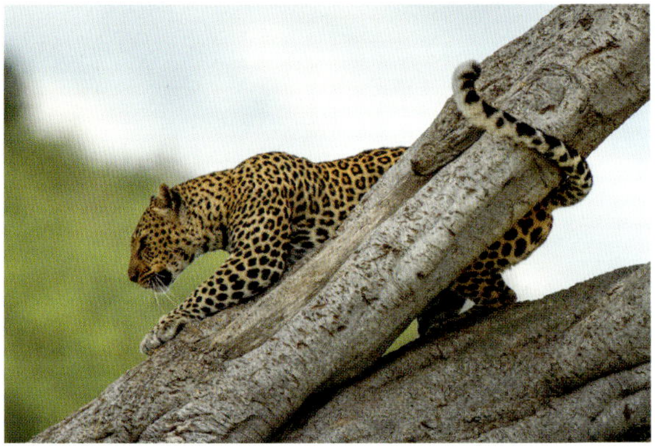

Der Leopard scheint die Instabilität der Schräglage mithilfe seines Schwanzes ausbalancieren zu wollen.

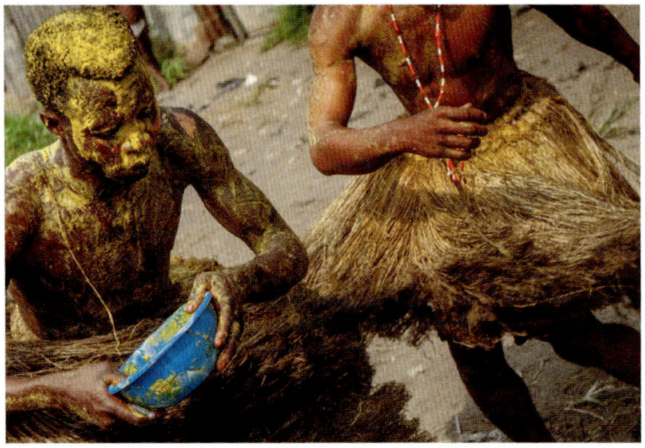

Durch Neigung der Kamera und Kippung des Horizonts verspürt auch der Betrachter eine hypnotische Wirkung.

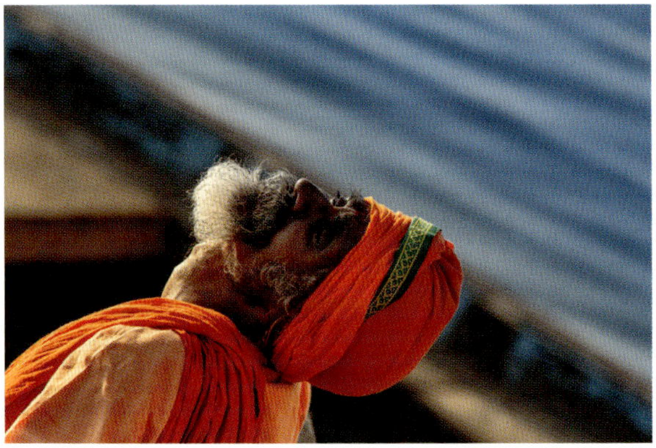

Die Schräglage der Horizontlinie verstärkt die geometrische Komposition, die durch den Bildausschnitt entsteht.

[VEREINFACHUNG DES BILDES]

Elemente aus dem Bildausschnitt zu entfernen, hilft dem Fotografen und dem Betrachter, sich auf die **verbleibenden Elemente** zu konzentrieren. Auf der anderen Seite zwingt dies den Fotografen zu großer grafischer Genauigkeit, weil die Position des Objekts, das in diesem vom Minimalismus geprägten Kompositionsstil oft klein ist, eine maßgebliche Bedeutung erlangt und die **grafische Eleganz** des Fotos von seiner Ausgewogenheit abhängt. Wenn wir also davon ausgehen, dass das Objekt einen aktiven Part spielt, kann der gesamte Rest als **Passivraum** gedeutet werden. Je weniger Objekte wir also im Passivraum platzieren, desto unmittelbarer wird das **Objekt erkennbar**.

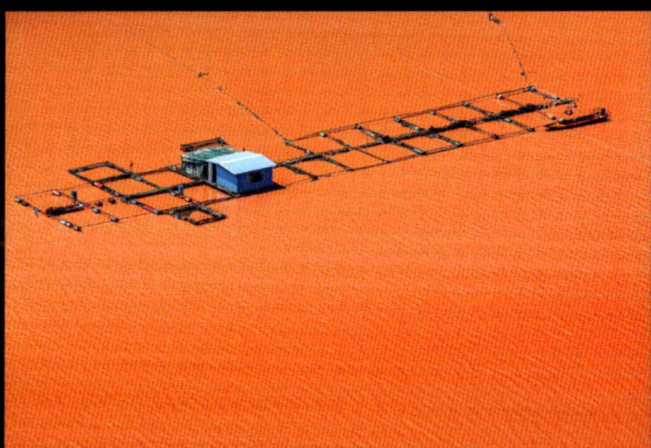

Dieses Foto verdankt seine grafische Wirkung dem Gleichgewicht zwischen aktivem und passivem Raum.

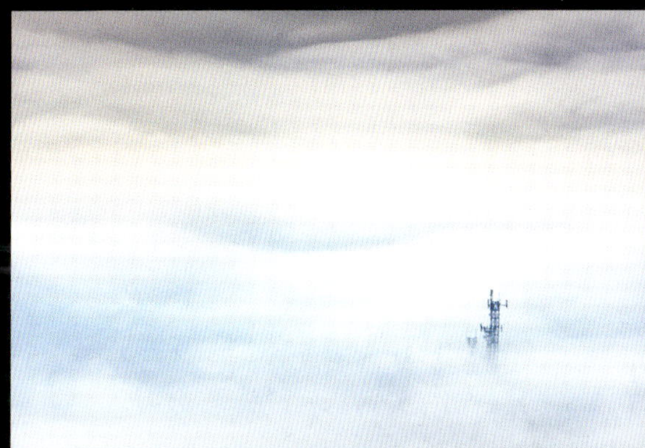

Die Wolkendecke isoliert das Objekt und macht so das technische Gebilde – vielleicht ein Funkmast – interessant.

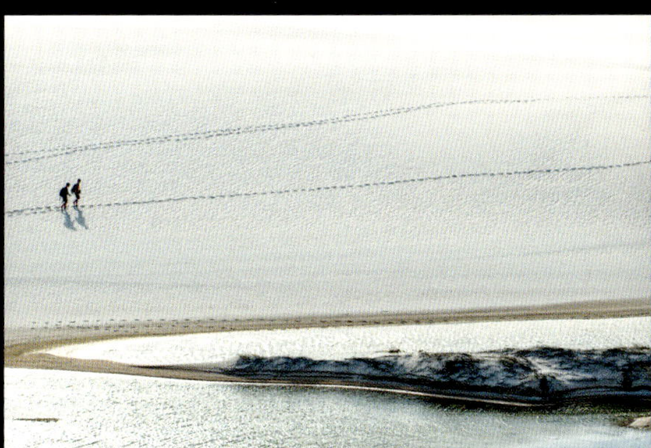

Ein starkes Gefühl von Einsamkeit und eines Wegs ohne Ziel wird durch dieses minimalistische Bild vermittelt.

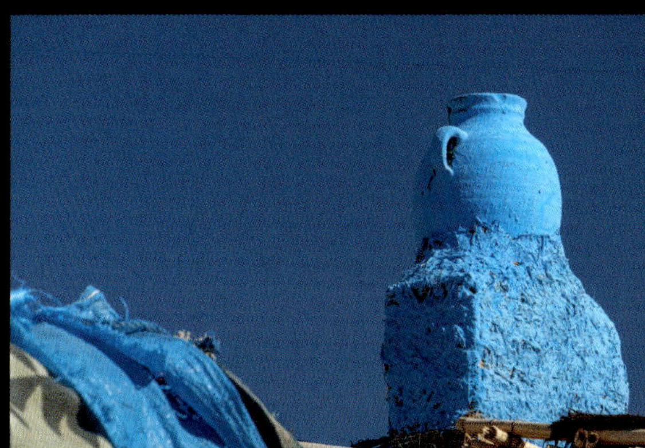

Der passive Raum verleiht einem Objekt, das ansonsten einfach nur statisch gewesen wäre, Bedeutung.

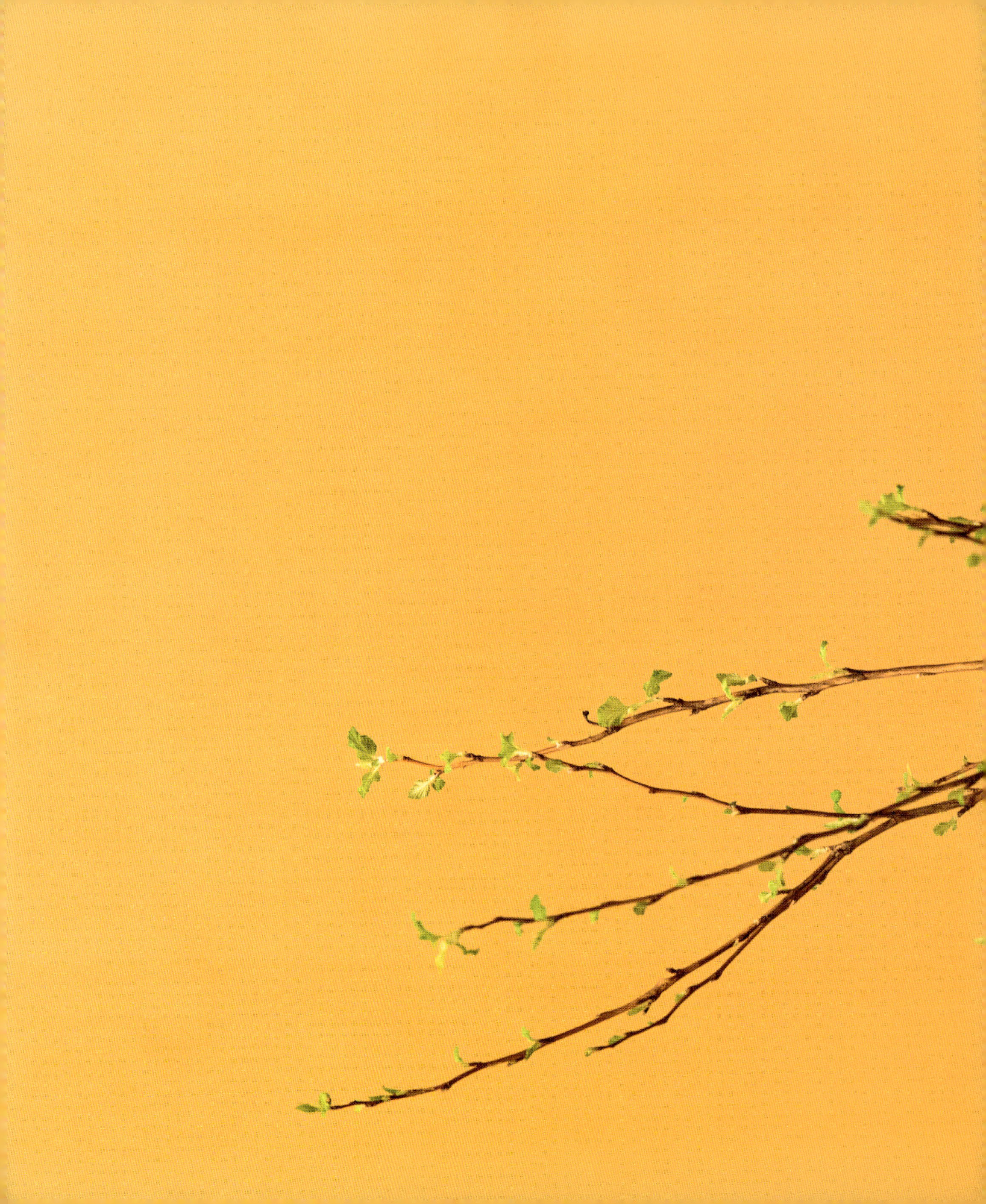

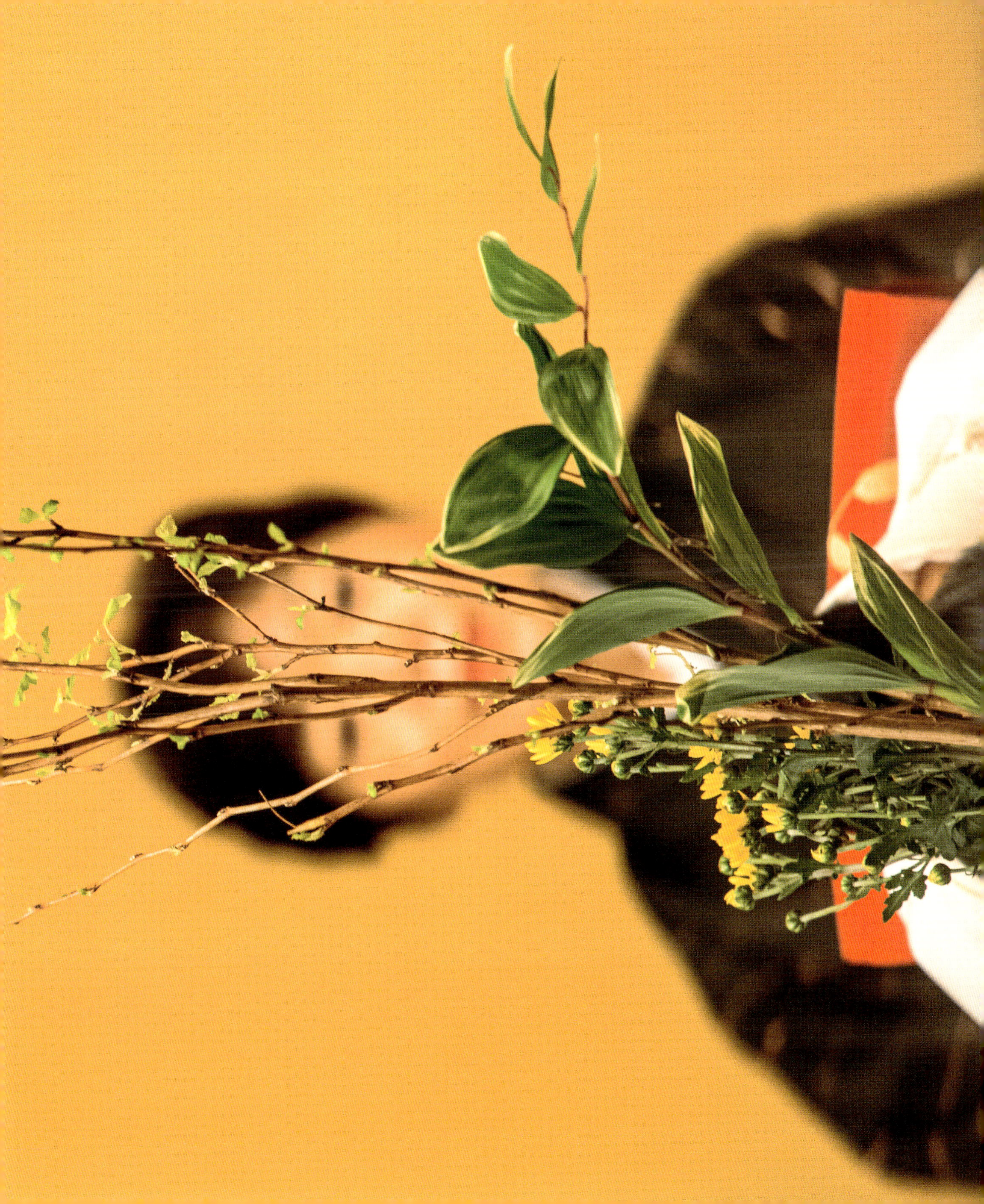

APROPOS MOTIV

ÜBERLEGUNGEN UND TECHNIKEN

Wir wissen, dass das Motiv von fundamentaler Bedeutung für den Fotografen ist, weil es stets das Zentrum bildet, um das er versucht, die eigenen Bilder zu entwickeln. So wird es interessant sein, einige häufig vorkommende Motivtypen besser zu verstehen. Wo suchen wir sie? Wie erkennen wir sie? Und haben wir sie gefunden: Wie setzen wir sie optimal für unsere Zwecke ein? Auf dem Großteil der Fotos ist das Motiv offensichtlich, manchmal **sogar allzu offenbar**, und wird ganz einfach und natürlich zum optischen Schwerpunkt, von dem aus man sich an einer ersten Betrachtung des Bildes versucht. Aber das muss nicht immer so sein. Wir können diese intuitive Suche des Betrachters nach dem Motiv ausnutzen, um seine **Fantasie zu beflügeln** und sein Bildverständnis in andere, nachdenklichere und mitreißendere Bahnen zu lenken.

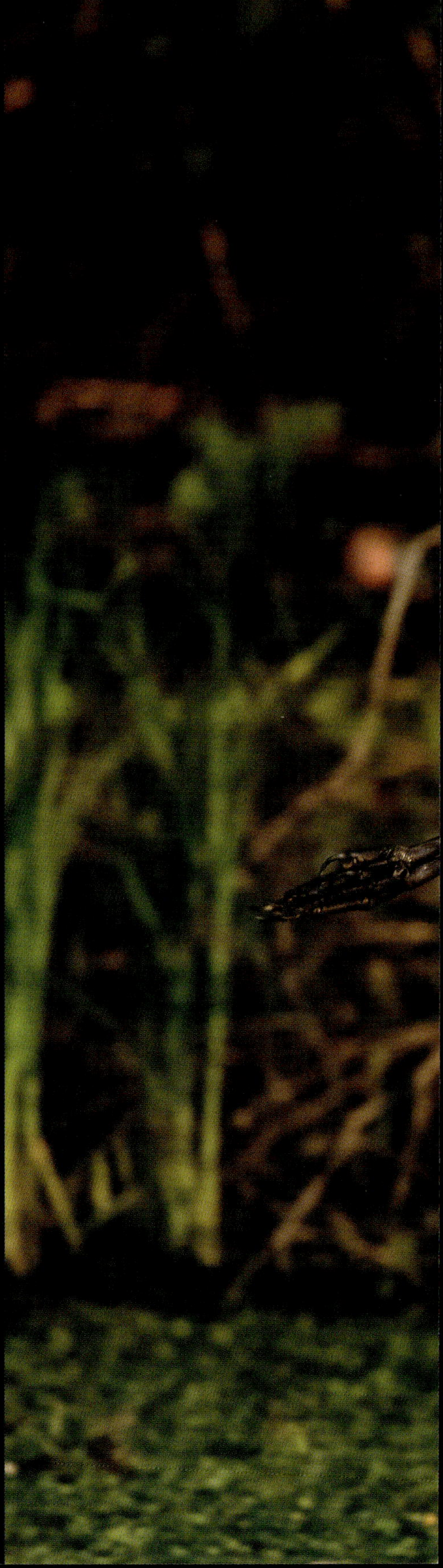

Rumänien, Sulina

Nikon D 810 • 300 mm f/4
1/1250 bei f/5,6 • ISO 1600

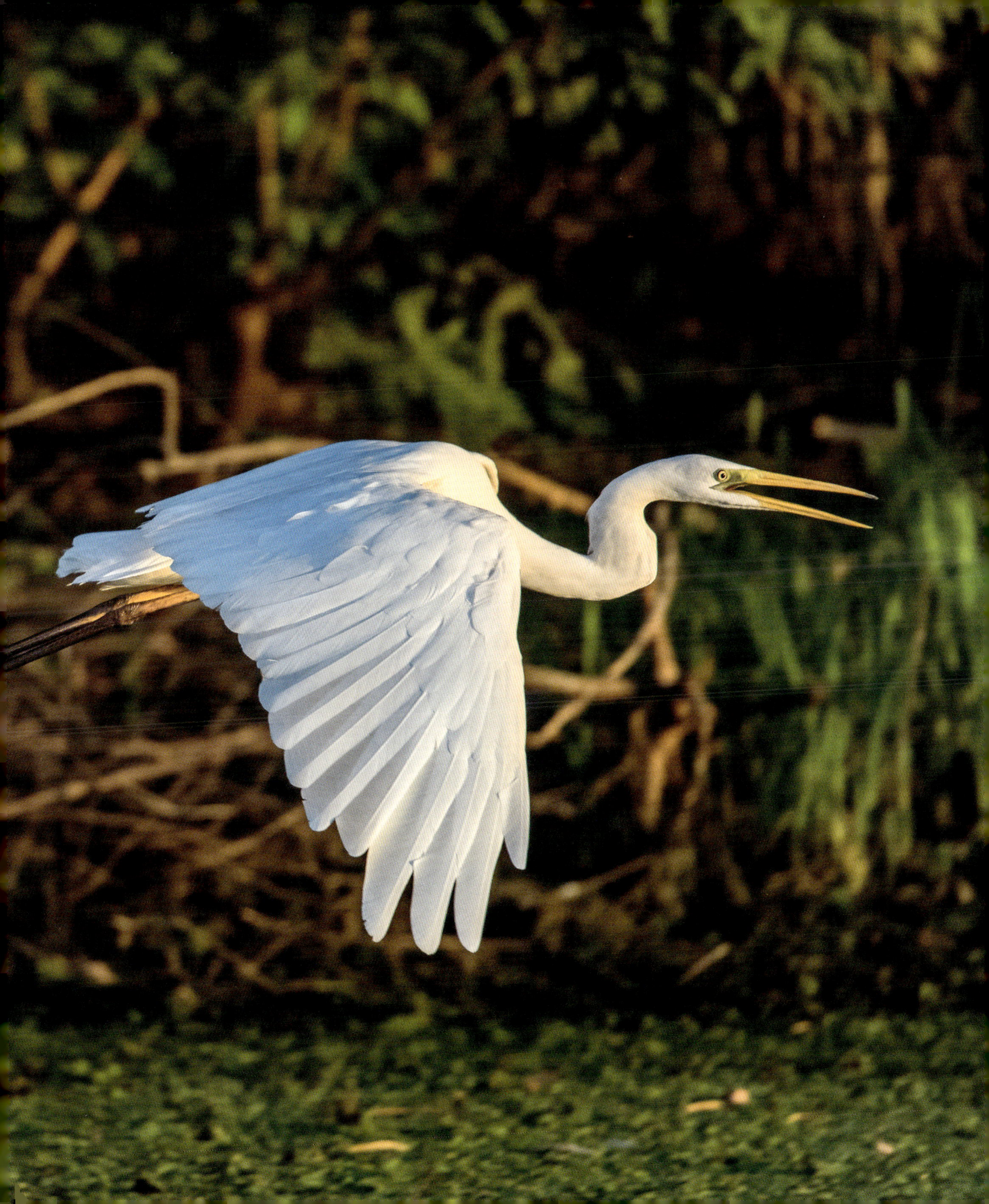

Haben wir erst einmal das Hauptmotiv eines Fotos klar erkannt, sind wir gewohnt, uns auch den **ganzen Rest anzuschauen**, vor allem das, was sich im Hintergrund befindet. In den meisten Fällen erweist sich diese Betrachtung als sinnvoll, und wir können leicht feststellen, dass die Wahl des Hintergrunds dann besonders passend ist, wenn das Foto, das wir betrachten, mit Aufmerksamkeit umgesetzt wurde.

Benin, Bopa

Nikon D 700 • 70-200 mm f/2,8
1/400 bis f/5 • ISO 200

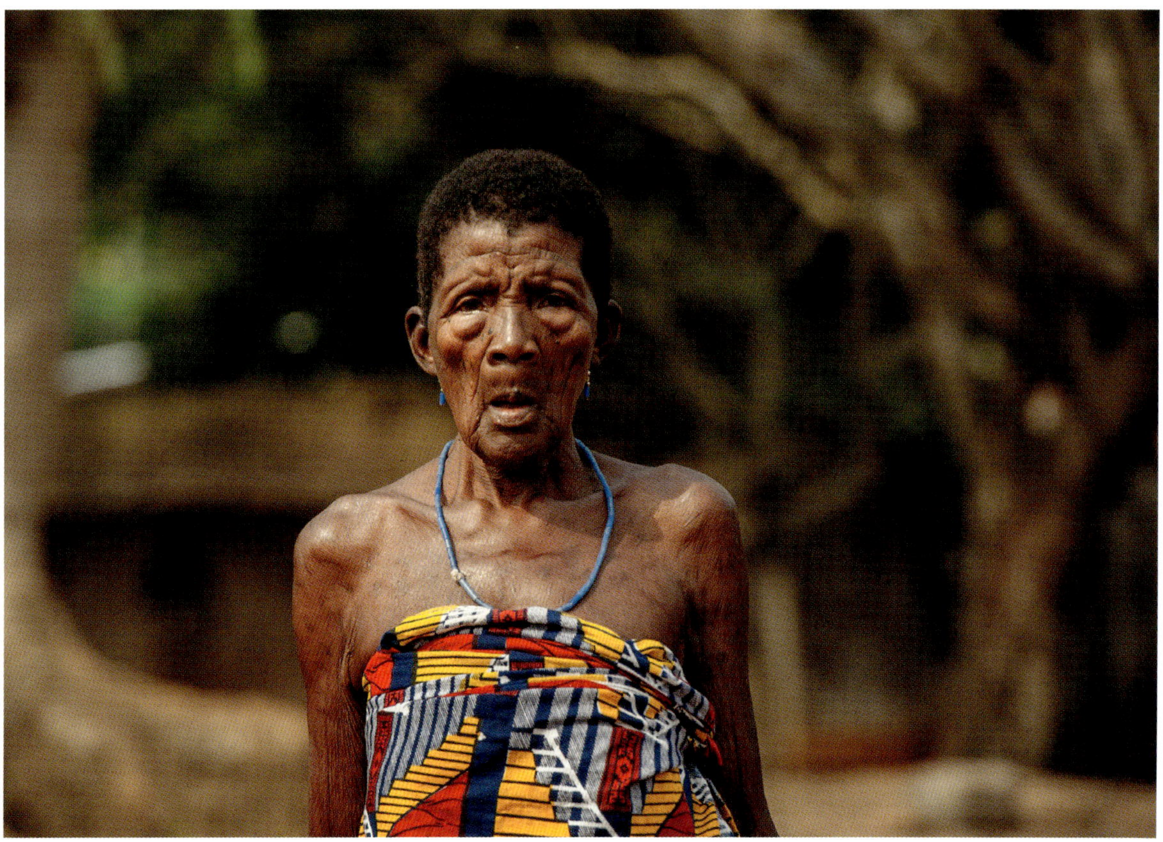

In diesen Fällen wird der Hintergrund dazu genutzt, **das Hauptmotiv hervorzuheben** und zu betonen, indem man vielleicht das Licht, die Formen, die Farbe und das grafische Erscheinungsbild ausnutzt und die Schärfentiefe weise dosiert. Wenn ein Fotograf die eigene Arbeit gut beherrscht, ergänzen sich Objekt und Hintergrund und durchdringen sich gegenseitig. Beide Ebenen werden praktisch untrennbar.

Benin, Bopa

Nikon D 810 • 300 mm f/4
1/4000 bis f/5,6 • ISO 200

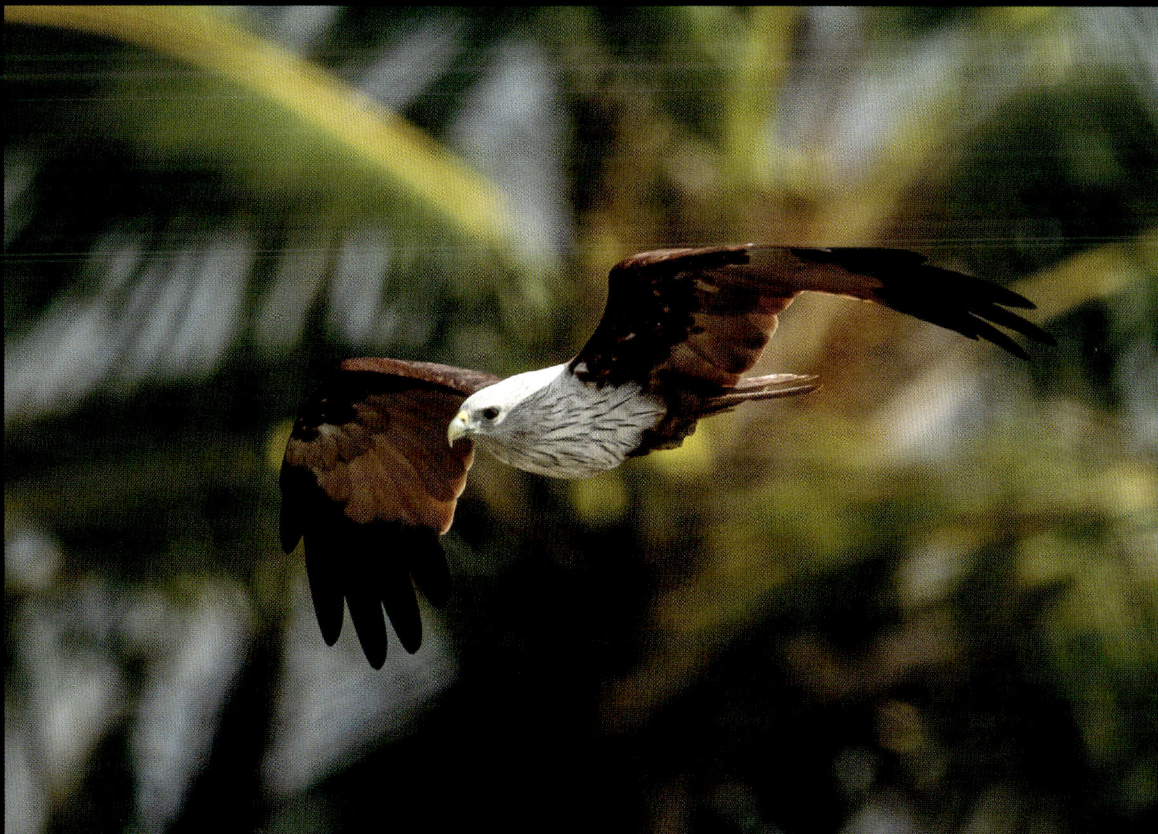

APROPOS MOTIV

DAS ZWEITE OBJEKT

Manchmal existiert neben dem Hauptmotiv noch ein weiteres Element auf dem Foto, das zu wichtig ist, um es einfach in den Hintergrund zu schieben oder es ganz zum Hintergrund zu machen. Dies geschieht, wenn der Fotograf den Hintergrund nicht visuell zurücknimmt, um die Konzentration und die Aufmerksamkeit auf das Hauptmotiv zu richten, sondern zwei oder mehr Objekte, die zusammen funktionieren, erkennt und beschließt, sie auf ein und demselben Bild wiederzugeben. Man spricht von einem ***zweiten Motiv***, wenn zwei Elemente vorhanden sind, von denen das wichtigere mit dem sekundären in Bezug gesetzt wird oder einen Gegensatz dazu bildet, und von einem ***Doppelmotiv***, wenn beide Elemente gleich relevant für das Verständnis und das Narrativ der Fotografie sind. Wenn diese Entscheidung technisch gut umgesetzt ist, kann dadurch eine kleine Geschichte erzählt werden, was die Bildaussage verstärkt.

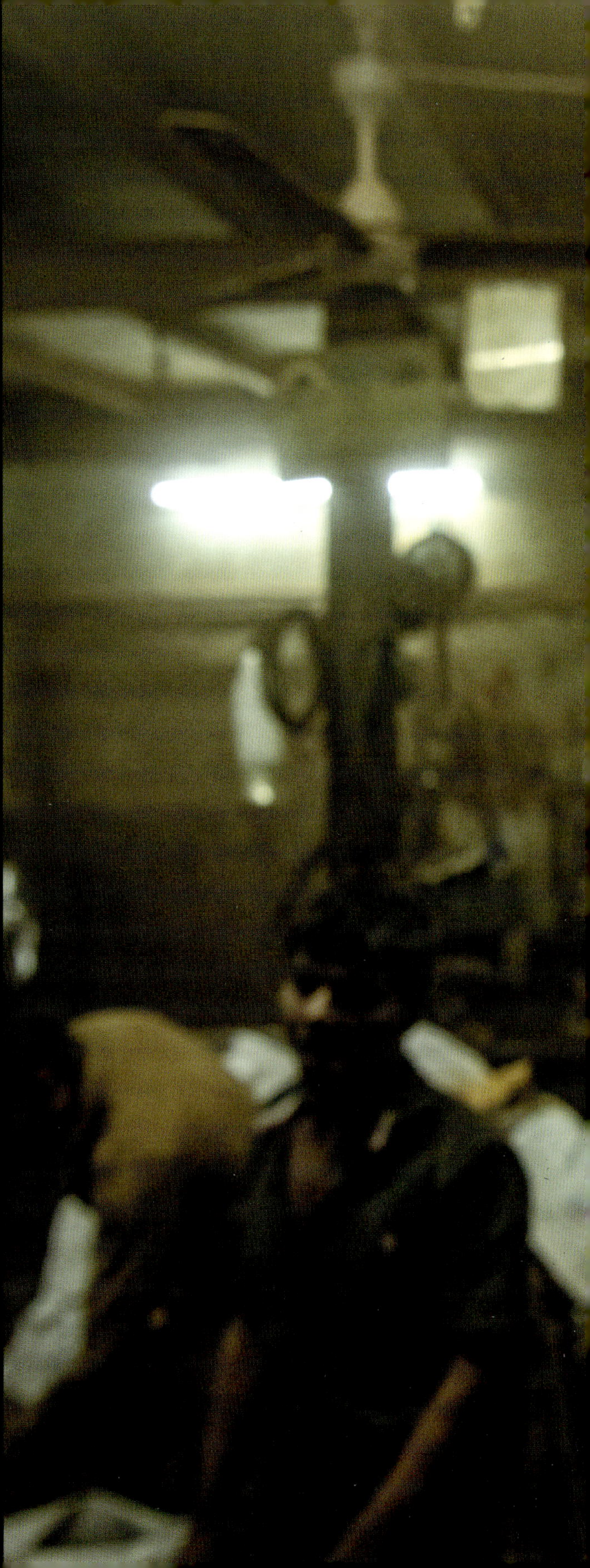

Indien, Mumbai

Nikon D 850 • 24-70 mm f/2,8
1/30 bei f/5 • ISO 2500

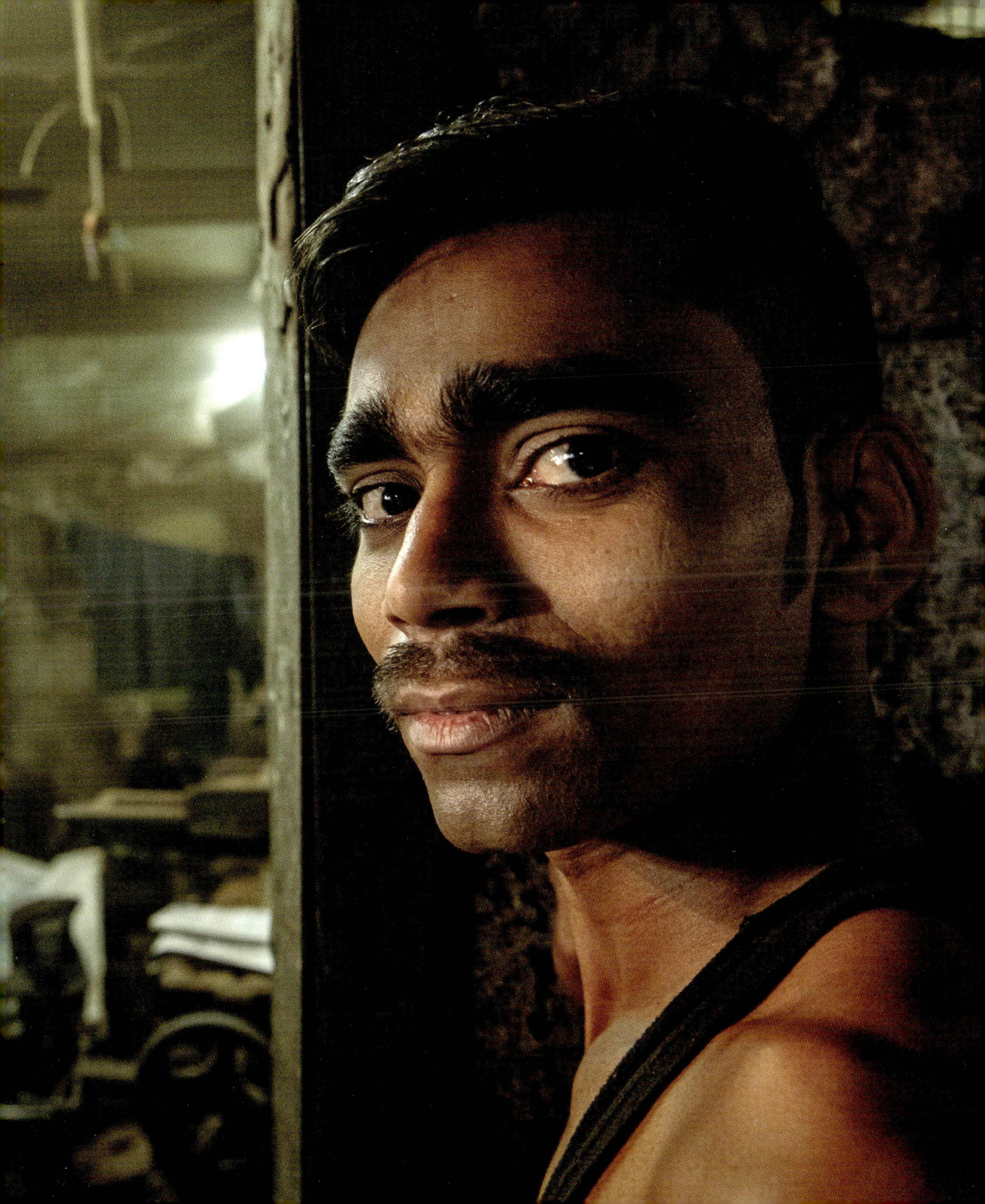

Wird durch die Wechselbeziehung von zwei oder mehr Objekten auf einem Foto eine Geschichte erzählt, **wird der Betrachter dazu gezwungen**, die Bildebene mit seinem Blick abzugehen, um die Erklärung zu finden, weshalb sich der Fotograf für diese Kompositionstechnik entschieden hat.

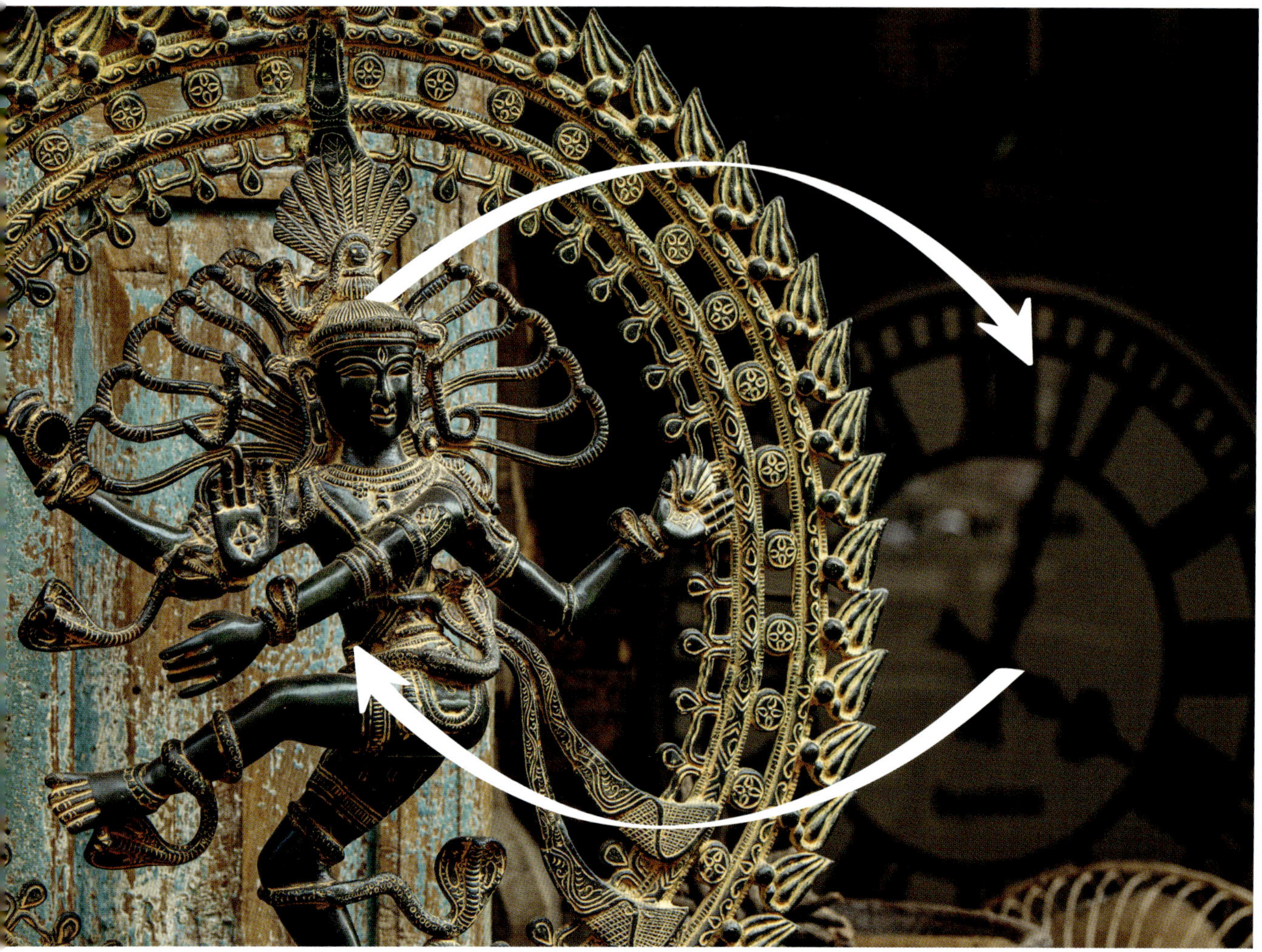

Dies geht sicherlich zulasten des unmittelbaren Verständnisses, kann aber dazu dienen, den Betrachter in höherem Maße einzubinden, weil die enthaltene Botschaft klarer und einprägsamer übermittelt wird und ihn gleichzeitig dazu bringt, das Bild aufmerksamer und länger zu betrachten.

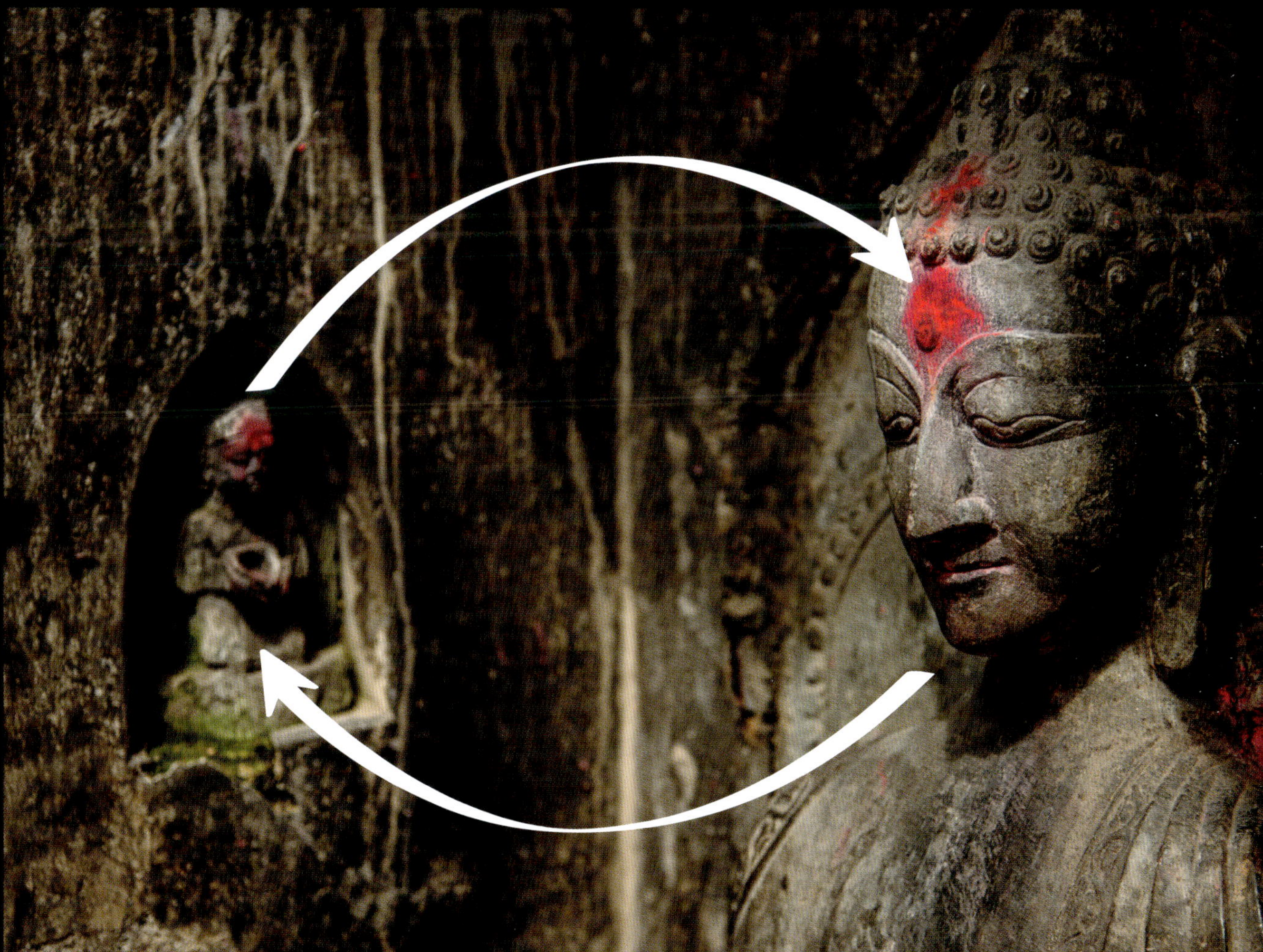

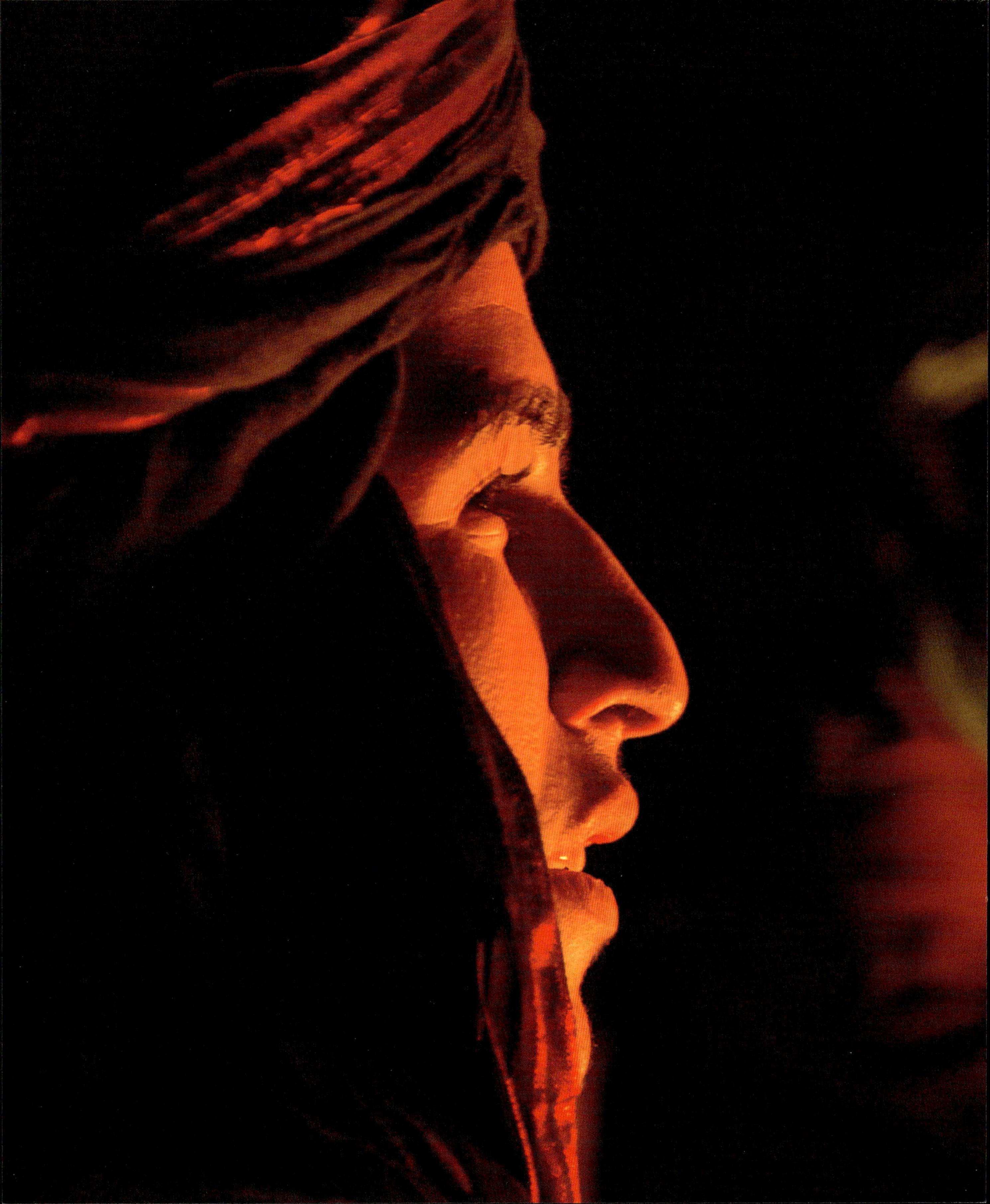

APROPOS MOTIV

STRATEGIE UND DYNAMIK

Wenn Bilder ein primäres Motiv und ein sekundäres Motiv enthalten, kann es strategisch sinnvoll sein, das wichtigere links zu platzieren, um ihm **mehr Kraft** und Profil **zu verleihen**. Dies gilt natürlich nur in Kulturen, in denen die Leserichtung von links nach rechts verläuft.

Untersuchen wir einige Beispiele von Bildern mit mehr als einem Motiv:

- Doppelmotiv als **VERVOLLSTÄNDIGUNG**
- Doppelmotiv als **GEGENSATZ**
- Doppelmotiv mit **FOKUSWECHSEL**
- Zweites Motiv als **HINTERGRUND**
- Zweites Motiv als **FÜHRUNG**
- Zweites Motiv als **STÖRUNG**

Marokko, Zagora

Nikon D 800 • 24–120 mm f/4
1/8 bei f/4 • ISO 5000

EIN DOPPELMOTIV ALS VERVOLLSTÄNDIGUNG

Wir können die Kombination zweier Objekte einsetzen, um ein Ergebnis zu erzielen, das erzählerisch und ästhetisch vollständig ist. Vergleicht man die beiden Bilder unten, erscheint nämlich die Geschichte, die die Aufnahme mit Einzelmotiv **(1)** erzählt, unvollständig im Gegensatz zu der, die das zweite Foto **(2)** erzählt.

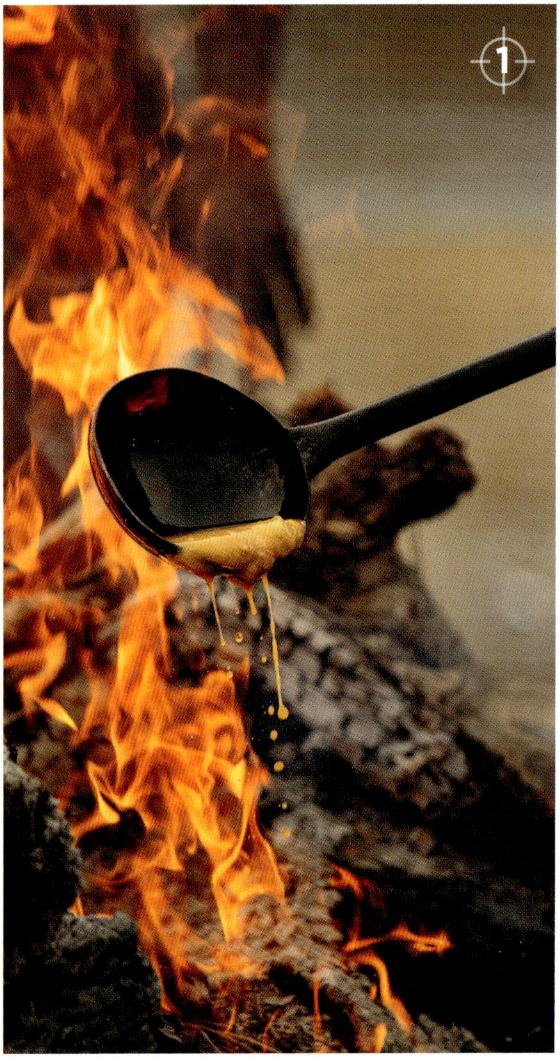

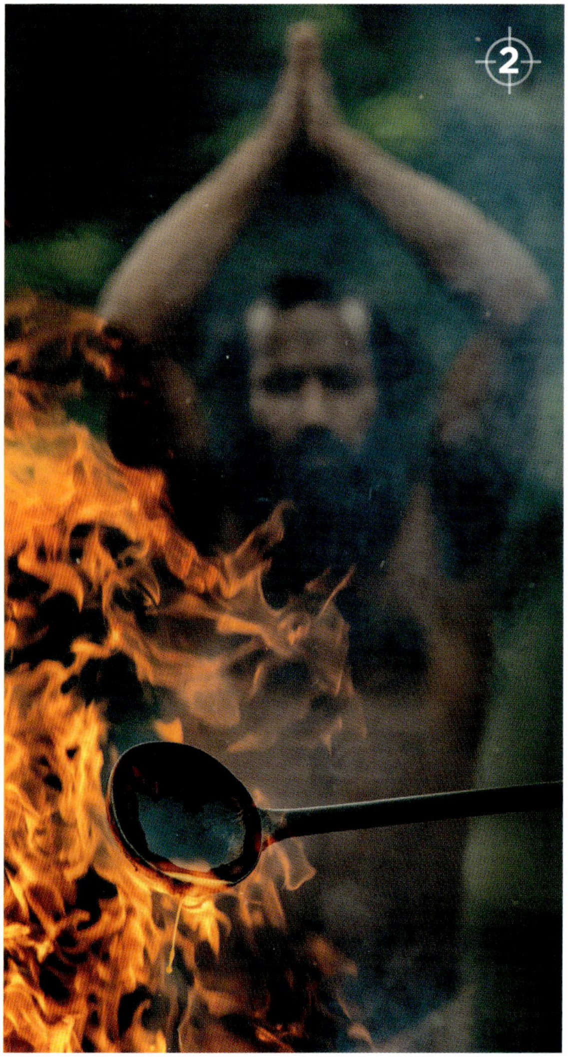

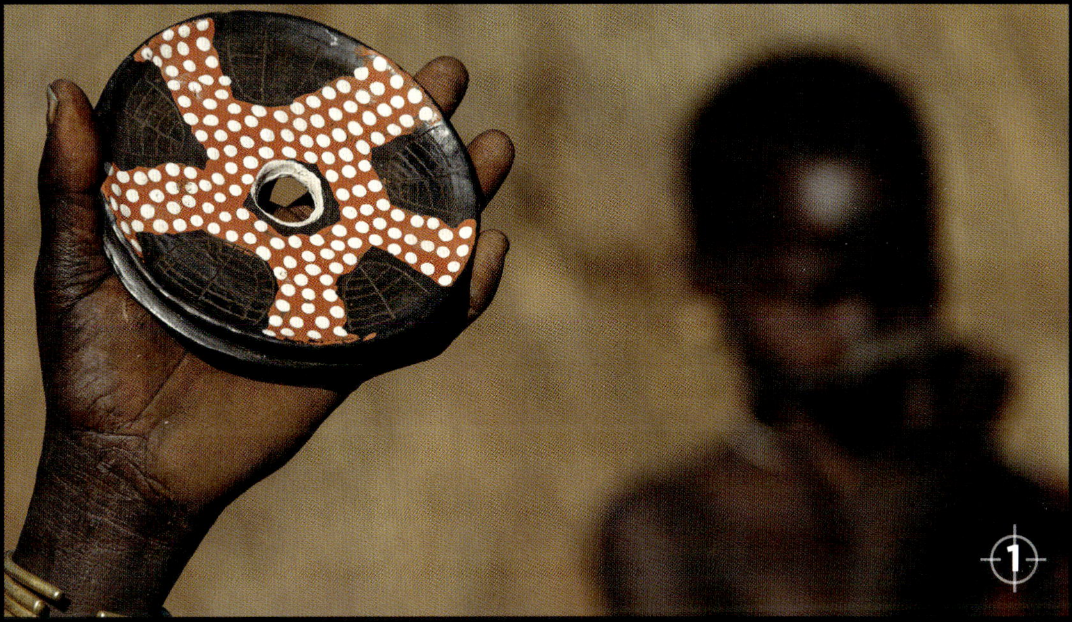

Zeigt man zwei ähnliche Objekte in unterschiedlicher Ansicht **(1)** hilft dies, **Elemente einzubinden** und einen Zusammenhang dadurch besser zu erklären. Die Kombination zweier ähnlicher Objekte, die ähnlich präsentiert werden, so wie im unteren Bild **(2),** dient dazu, die Wirkung zu verstärken.

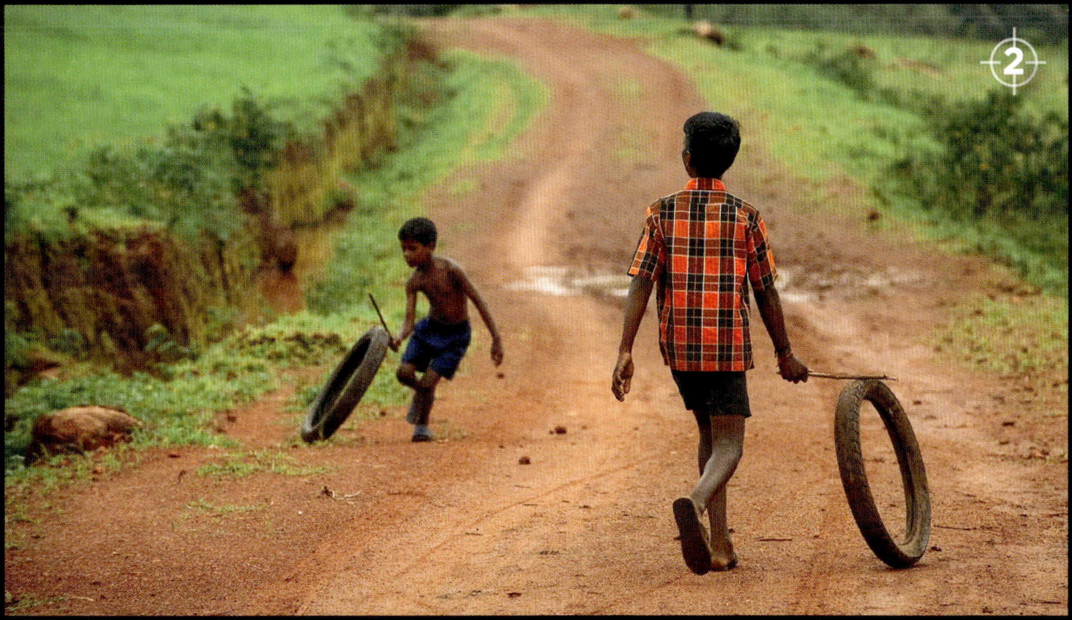

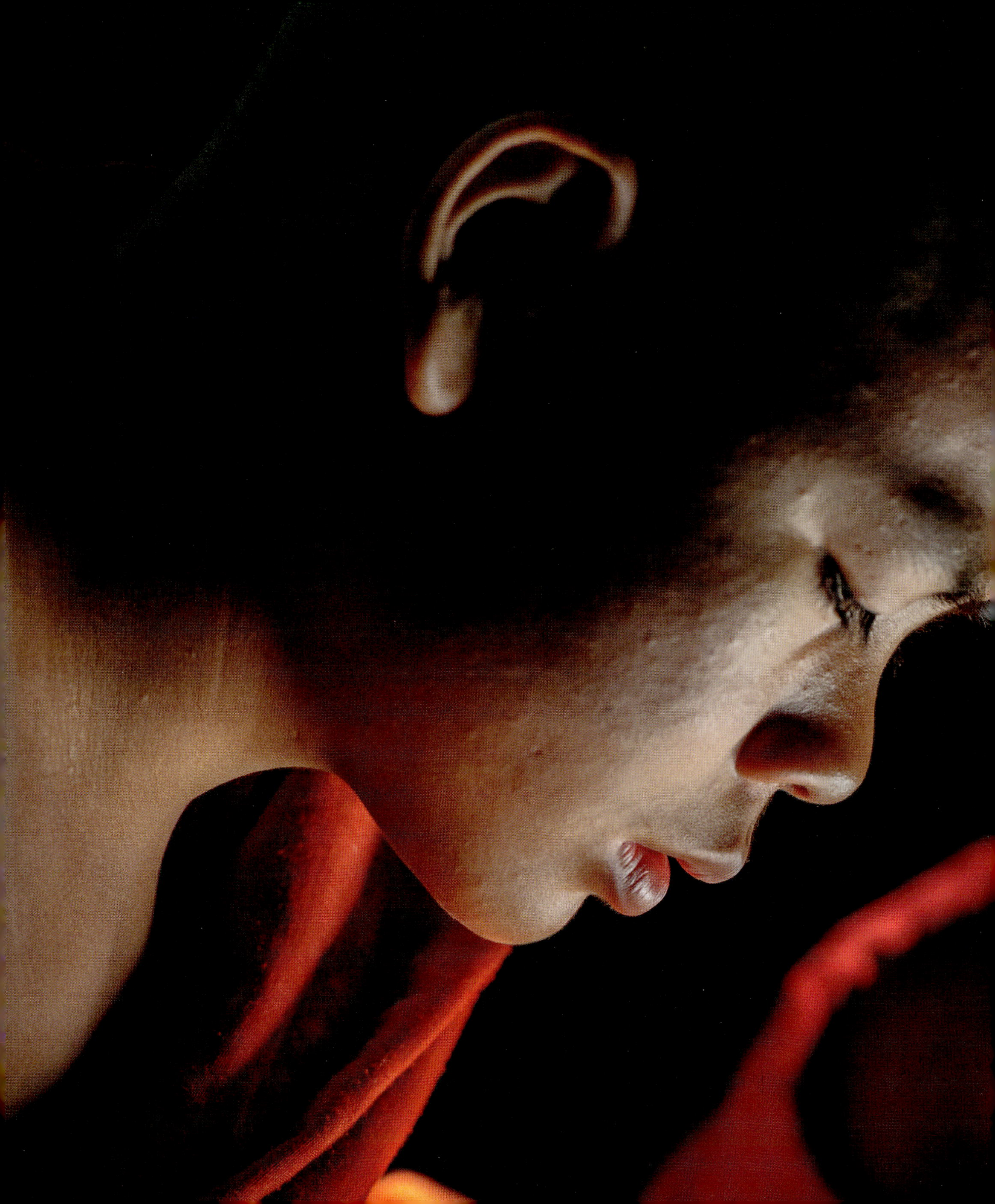

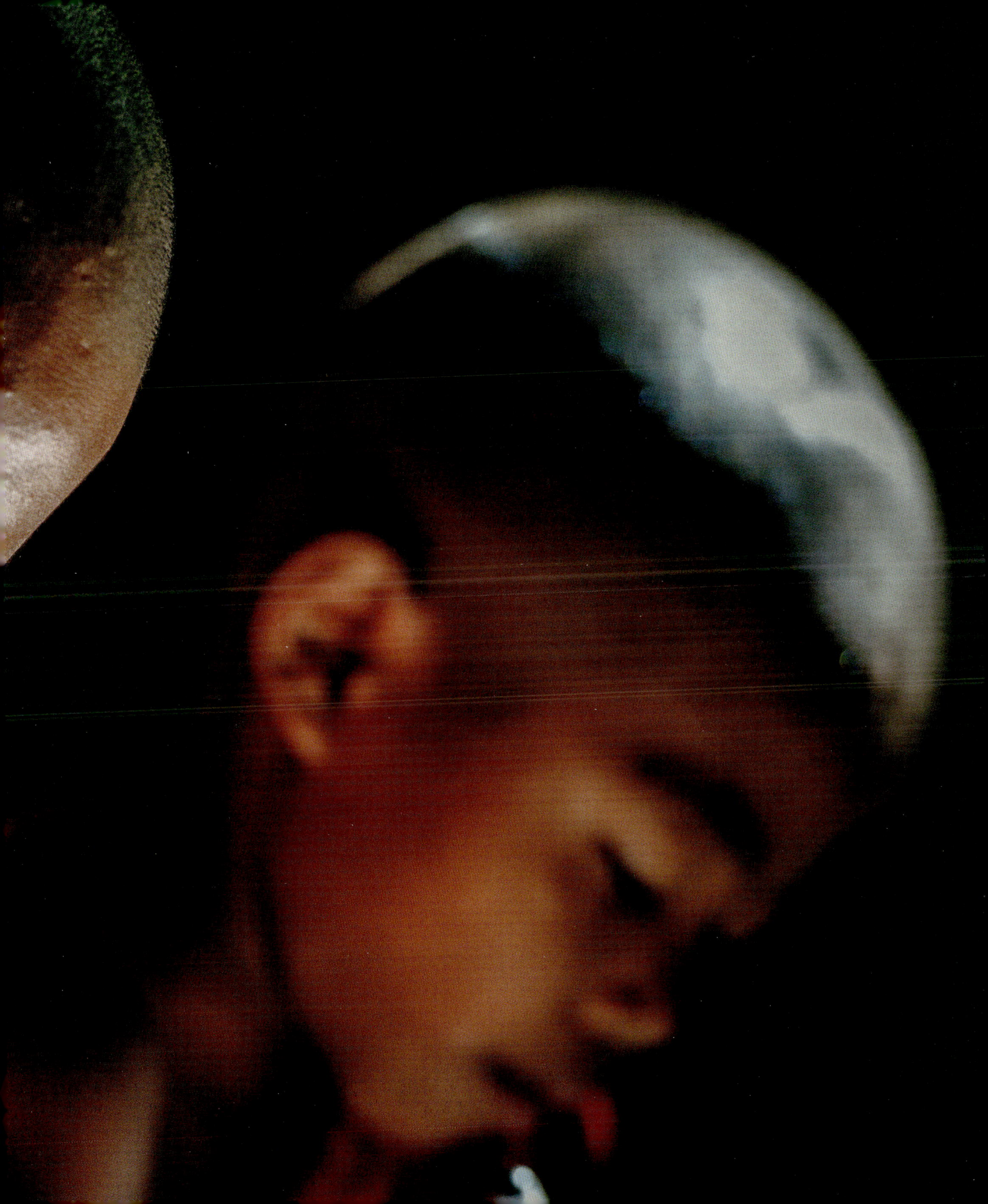

EIN DOPPELMOTIV ALS GEGENSATZ

Wie wir wissen, ist der Gegensatz eine extrem wirksame, von Fotoreportern häufig eingesetzte Technik, die sowohl stimuliert als auch den Betrachter zur richtigen Lesart hinführt.

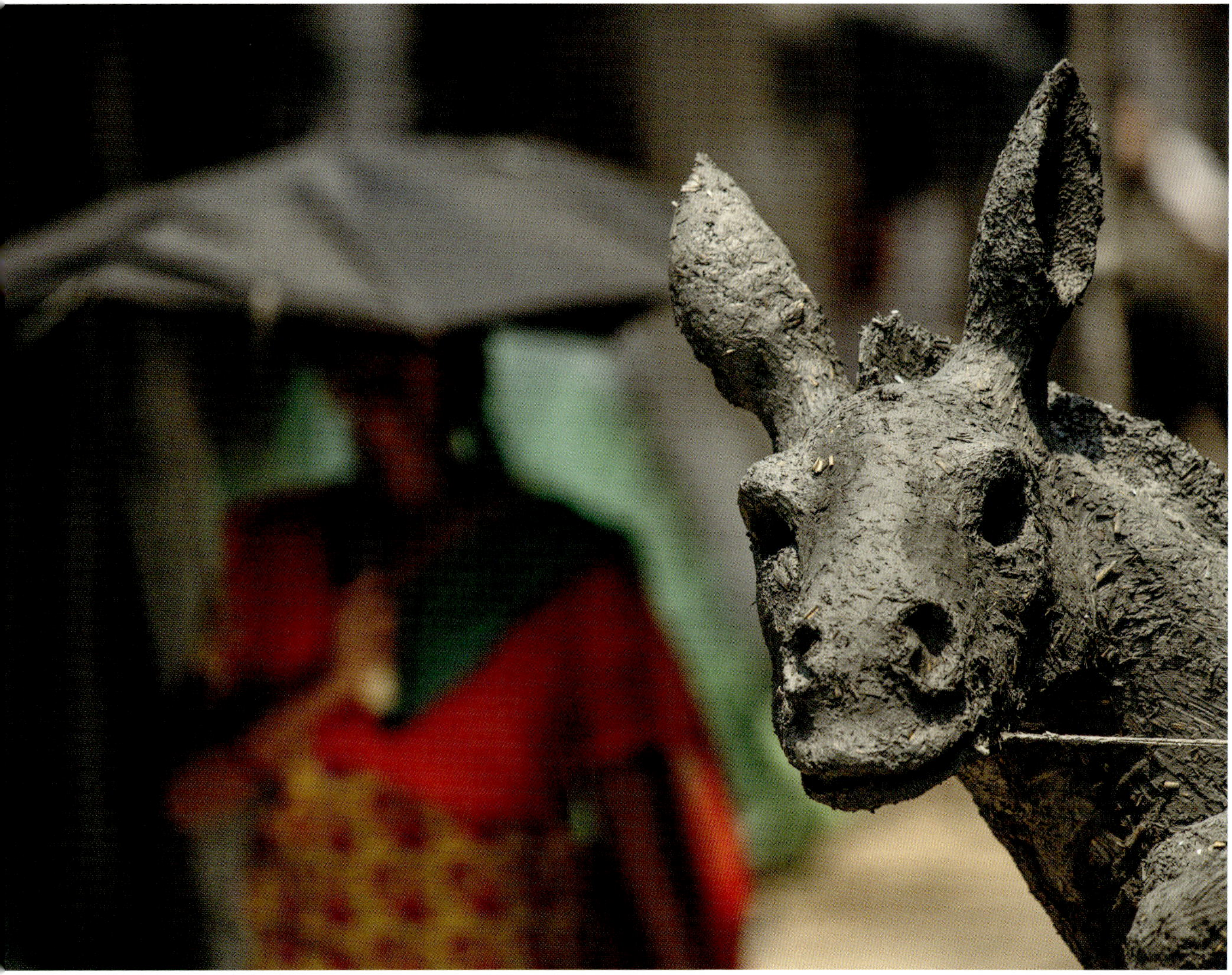

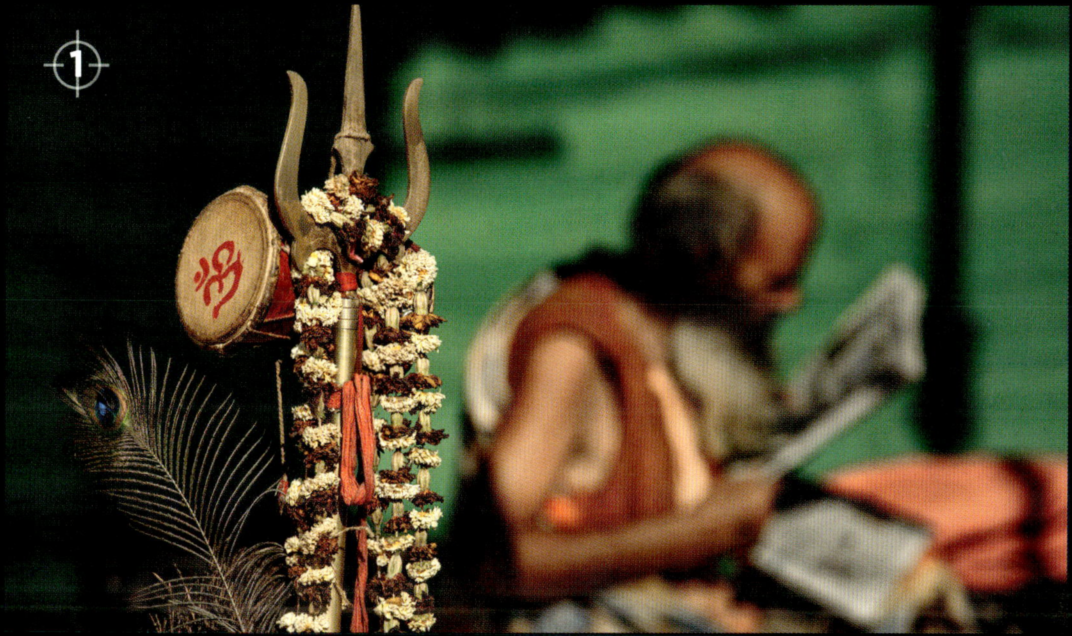

Wenn der Fotograf zwei Elemente technisch versiert gegenüberstellt oder einfach nebeneinander abbildet, kann er ganz leicht eine **bestimmte kontrollierte Reaktion** hervorrufen. In diesen Fällen bietet die Kombination zweier Objekte **(1) (2)** eine ironische Lesart des Kontexts an.

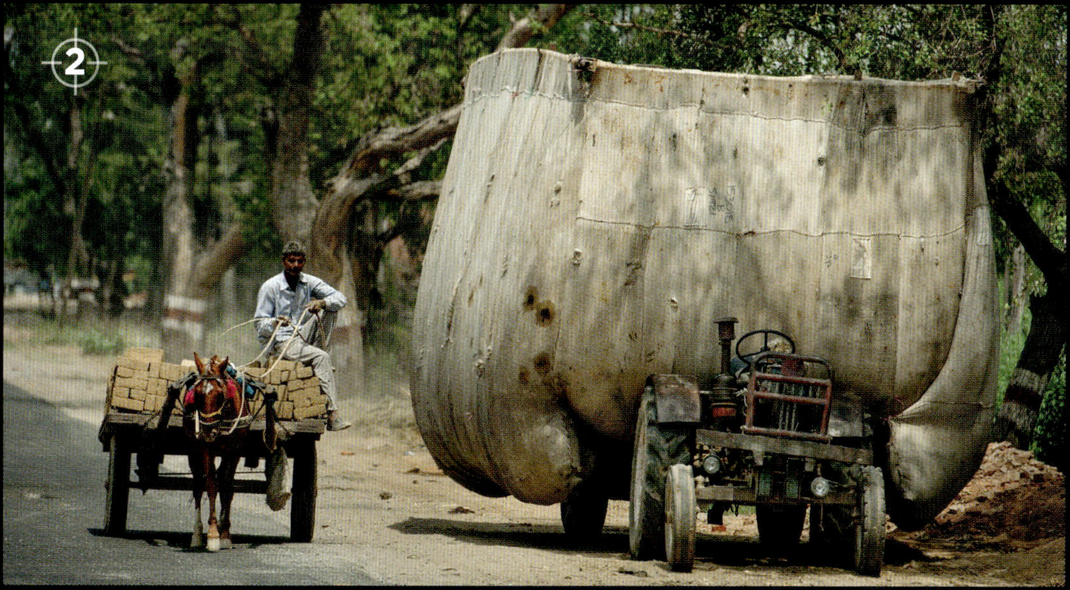

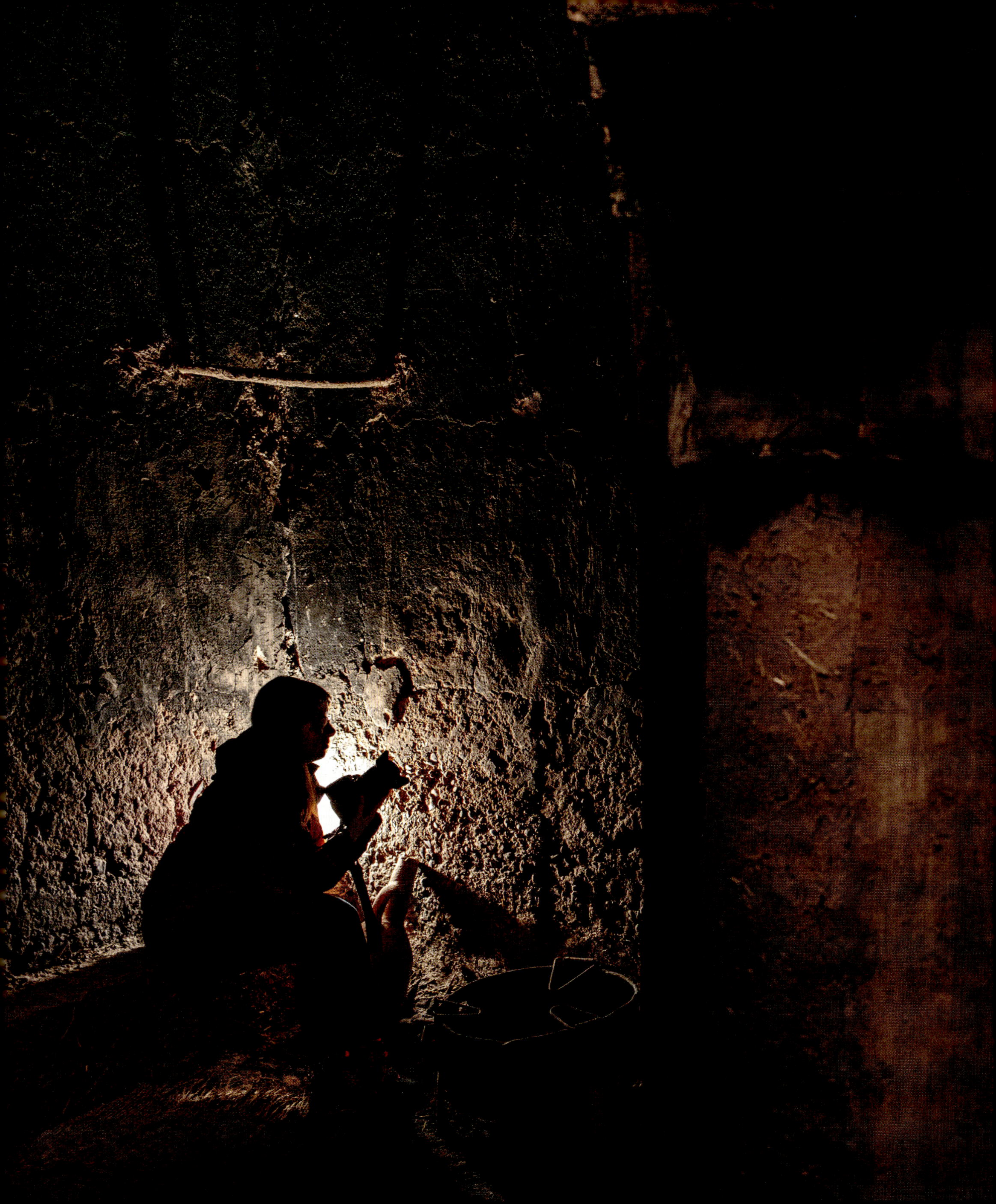

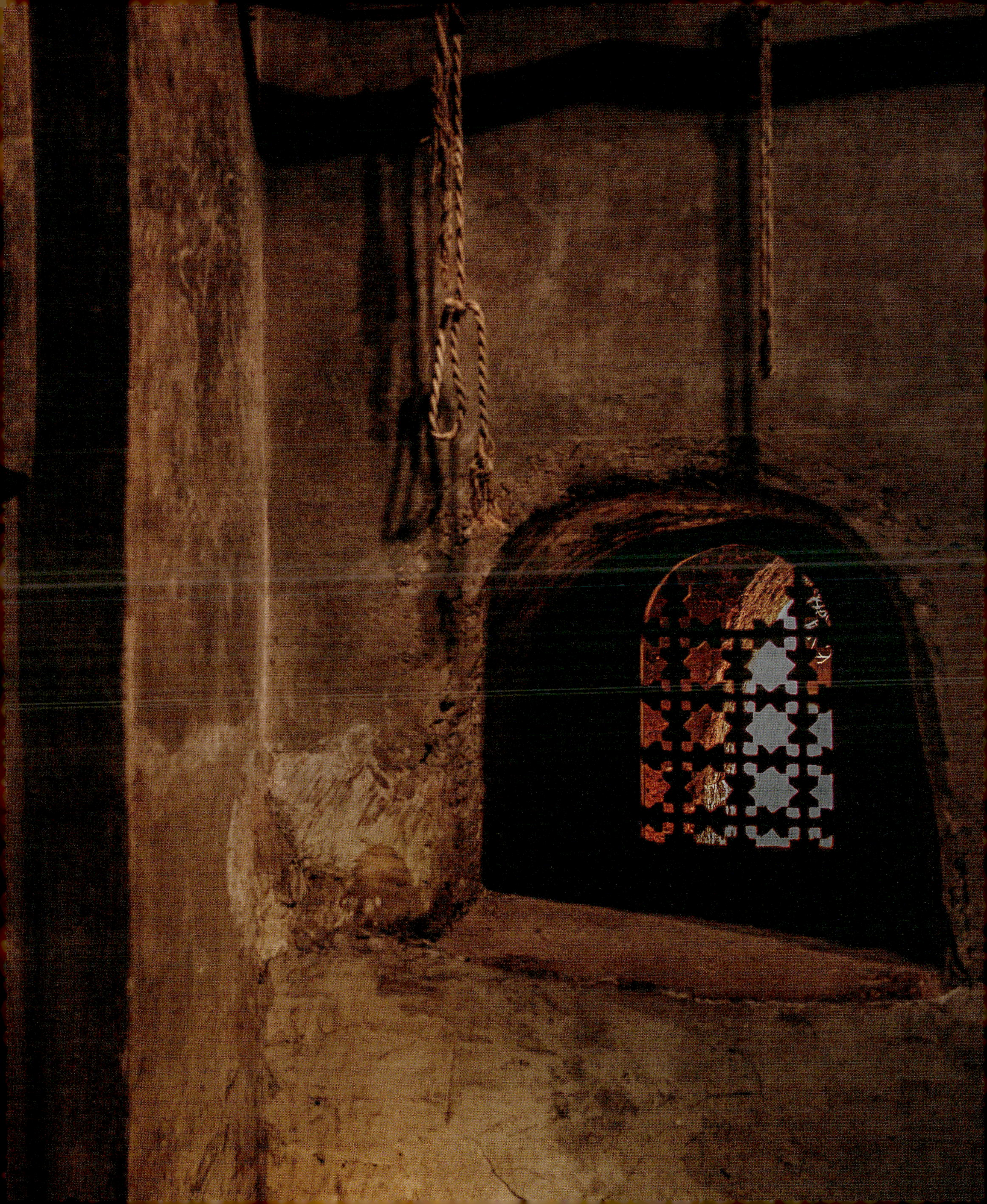

EIN DOPPELMOTIV MIT FOKUSWECHSEL

Manchmal befinden sich zwei Objekte von gleicher Wirkkraft und Bedeutung auf begrenztem Raum oder sind sogar Teil desselben Kontexts. Um dem Foto Dreidimensionalität zu verleihen, müssen wir in einem solchen Fall entscheiden, welches Objekt oder welchen Teil davon wir in den Fokus nehmen. Der Rest bleibt verschwommen, aber trotzdem erkennbar.

Fokus

Die Bildschärfe einstellen

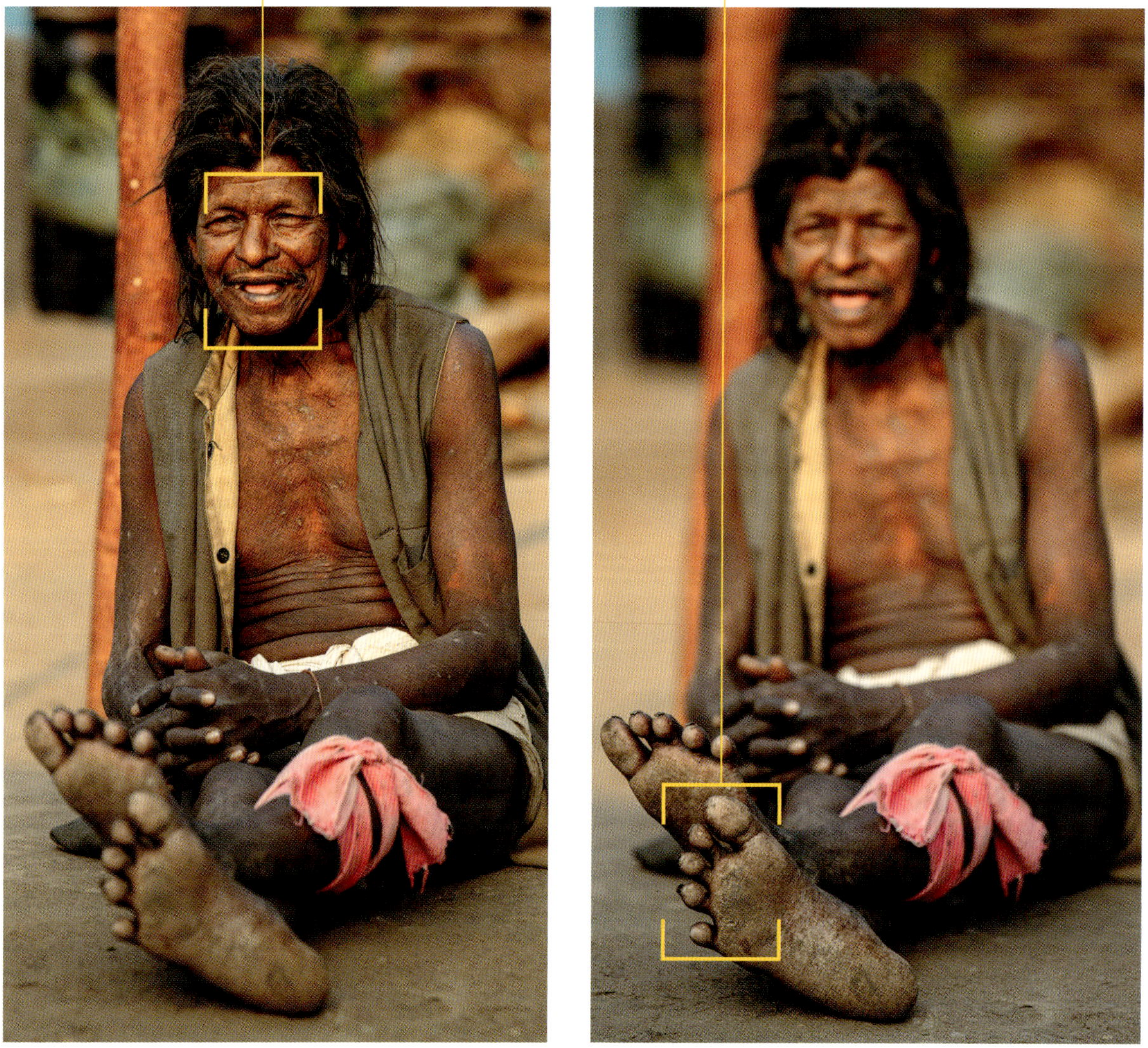

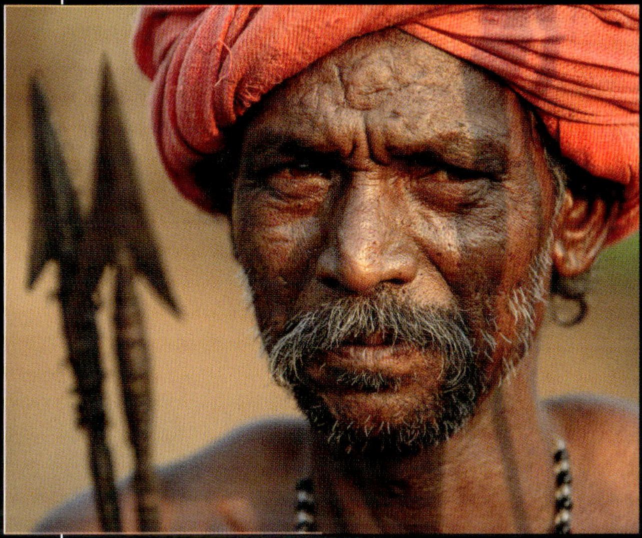

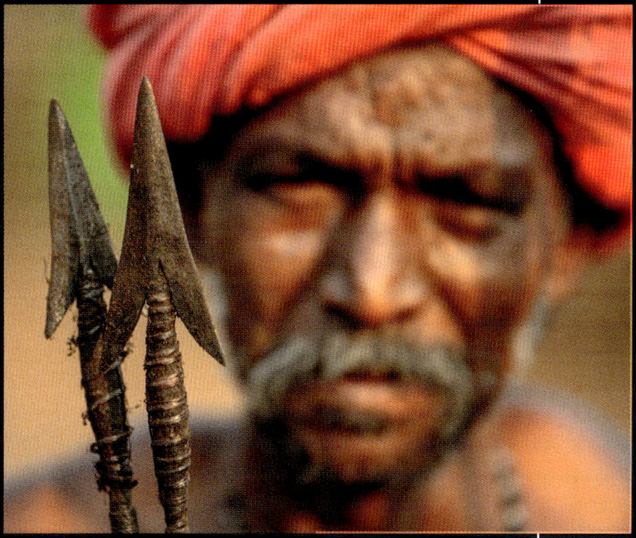

Welcher Bereich des Bildes oder des Objekts man scharfstellt, ist ist keine Selbstverständlichkeit. Je nachdem, wofür der Fotograf sich entscheidet, verändern sich der Sinngehalt des Bildes und die ästhetische Wirkung.

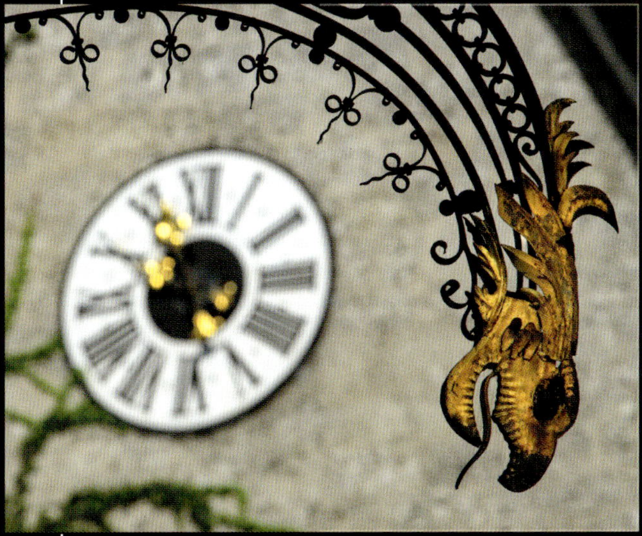

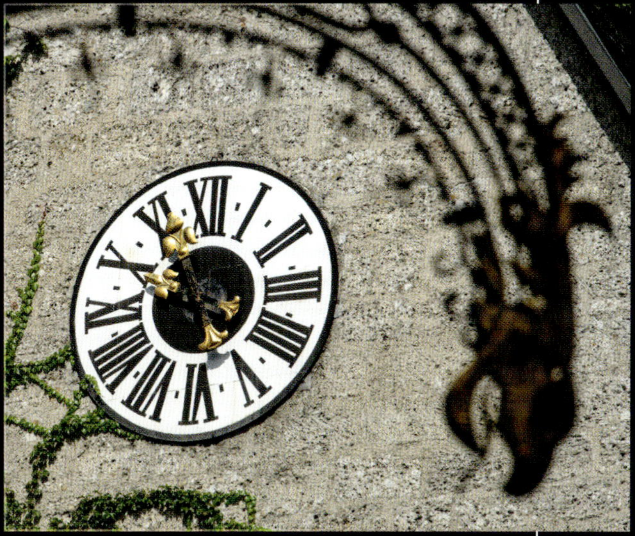

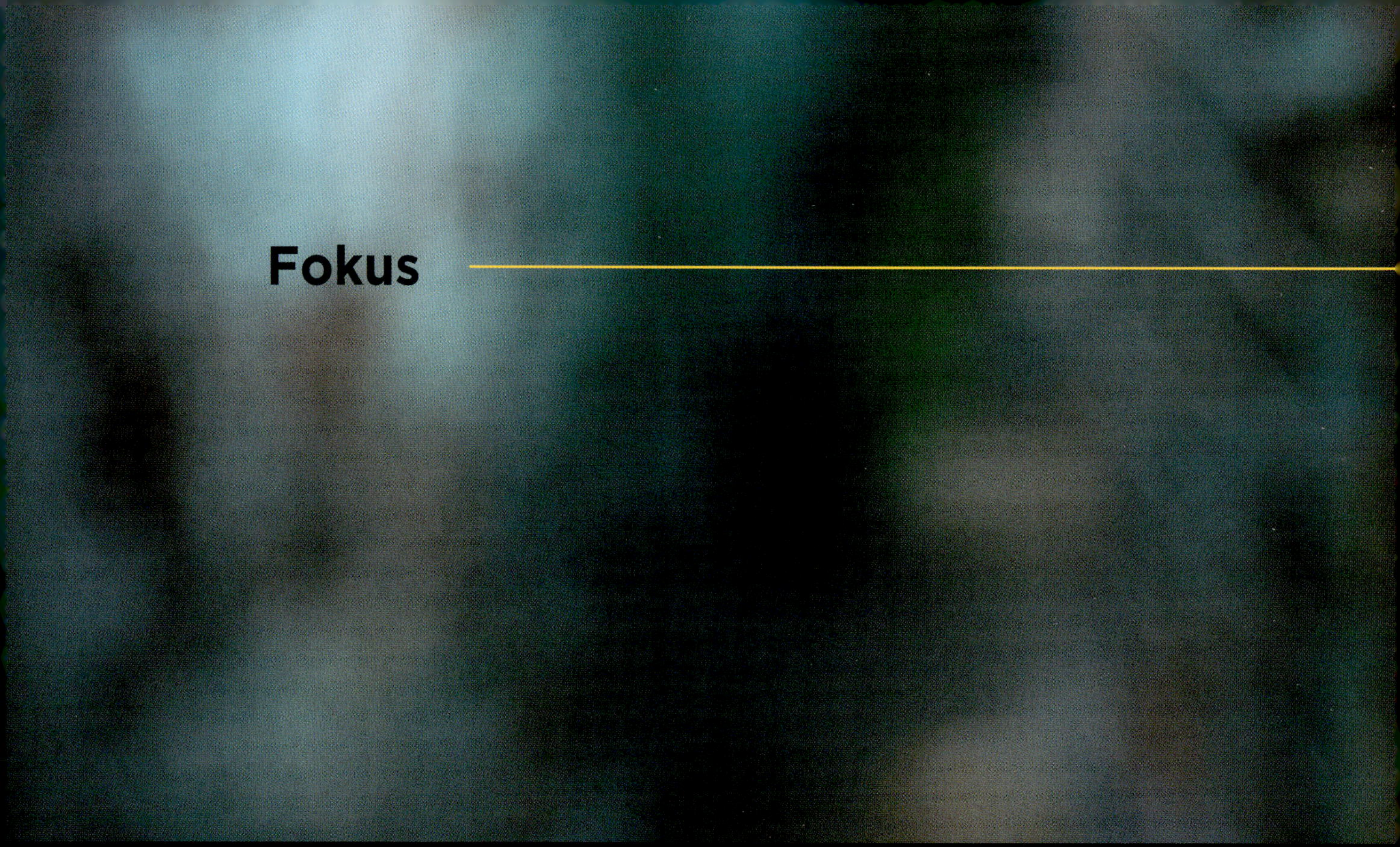
Fokus

Fokus

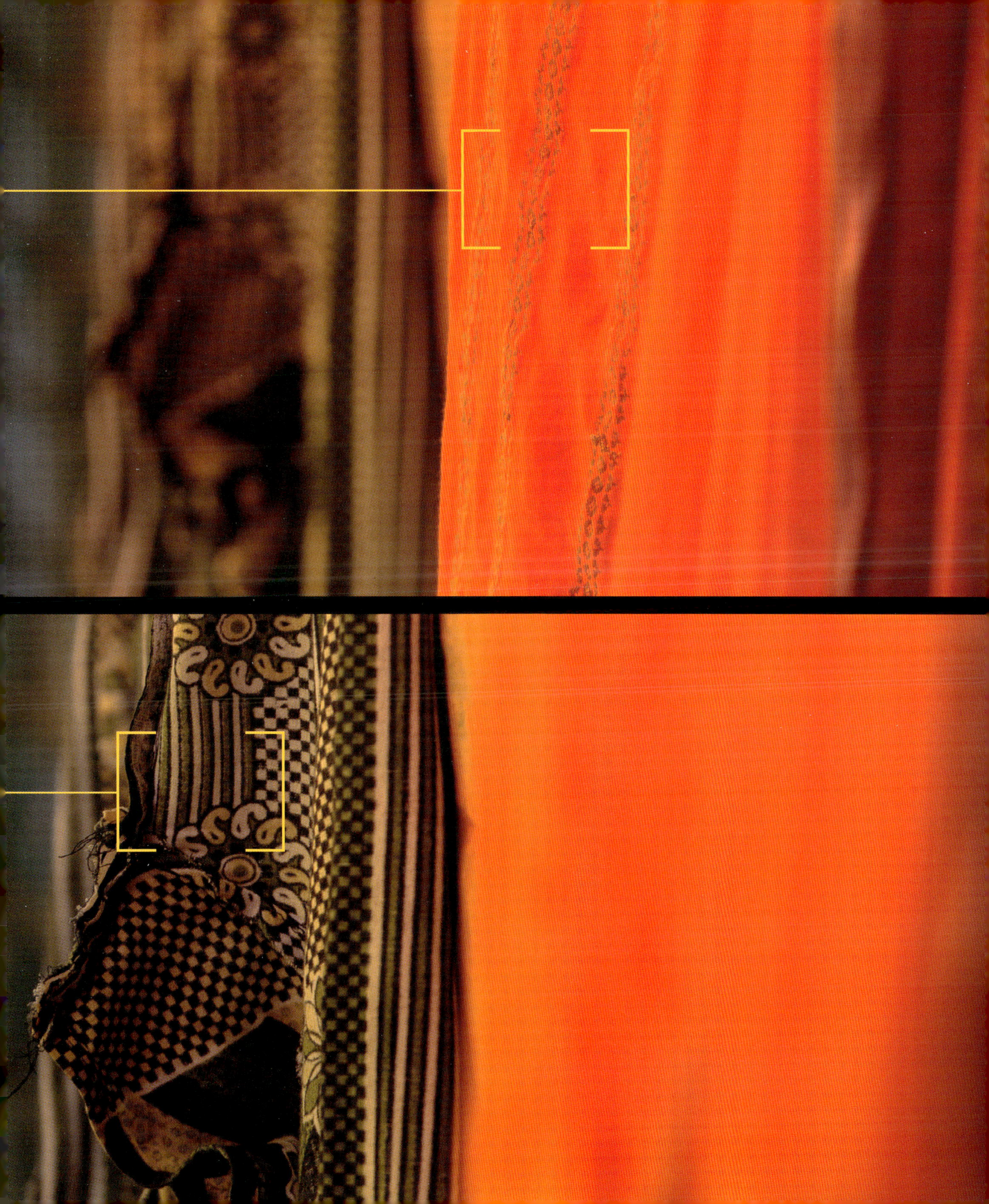

EIN ZWEITES MOTIV ALS HINTERGRUND

Es kann passieren, dass ein Objekt von zweitrangiger Bedeutung sich als perfekter Hintergrund für das Hauptmotiv erweist. Es betont dann die Bildaussage und trägt zum Narrativ bei.

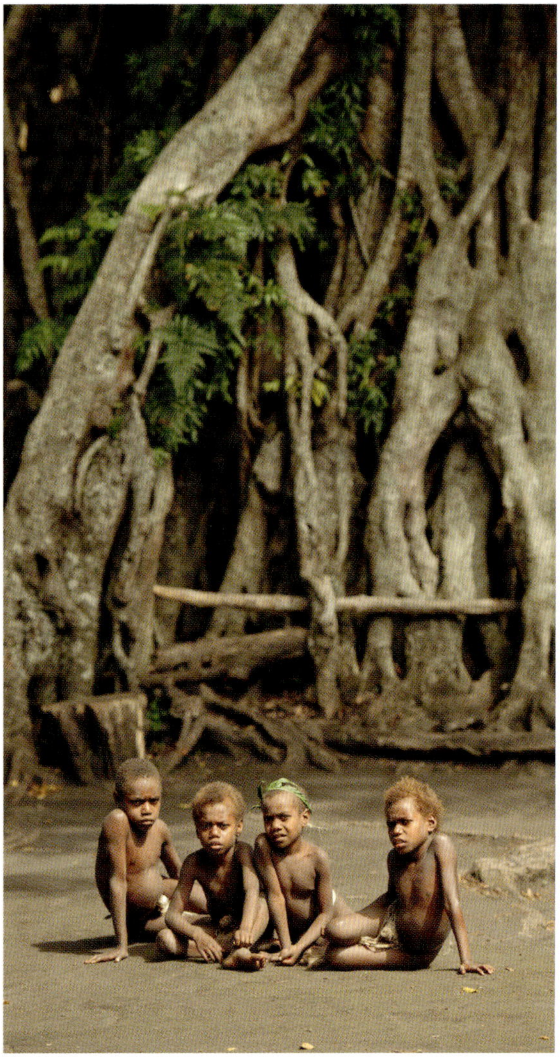

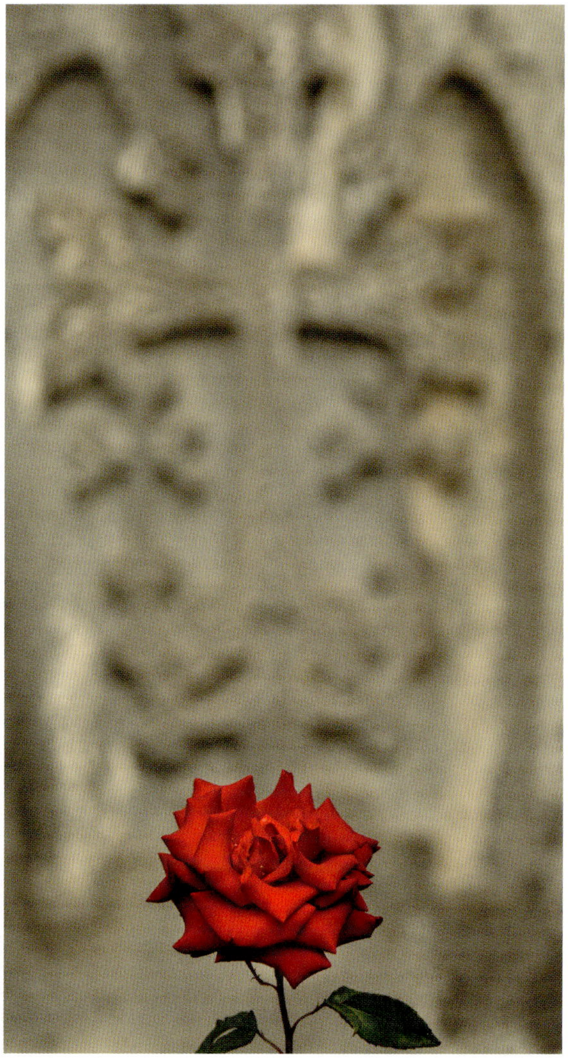

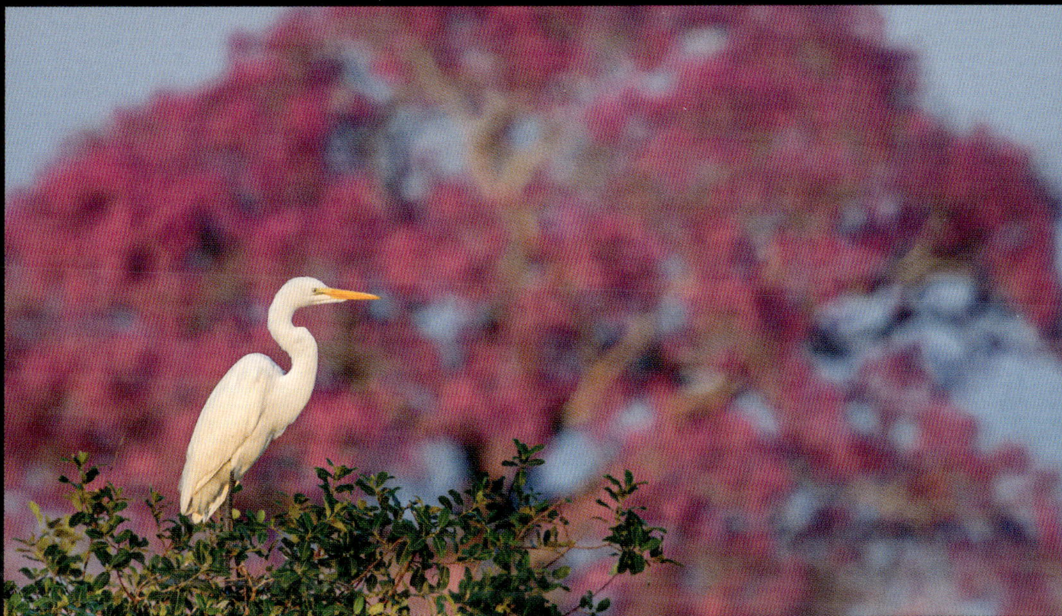

Die Verknüpfung mit dem Kontext, der Form, dem Kontrast und der Farbe des sekundären Motivs im Hintergrund, legt dem Fotografen oft eine bestimmte Brennweite nahe, mit der die Proportionen optimal herauskommen. Das Hauptmotiv behält dabei die gewünschte Größe.

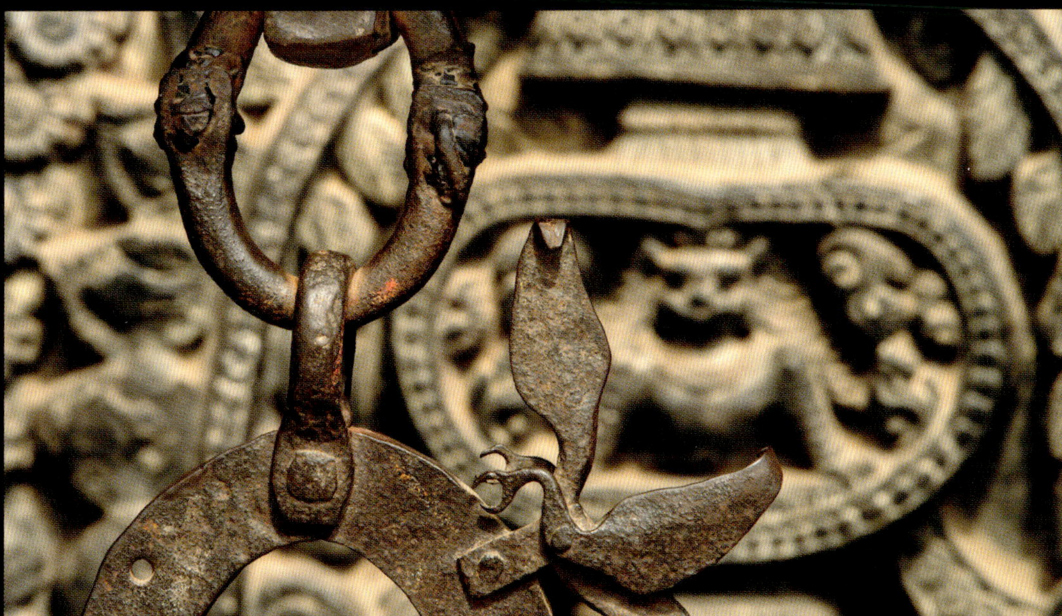

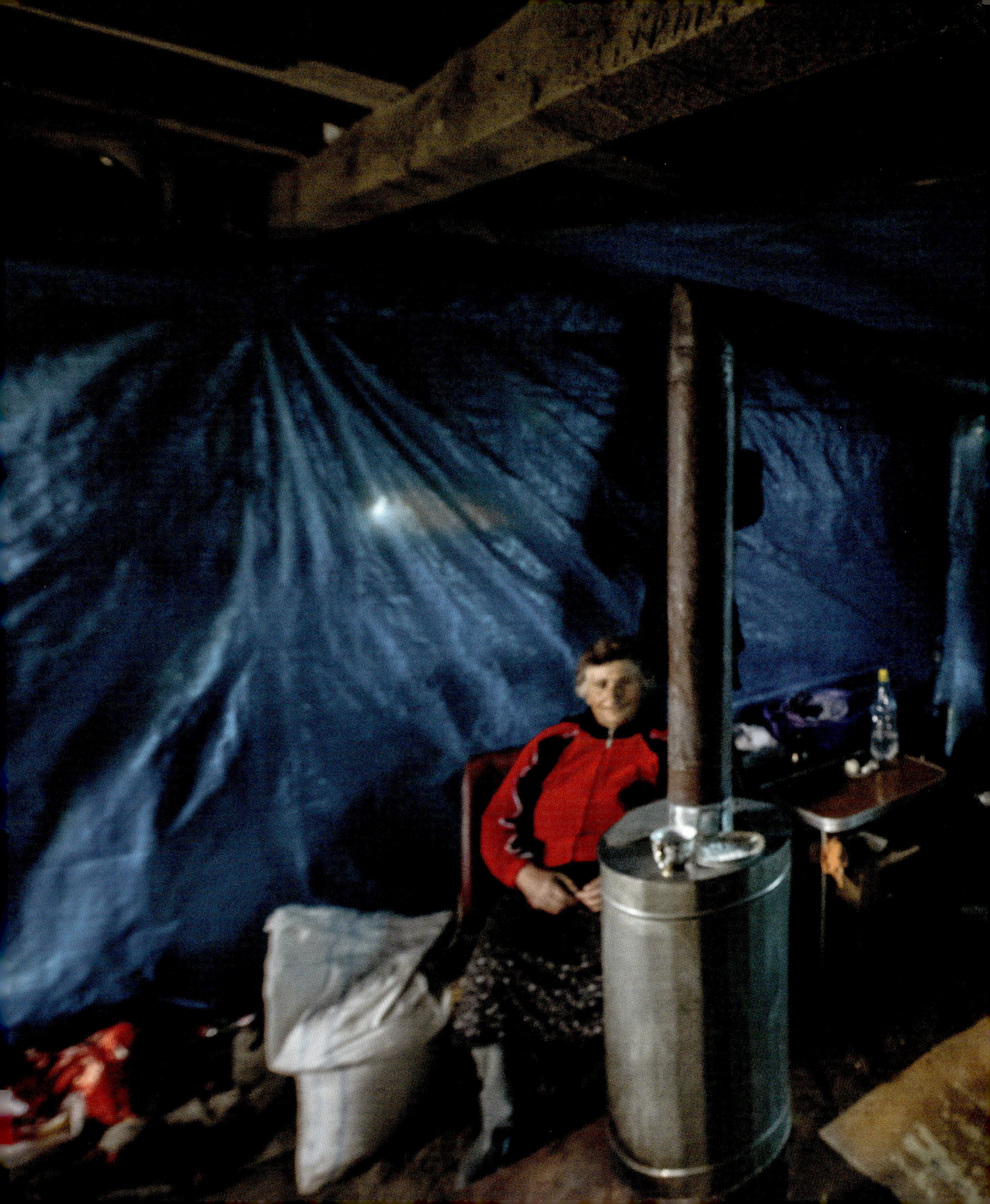

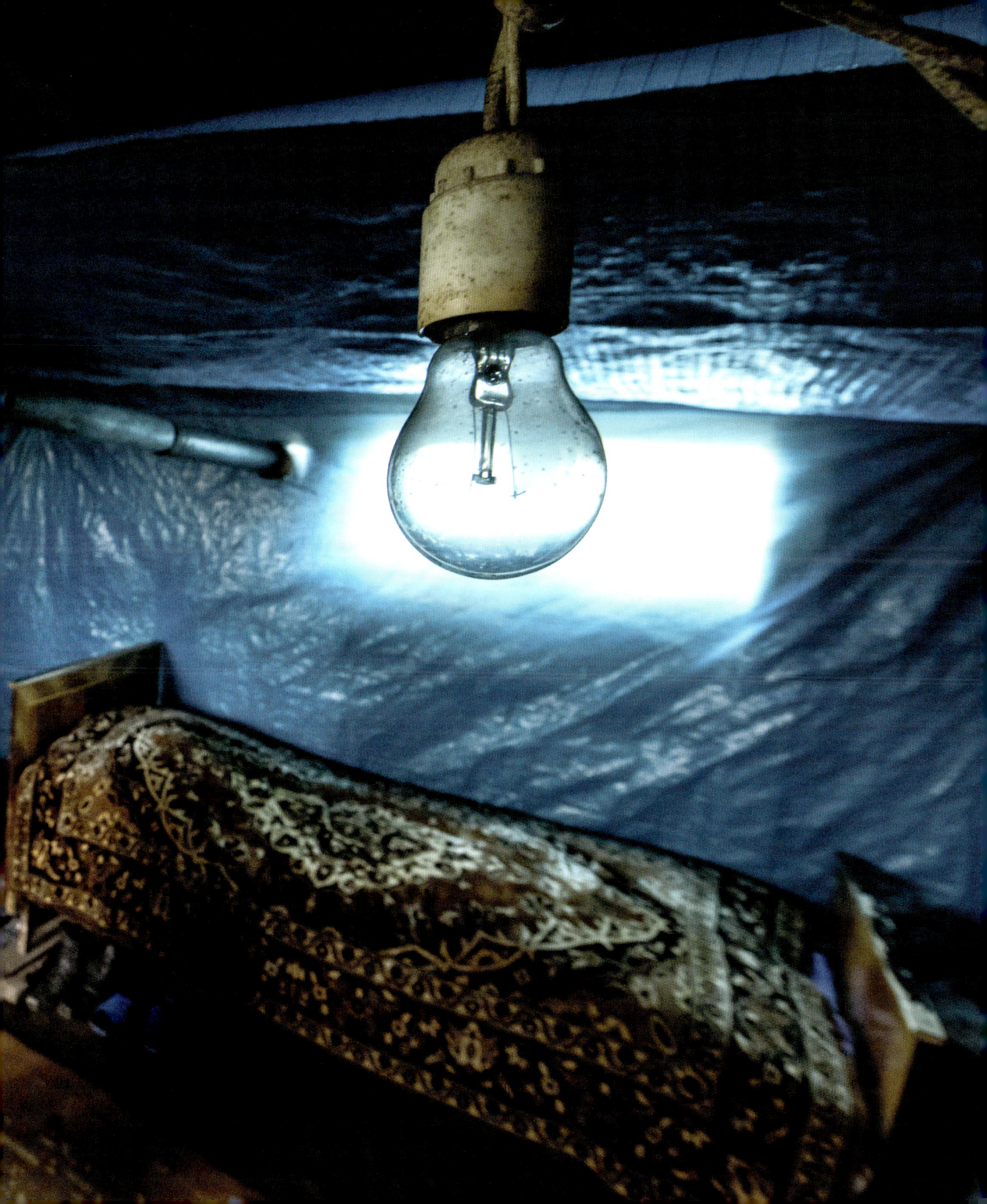

EIN ZWEITES MOTIV ALS FÜHRUNG

Diese Option bewirkt eine verzögerte Deutung des Bildes und macht sich den Überraschungseffekt zunutze. Das eigentliche Hauptmotiv wird wie ein Hintergrund in Szene gesetzt und ist manchmal nur verschwommen zu erkennen. Dadurch entschlüsselt der Betrachter erst mit Verspätung die Bildaussage.

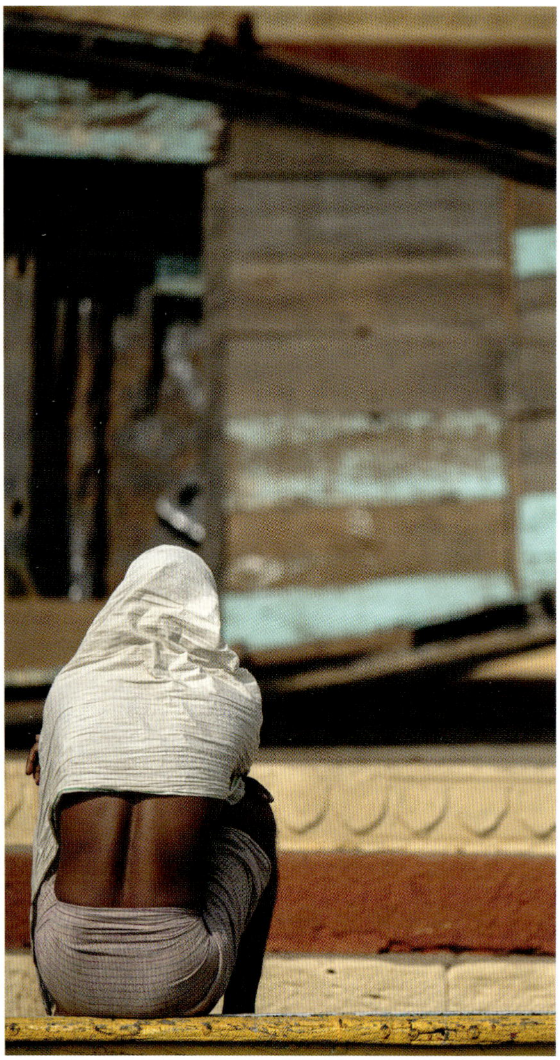

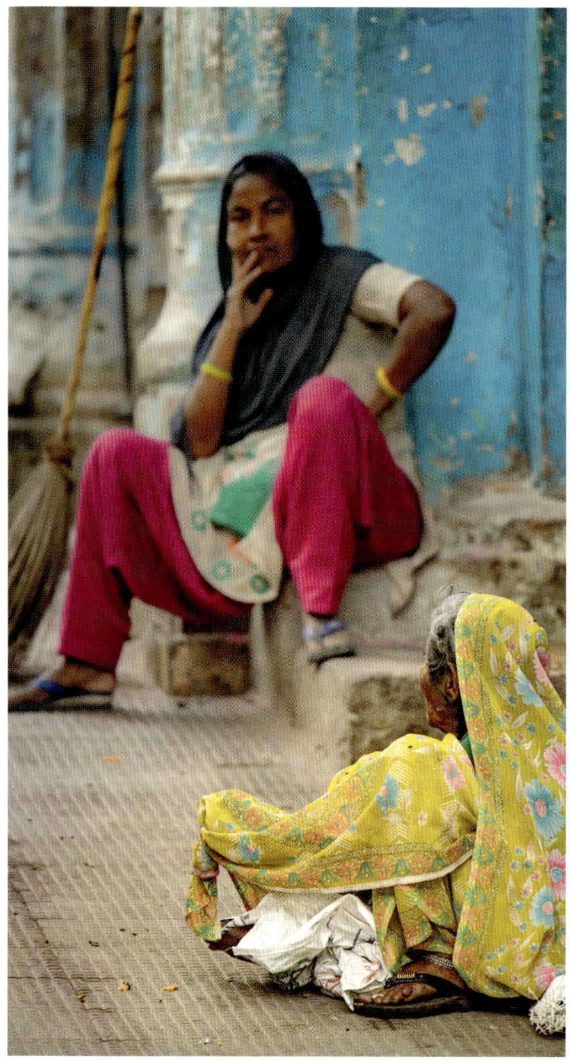

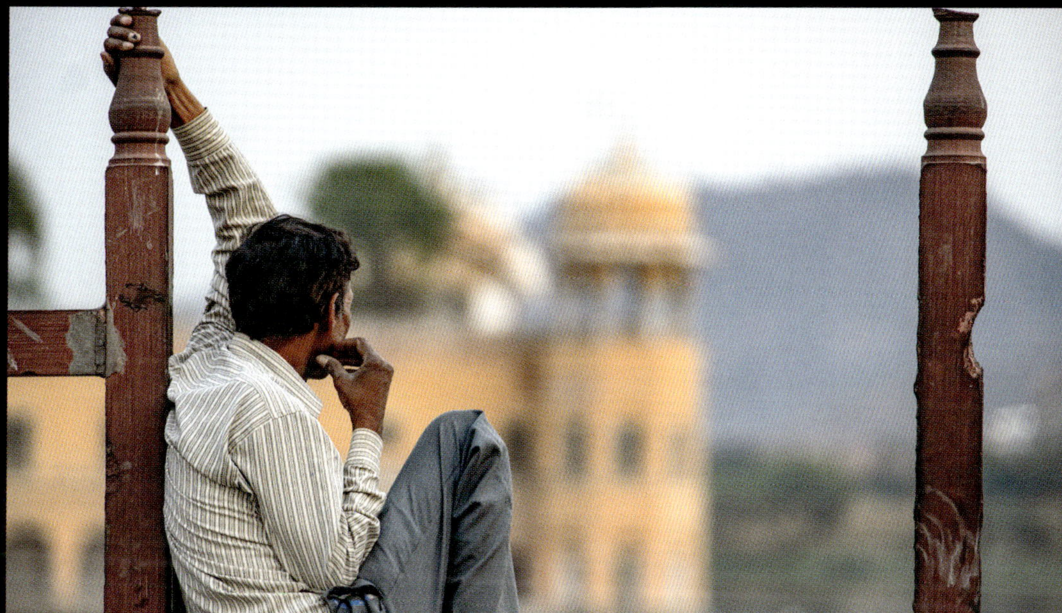

Hier ist das sekundäre Motiv absolut im Fokus, Es hat die Aufgabe, den Betrachter auf das Hauptmotiv, das dem Bild seine eigentliche Bedeutung gibt, hinzuweisen. Das funktioniert so ähnlich wie eine Führungslinie, die den Blick des Betrachters lenkt.

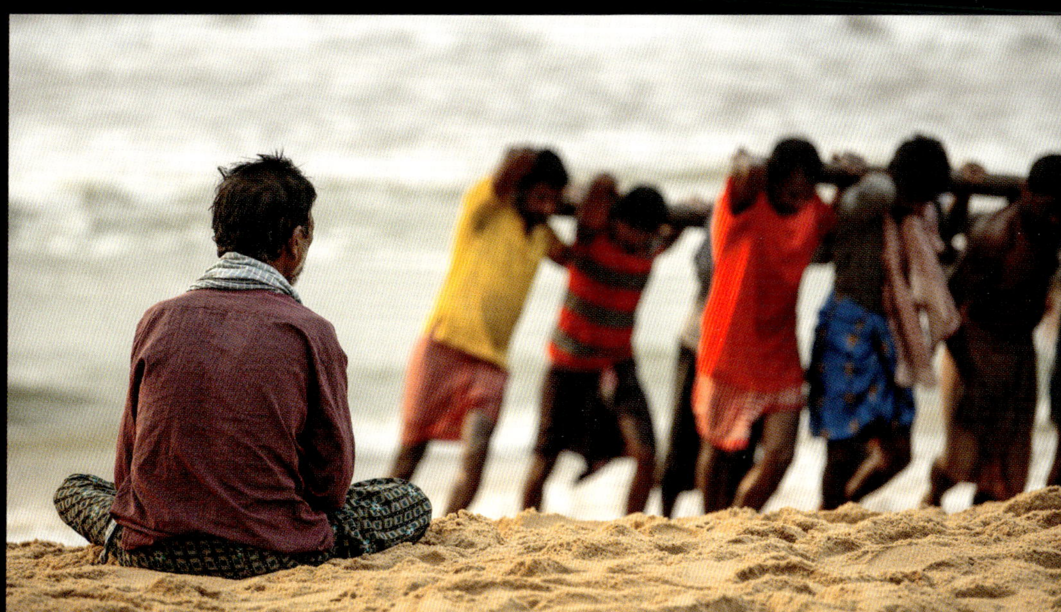

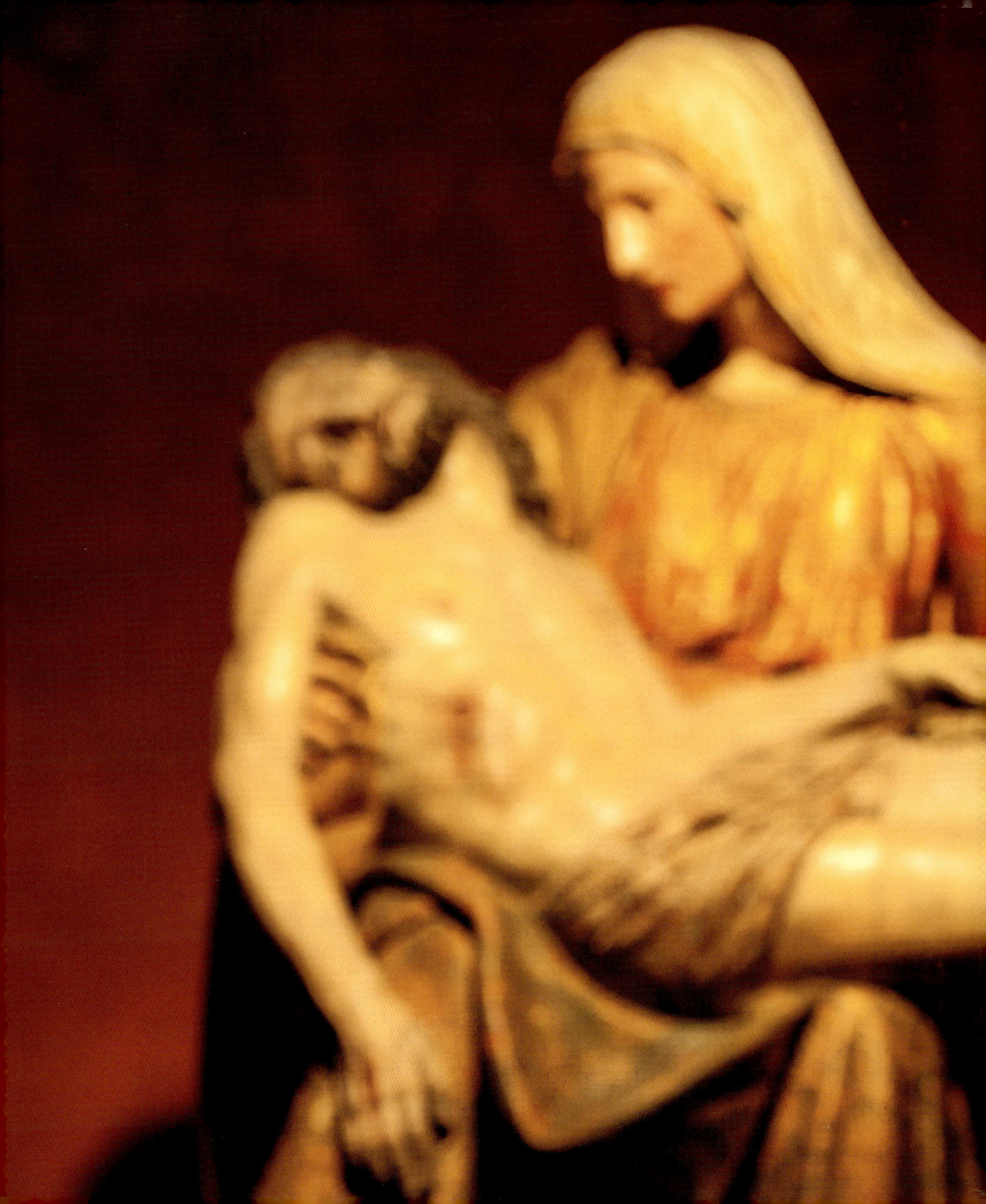

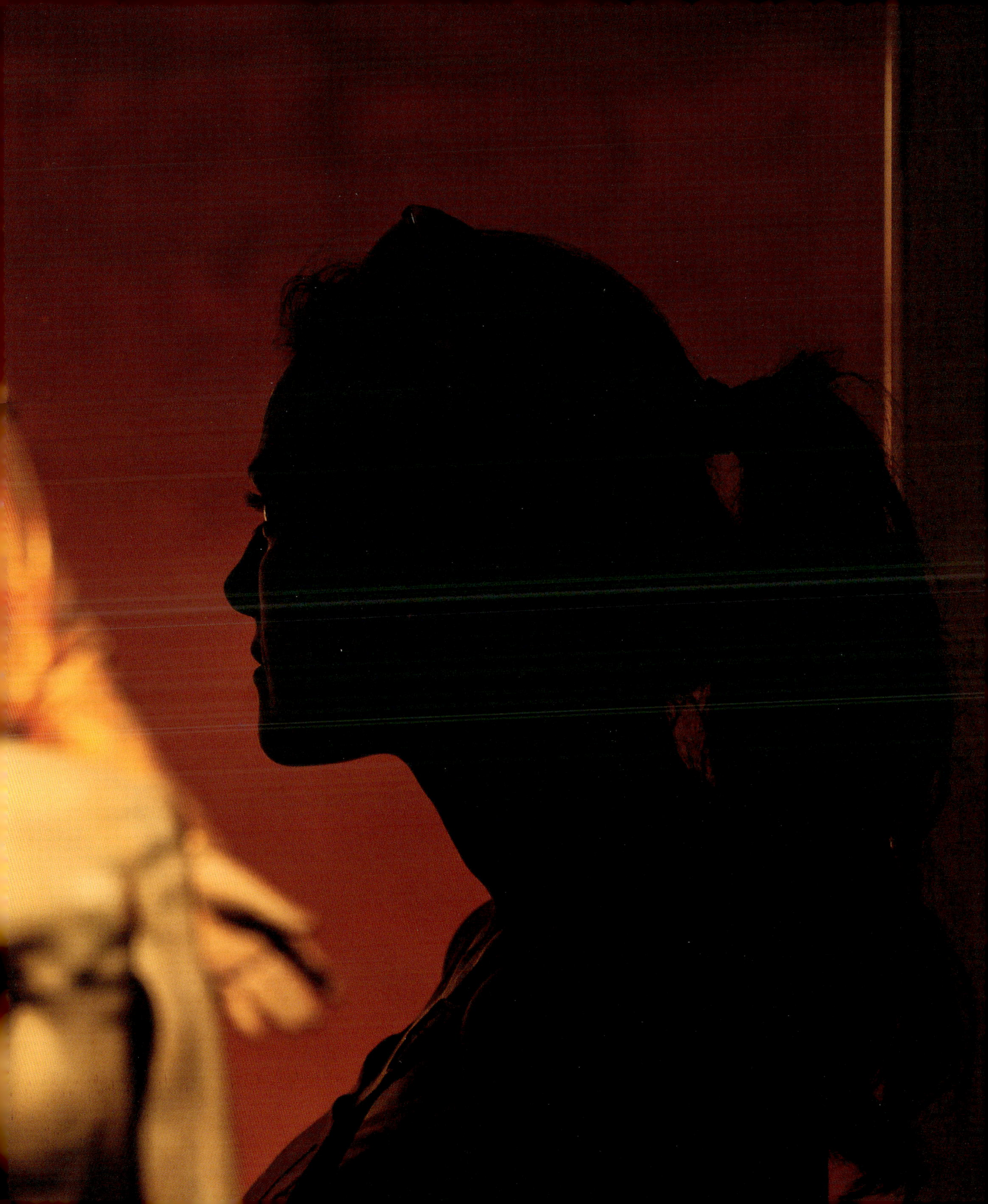

EIN ZWEITES MOTIV ALS STÖRUNG

Der Einsatz eines zweiten Motivs als Störung unterscheidet sich von der Verwendung als Kulisse oder Rahmen, weil in diesem Fall das als Zweitmotiv gewählte Element deutlich sichtbar, verständlich und korrekt belichtet ist.

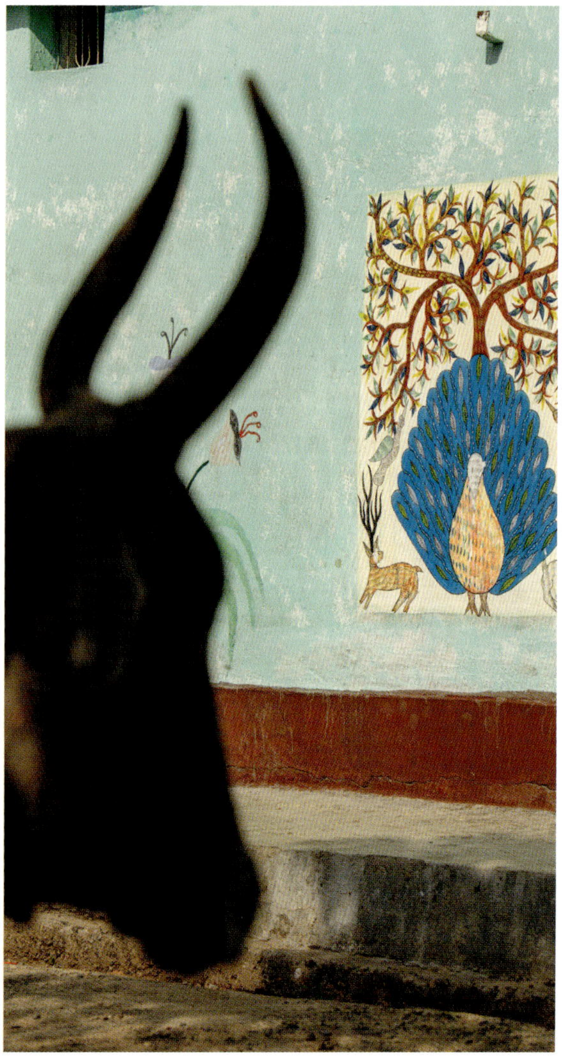

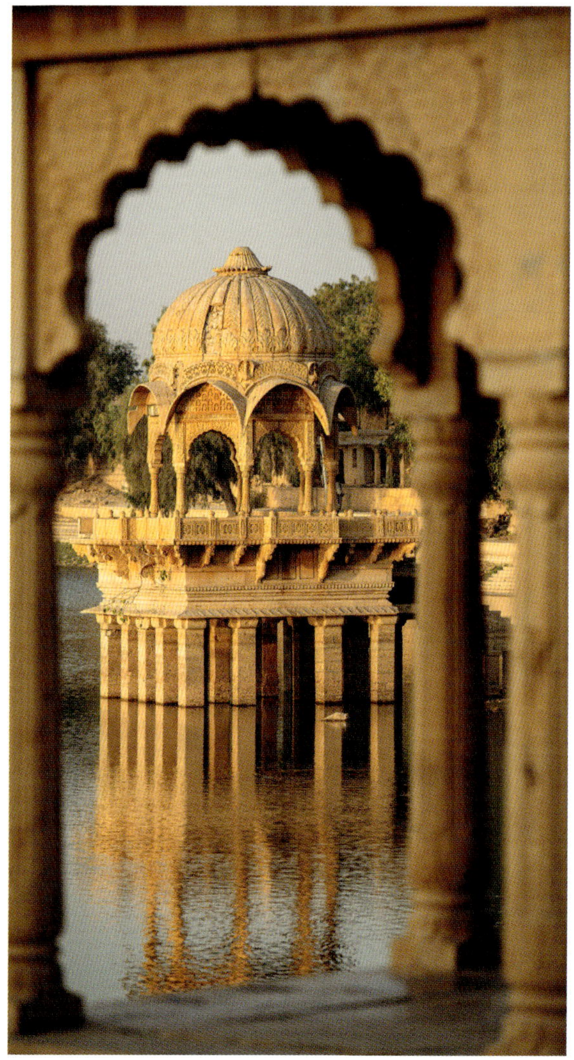

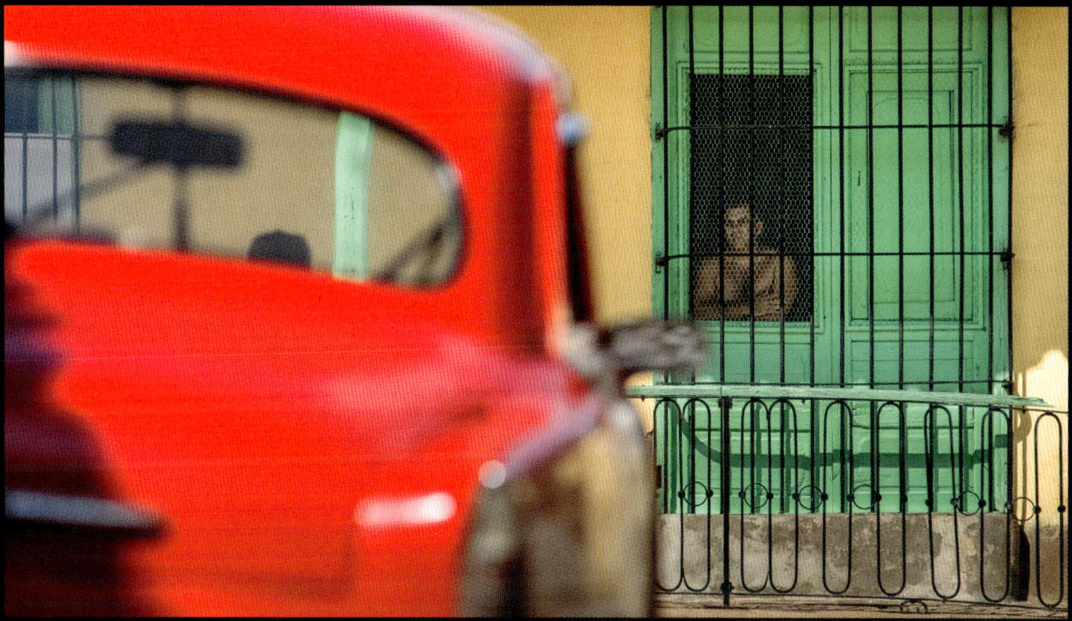

Die dreidimensionale Wirkung des Fotos beruht auf dem richtigen Einsatz der Schärfentiefe. Sie **lenkt den Blick** des Betrachters auf das Hauptmotiv.

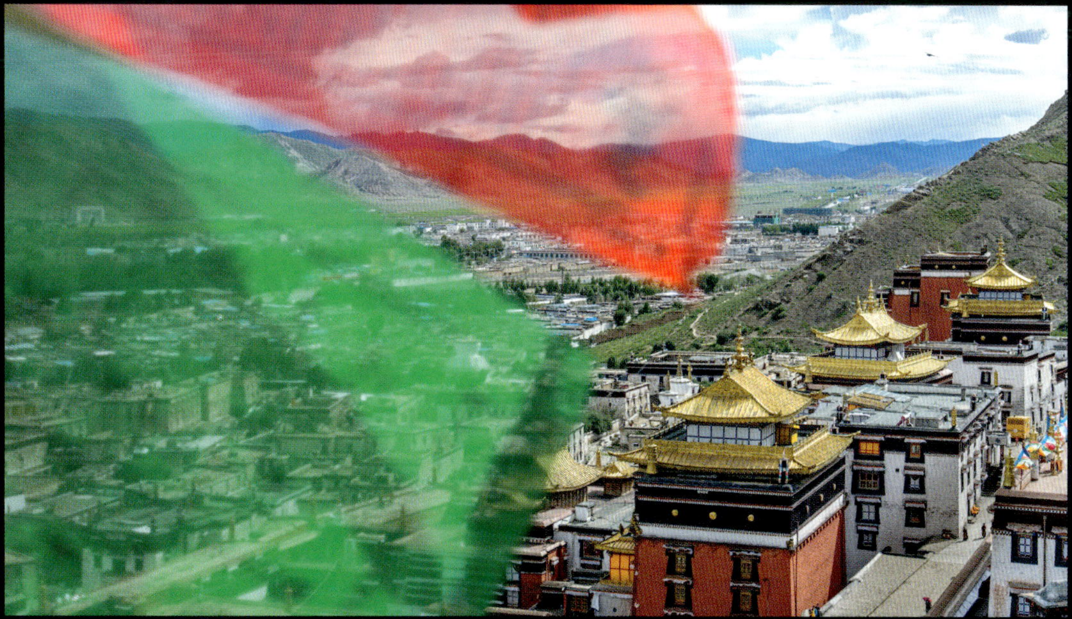

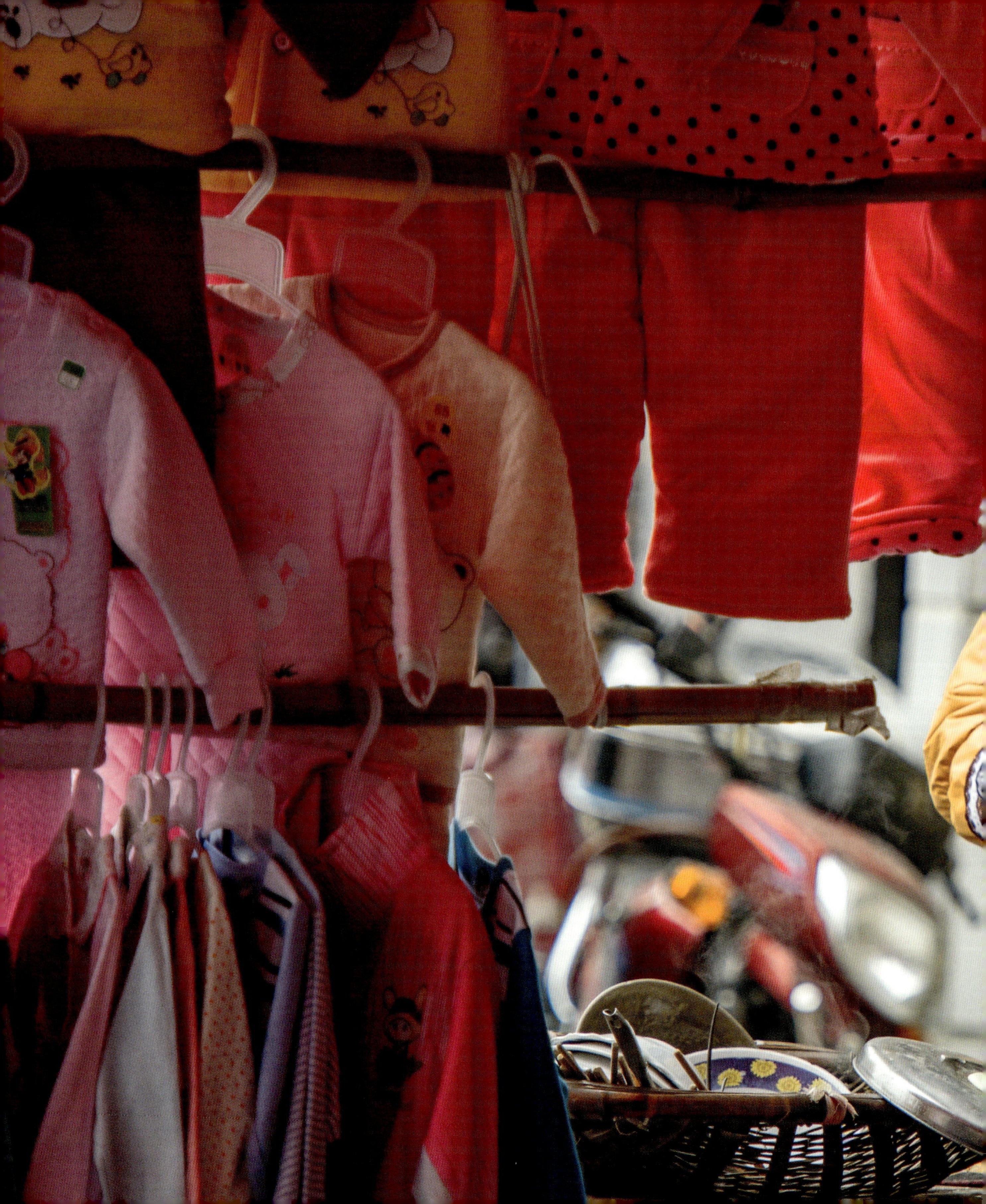

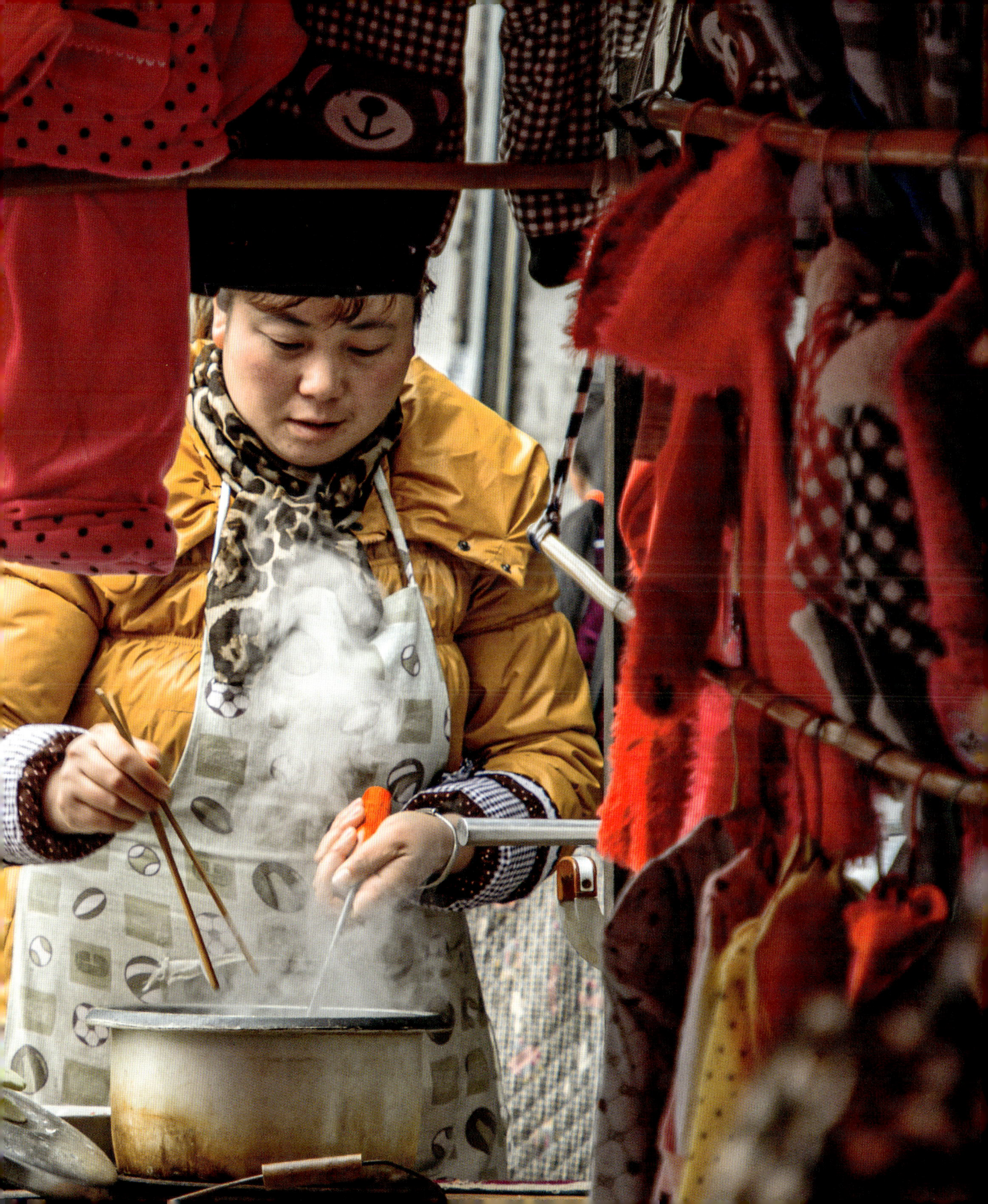

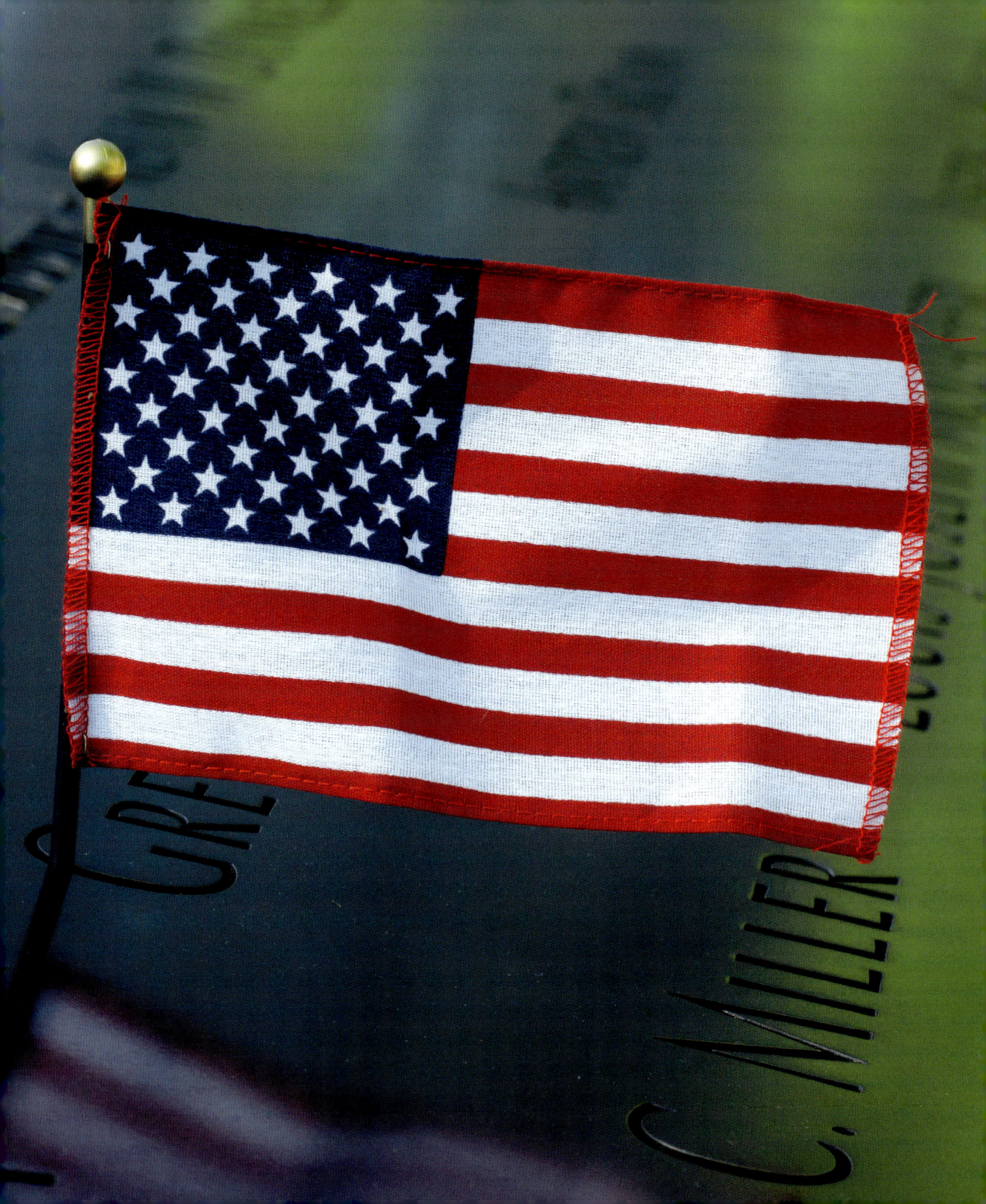
C. MILLER

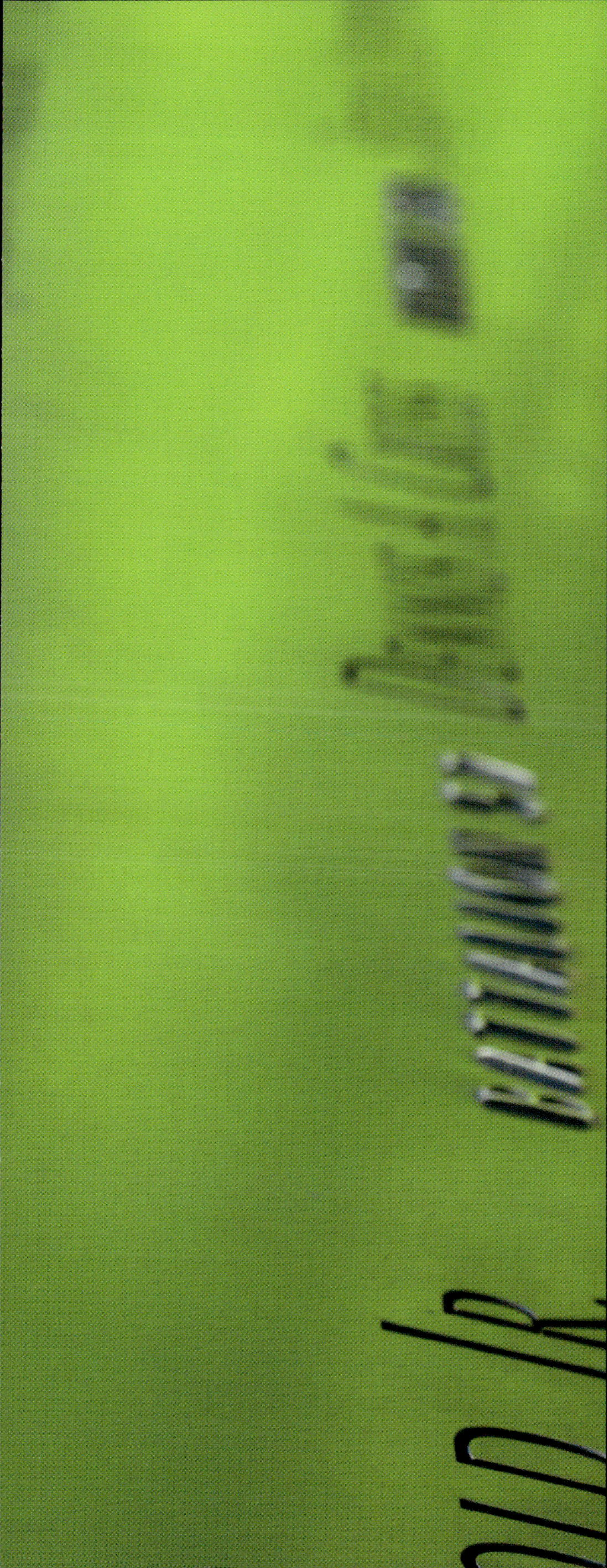

Um das Thema dieses Kapitels noch weiter zu vertiefen, sollen hier noch weitere Arten von Motiven vorgestellt werden. All dies sind Möglichkeiten, die Aufmerksamkeit des Betrachters zu fesseln, ihn zum Nachdenken anzuregen und Fragen aufzuwerfen:

- **MOTIVE IN „FALSCHEM" KONTEXT**
- **FARBE ALS MOTIV**
- **MOTIVE, DIE VERSTÖREN**
- **LICHT ALS MOTIV**

USA, New York

Nikon 1 J3 • 30–110 mm f/3,8
1/200 bei f/6,3 • ISO 180

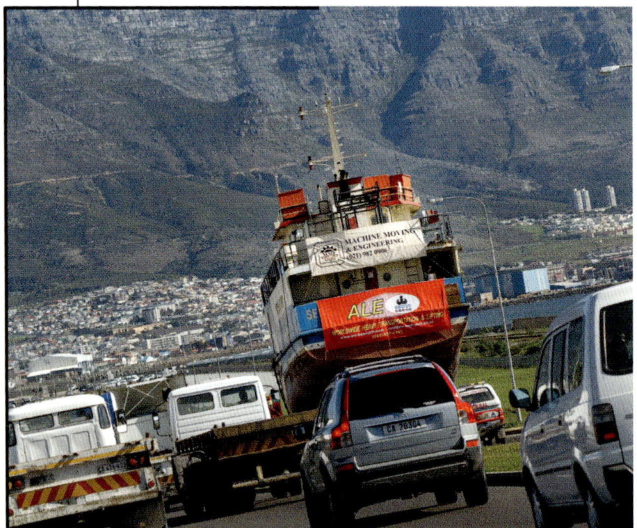

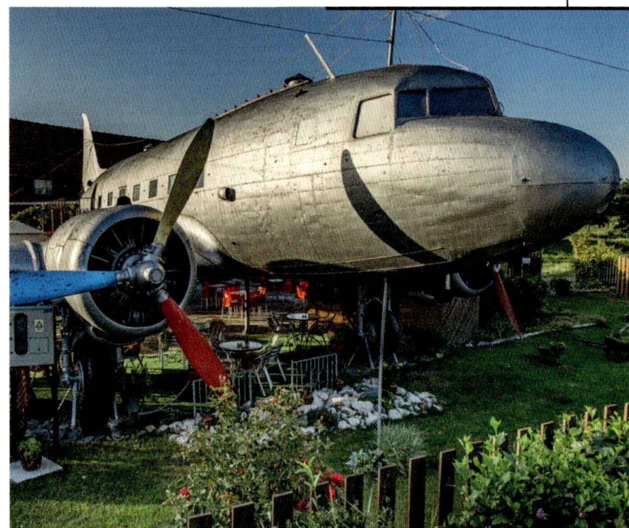

MOTIVE IN „FALSCHEM" KONTEXT

Manchmal wirkt ein Motiv besonders reizvoll oder interessant, wenn es komplett aus dem Zusammenhang gerissen scheint. Dann wird es nämlich in einer unlogischen Situation oder unter Umständen fotografiert, die gemäß unserer Alltagserfahrung nicht vorhersehbar waren. Diese Art von Foto wird mit **einigen Sekunden Verzögerung** entschlüsselt, und es entsteht ein Überraschungseffekt, der den Betrachter in Erstaunen versetzt.

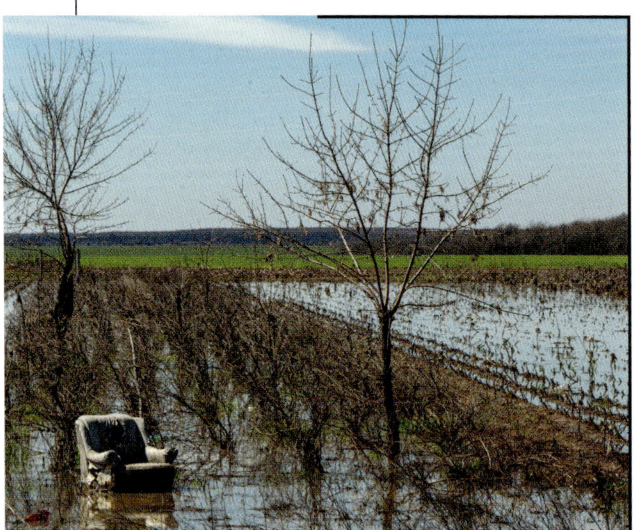

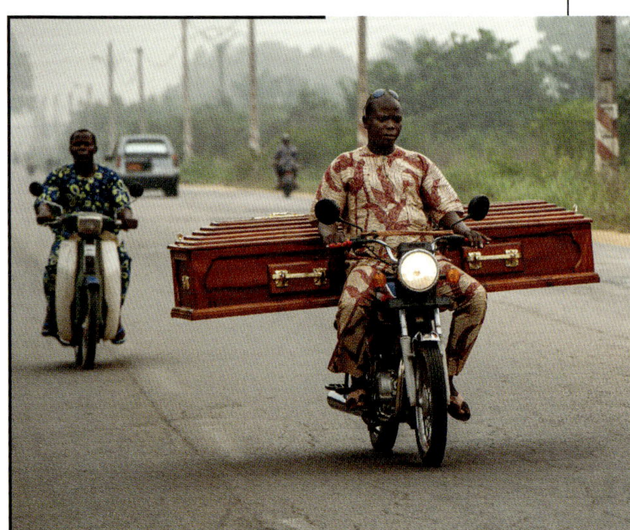

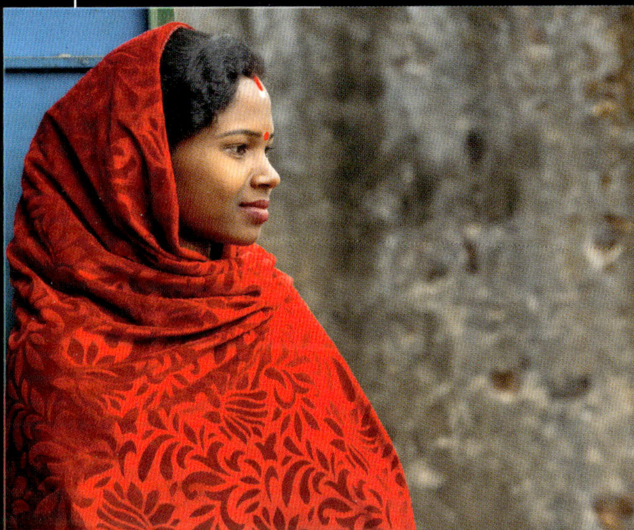

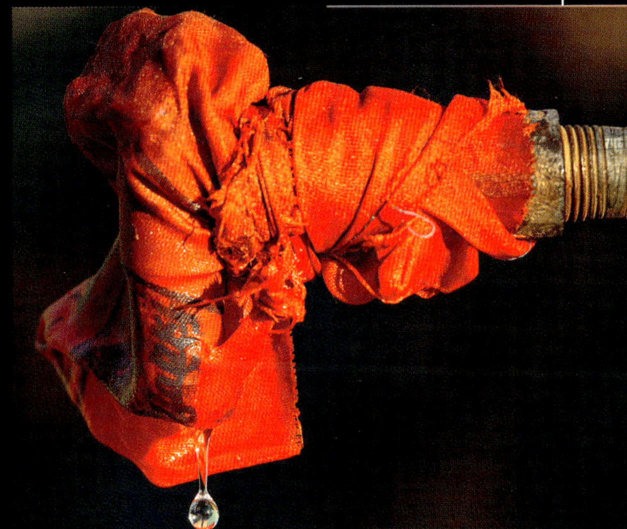

FARBE ALS MOTIV

Farbe ist als Motiv hochgeschätzt, doch es gibt große Unterschiede in der Art und Weise, wie sie eingesetzt wird – je nach Persönlichkeit des Fotografen und der Emotionalität des Augenblicks. Da Farbe eine unmittelbare Wirkung entfaltet, ist sie gelegentlich selbst **das eigentliche Motiv** eines Bildes. In solchen Fällen sollten ihre Nuancen gekonnt wiedergegeben werden. Sekundäre oder komplementäre Motive bilden ein Gegengewicht.

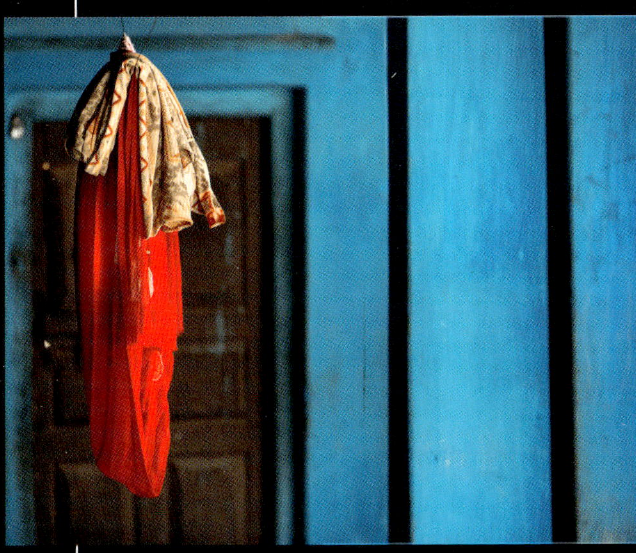

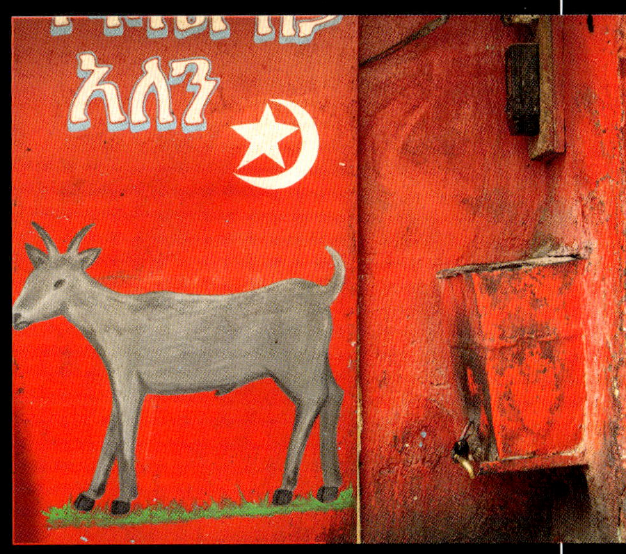

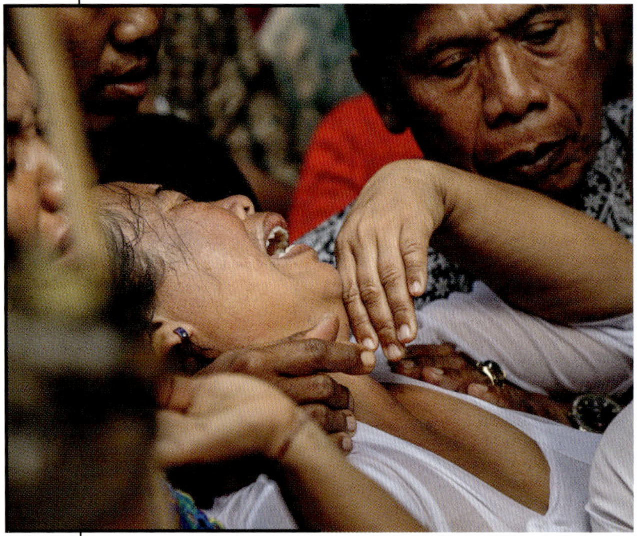

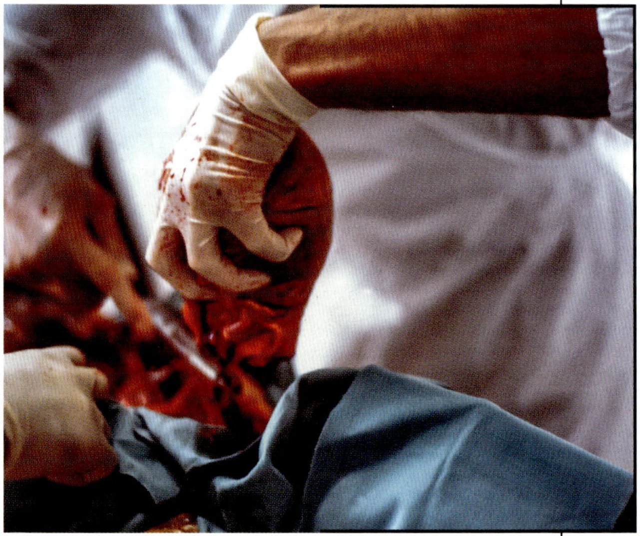

MOTIVE, DIE VERSTÖREN

Motive zu fotografieren, die beim Beobachter Unbehagen auslösen, ist eine Methode, Reaktionen bei ihm zu provozieren und seine Aufmerksamkeit in eine **bestimmte Richtung** zu lenken. Zweifel zu erregen, Fragen unbeantwortet zu lassen oder das Publikum geradewegs zu befremden, ist in jedem Fall eine sensible Aufgabe, die manchmal erreicht wird, indem wichtige Einzelheiten hervorgehoben werden, die nicht auf den ersten Blick wahrnehmbar sind.

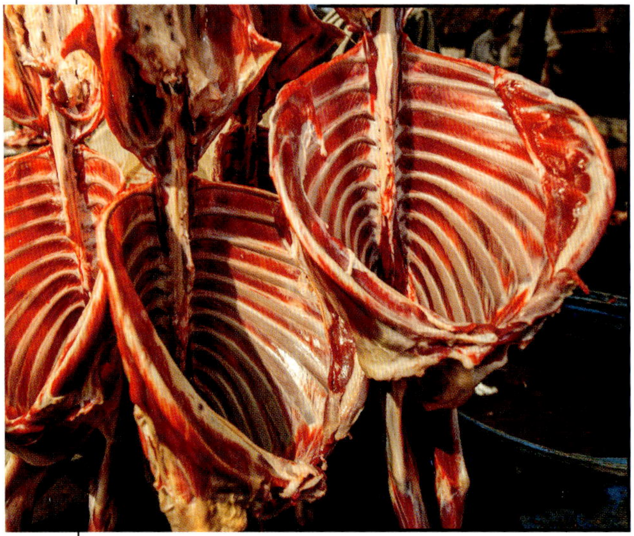

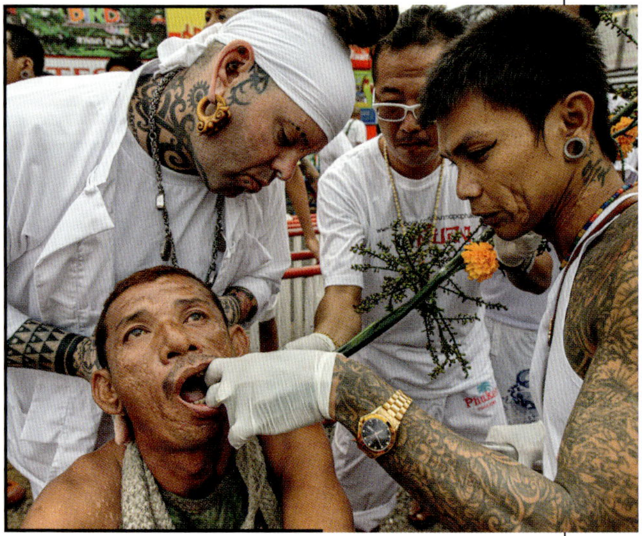

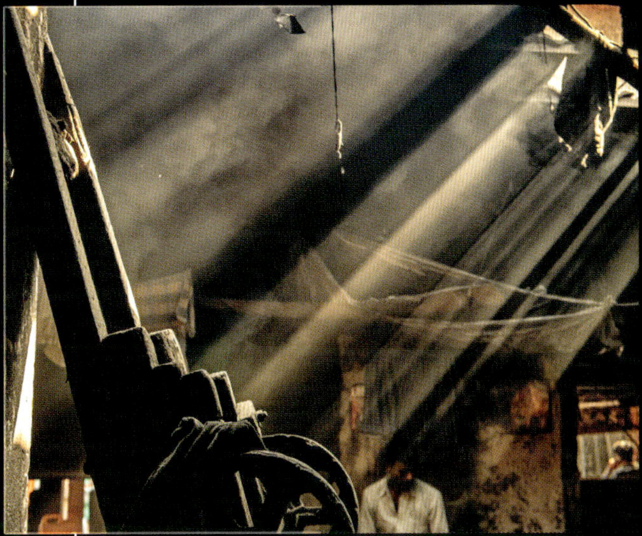 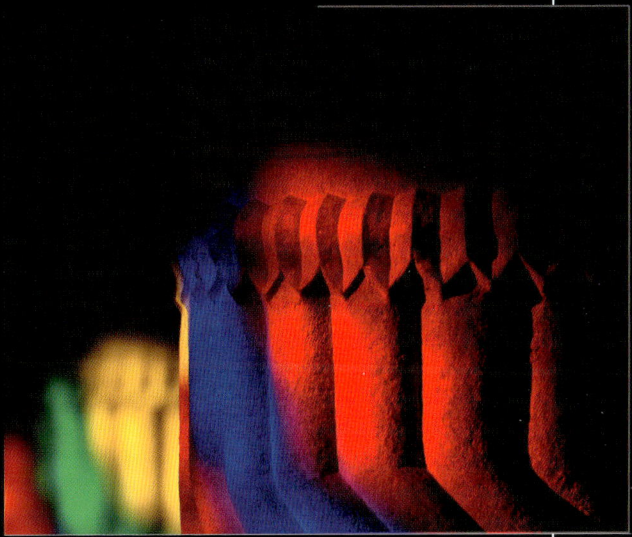

LICHT ALS MOTIV

Wenn wir das Licht zum Hauptmotiv unserer Fotografie machen wollen, müssen wir unsere Aufmerksamkeit von den physischen Objekten hin zu der Art und Weise verschieben, wie sie beleuchtet und **vom Licht gezeichnet** werden. Es können auch Hilfsmittel, etwa Dampf oder Regen, eingesetzt werden, die das Licht deutlich wahrnehmbar machen. Ein Glas oder ein anderer Gegenstand kann durch Licht so verwandelt werden, dass dieses zum Hauptthema avanciert.

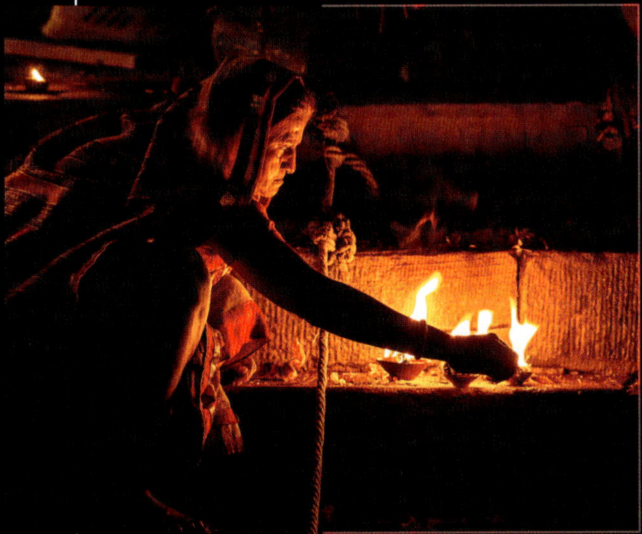 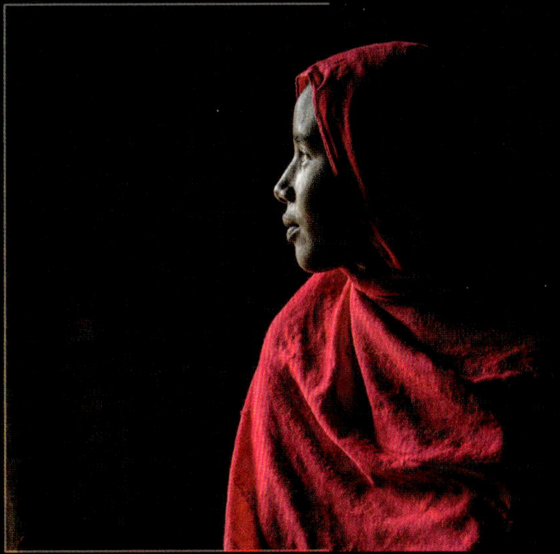

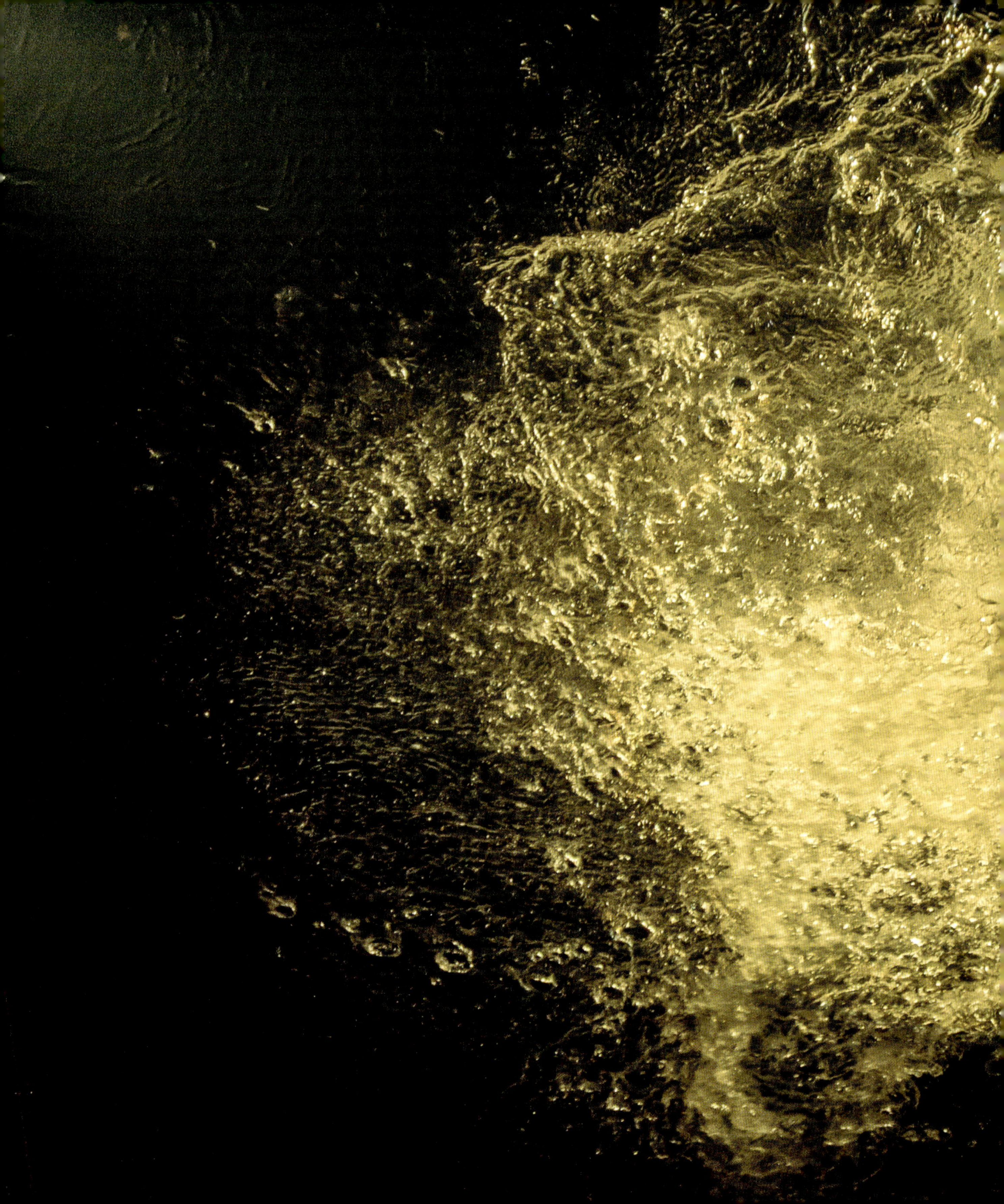

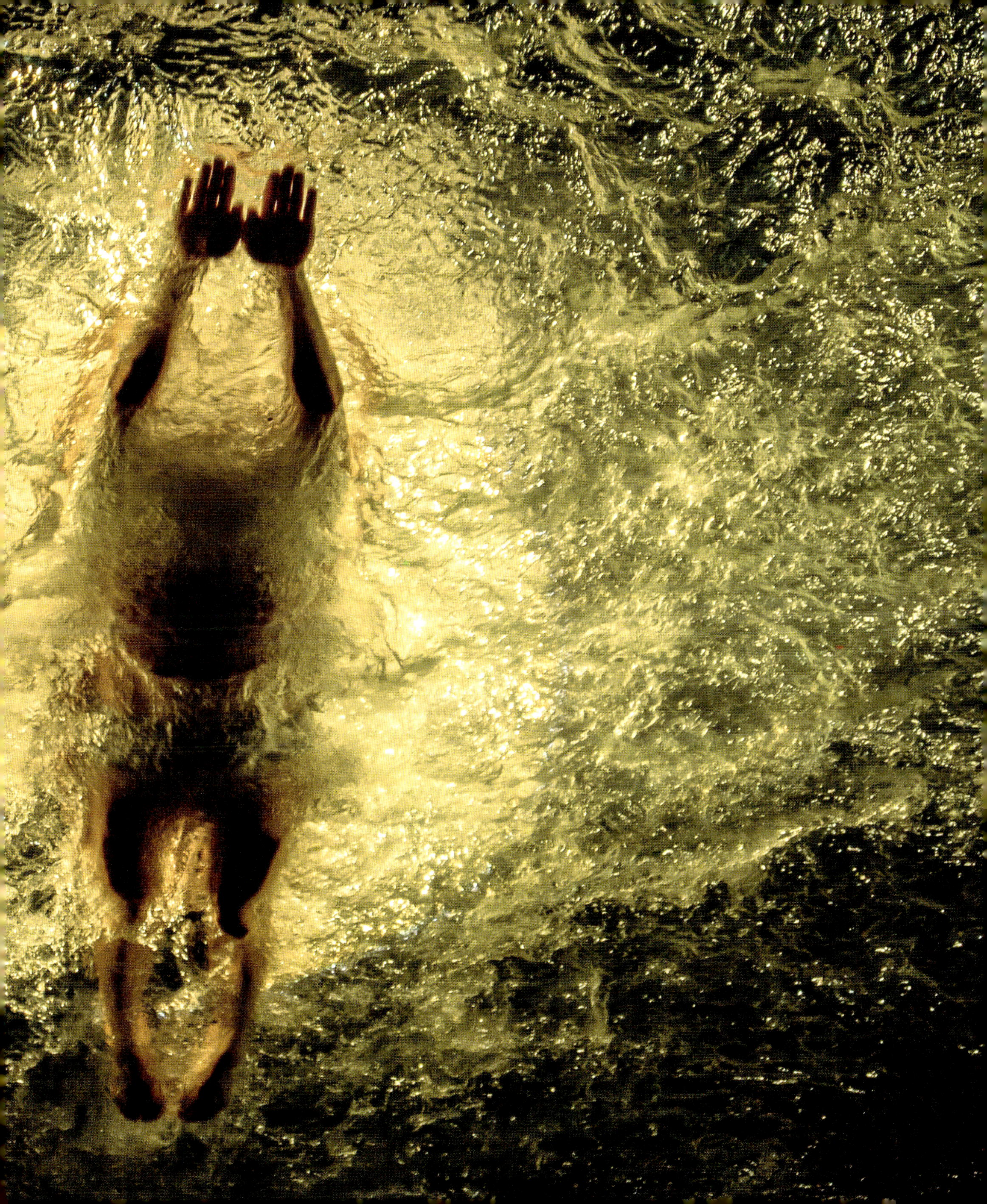

APROPOS MOTIV

DIE GEWICHTUNG DER FLÄCHEN

Wie groß ist das Motiv?

Eine weitere interessante Überlegung in Bezug auf das Motiv betrifft seine Proportionen und seinen **Anteil an der Bildfläche**. Vor allem wenn es sich um einen einzelnen Gegenstand handelt, müssen wir bei jeder Aufnahme entscheiden, wie viel Raum wir ihm geben und wie viel wir dem Hintergrund und den anderen Elementen im Bild zugestehen wollen. Diese Entscheidung wird nicht nur nach den Regeln der Geometrie oder der Komposition gefällt, sondern vor allem entsprechend dem Wesen des fotografierten Objekts, und sollte daher jedes Mal neu überdacht werden.

Brasilien, Brasilia

Nikon D 700 • 70–200 mm f/2,8
1/5000 bei f/2,8 • ISO 200

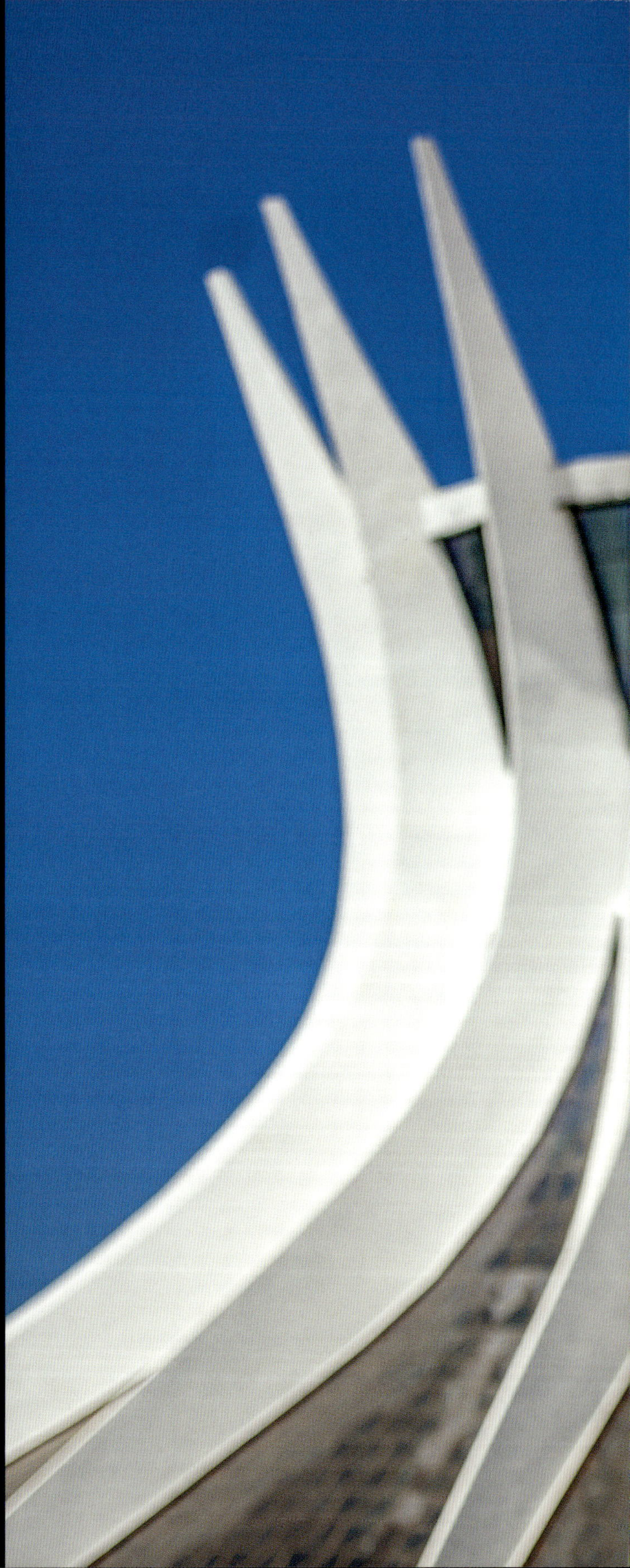

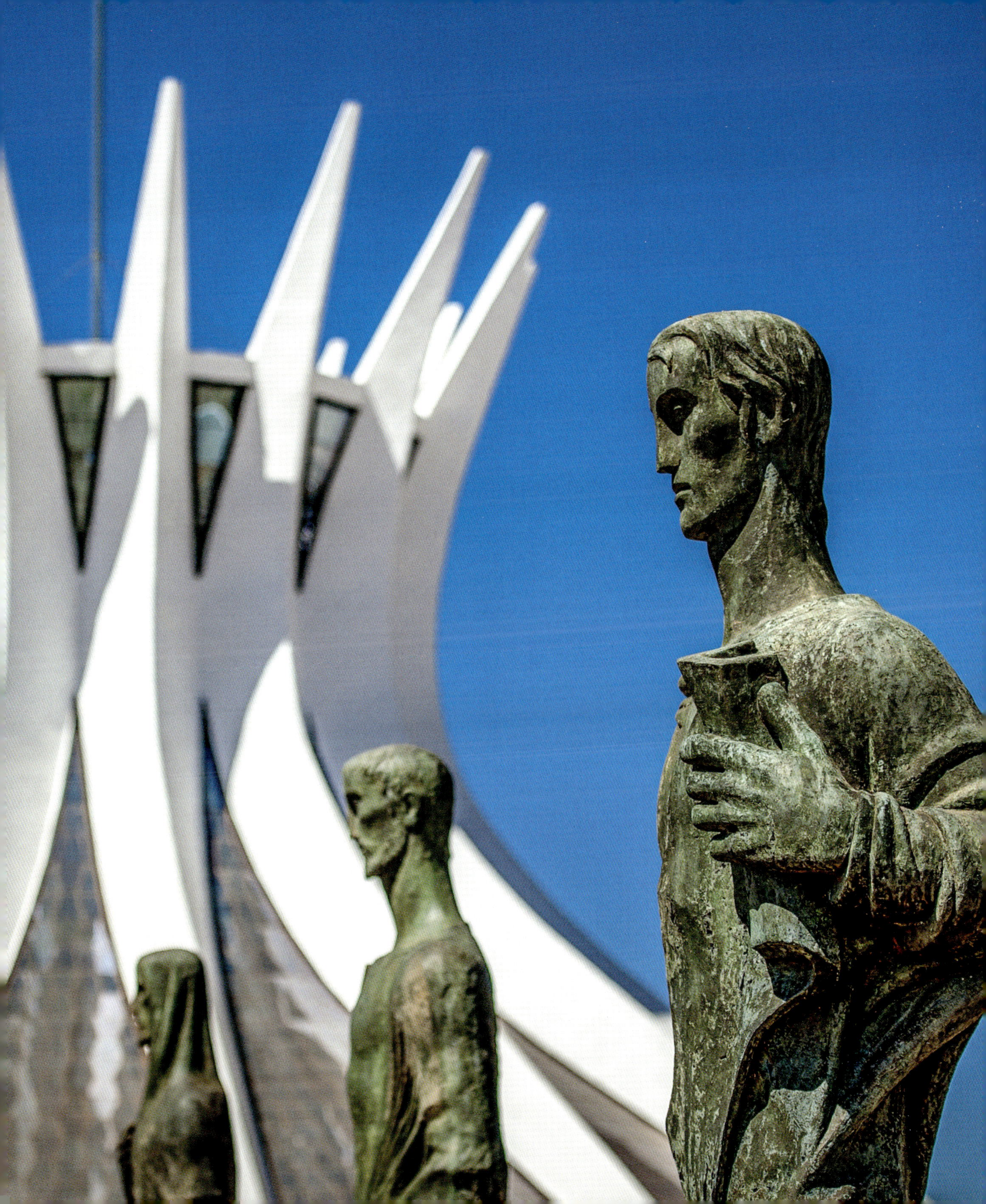

VOR JEDEM FOTO SOLLTEN WIR UNS FRAGEN STELLEN!

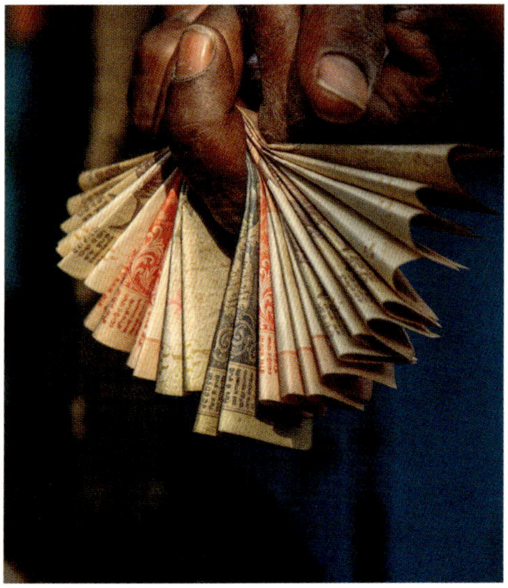

Weist das Motiv Besonderheiten, Merkwürdigkeiten oder Elemente von so großer Bedeutung auf, dass sie mit großer Aufmerksamkeit bedacht werden müssen? In diesen Fällen ist es gerechtfertigt, dass das Motiv das Bild dominiert, denn dann können **Details entdeckt werden**, die seine Abbildung in kleinerer Größe nicht preisgegeben hätte.

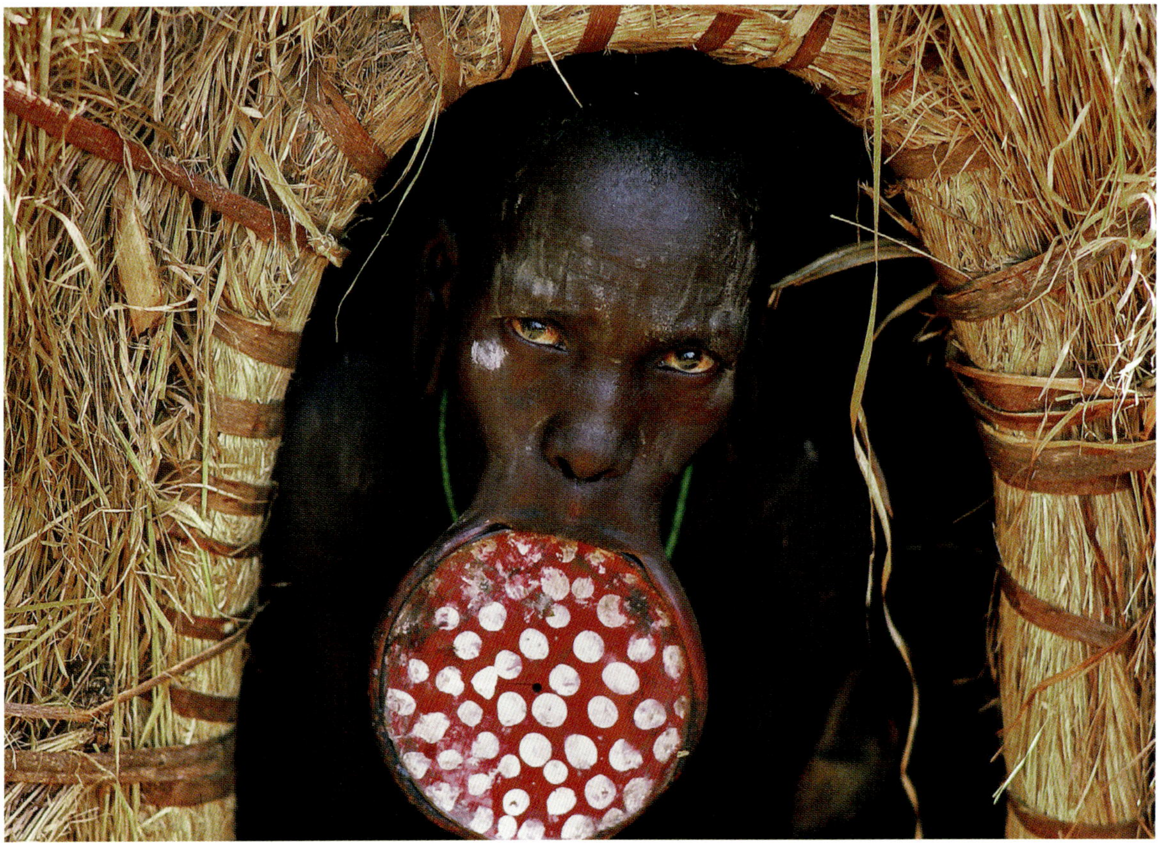

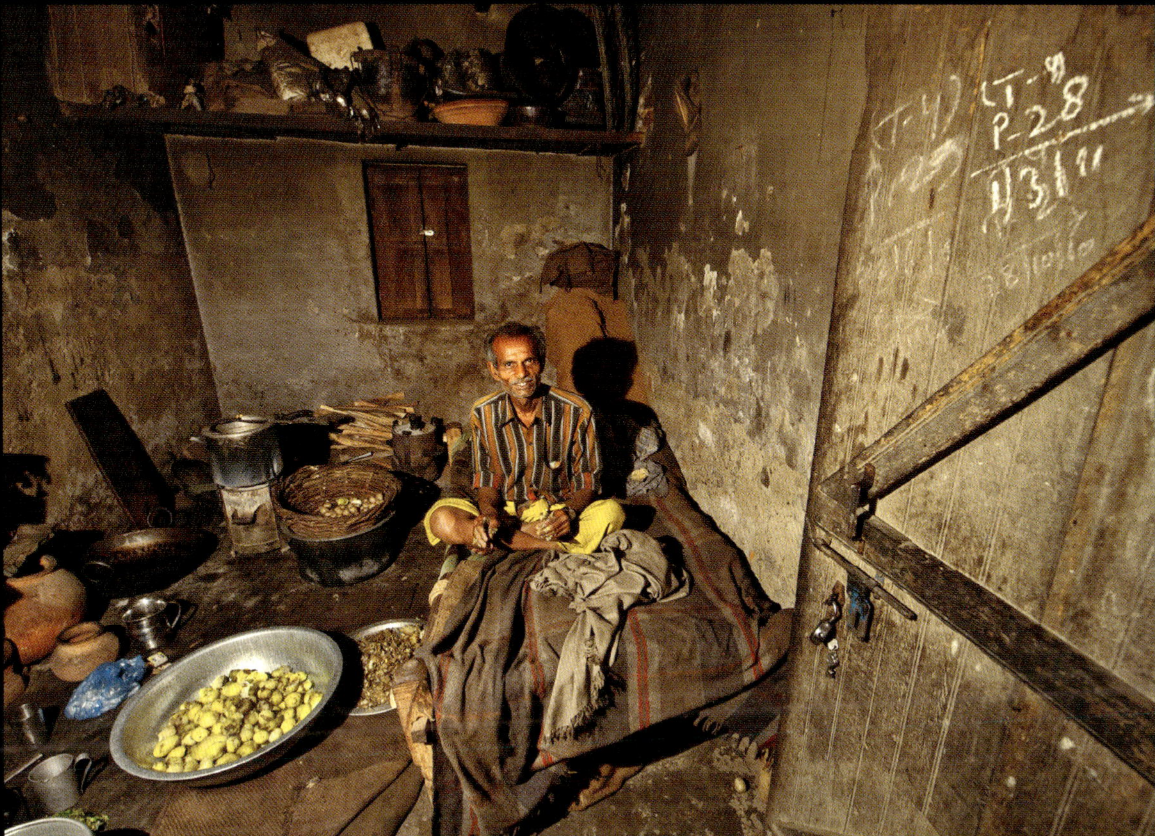

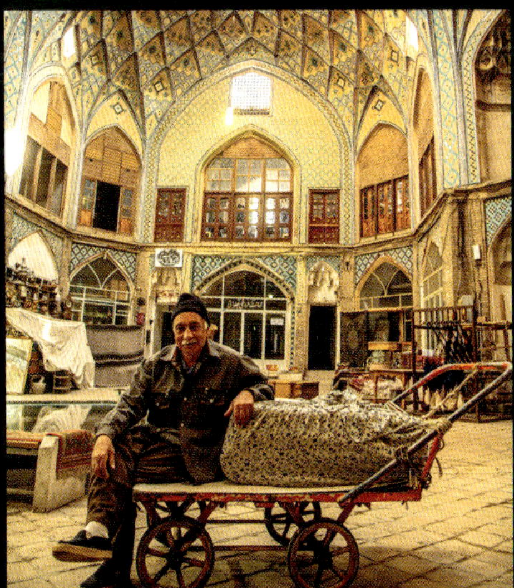

Gibt es bei dem Fotografieren von Personen Besonderheiten, Auffälligkeiten oder Bildelemente die so wichtig sind, dass sie hervorgehoben werden müssen? Vor allem in der Reportagefotografie ist der Ort, an dem die fotografierte Person lebt, arbeitet oder sich gerade aufhält, oft von fundamentaler Bedeutung für das Bildverständnis. In diesen Fällen ist es richtig, dem Hintergrund eine **erhebliche Fläche** zukommen zu lassen, damit die Person mit ihrer Umgebung in Zusammenhang gebracht wird.

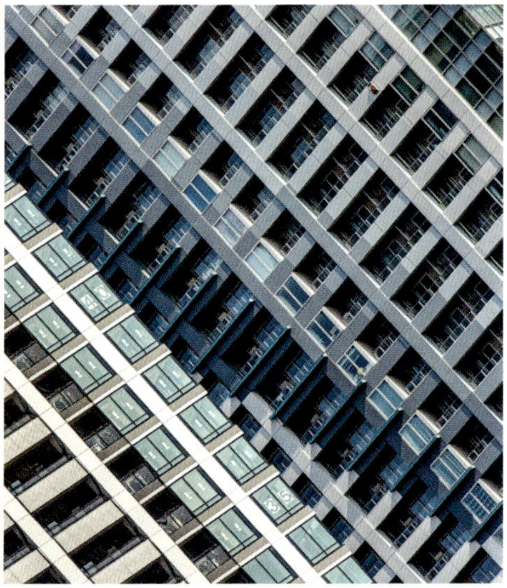

Sind Geometrie oder Perspektive des Bildes wesentlich für die Wirkung des Bildausschnitts? Manchmal wird das geometrische Muster, das ein Bild dominiert, zum eigentlichen Motiv. In diesen Fällen müssen nicht nur die für das Motiv spezifischen Überlegungen angestellt werden, sondern der Bildausschnitt muss wahrscheinlich auch neu ausgewählt werden, um das **grafische Element hervorzuheben** und ein klares, ausgewogenes Bild zu erhalten.

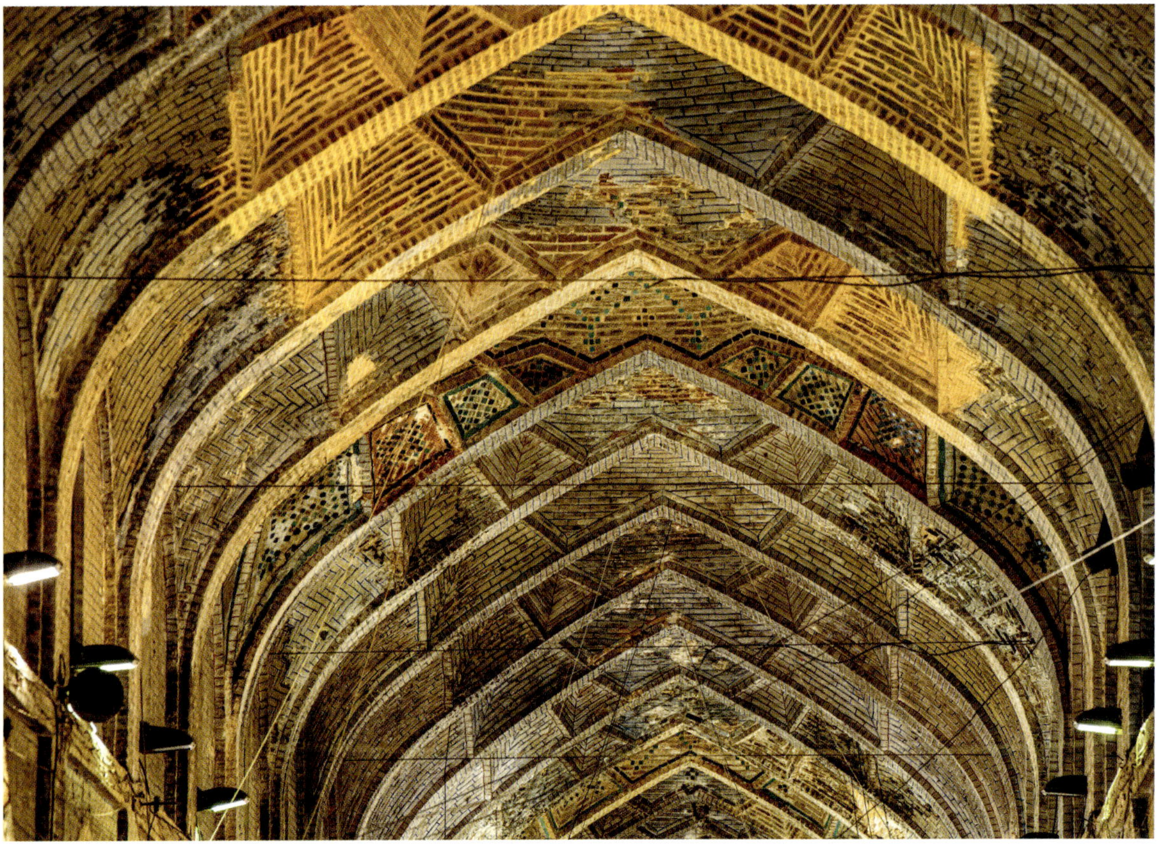

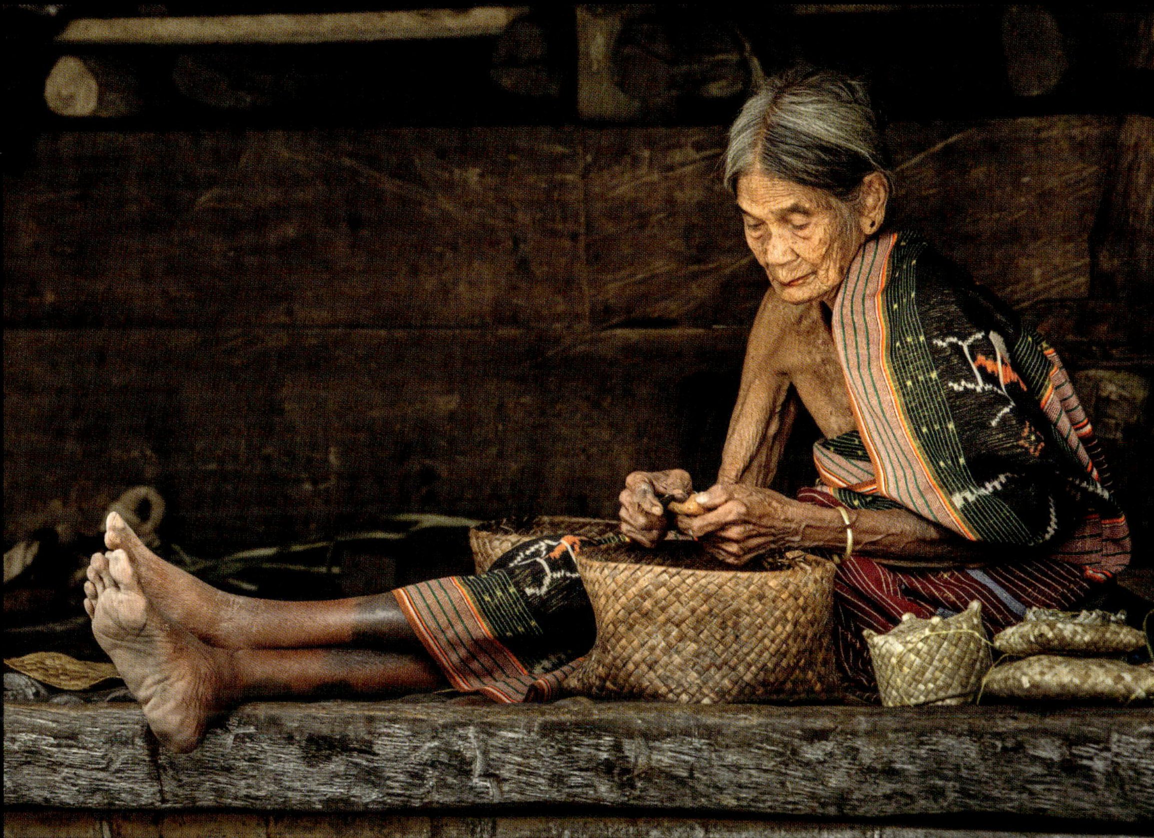

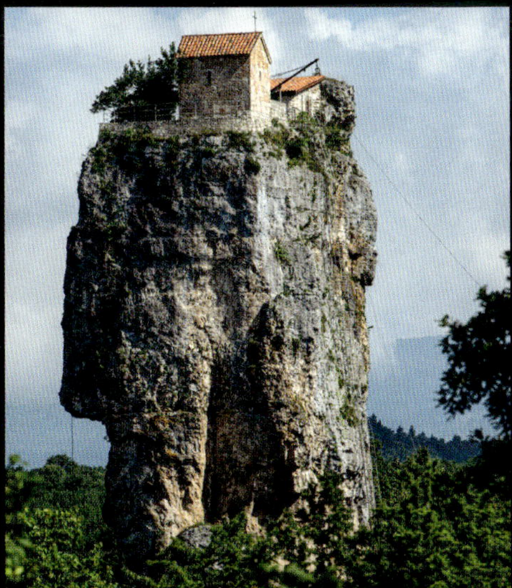

Hat das Motiv eine Form oder eine Struktur, die dem Fotografen nahelegt, wie es **in den Bildausschnitt gesetzt** werden soll? Manchmal kommt es vor, dass die Form eines Objekts oder dessen Position regelrecht erfordert, dass es auf eine **ganz bestimmte Art und Weise** aufgenommen wird. Solche Entsprechungen zu ignorieren, kann sich als schwierig erweisen und führt auch nicht unbedingt zu besseren Resultaten – ein Hochformat wäre für das Motiv oben ebenso ungeeignet wie ein Querformat für das Bild links.

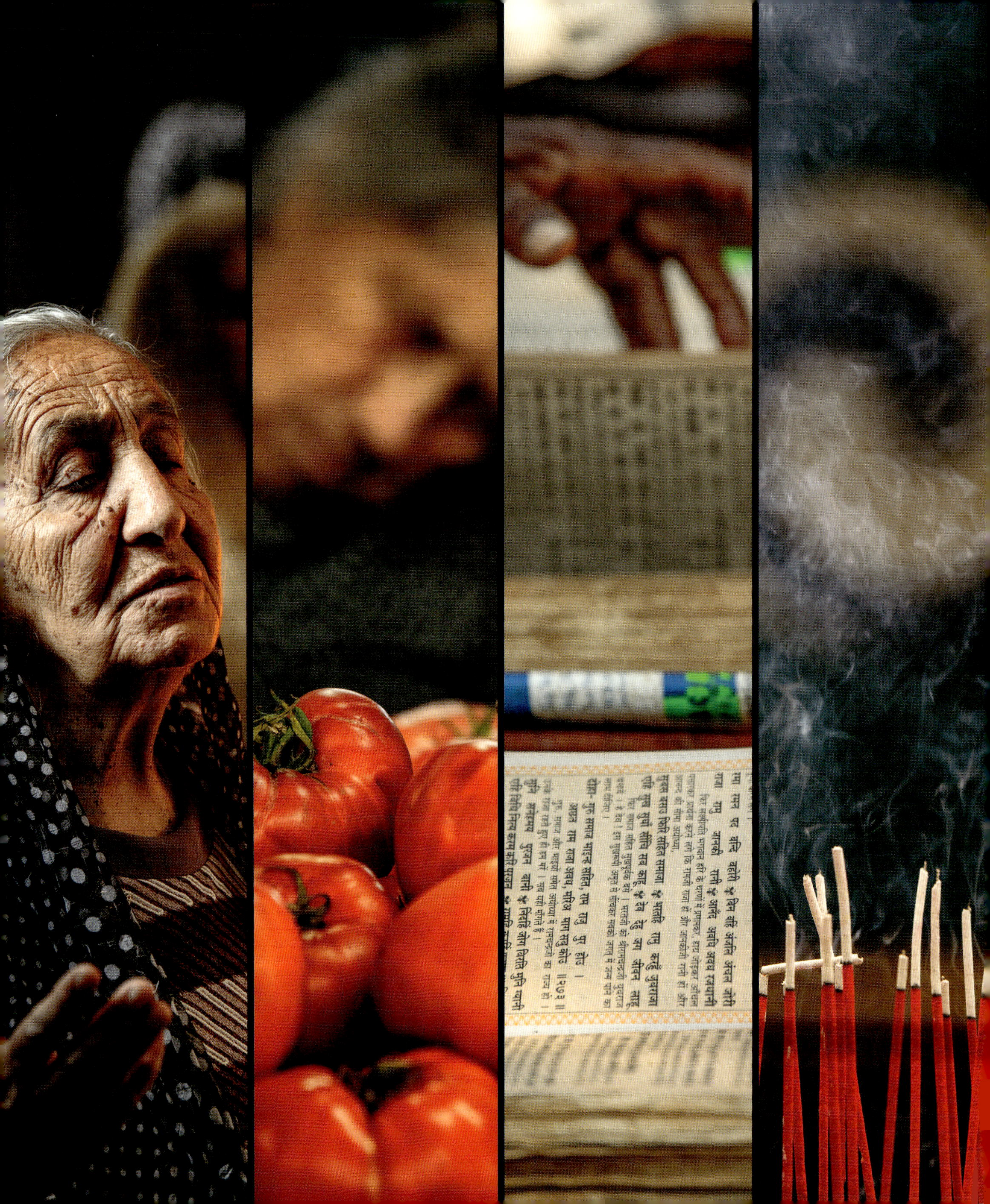

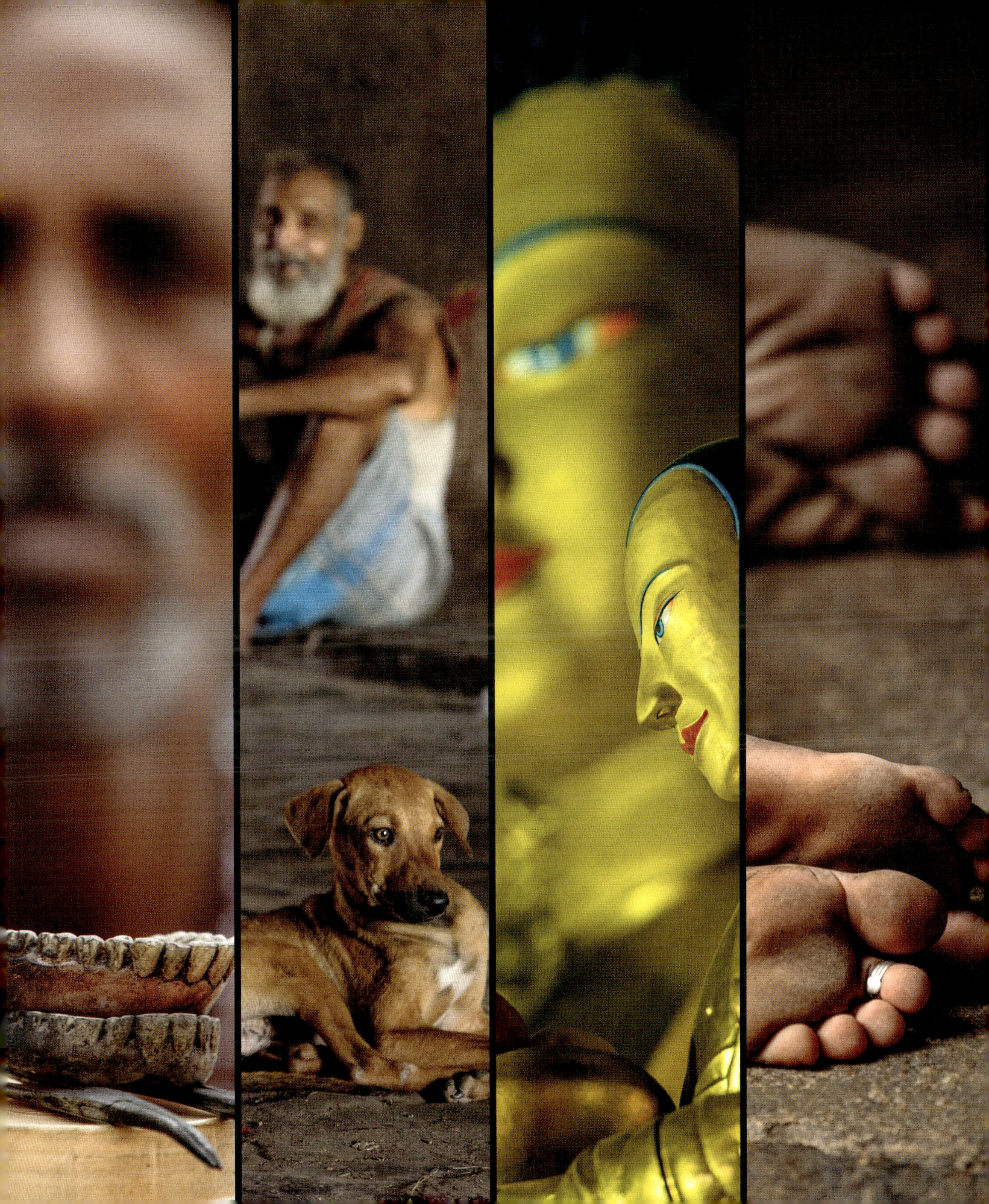

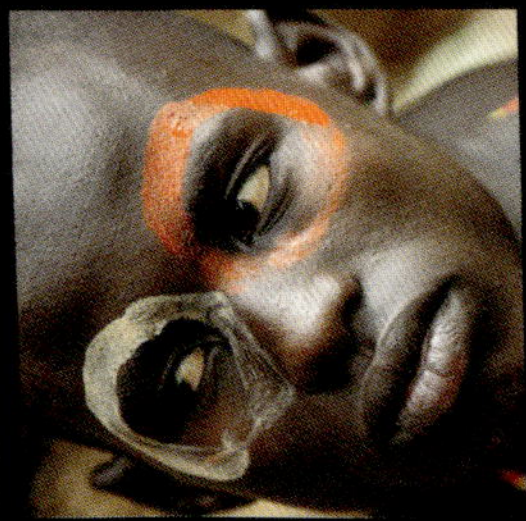
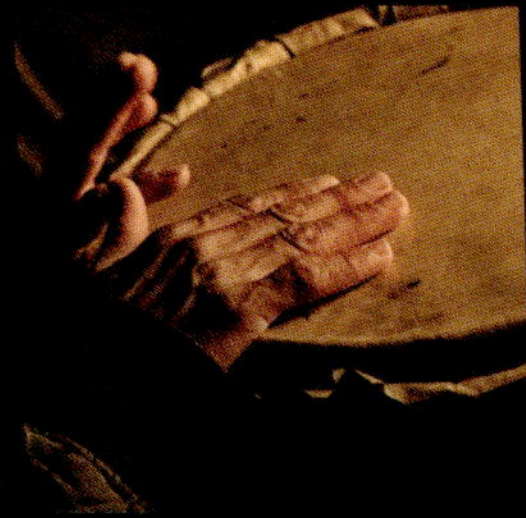
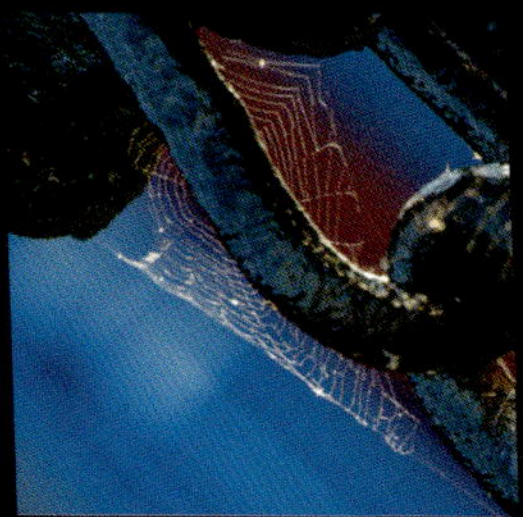
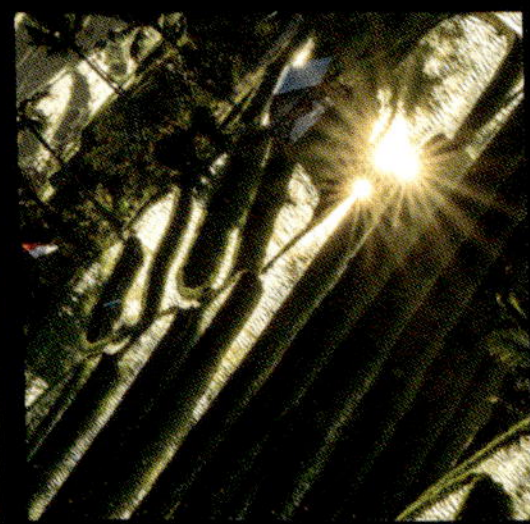
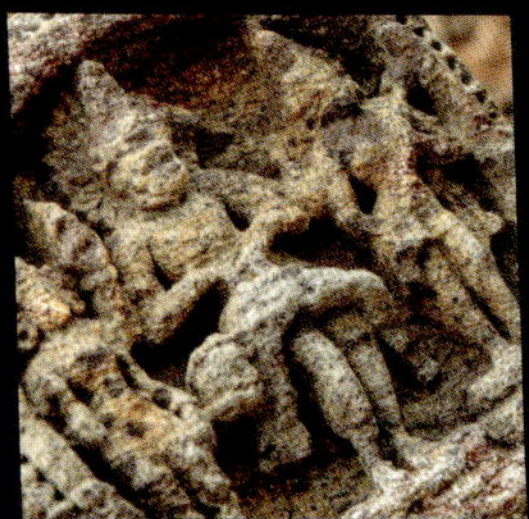
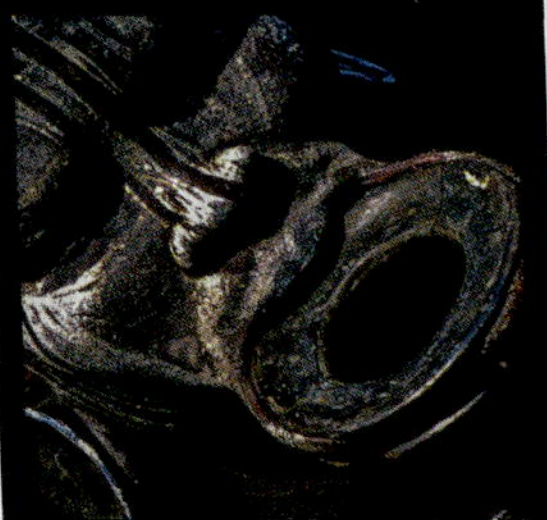
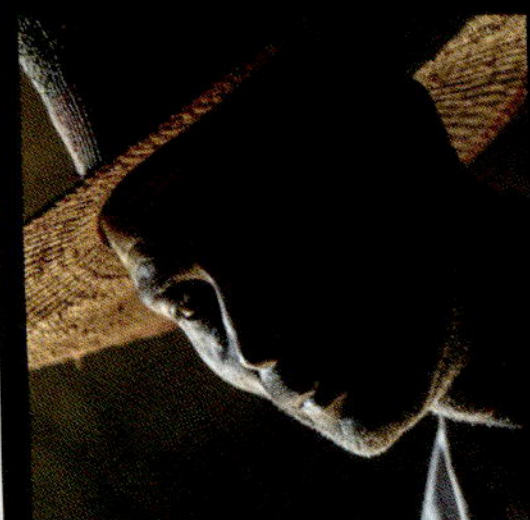
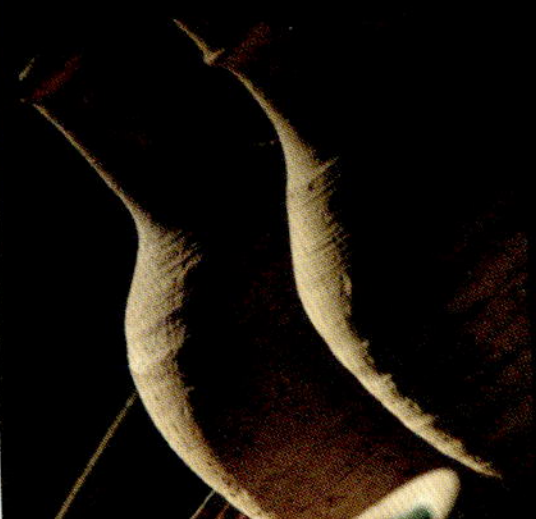
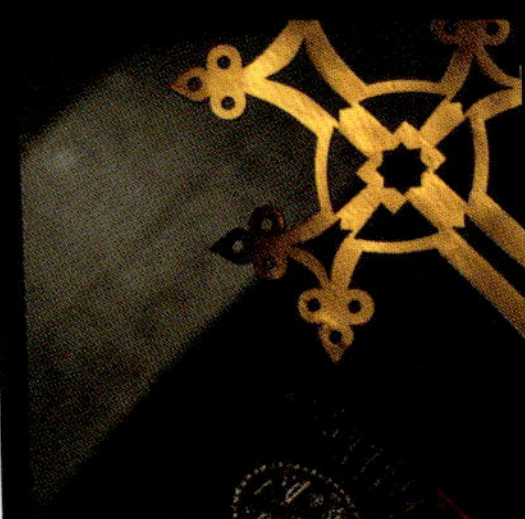
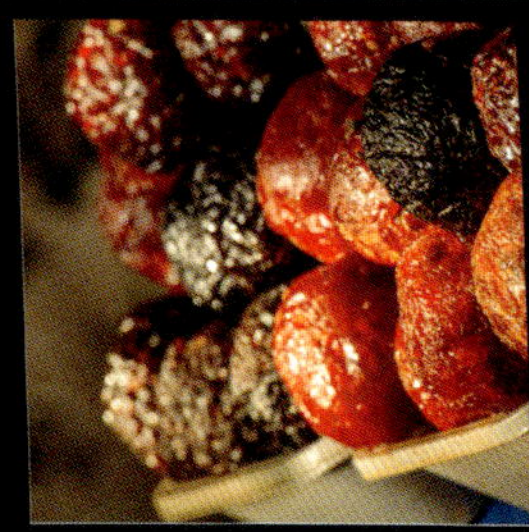

DAS LICHT WAHRNEHMEN

SEHEN, VERSTEHEN, AUSNUTZEN

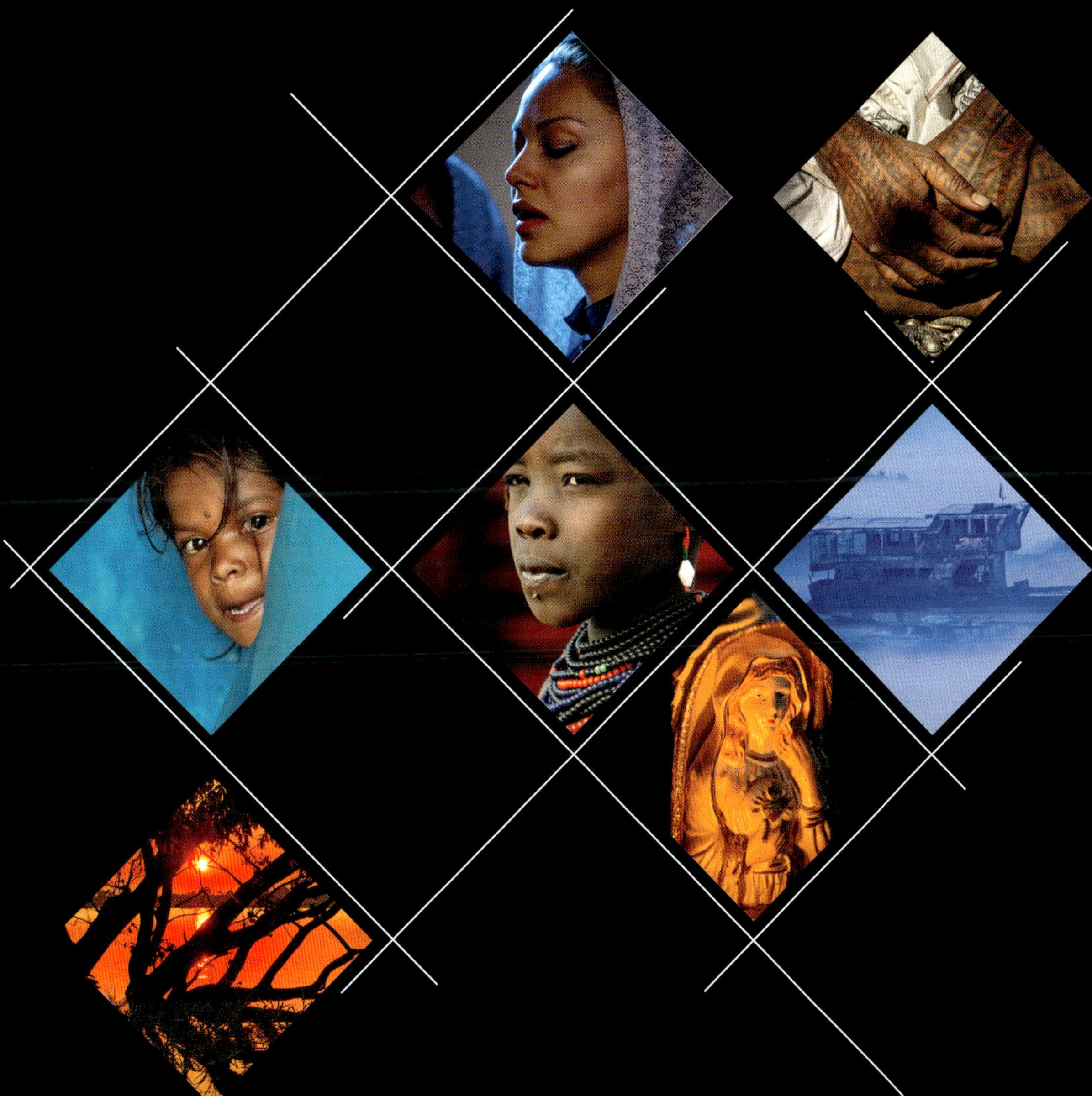

DAS LICHT EINFANGEN

WIE MAN ES FINDET UND INTERPRETIERT

Wir alle wissen, dass das Fotografieren so etwas ist wie Zeichnen mit Licht. Doch wie können wir zeichnen, **ohne einen guten Stift** zu haben? Ohne gutes Licht können wir **kaum etwas erkennen**. Wir können nur einen Bildausschnitt wählen, knipsen und hoffen, dass das Wenige, das uns dazu bewogen hat, dieses Foto doch zu versuchen, zumindest das Hauptmotiv sichtbar macht, das uns interessiert. Doch das Ergebnis ist eher eine große Skizze oder eine flüchtige Notiz als eine kunstvolle Fotografie. Um mit dem Licht zu zeichnen oder zu schreiben, muss man zuerst lernen, wie man es findet. Es stimmt nämlich, dass es sich hin und wieder an unerwarteten Orten versteckt, aber oft ist es **direkt vor uns**. Manchmal sind wir irritiert von einer schlechten Beleuchtung, die unsere Szene bestimmt, oder von einem Objekt, das ohne die Unterstützung eines besonderen Lichts **absolut nichtssagend** wäre. Spezielles Licht ist für uns wie der Pinsel eines Malers oder die Feder eines Dichters. Haben wir es gefunden, dann liegt es an uns, ein Kunstwerk damit zu erschaffen.

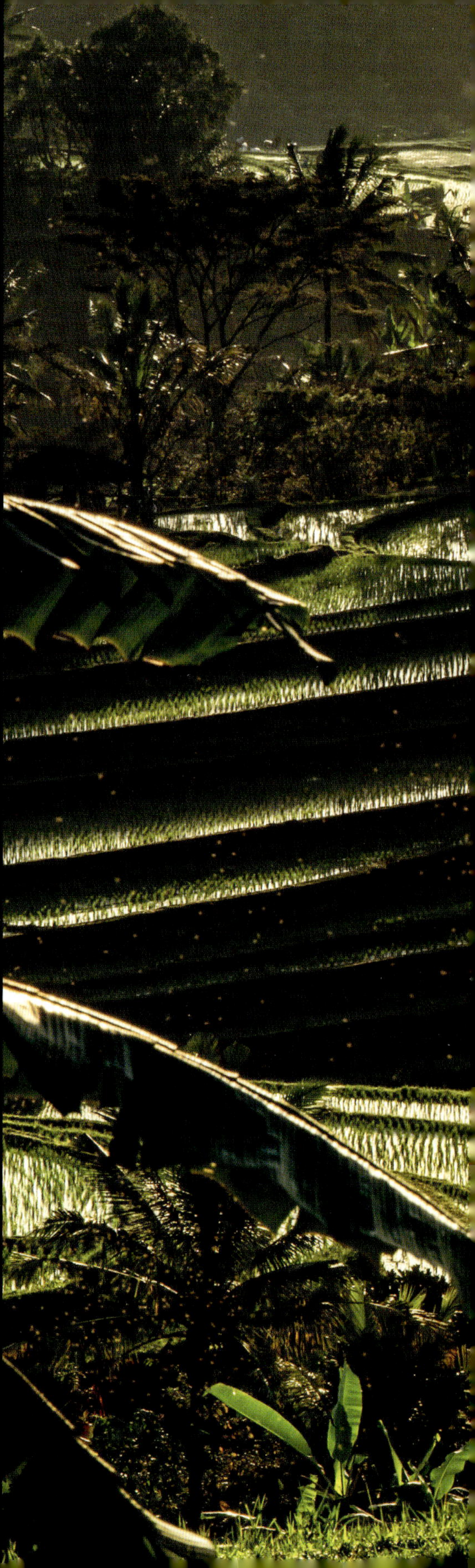

Indonesien, Jati Luwih

Nikon D 810 • 70-200 mm f/2,8
1/100 bei f/22 • ISO 200

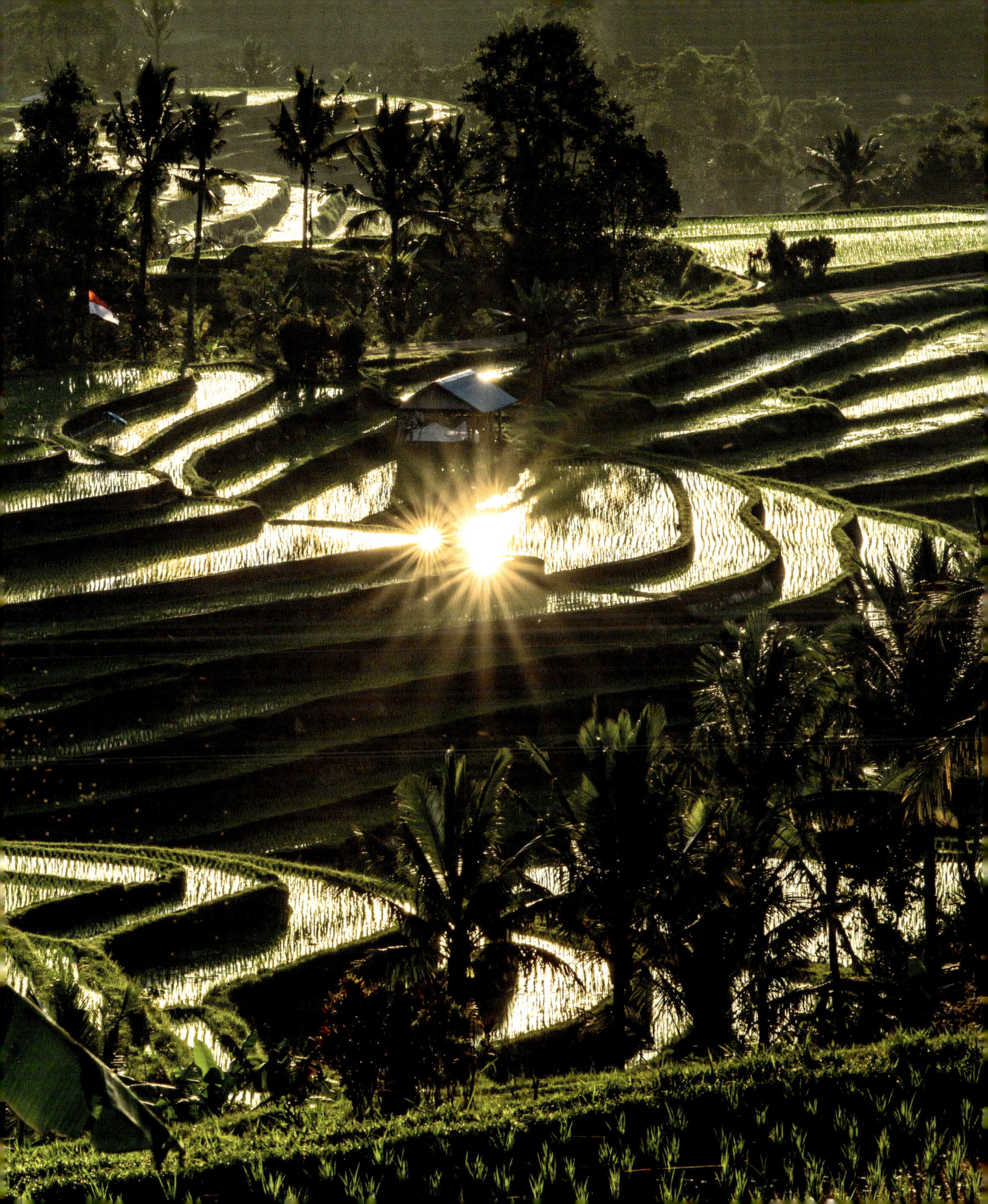

An jedem Tag und an jedem Ort, überall, wohin der Blick des Fotografen auf seiner Suche schweift, versucht eine Vielfalt von Beleuchtungen aus diversen Quellen gleichzeitig, **unsere Aufmerksamkeit auf sich zu ziehen.** Nur einige von ihnen erweisen sich jedoch als nützlich für die Aufnahme eines guten Fotos, und sehr wenige werden zu wahren Protagonisten eines Bildes. Auf dem Großteil der Fotos bedient man sich des Lichts nämlich nur, um die Szene zu beleuchten und das Motiv erkennbar und interessant zu machen, während es Aufnahmen gibt, deren gesamter Wert und deren ganzes Wesen **ausschließlich auf dem Licht** beruhen.

Bereich mit schwachem und diffusem Licht, kaum ausreichend, um den Hintergrund wahrzunehmen.

Zone mit mittelstarkem Licht, entspricht dem Großteil des Fotos.

Die wichtigste Lichtquelle wurde mit aufgenommen. Der Bereich, dessen Helligkeit über die Skala hinausgeht, zeigt praktisch keine Details.

Bereich mit hellem, aber nicht zu hellem Licht. Hier gibt es noch Zeichnung.

Der große Designer Giuseppe Mestrangelo erzählt in seinem Buch „Diva Luce" („Die Diva Licht"), dass er einen Teil seines Lebens dem Studium von Techniken gewidmet hat, die es ermöglichen, die Lichtströme unsichtbar zu machen, um Raum und Materie auf absolut natürliche Art und Weise zu beleuchten. Sehr oft sind die wertvollsten und nützlichsten Beleuchtungsarten, um faszinierende Fotos zu machen, nämlich die, die am wenigsten auffallen und für einen weniger erfahrenen oder weniger sensiblen Fotografen womöglich nur schwer zu erkennen sind.

Äthiopien, Chencha

Nikon D 850 • 24-70 mm f/2,8
1/10 bei f/5,6 • ISO 320

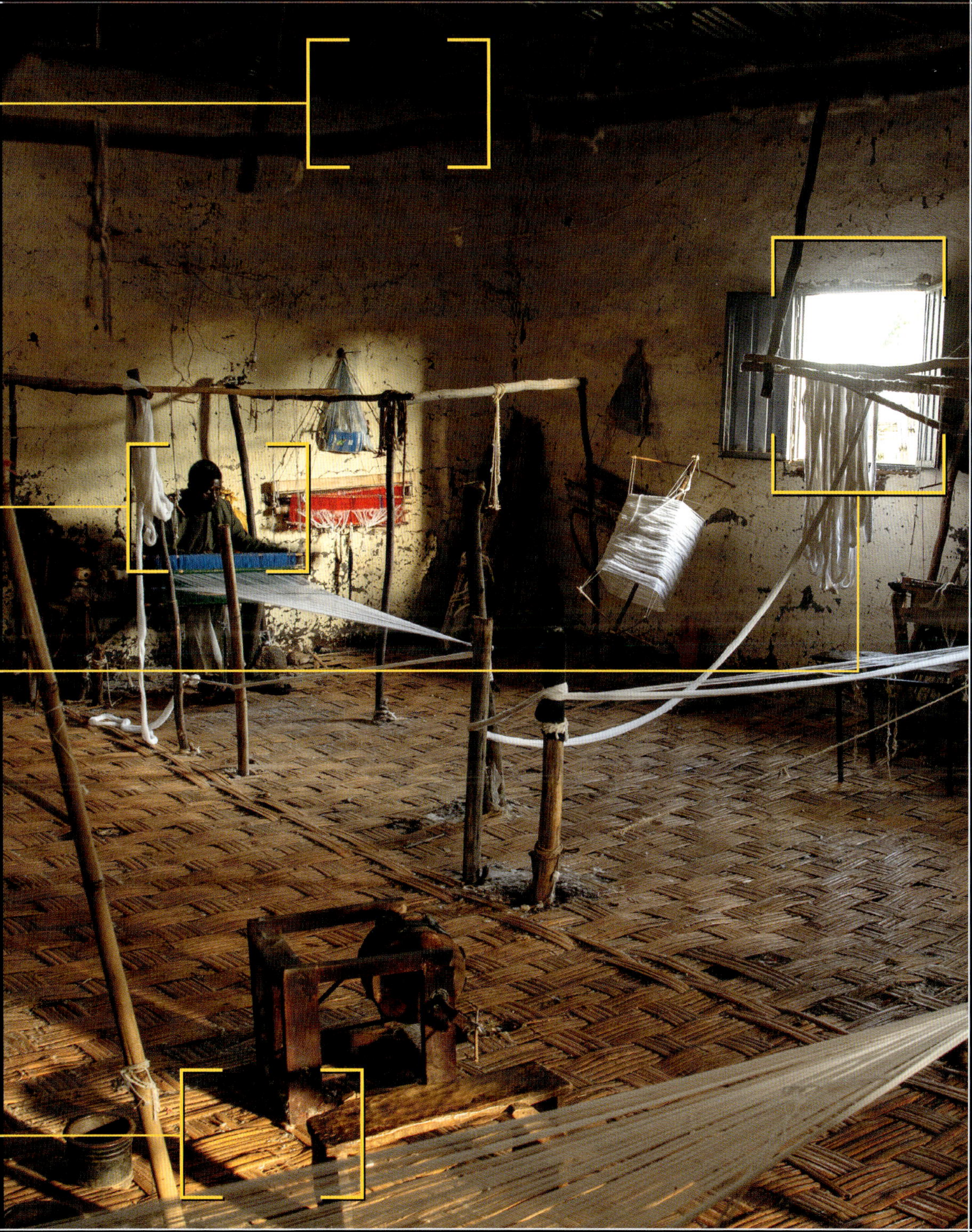

Nikon D 850 • 14-24 mm f/2,8
1/80 bei f/4 • ISO 1600

Äthiopien, Bezirk Alaba

Auch wenn ein Fotoreporter über eine gute technische Ausrüstung verfügt, ist es bei der Umsetzung einer Reportage praktisch nicht möglich, die Beleuchtung einer Szene **anzupassen oder zu korrigieren**, wie es in einem Fotostudio bei einem Stillleben möglich wäre. Er muss also lernen wahrzunehmen, welche Lichter von Natur aus reizvoll sind. Sie gilt es zu finden, zu erahnen und sie **sofort zu erkennen**, wenn man auf sie stößt.

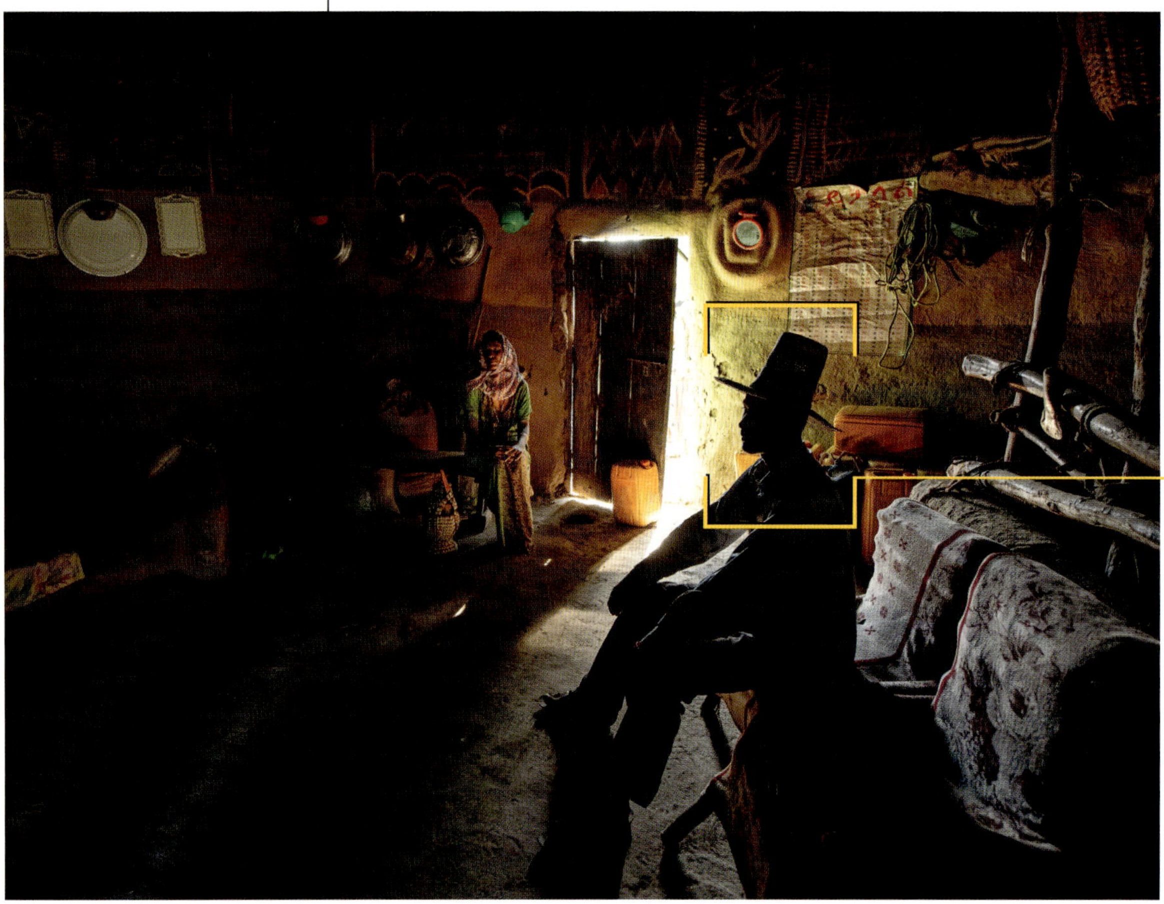

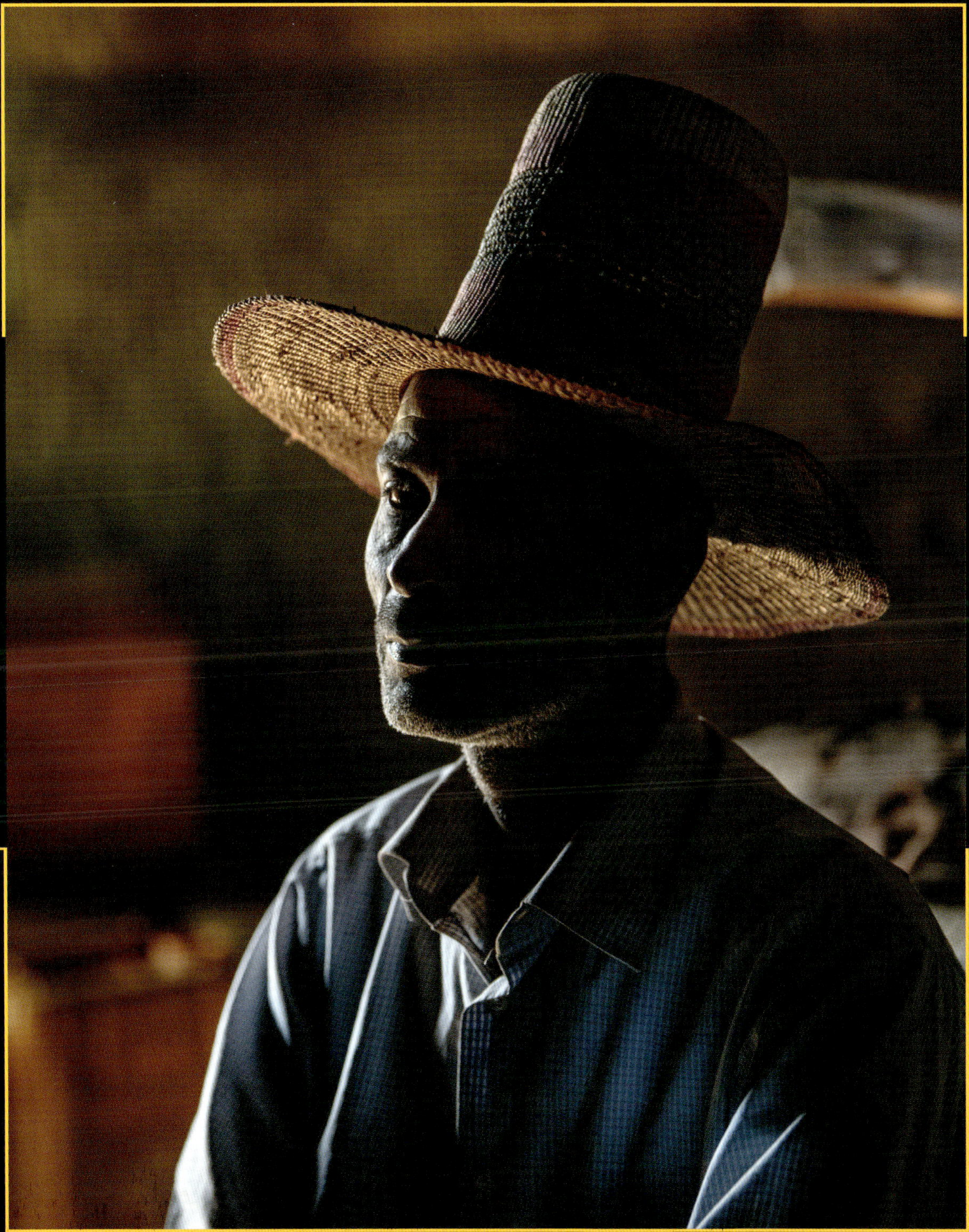

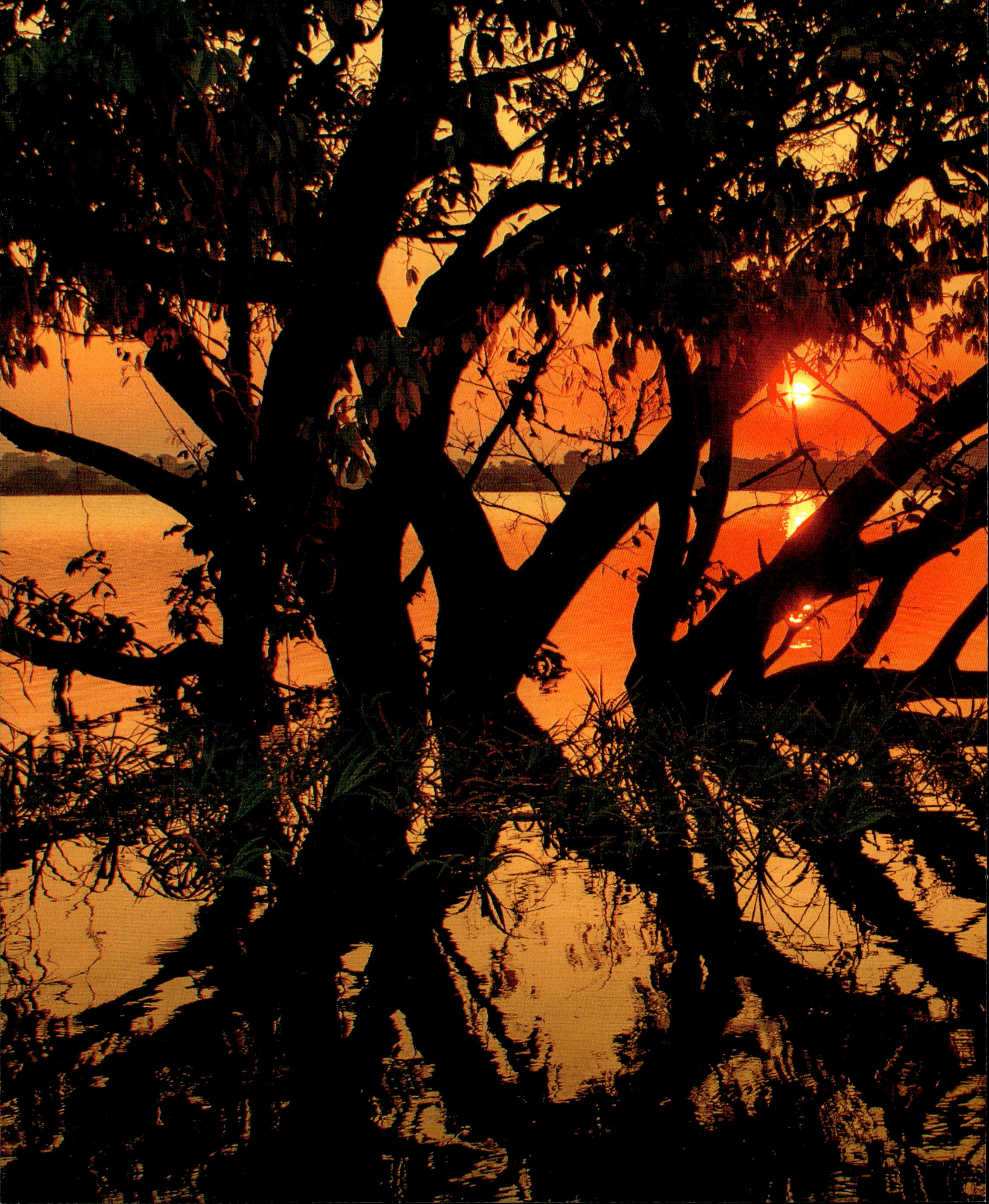

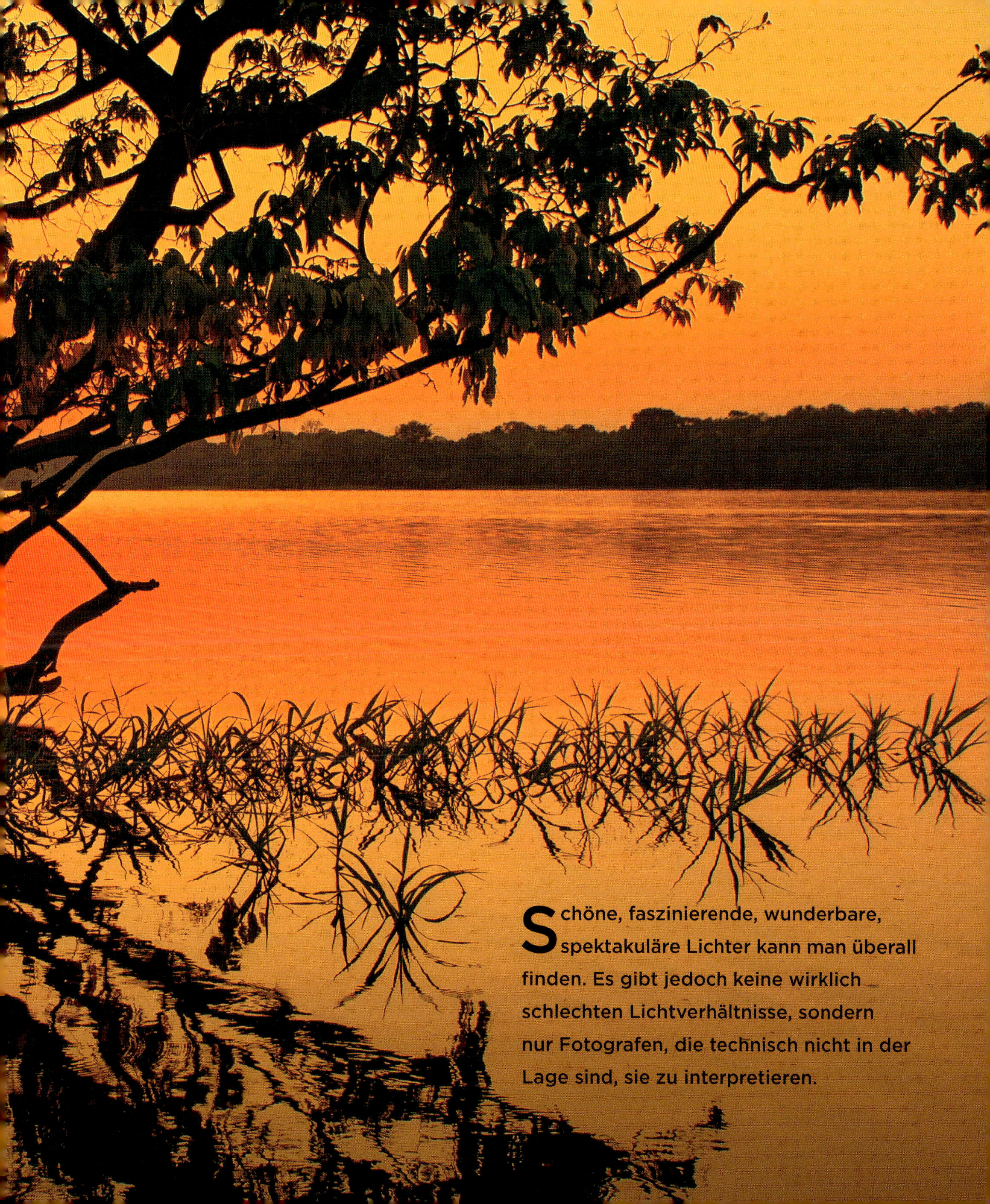

Schöne, faszinierende, wunderbare, spektakuläre Lichter kann man überall finden. Es gibt jedoch keine wirklich schlechten Lichtverhältnisse, sondern nur Fotografen, die technisch nicht in der Lage sind, sie zu interpretieren.

DAS LICHT EINFANGEN

DER KONTRASTUMFANG

Ganz gleich, wie technisch ausgereift eine Digitalkamera auch sein mag: Der Sensor schafft es nicht, den gesamten **Kontrastumfang** (Dynamic Range) abzudecken, den das menschliche Auge wahrnehmen kann. In der Tat ist sein Bereich so begrenzt, dass er nur selten die gesamte Szene umfasst, die er originalgetreu wiedergeben soll, es sei denn, der Bildausschnitt weist nur geringe Lichtkontraste auf, wie an einem nebligen oder dunstigen Tag.

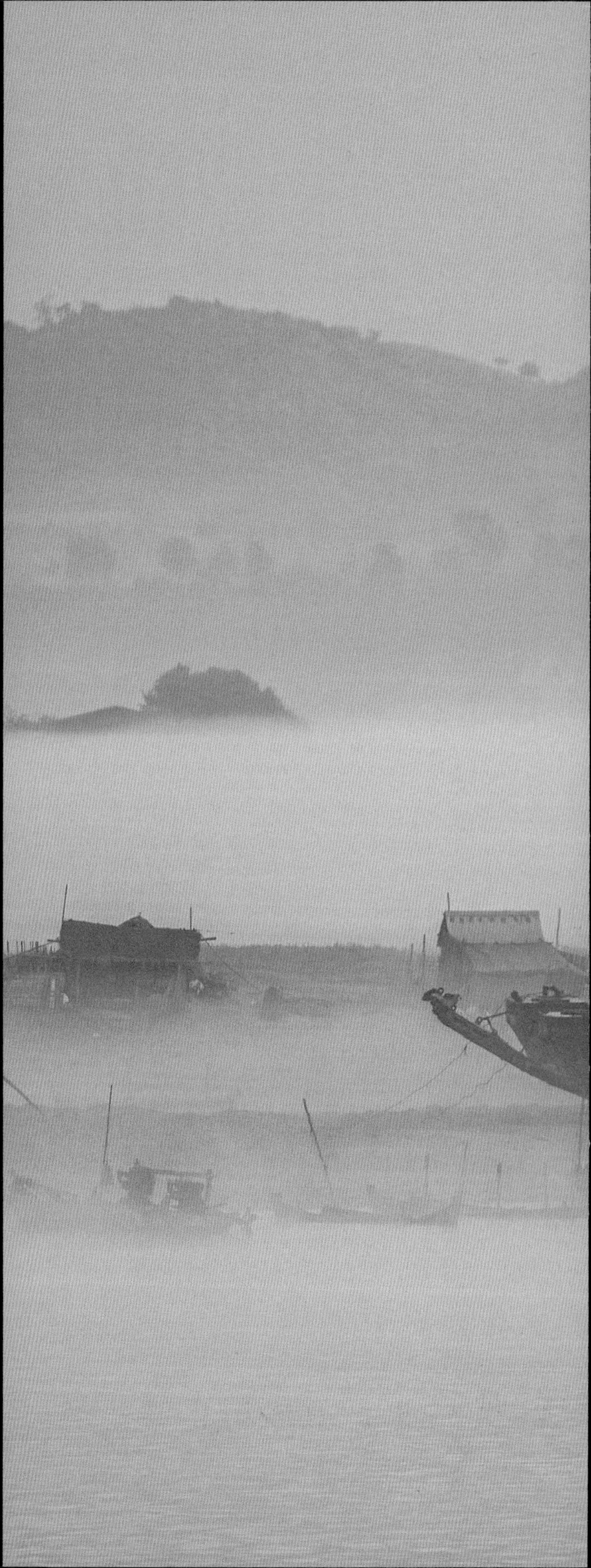

Myanmar, Mandalay

Nikon D 800 • 70-200 mm f/2,8
1/160 bei f/4,8 • ISO 640

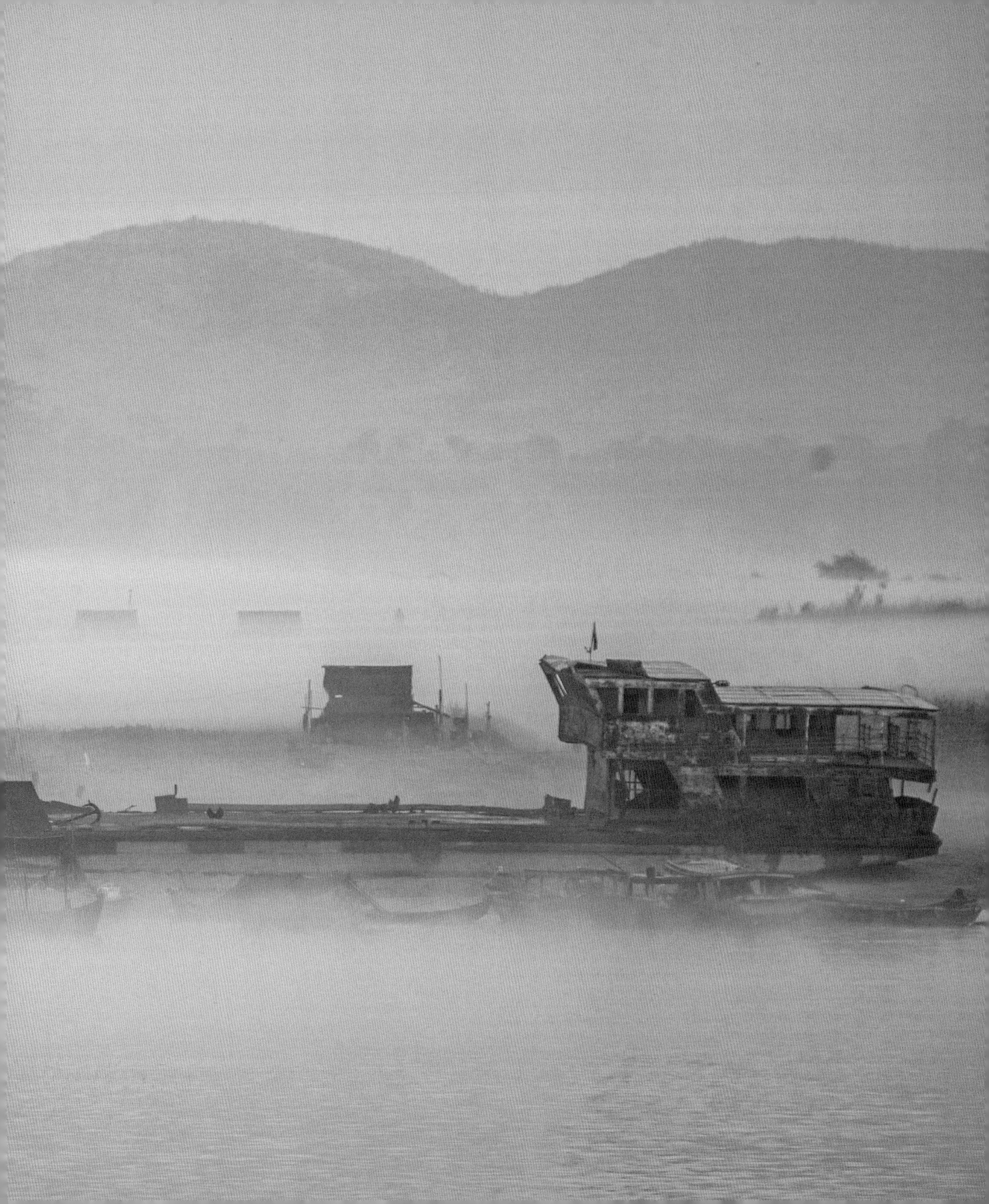

Spricht man in der Fotografie von **Kontrastumfang**, bezieht man sich auf den **Unterschied zwischen den hellsten und dunkelsten Bereichen** des Fotos. Beurteilt wird der Kontrast bei der Belichtung oder bei der Betrachtung des Resultats auf einem Displays oder Abzug.

Das Bild verfügt über einen niedrigen Kontrastumfang, wenn der Unterschied zwischen den dunkelsten und den hellsten Bereichen gering und wenig offensichtlich ist.

Das Bild verfügt über einen hohen Kontrastumfang, wenn es zwischen den hellsten und den dunkelsten Bereichen bedeutende Unterschiede in der Lichtstärke gibt.

Das Bild verfügt über einen mittleren Kontrastumfang, wenn der Unterschied zwischen den dunkelsten und den hellsten Bereichen zwar groß, aber akzeptabel und praktisch vollständig vom Sensor darstellbar ist.

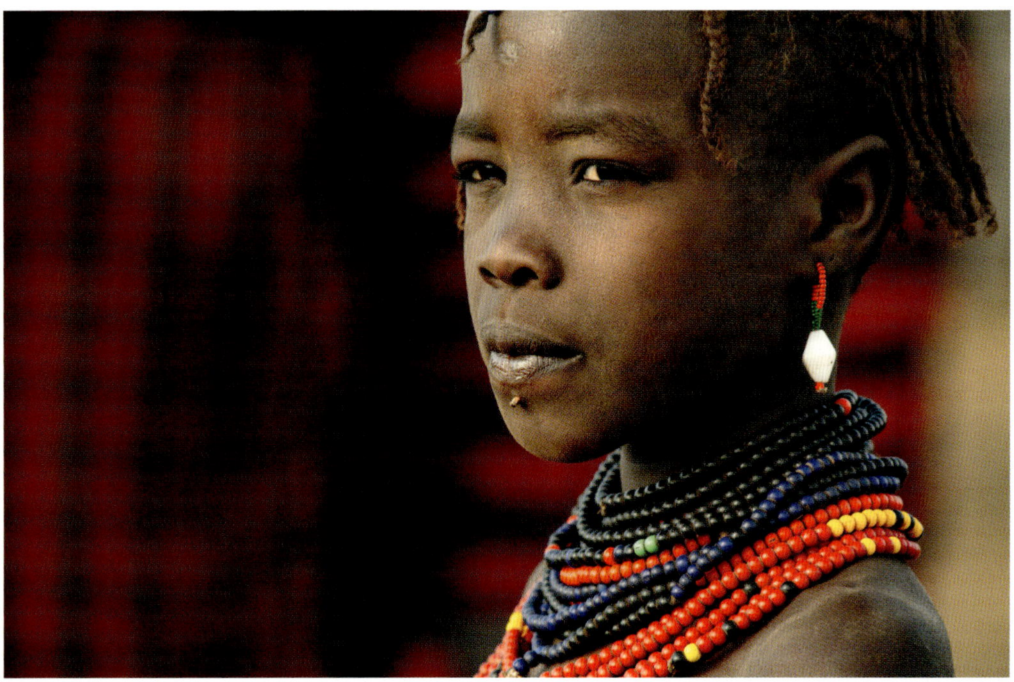

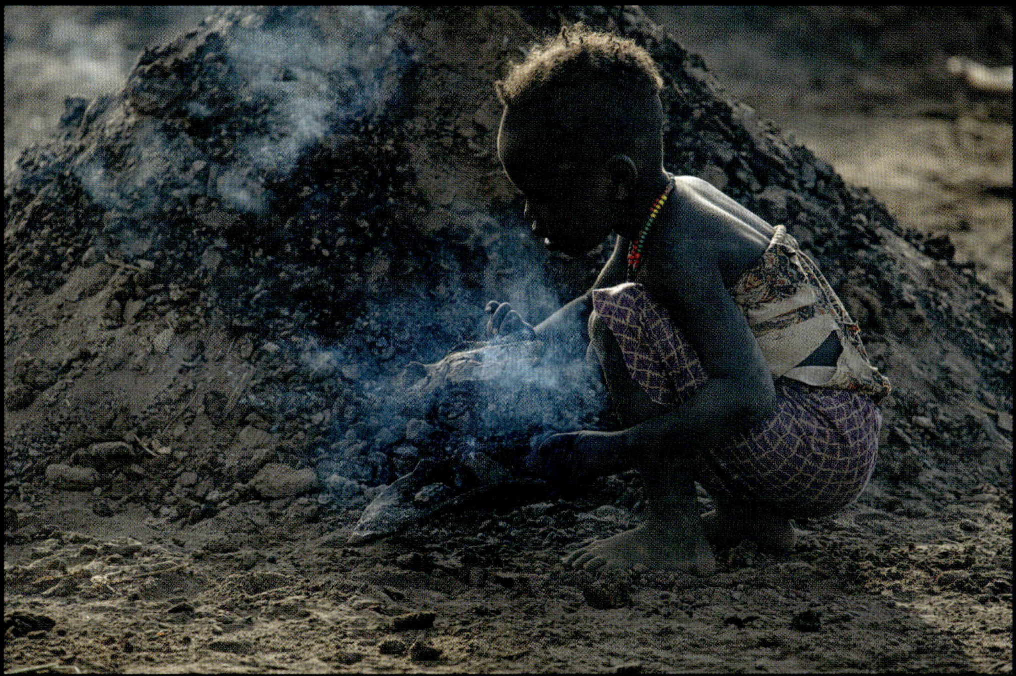

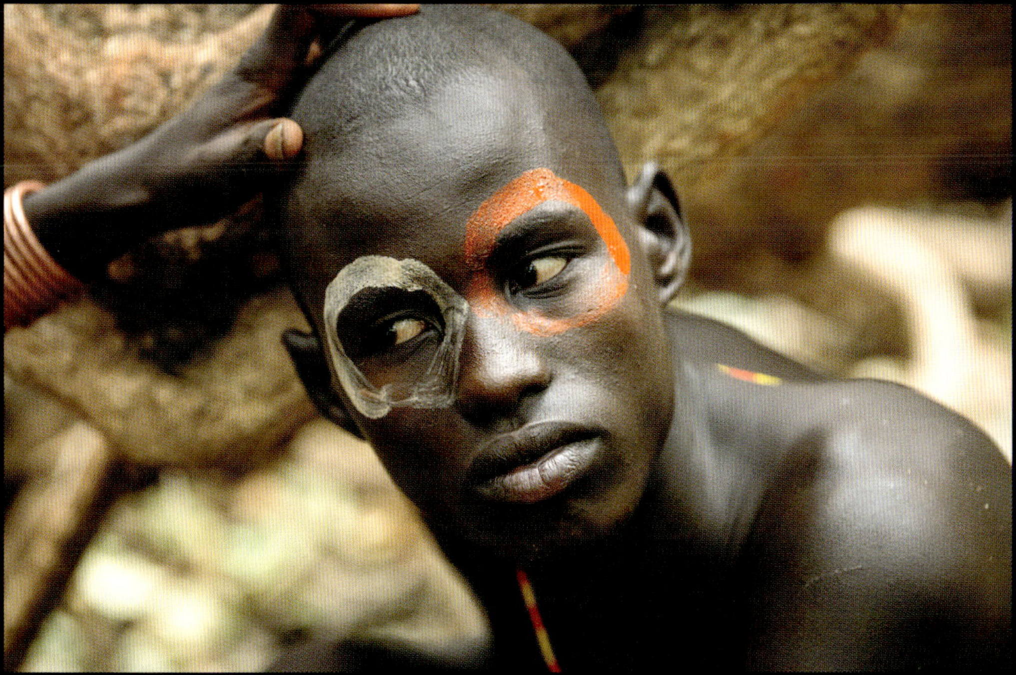

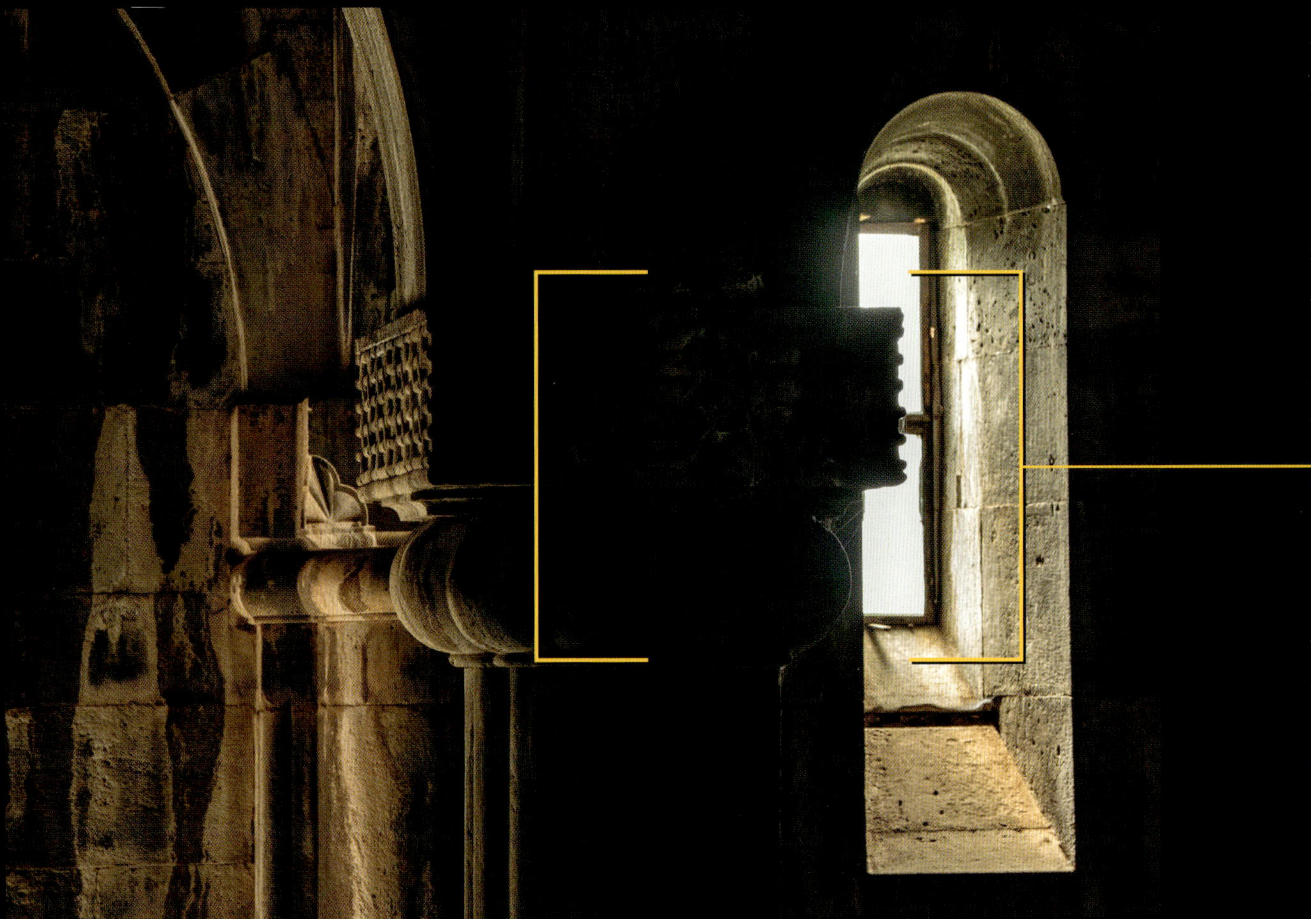

Nikon D 800 • 70-200 mm f/2,8
1/40 bei f/4,5 • ISO 1600

Armenien, Kloster Haghpat

Es kann passieren, dass eine Szene in der Gesamtansicht einen sehr hohen Kontrastumfang aufweist. Das geschieht dann, wenn es sehr helle Bereiche gibt, aber auch dunkle, kaum beleuchtete Zonen. In solchen Fällen **übersteigt** der Kontrastumfang **bei Weitem** das, was der Sensor leisten kann.

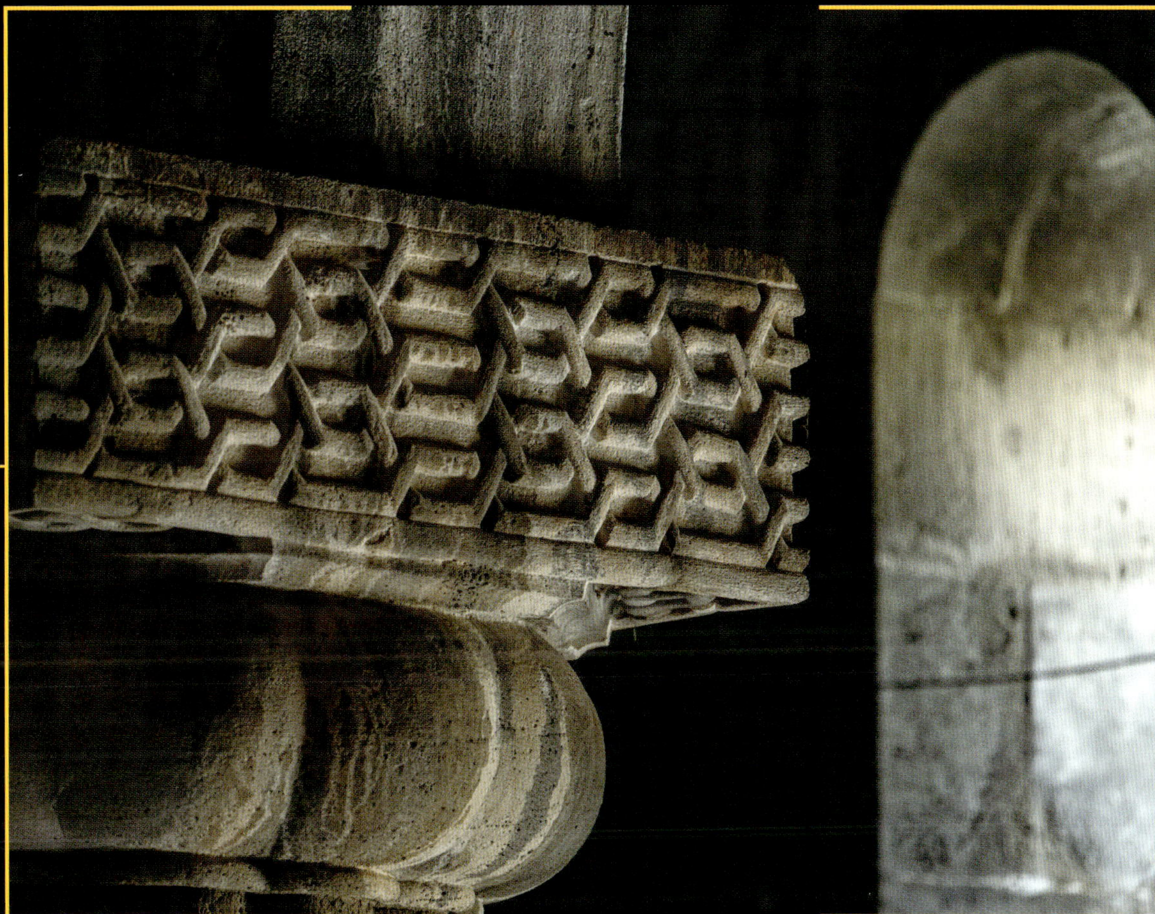

Es ist jedoch möglich, dass ein Detail, ein einzelnes Objekt, ein Teil der Szene, dessen **Kontrastumfang isoliert** berechnet wird, zwischen den hellen und dunklen Bereichen einen Unterschied in der Lichtstärke aufweist, der absolut akzeptabel und darstellbar ist. Dieses Vorgehen funktioniert vor allem, wenn eine Szene sehr unterschiedliche Helligkeiten aufweist.

Zwei Bereiche von unterschiedlicher Lichtstärke auf einer begrenzten Fläche, deren Unterschied in der Belichtung 1,5–2 *Stops* nicht übersteigt, stellen ideale Lichtverhältnisse dar, um angenehme, ausgewogene Fotos aufzunehmen. Ich **zeige solche Lichtverhältnisse** anfangs allen meinen Schülern und **schule sie darin, sie zu erkennen**. In diesem Fall spielt es keine Rolle, ob die allgemeine Lichtstärke hoch oder gering ist, da uns der Belichtungsmesser ohnehin dabei hilft, die Belichtung in einen akzeptablen Rahmen zu bringen. Wichtig ist lediglich, dass es zwischen den hellen und den gedämpften Lichtern ein leichtes Gefälle gibt.

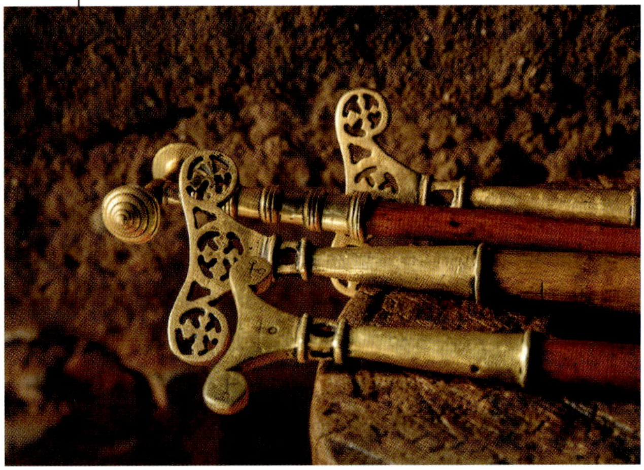

Bild aufgenommen mit **1/125 bei f/5,6.**

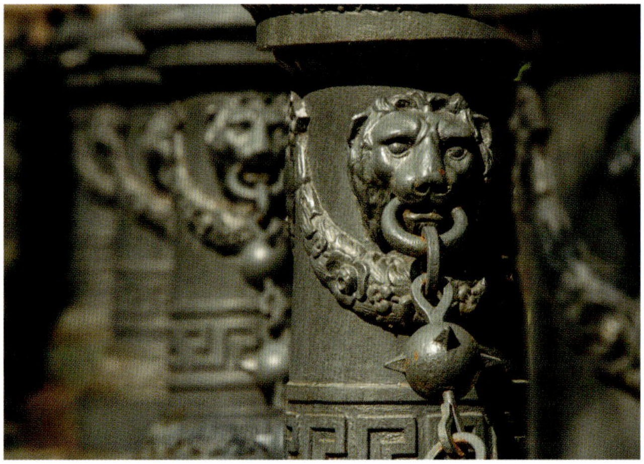

Bild aufgenommen mit **1/2000 bei f/6,3.**

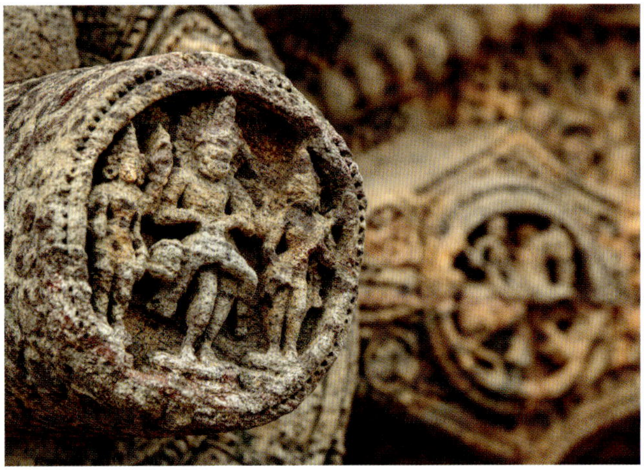

Bild aufgenommen mit **1/250 bei f/5,6.**

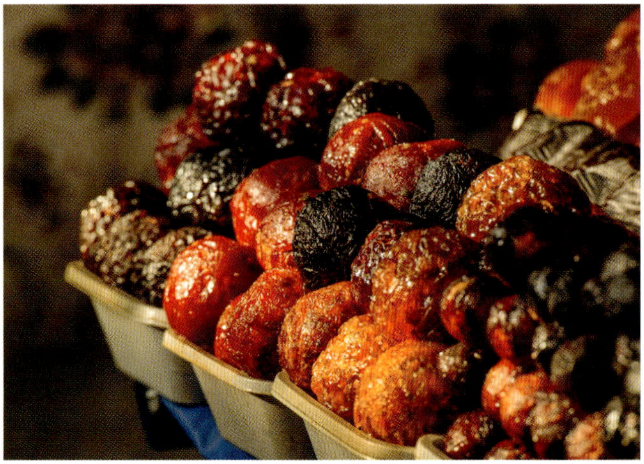

Bild aufgenommen mit **1/60 bei f/4.**

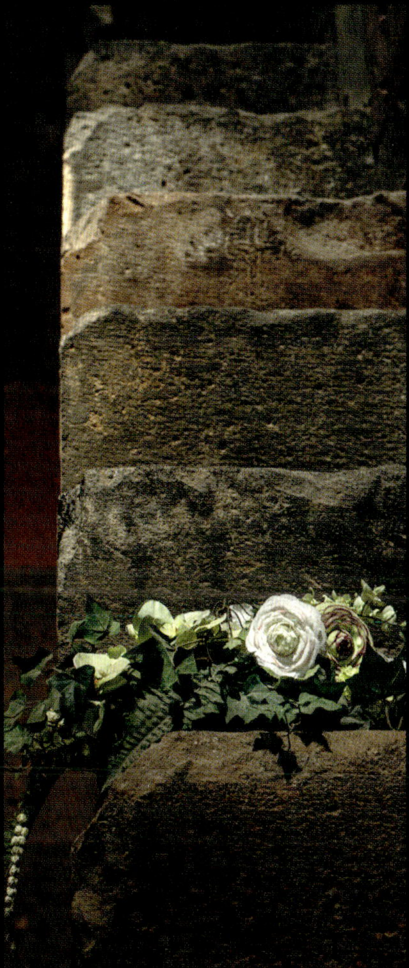

Bild aufgenommen mit **1/60 bei f/5,6.**

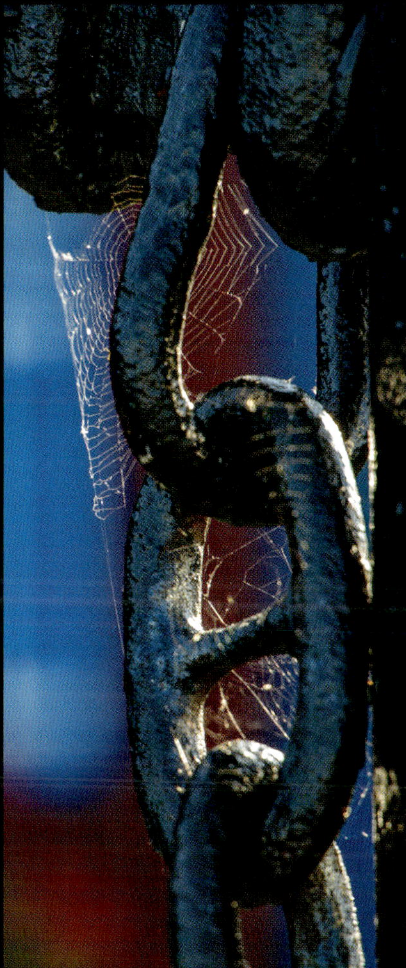

Bild aufgenommen mit **1/250 bei f/3,2.**

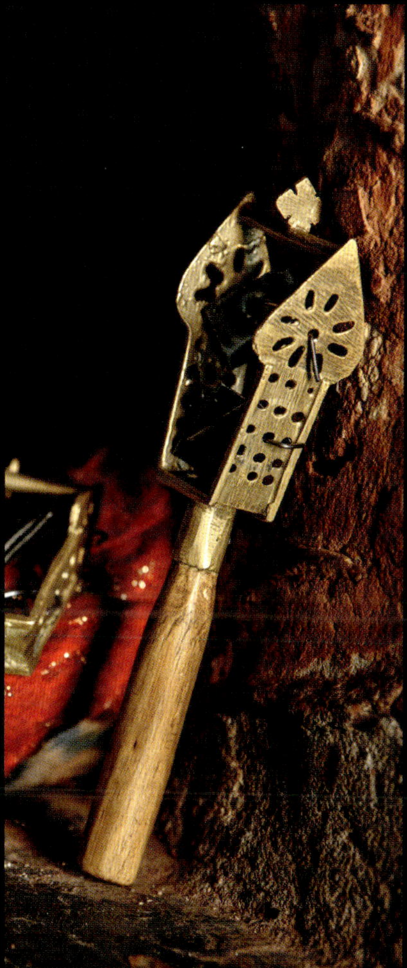

Bild aufgenommen mit **1/125 bei f/4.**

Was diese Art von Licht so faszinierend macht, sind die **leichten Unterschiede in der Helligkeit,** die die Kontraste in den wichtigsten Bereichen unseres Bildes delikat machen. Und in diesem speziellen Licht und in allen Situationen, in denen die Beleuchtung die Szene interessant macht, suchen wir unsere Motive, denn auch das schönste Motiv der Welt **bleibt nichtssagend,** wenn es nicht ins richtige Licht gesetzt wird.

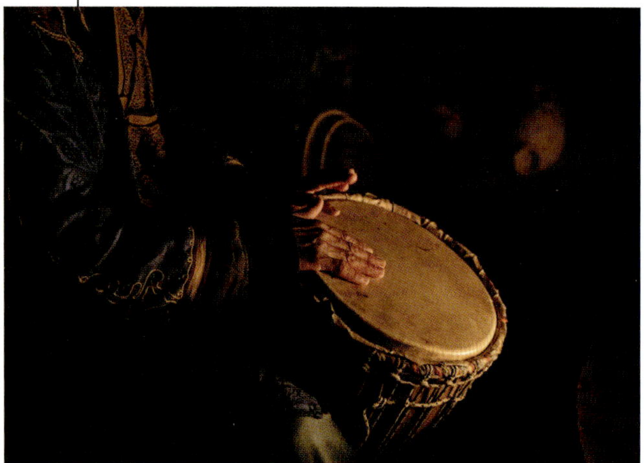

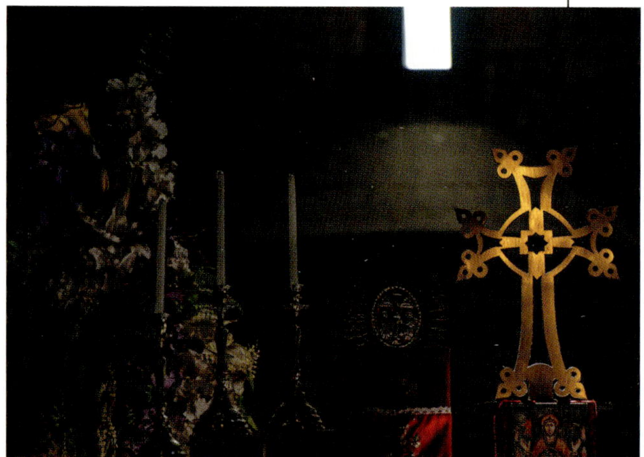

Das Licht der Gesamtszene trägt oft dazu bei, dass wir die im Vergleich zur Umgebung manchmal **minimalen Bereiche erkennen**, die feine Unterschiede in der Helligkeit aufweisen. Solche Bereiche können sicherlich durch eine spezielle Beleuchtung erzeugt werden, aber auch durch die verschiedenen Oberflächen, die unterschiedlich stark reflektieren. Ist die Szene dunkel oder schwach beleuchtet, dann können solche faszinierenderen **Bildbereiche leichter erkannt** werden, weil diese geringen Diskrepanzen in der Belichtung – von einem Lichtwert (LW) oder wenig mehr – bei starkem Licht undeutlich sind und sich dem weniger erfahrenen **Blick entziehen**.

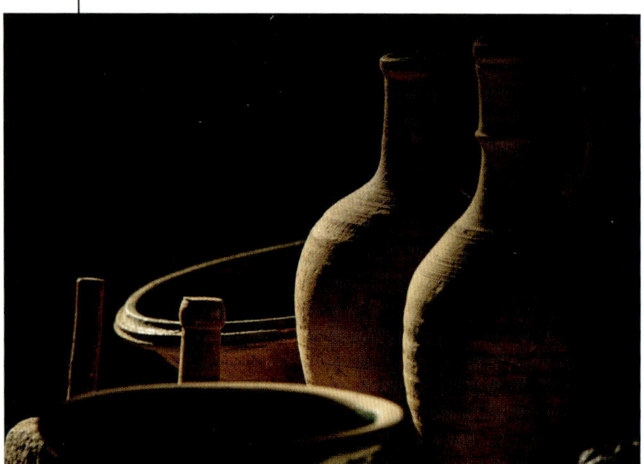

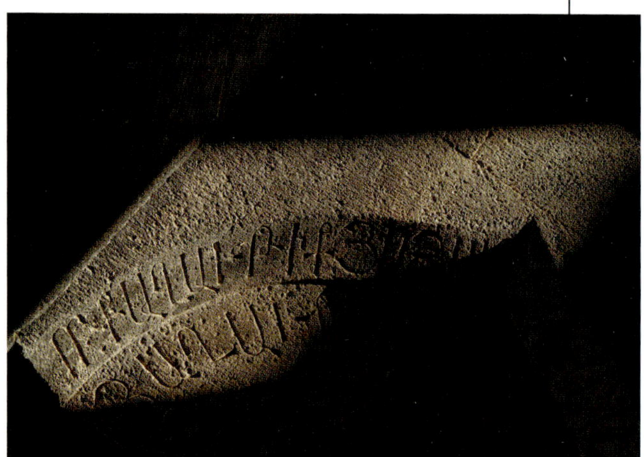

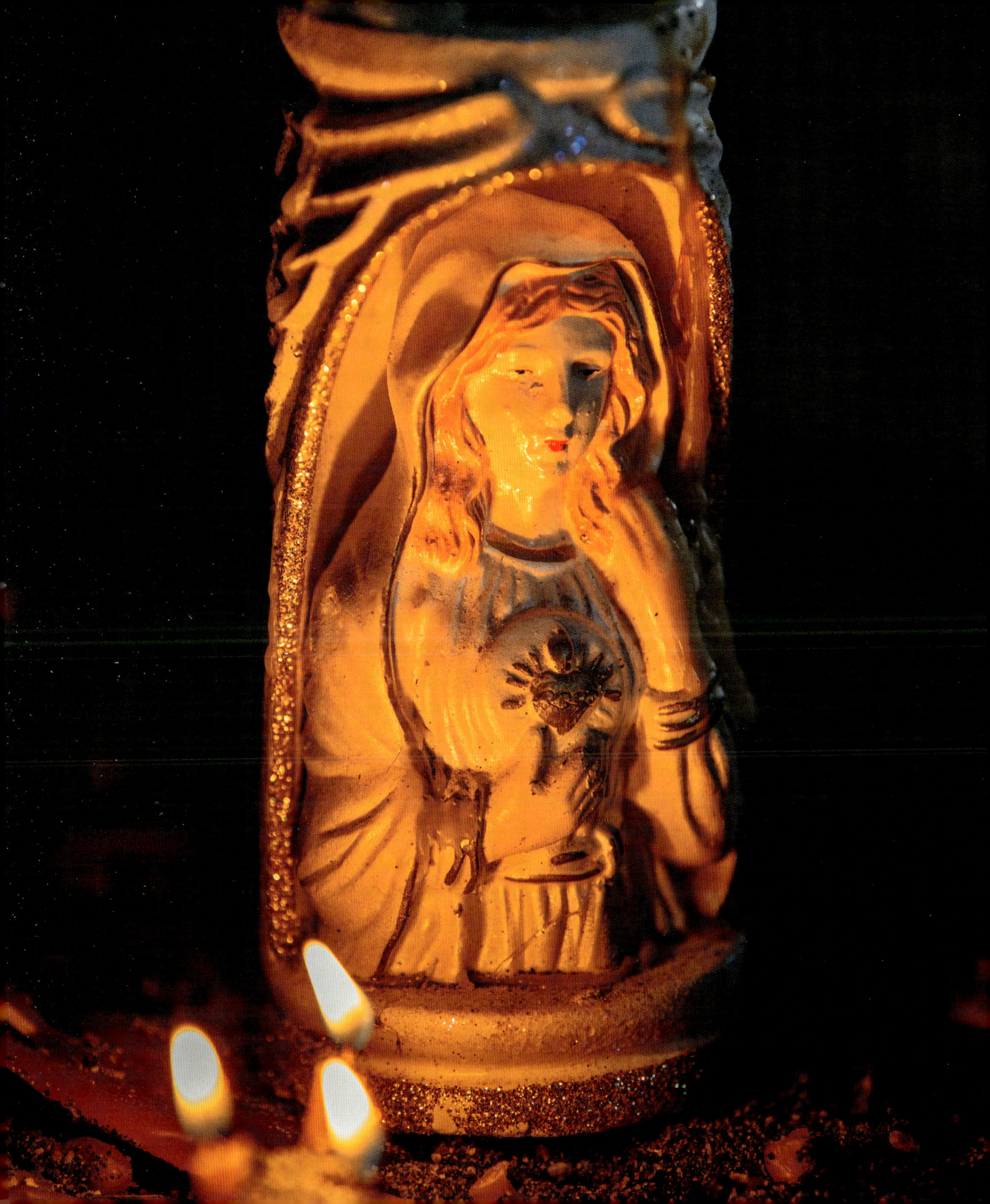

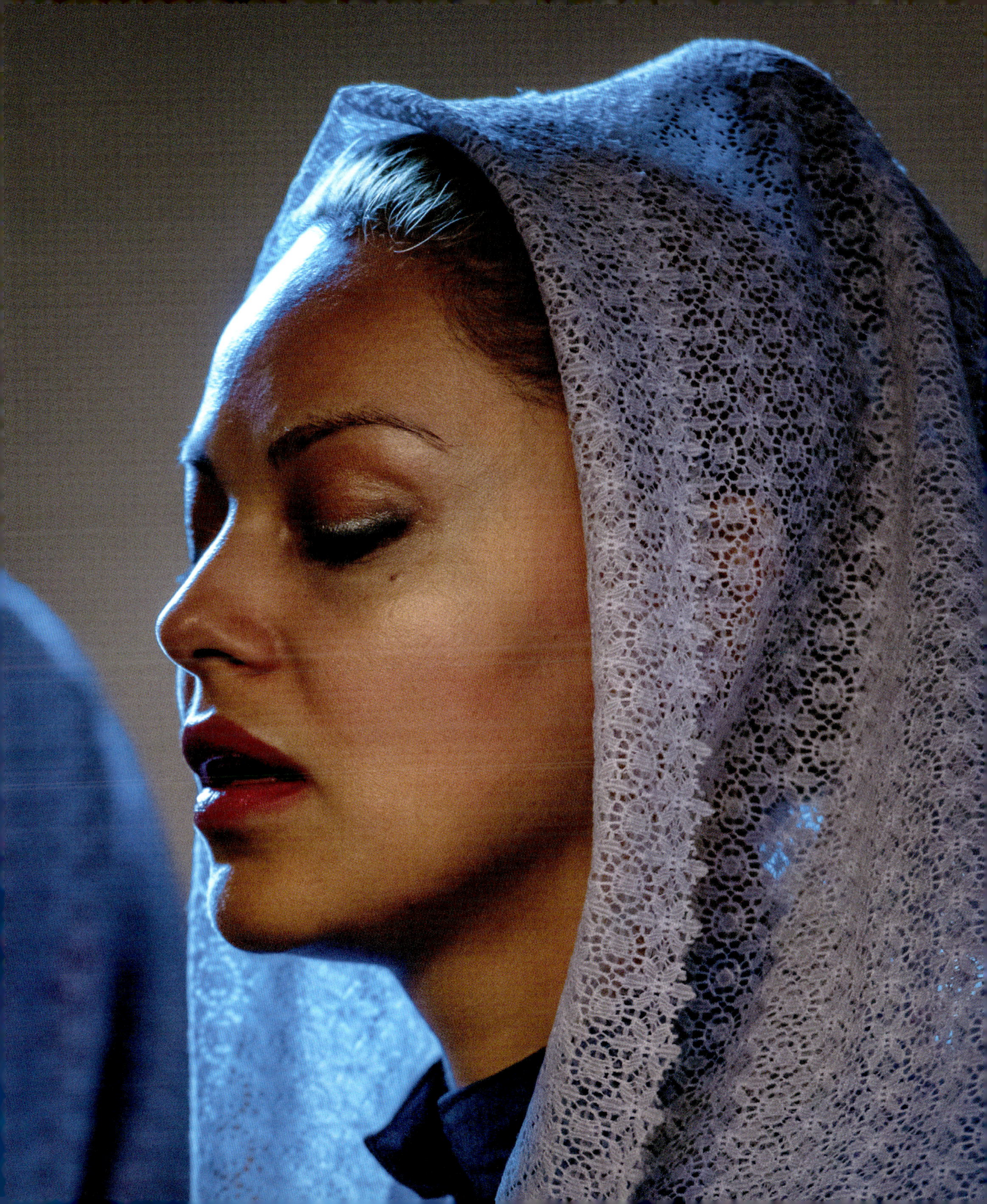

Wenn man nun ein Motiv mit hohem Kontrast vor sich hat, bei dem der Unterschied zwischen den hellsten und dunkelsten Bereichen einen Lichtwert von 2–3 übersteigt, dann steht man **vor einer Entscheidung**. Ein unerfahrener Fotograf würde sicherlich eine Belichtung wählen, welche die gedämpften und die hellen Lichter einfängt, so wie es die Kamera im Automatikmodus tun würde. Wenn er also ein **durchschnittliches, akzeptables Ergebnis** für die beiden Bereiche unterschiedlicher Lichtstärke anstrebt, würden nur zwei Bereiche falsch belichtet werden und er würde ein Bild mit **vielen Mittelwerten** und ohne Charakter erhalten.

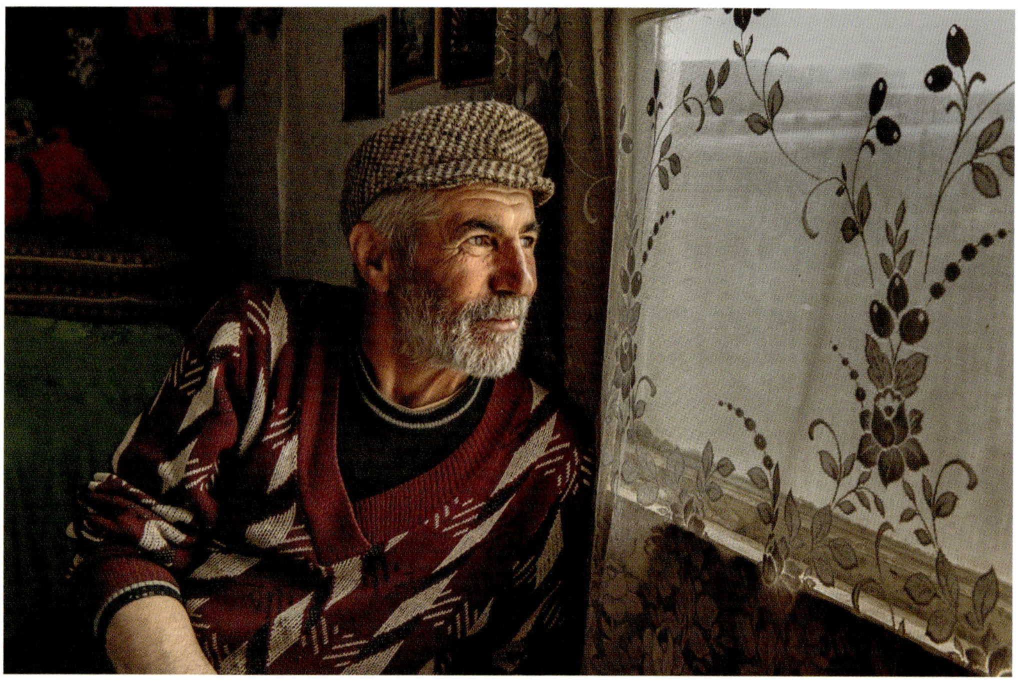

Ein erfahrener Fotograf hingegen muss in diesem Fall eine Wahl zwischen zwei verschiedenen Belichtungsweisen treffen, um ein mittelmäßiges Bild zu vermeiden:

Sich an den hellen Bereichen orientieren und damit die mittleren Töne in den dunkleren Bereichen opfern und einen etwas düsteren Effekt erzielen.

Sich an den dunklen Bereichen orientieren und damit riskieren, dass die hellen Stellen überbelichtet und damit platt und undeutlich werden, aber einen extrem sonnigen Effekt erzielen.

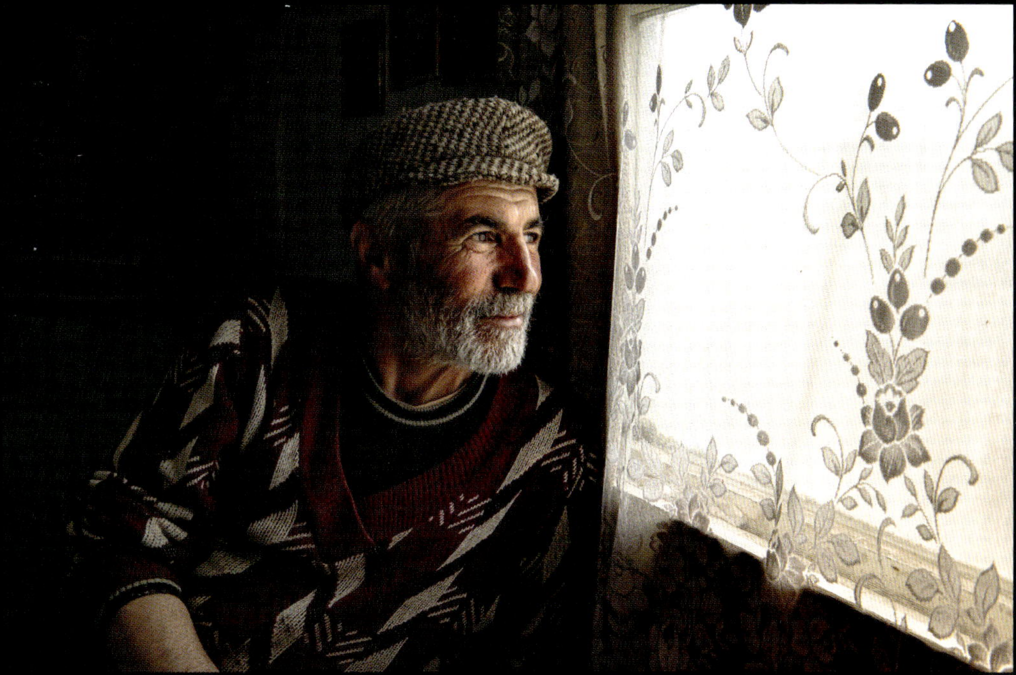

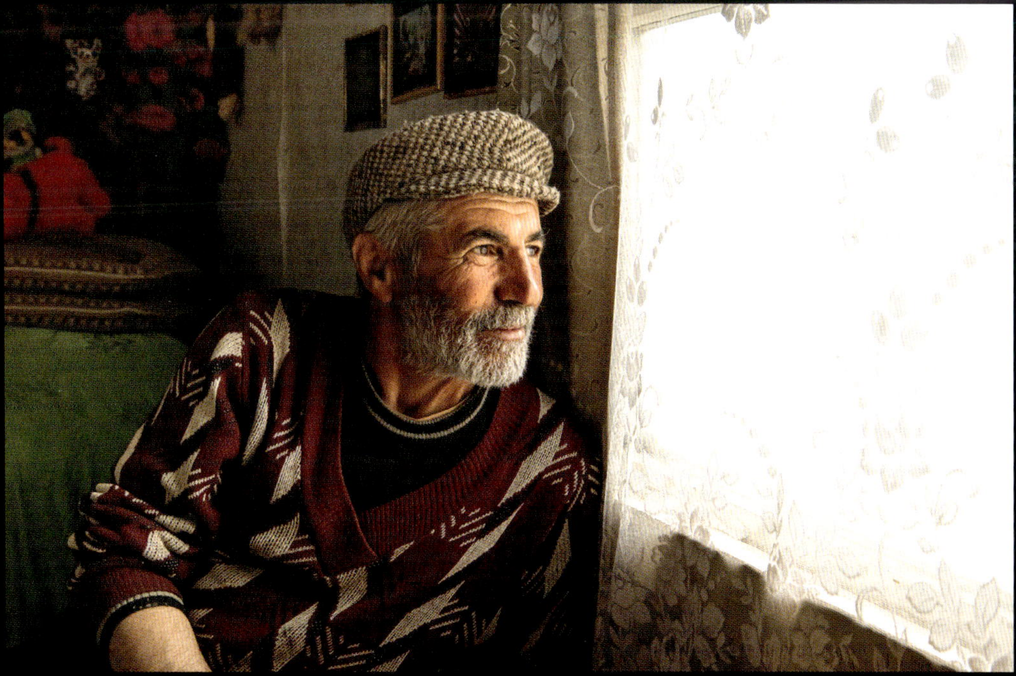

DAS LICHT EINFANGEN

HIGH-KEY- UND LOW-KEY-FOTOGRAFIE

Der korrekte Belichtungswert eines Bildes ist in Wirklichkeit kein **absoluter Wert**. Es existiert ein Toleranzbereich – ohne Über- oder Unterbelichtung –, der je nach dem persönlichen Geschmack und der **Sensibilität des Fotografen** variiert. Auch die enthaltenen Objekte und die Atmosphäre der fotografierten Szene beeinflussen, was als tolerierbar angesehen werden kann. Eine leichte Anpassung der Belichtung, die etwa eine Abweichung der allgemeinen Bildhelligkeit von +1,5 oder -1,5 LW umfasst, kann im manuellen Modus sehr einfach gesteuert werden, indem man die Verschlusszeit, die Blende oder den ISO-Wert anders wählt, als der Belichtungsmesser für korrekt hält.

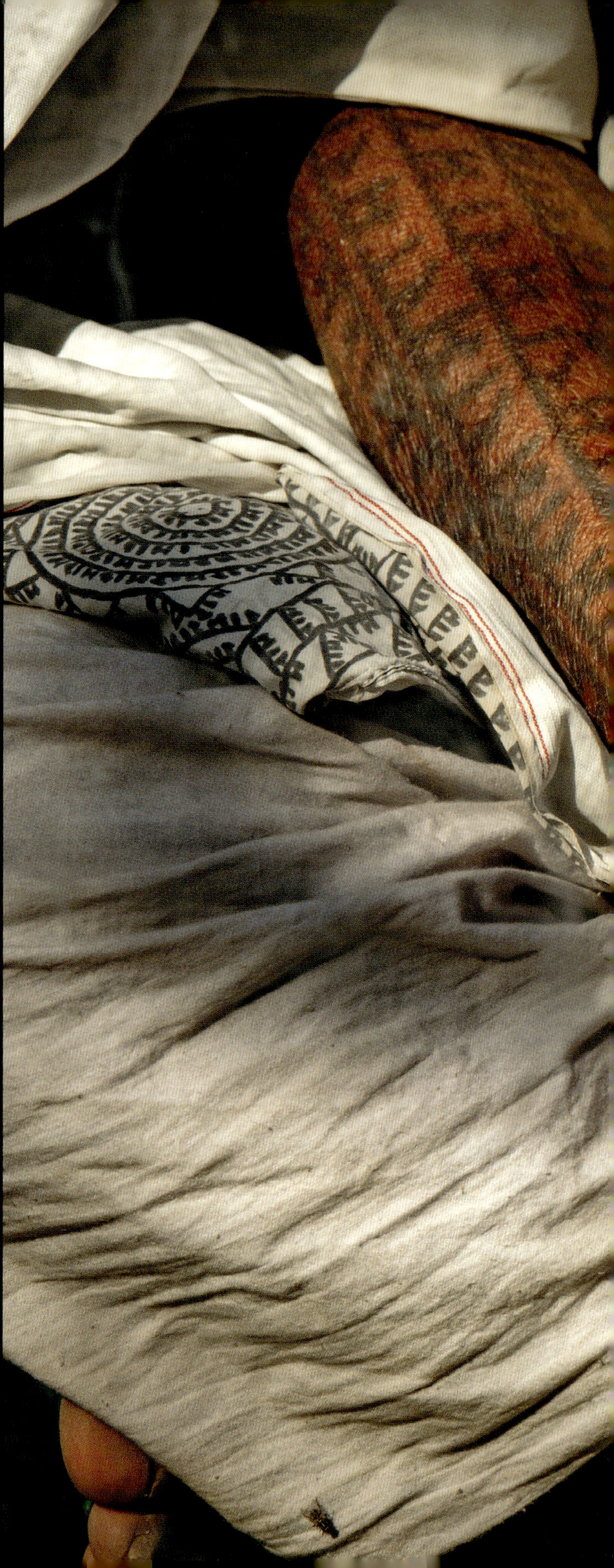

Indien, Bilaigarh

Nikon D 850 • 70–200 mm f/2,8
1/500 bei f/8 • ISO 200

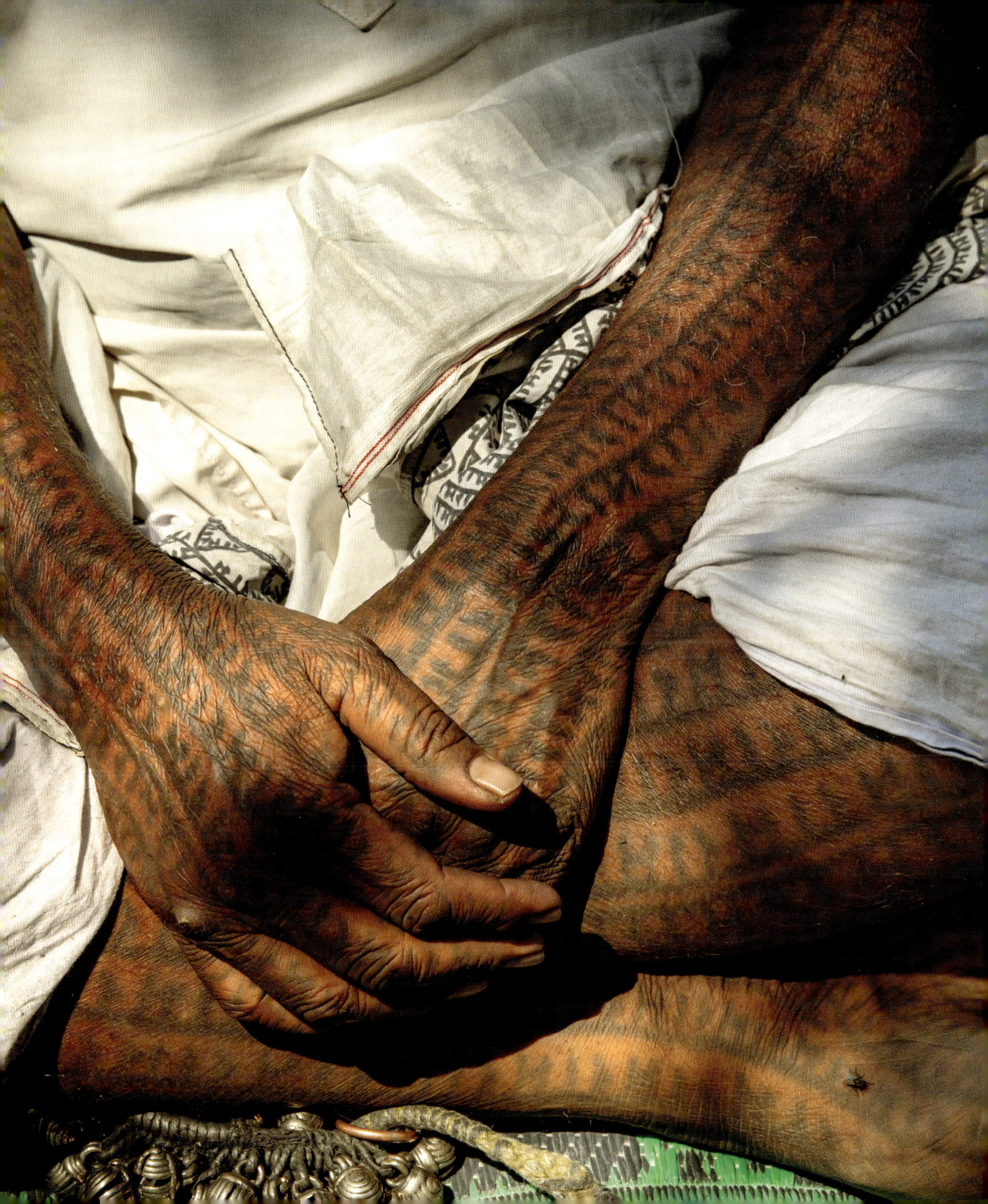

Wenn man die Belichtung teilweise manuell steuert, kann man **HIGH-KEY-FOTOS (1)** erhalten, also Fotos mit überwiegend hellen Tönen, die nicht überbelichtet sind, oder **LOW-KEY-FOTOS (2)**, bei denen dunkle Töne überwiegen, ohne dass sie unterbelichtet wären.

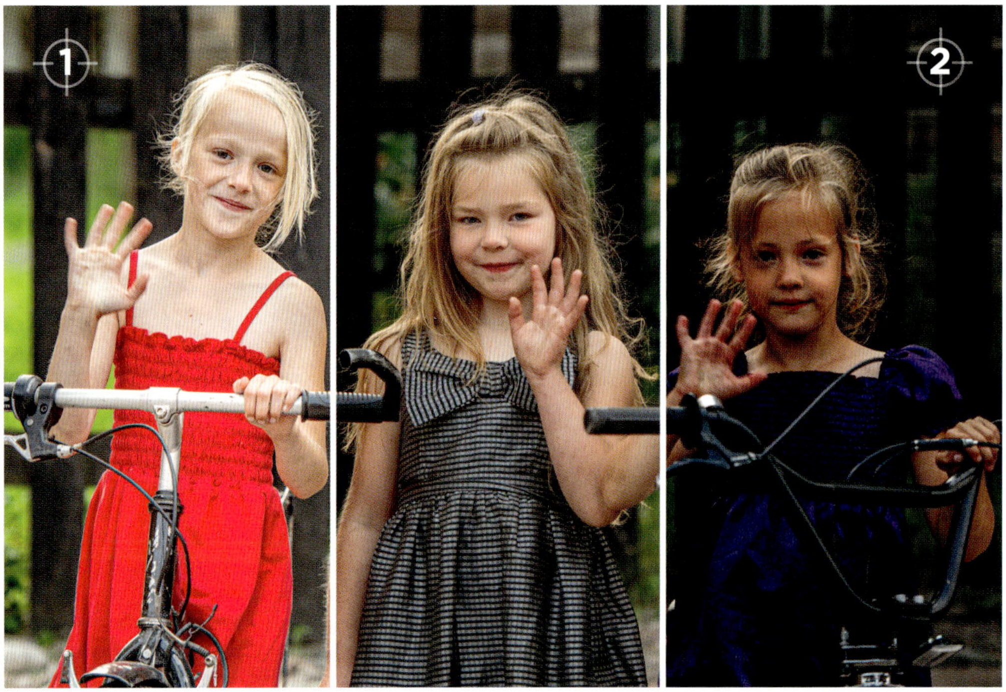

HIGH KEY High-Key-Fotos werden dank ihres hellen, sonnigen Aussehens, das sofort ein Gefühl von Unschuld, Reinheit oder Sauberkeit erweckt, oft für Produktwerbung benutzt. Passende Themen sind Kindheit, Medizin, Glamour, Kosmetik und Mode. Schwarztöne gibt es hier selten, oder diese Bereiche haben wenig Tiefe. In den dunklen Bereichen sind Details zwar erkennbar, es gibt aber **wenig Kontrast** und kaum Tiefe, da es keine oder nur schwach ausgeprägte Schatten gibt.

LOW KEY **Low-Key-Fotos** haben aufgrund ihrer **düsteren Töne und gesättigten Farben** eine geheimnisvolle, dramatische, bisweilen auch bedrohliche Wirkung. Sie verfügen über eine eindeutigere Struktur und haben dank der betonten Schatten große Tiefe. Sie können auch scheinbar normale Motive extrem interessant erscheinen lassen, vor allem wenn man sie **wie durch Zauberei** aus einer schwach beleuchteten Umgebung auftauchen lässt.

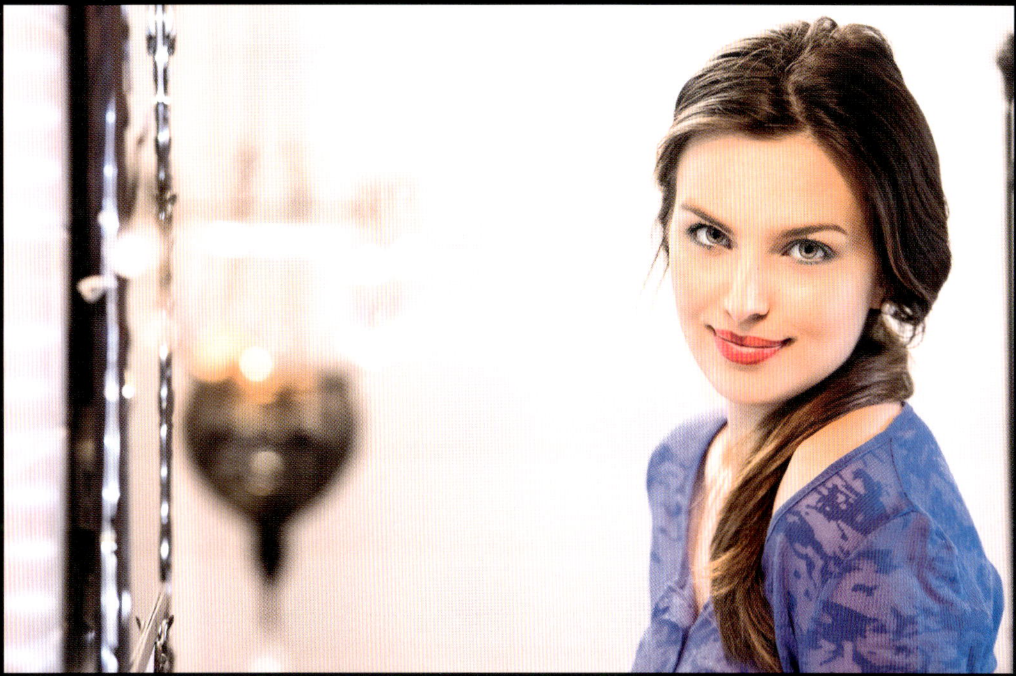

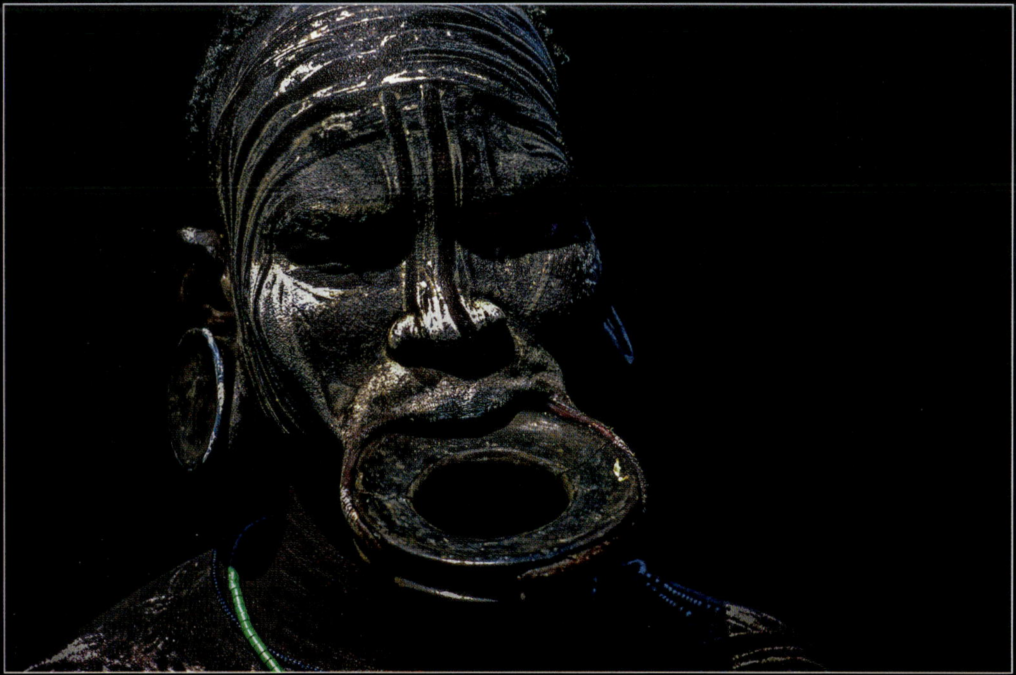

Arbeitet man mit RAW-Dateien, wird es in der Nachbearbeitungsphase möglich sein, die eigenen Fotografien **teilweise zu verbessern**, indem man die Belichtung einer Reihe von Fotos präzise, kontrolliert und ohne die Dateistrukturen zu beschädigen leicht erhöht oder verringert. Dadurch kann man **High-Key- oder Low-Key-Profile erhalten**, die nützlich sind, um eine ganze Aufnahmereihe an die Atmosphäre, die von den Inhalten suggeriert wird, anzugleichen.

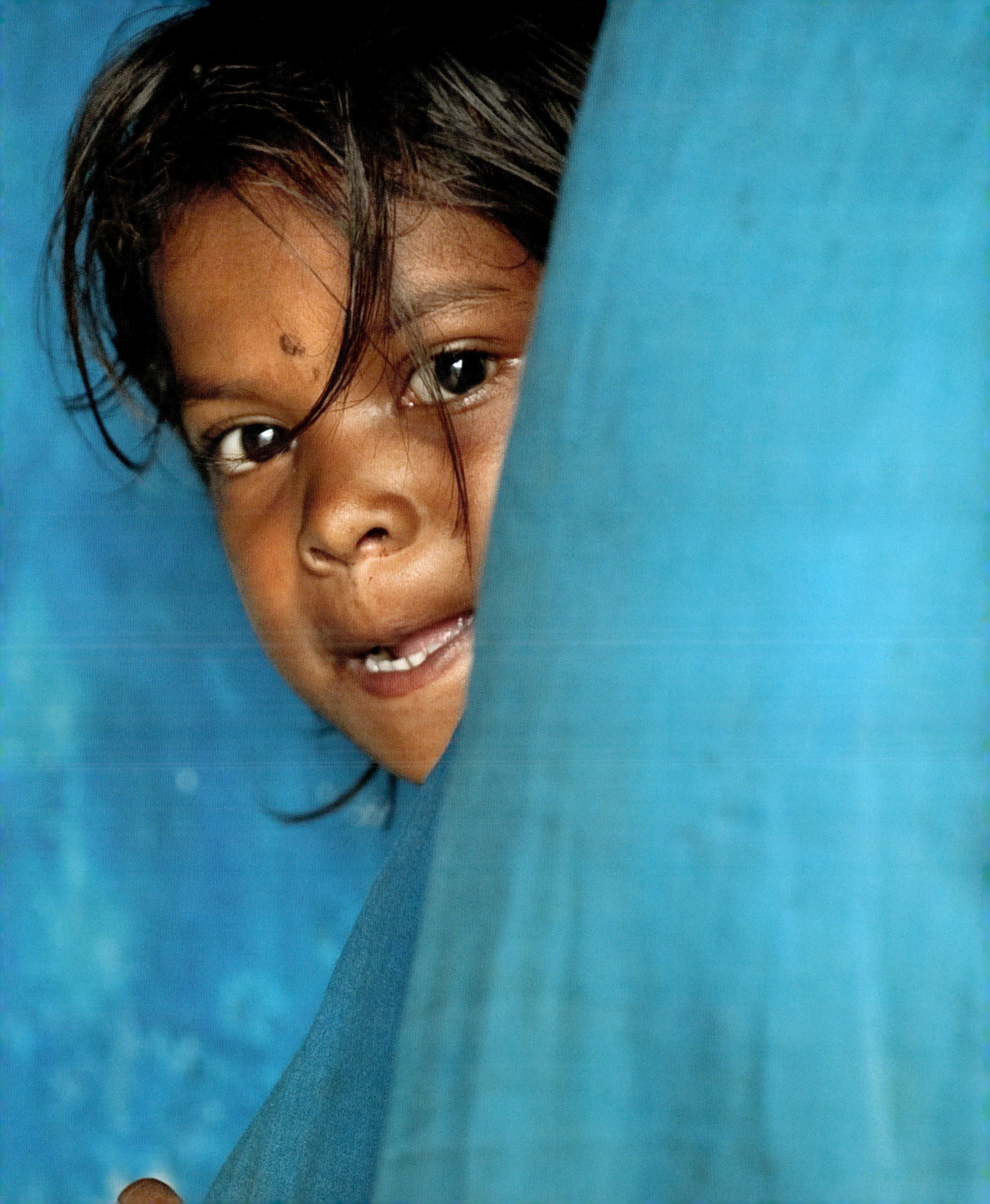

BÜHNE FREI FÜR DAS LICHT

LICHTQUELLEN ALS MOTIV

Der Begriff **„natürliches Licht“** ist für viele gleichbedeutend mit Tageslicht, also mit **„nicht künstlich“**. Wie wir jedoch bereits gesehen haben, bedeutet **„natürliches Licht“** für einen Fotoreporter dagegen **„vorhandenes Licht“**. Damit ist das Licht gemeint, das ohne unser Zutun die Szene beleuchtet. Diese Art von Licht, dessen Eigenschaften wir im Folgenden untersuchen werden, ist von seinem Wesen her **schnell wechselnd**, und nur eine gute technische Vorbereitung wird uns dabei helfen können, es immer bestmöglich auszunutzen. Die Richtung des Lichts, seine Beschaffenheit, seine Quelle, die Art und Weise, wie es das Objekt einhüllt, und der Winkel, in dem es darauf trifft, seine Farbe, seine Intensität und seine Fähigkeit, unterschiedliche Gefühle zu wecken, indem es an Stereotypen oder Situationen aus dem **persönlichen Erleben** erinnert, sind Eigenschaften des Lichts, die ein Fotoreporter nicht ignorieren kann und die auszunutzen er lernen muss.

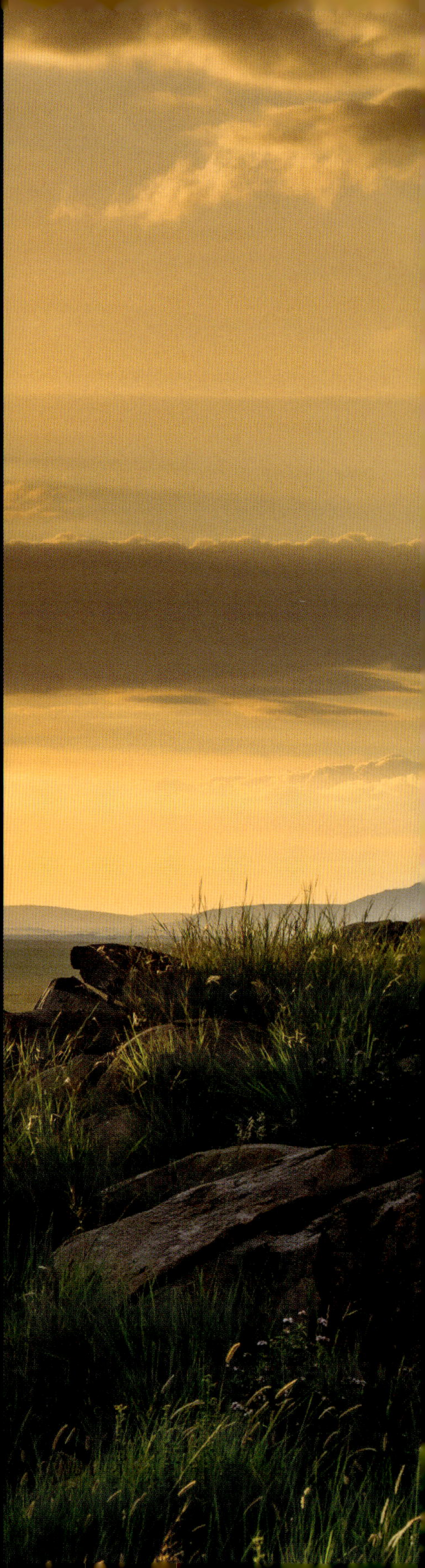

Tansania, Gol Kopjes

Nikon D 800 • 14-24 mm f/2,8
1/640 bei f/8 • ISO 200

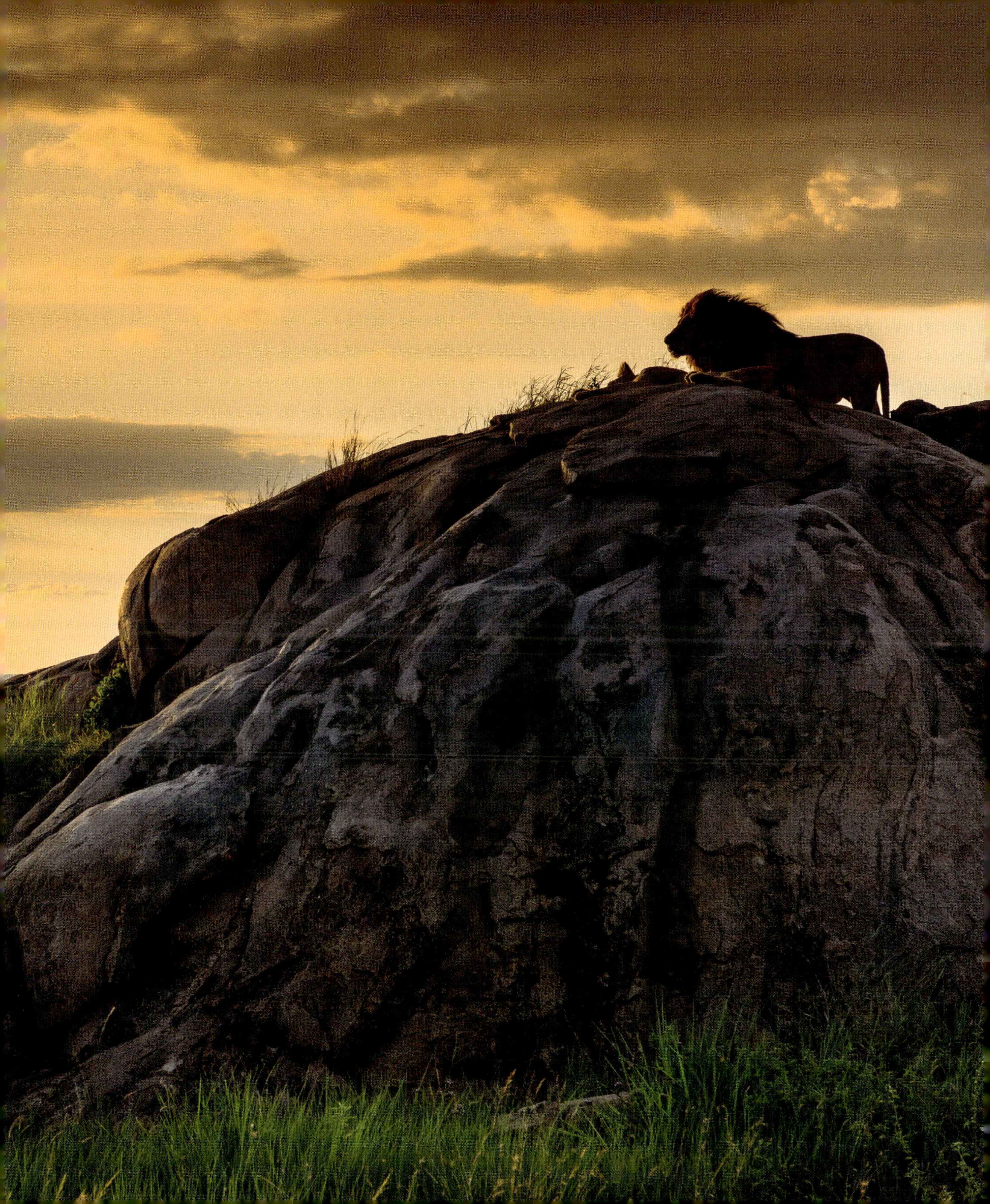

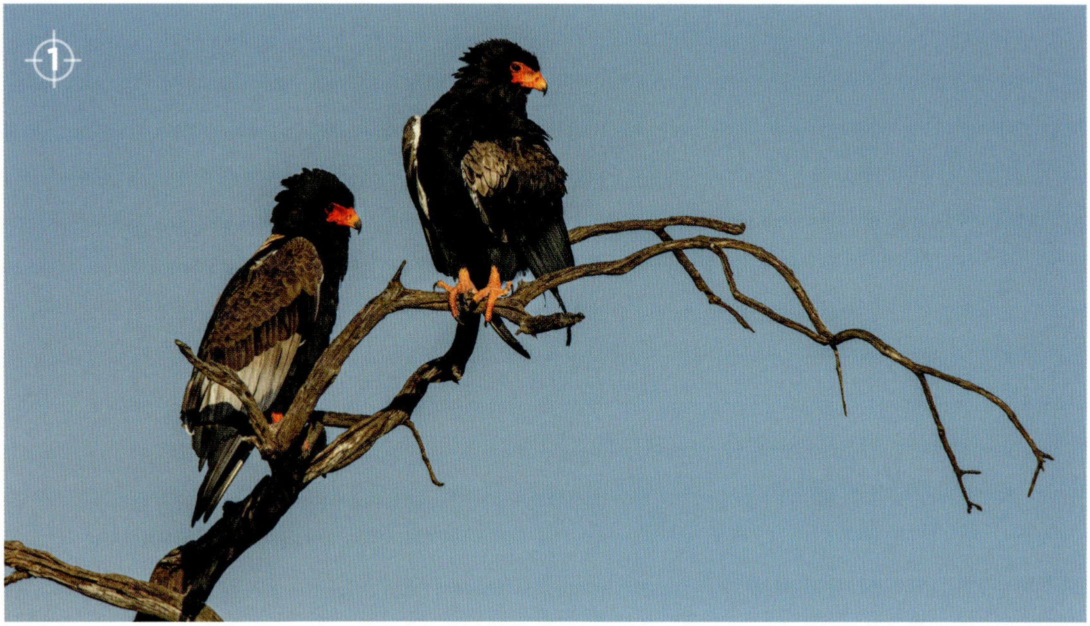

Neben einer **„objektbezogenen“ (1)** Beleuchtung, die nötig ist, um die Objekte sichtbar zu machen, lieben Fotografen das **„Licht als Subjekt“ (2)**, das zum eigentlichen Motiv eines Bildes wird, und dadurch der Szene Charakter und Magie verleiht.

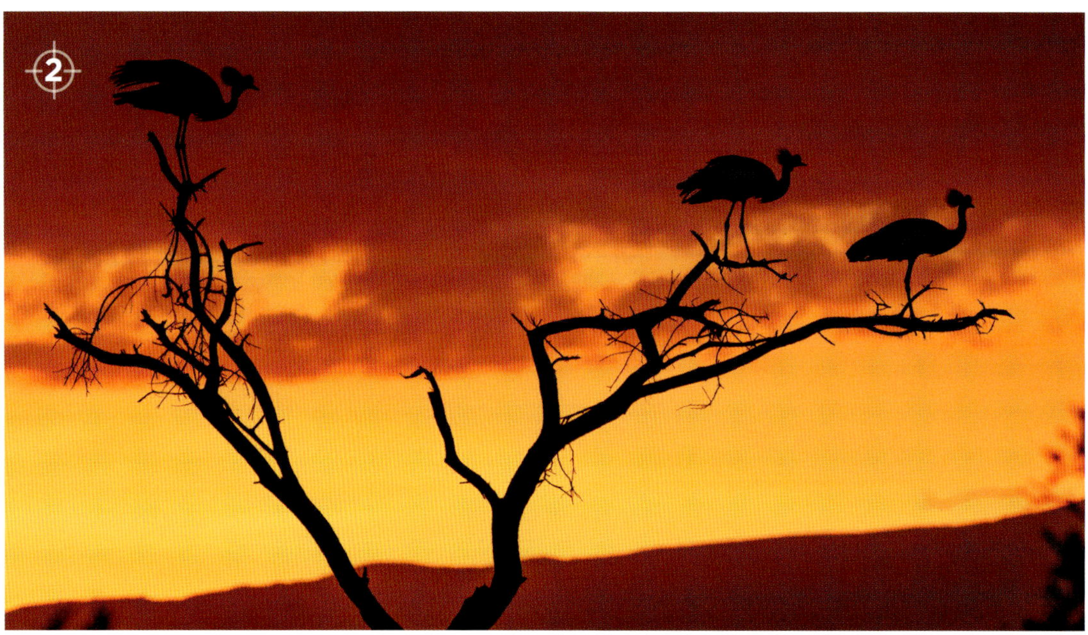

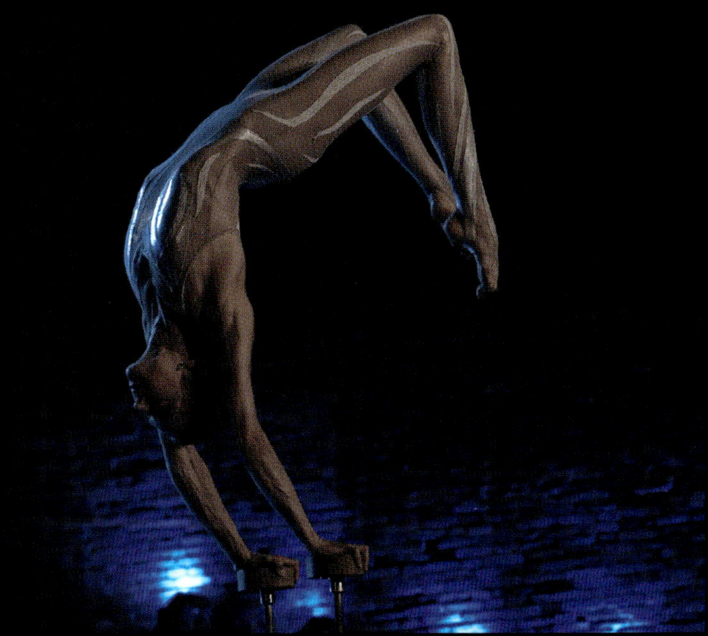

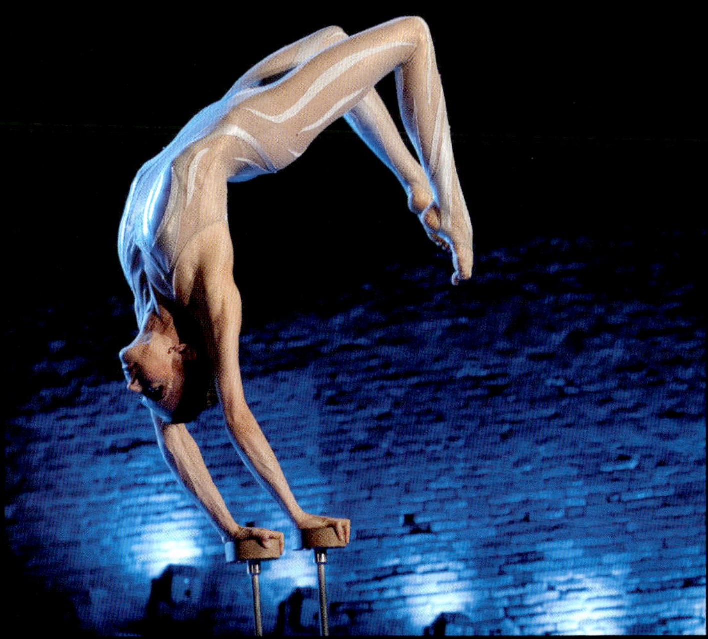

Wichtig ist, sich Folgendes zu vergegenwärtigen: Wenn die Beleuchtung mangelhaft oder kaum ausreichend ist, erfasst das menschliche Auge die Szene anders als der digitale Sensor, und die Farben werden **anders wahrgenommen**. Bei vollem Licht tritt dieser Unterschied nur deutlich geringer in Erscheinung. Wenn wir die richtige Belichtung verwenden, vielleicht durch den Einsatz eines Stativs oder die Erhöhung des ISO-Werts, werden die Farben wiederum **real wiedergegeben** und nicht so, wie das Auge sie unter mangelhaften Lichtbedingungen sehen würde.

DIE QUELLE AUFNEHMEN

Das natürliche Licht ist eine ebenso wundervolle wie unkalkulierbare Beleuchtungsquelle und stellt für den Fotografen eine **permanente Herausforderung** dar, die er mithilfe von guter technischer Ausstattung und Erfahrung meistern muss. Das Klima, die Tageszeit, die Jahreszeit, die Höhe, die Wetterlage und der Breitengrat sind nur einige Variablen, die beachtet werden müssen. Nur so können wir von Grund auf die Art des Lichts, das unsere Motive sichtbar macht, entschlüsseln und verstehen und es bestmöglich ausnutzen. Das Licht soll **unser Freund und nicht unser Gegner** sein. Doch eine Lichtquelle kann manchmal mehr, als nur einen Gegenstand hervorzuheben oder eine Szene zu beleuchten: Es kann ein **integraler Bestandteil** unserer Fotografie sein. Die Lichtquelle selbst aufzunehmen, ist nicht nur eine von vielen Möglichkeiten, sondern liefert bei Einsatz der richtigen Technik oft spektakuläre Fotos.

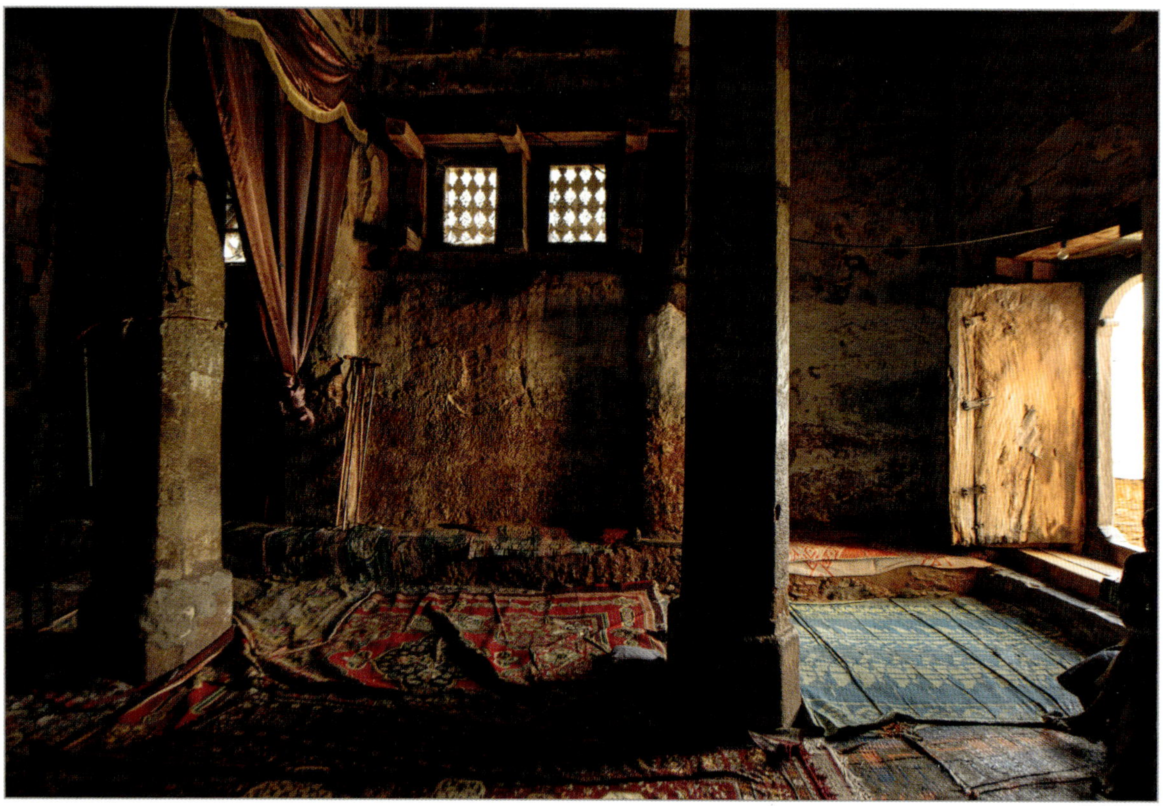

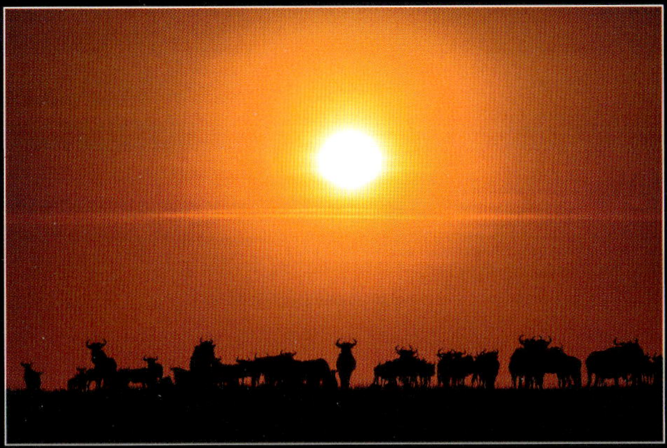

Bei Sonnenuntergang fallen die Sonnenstrahlen schräg in die Atmosphäre ein, ihr Licht erscheint **weich und warm**. In diesem Moment des Tages haben wir also die Möglichkeit, die Sonne in unseren Bildausschnitt mitaufzunehmen, ohne dass es Probleme durch eine inakzeptable Überbelichtung gibt.

Ein Fenster, dessen Licht von einem Vorhang gefiltert wird, kann **problemlos aufgenommen** werden. Auf diesem Foto würde der Blumenstrauß nur als Silhouette erscheinen, hätte nicht ein zweites Fenster, das auf dem Bild nicht zu sehen ist, dafür gesorgt, dass er noch aus einer anderen Richtung beleuchtet wird.

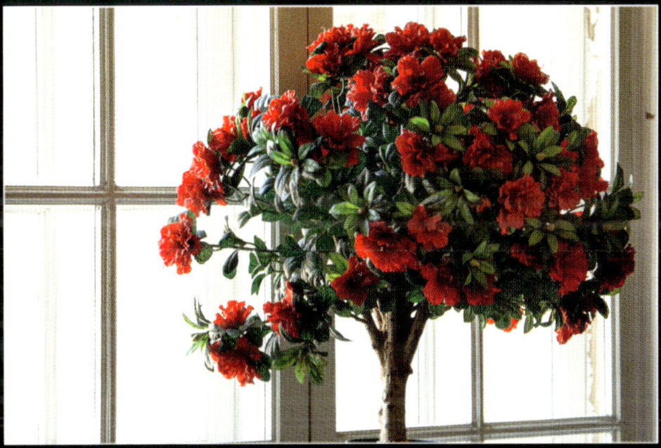

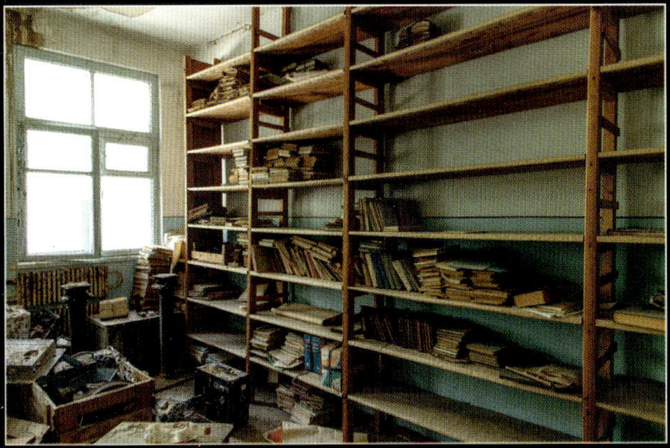

Der Raum, in dem dieses alte, verlassene Büro untergebracht ist, wird durch das **diffuse Licht**, das durch das große Fenster fällt, hell erleuchtet. Wäre das Zimmer insgesamt dunkler, hätte der starke Kontrast wahrscheinlich nicht gestattet, die Lichtquelle auf unserem Foto abzubilden.

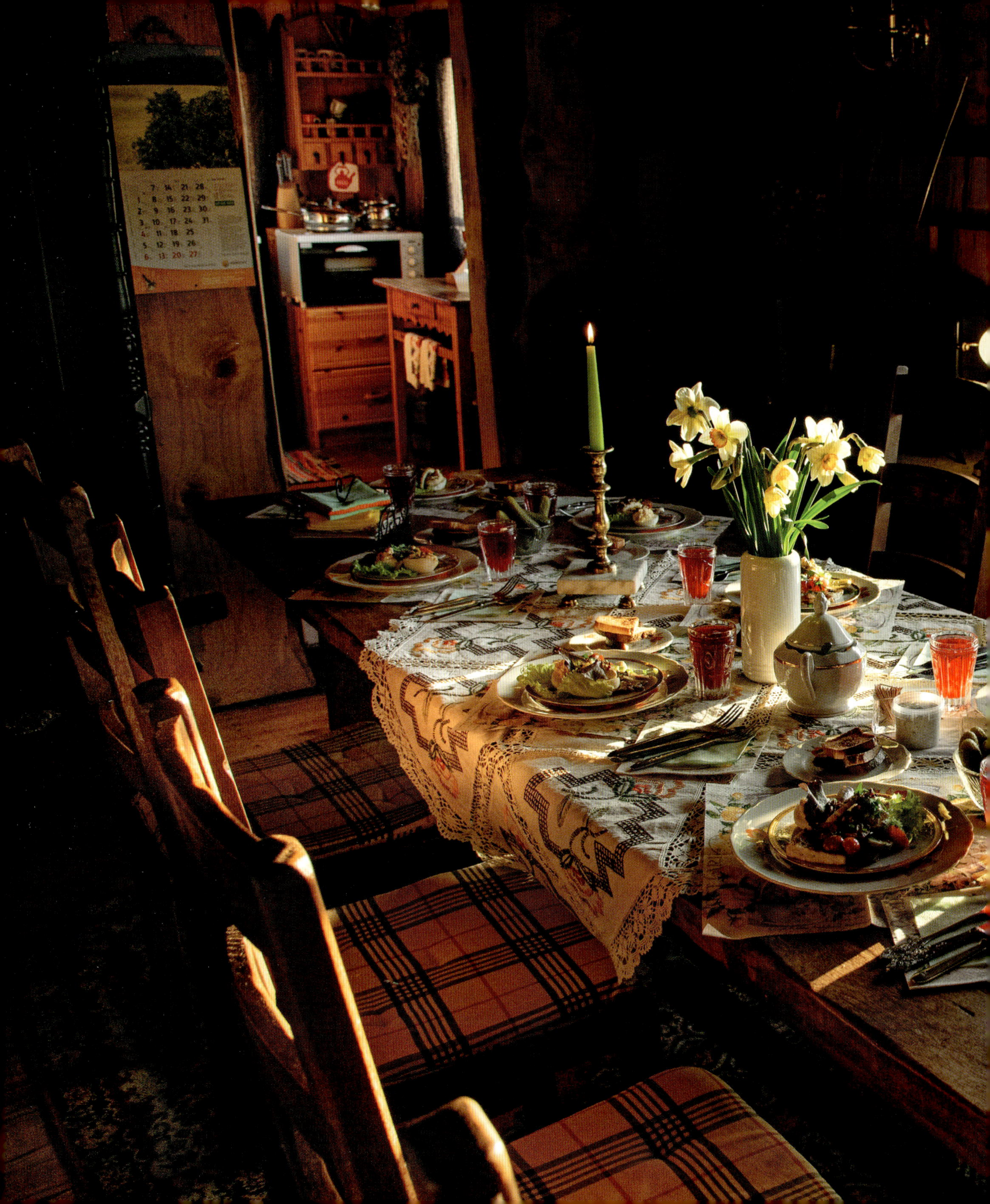

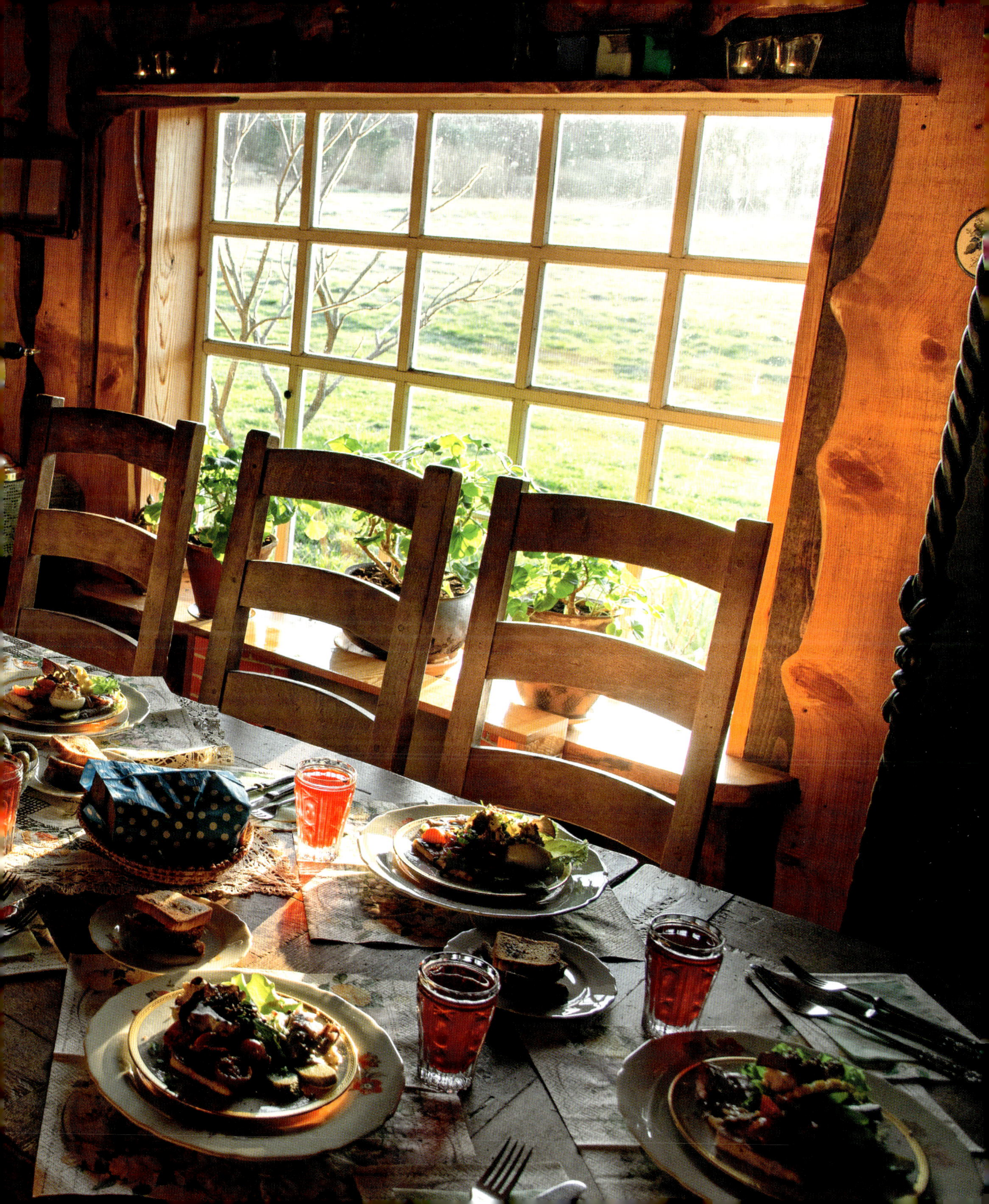

WANDELBARES LICHT

ERSCHEINUNGSFORMEN UND EIGENSCHAFTEN

Wie ein **Foto wirkt**, hängt maßgeblich von den Eigenschaften der Beleuchtung ab. Ein grobes Bild mit harten Konturen kann weich und faszinierend werden, wenn man zum Beispiel den Winkel des Lichteinfalls auf das Motiv verändert. Das Licht beeinflusst nicht nur die **Intensität des Schattenwurfs**, sondern auch die Qualität der Oberflächenwiedergabe, den Farbton und die Farbintensität. Von ihm hängt der Kontrastumfang ab, der sich je nach Intensität, Richtung und der Streuung verändert und angepasst werden muss.

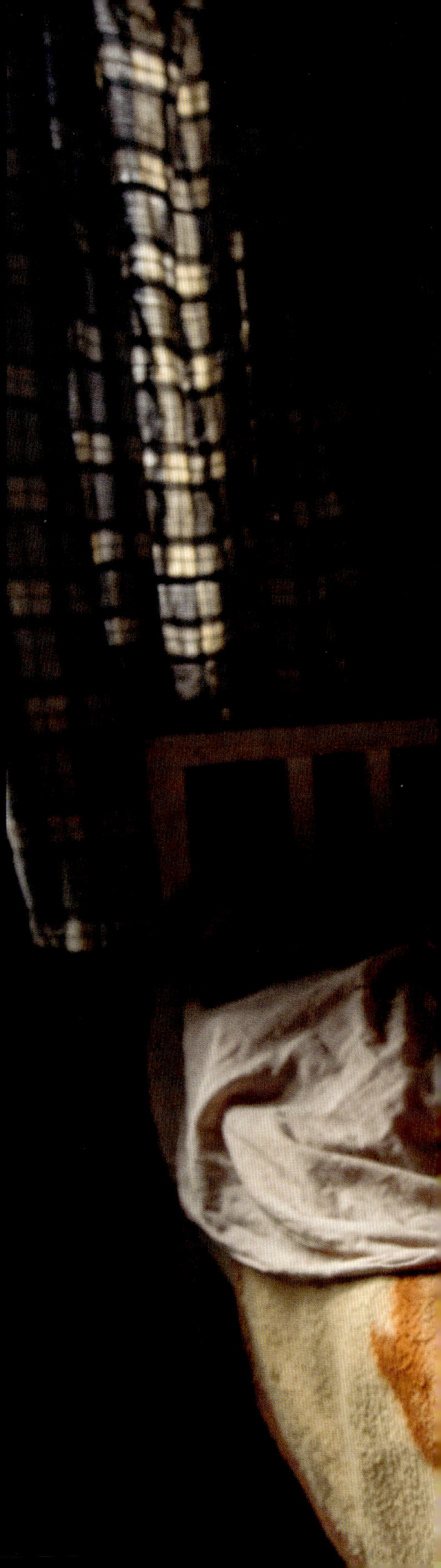

China, Guizhou

Nikon D 800 • 14-24 mm f/2,8
1/60 bei f/3,5 • ISO 1600

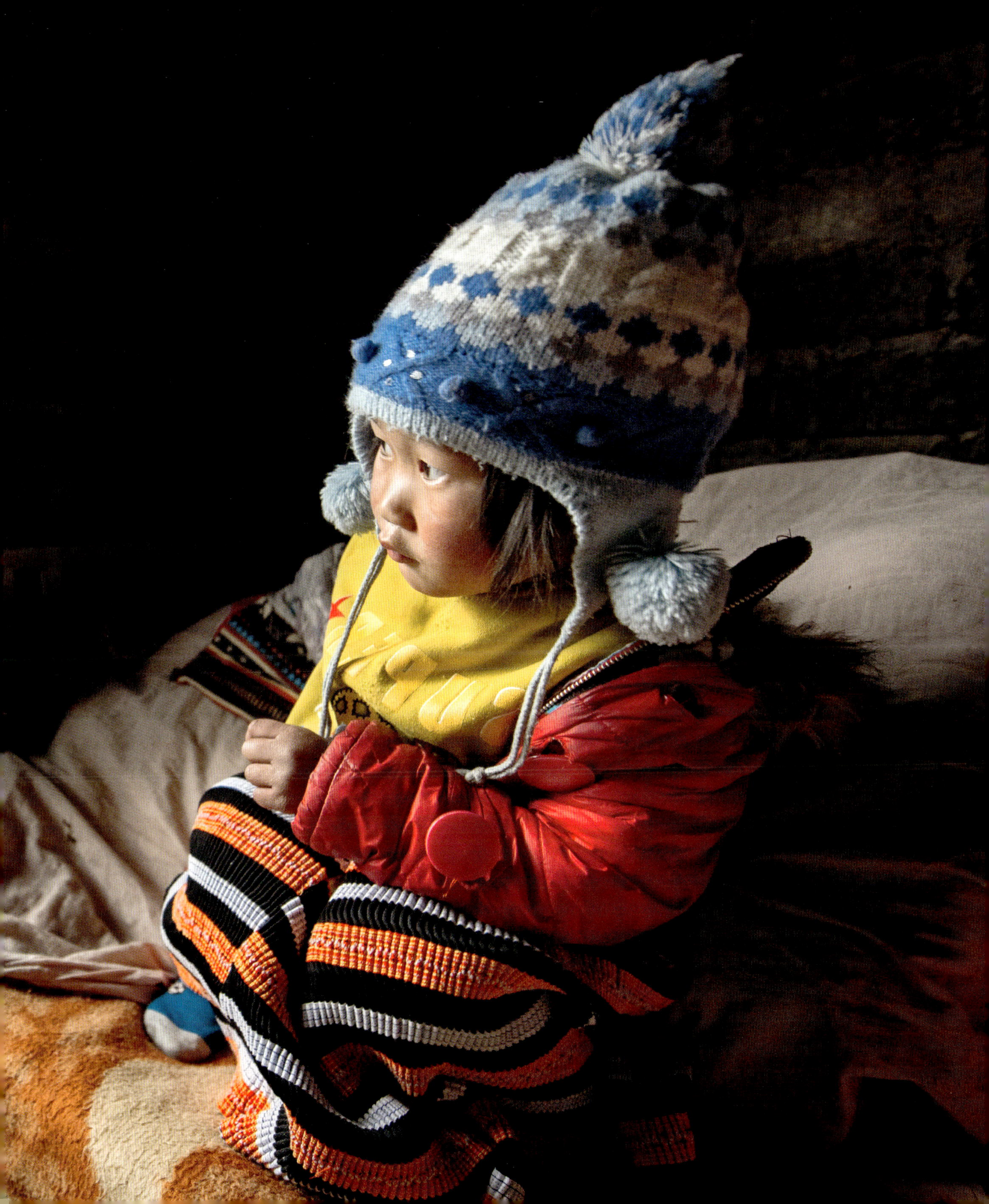

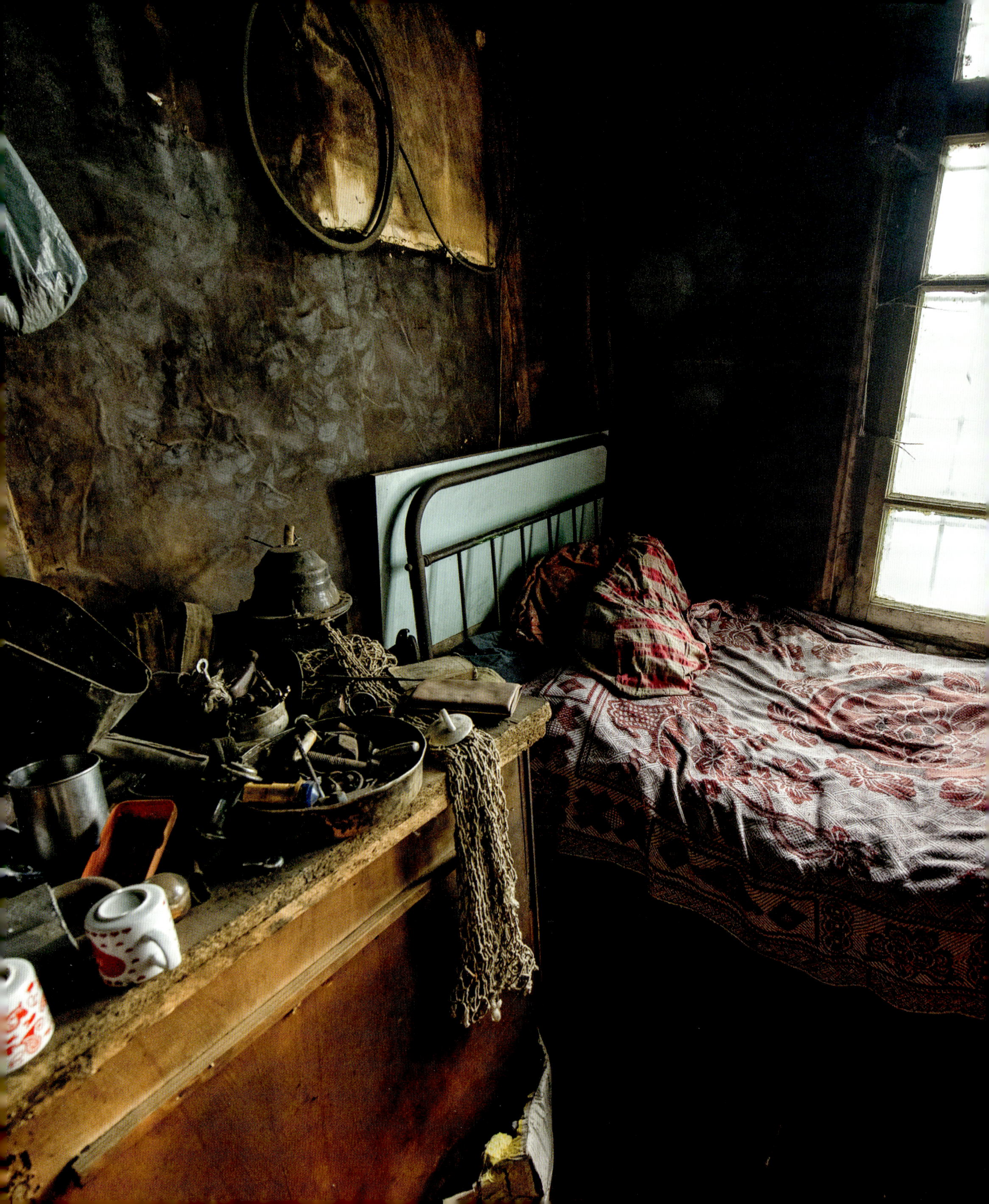

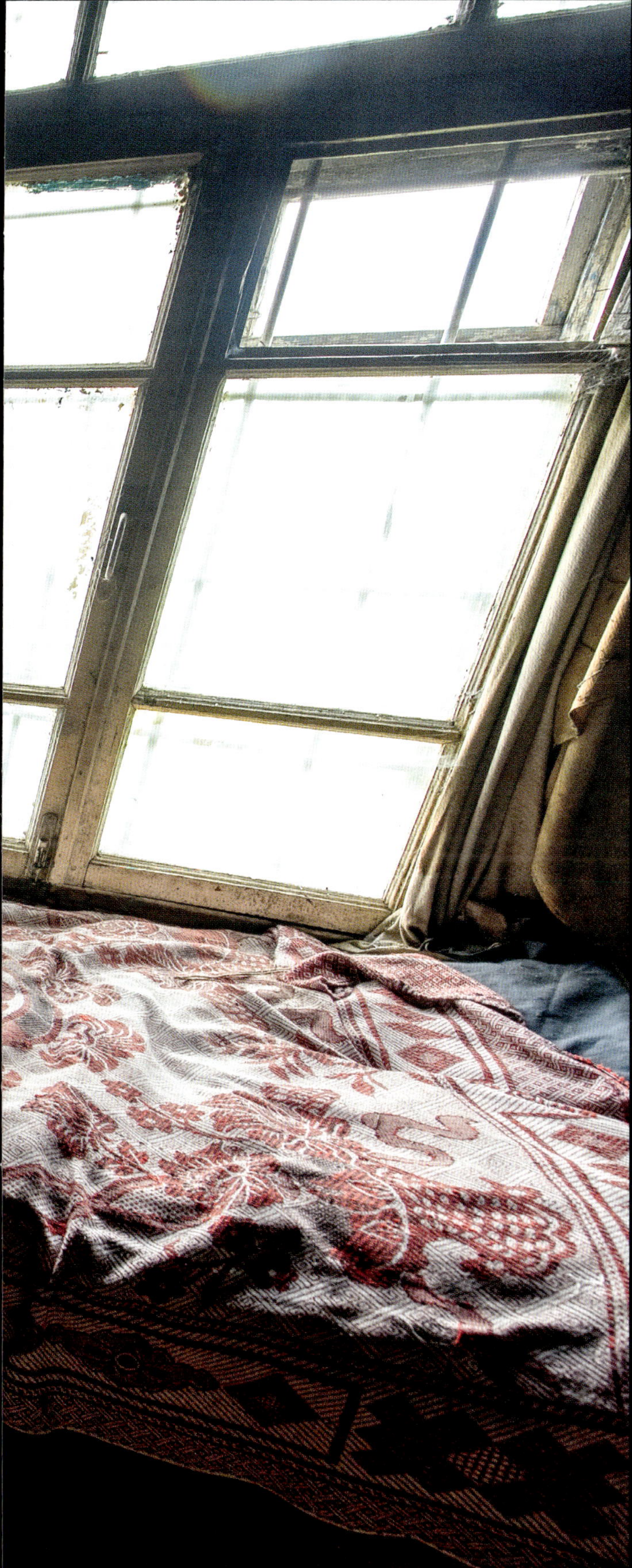

WANDELBARES LICHT
Erscheinungsformen und Eigenschaften

Es ist sehr wichtig, die unterschiedlichen Lichttypen und -eigenschaften zu kennen, um dadurch **Emotionen und Atmosphäre** steuern zu können, die den wichtigsten Inhalt unserer Fotos darstellen.

- **Direkte Sonne** - starkes, intensives Licht
- **Bedeckter Himmel** - weiches, diffuses Licht
- **Dunst und Staub** - Licht aus allen Richtungen
- **Seitliches Fenster** - Licht aus einer Richtung
- **Streiflicht** - hartes Licht
- **Sonnenaufgang und -untergang** - goldenes Licht
- **Dämmerung** - magisches, geheimnisvolles Licht
- **Blauer Moment** - faszinierendes Licht
- **Lichter der Stadt** - komplexes Licht
- **Leuchtreklame** - doppeltes Licht
- **Kerzenlicht** - fesselndes Licht
- **Flamme und Glut** - übermäßiges Licht
- **Im Schatten arbeiten** - reflektiertes Licht
- **Regen und dunkler Himmel** - dramatisches Licht

DIREKTE SONNE – starkes, intensives Licht

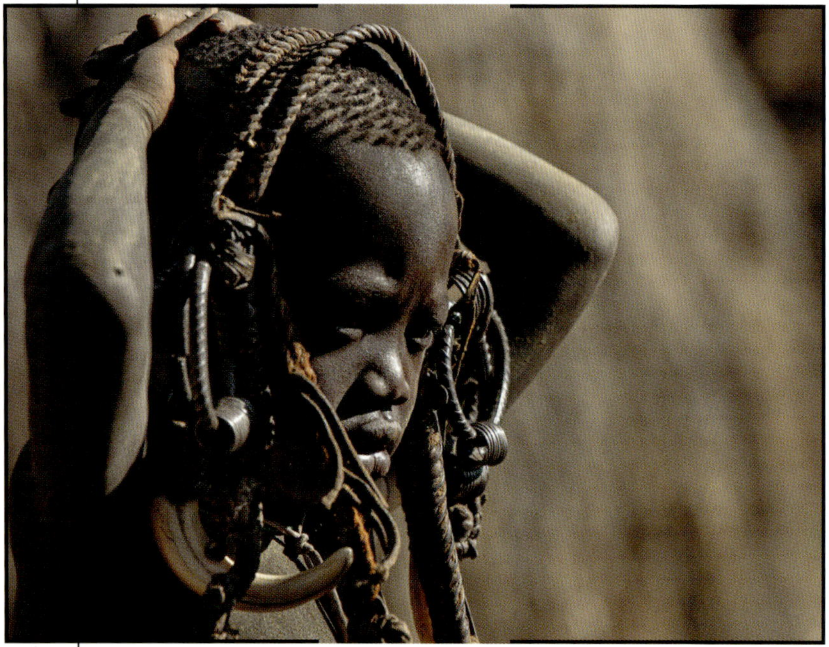

Direkte Sonne, die nicht gefiltert ist durch Elemente, die das Licht weicher machen könnten, hebt Details überdeutlich hervor und nimmt der Szene Atmosphäre. Sie **beleuchtet Objekte hart** und lässt Schatten überstark hervortreten, was Schwierigkeiten bei der Belichtungsmessung verursacht und den Kontrastumfang des Sensors überfordert. Eine solche Situation zwingt uns, selbst über die Belichtung **zu entscheiden.** Wir opfern dabei sehr helle oder sehr dunkle Stellen, um am Ende ein Bild mit starkem Ausdruck zu erhalten.

∇ **ALTERNATIVE** – In diesem Fall ist es ratsam, sich seitlich und um das Motiv herum zu bewegen, um die Effekte genauer einschätzen zu können, die durch frontales Licht, Seitenlicht oder Gegenlicht entstehen. Gerade das Gegenlicht eignet sich hervorragend für das Spiel mit **Licht und Schatten** und die Betonung **grafischer Linien**.

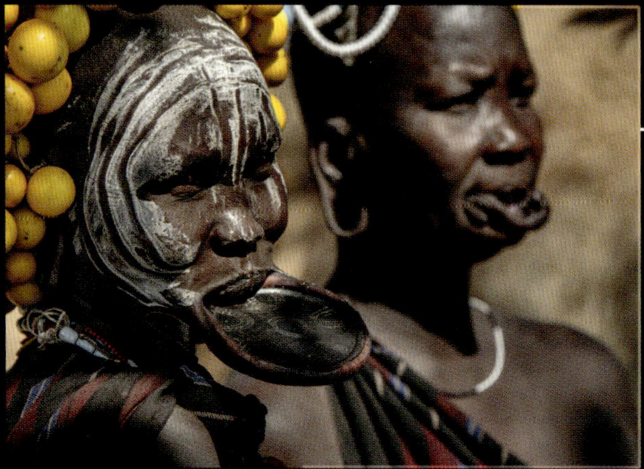

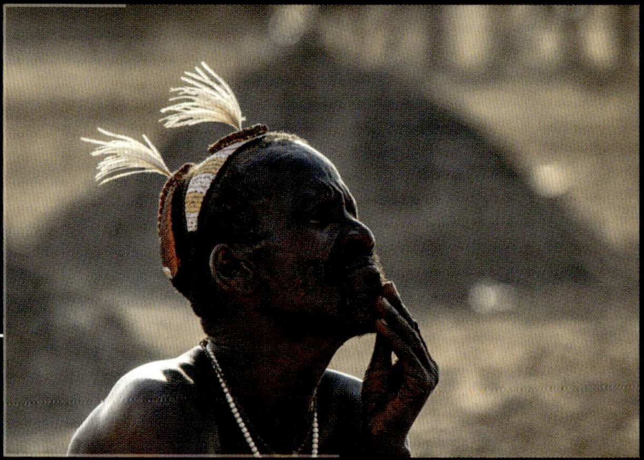

∆ **GEGENLICHT** – Ein so hartes Licht kann willkommene Gegenlichteffekte bescheren. Eine Unterbelichtung ist geeignet, um zum Beispiel **helle Ränder** hervorzuheben. Sie entstehen durch Lichteffekte, die die Kontur eines Gegenstands umreißen, vor allem, wenn der Hintergrund dunkel ist.

BEDECKTER HIMMEL – weiches, diffuses Licht

Für einen Fotografen ist dies sicherlich eine der Erscheinungsformen von Licht, die besonders einfach zu steuern sind und sich für jede Art von Szene eignen. Dank der **Lichtstreuung**, die durch Wolken, Nebel, Smog oder Dampf entsteht, wird das Objekt diffus beleuchtet. Der Kontrast im Bild ist daher gering, das Licht ist weich und nie übermäßig hell, die Schattenbereiche sind erkennbar, aber nicht scharf begrenzt, und auch der Hintergrund kommt angenehm und gut wahrnehmbar zur Geltung.

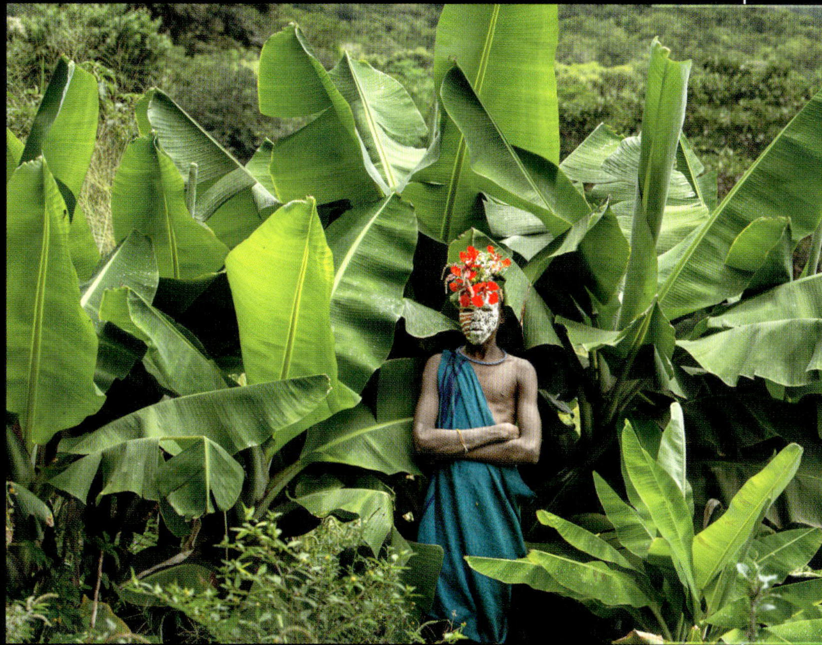

▽ **ALTERNATIVE** – Diese Beleuchtung ist weniger dramatisch als die vorhergehende, kann aber dazu genutzt werden, dem Bild eine spezielle **traumähnliche oder geheimnisvolle Atmosphäre** zu verleihen. Durch das Fehlen von Mikroschatten auf der Haut oder übermäßiger Kontraste ist dieses Licht besonders für Porträts geeignet.

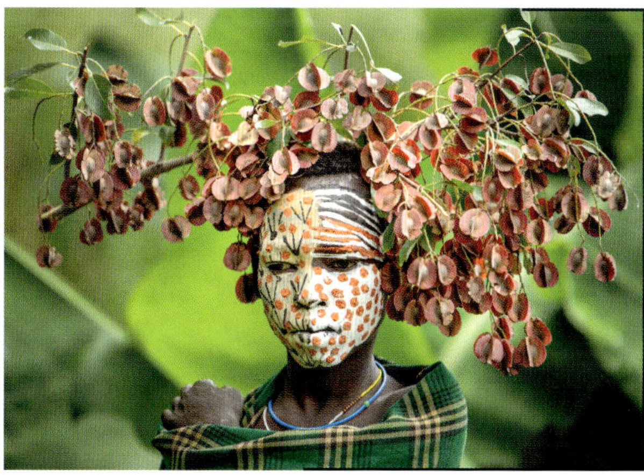

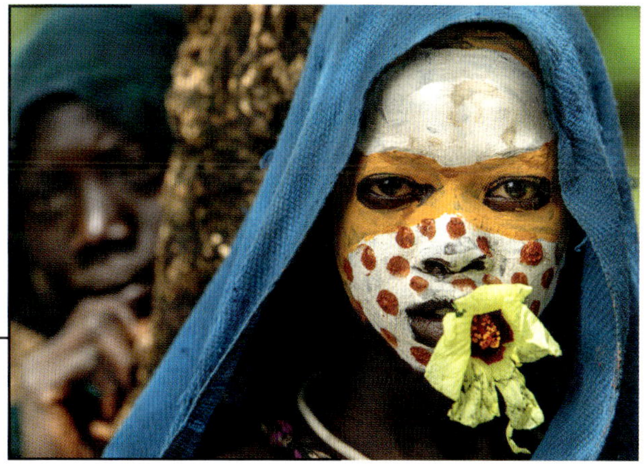

△ **GEGENLICHT** – Diffuses Licht eignet sich nicht besonders als Gegenlicht, denn es ermöglicht keine Bereiche differenzierter Beleuchtung und ist **zu weich**, um das Motiv wirkungsvoll vom Hintergrund abzuheben. Um dem Bild Tiefe zu verleihen, empfiehlt es sich, den Hintergrund oder das zweite Objekt unscharf aufzunehmen.

DUNST UND STAUB - Licht aus allen Richtungen

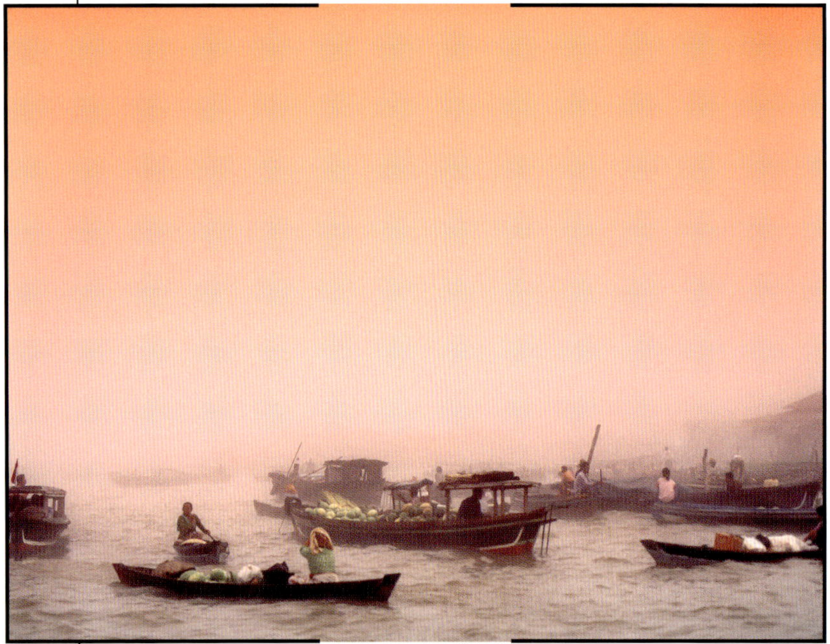

Neben den Eigenschaften des diffusen Lichts - Weichheit und Richtungslosigkeit - schränken Dunst und Staub die Lesbarkeit der Szene jenseits einer gewissen Distanz ein. Das Foto wird **geheimnisvoll und mit Atmosphäre aufgeladen**, weil auch im übertragenen Sinn eine Nähe zwischen Betrachter und Objekten im Vordergrund entsteht. Diese Art von Licht **gibt nicht sofort alle Details preis**, sodass man einige Teile der Szene nur erahnen kann. Es bedarf der genaueren Betrachtung, um zu verstehen, welche Geschichte es erzählt.

▽ **ALTERNATIVE** - Man kann sehr scharfe und präsente Objekte aufnehmen, indem man von einem erhöhten und weiter entfernten Punkt aus fotografiert. Dadurch entstehen mehr Ebenen, und das Bild bekommt mehr Tiefe. Eine andere Möglichkeit wäre, zu vermeiden, dass manche Elemente besser erkennbar sind als andere - das macht die Atmospäre geheimnisvoll.

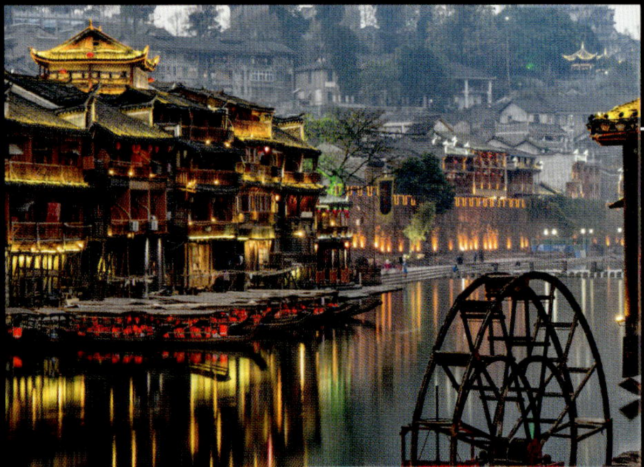

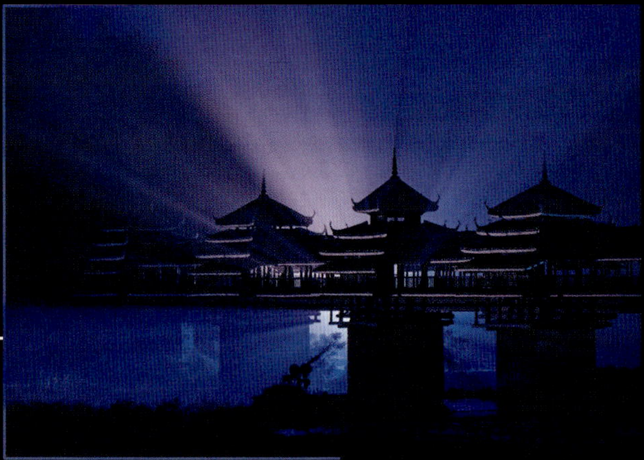

∆ **GEGENLICHT** - Licht, das durch Nebel, Dunst oder Staub gefiltert ist, eignet sich natürlich für spektakuläre Gegenlichteffekte. Wenn man überdies ein Objekt vor eine nahe punktförmige Lichtquelle, wie eine Wand- oder Tischlampe, positioniert, ist es möglich, es mit einem Lichthof zu versehen und eine faszinierende Silhouettenwirkung zu erzielen.

SEITLICHES FENSTER – Licht aus einer Richtung

Seitenlicht, das durch ein Fenster fällt, ist faszinierend und wurde schon seit jeher von Malern und Fotografen gesucht. Ein solches **aus einer Richtung einfallendes Streiflicht** kann für unterschiedliche Zwecke eingesetzt werden. Wenn es sich aufgrund der Wetterbedingungen, eines Filters in Form eines Vorhangs oder im Falle nicht vollkommen durchsichtigen Glases um weiches Licht handelt, wird das Objekt am Fenster in eine Atmosphäre gehüllt, die **altertümlich, romantisch und geradezu schwebend** anmutet. Die Umgebung ist gerade noch erkennbar oder dunkel.

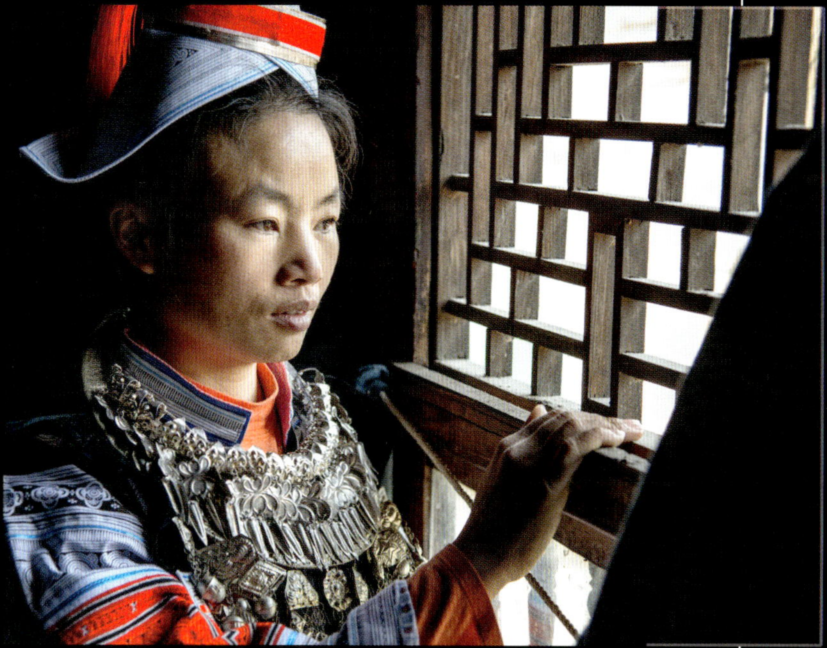

∇ **ALTERNATIVE** – Wenn ein Fenster die seitliche Lichtquelle ist und vor allem dann, wenn das Licht weich oder gefiltert hindurchfällt, kann es eine gute Idee sein, es mit aufzunehmen. Auch dank seiner wiedererkennbaren, oft grafisch interessanten Gestalt ist eine leichte Überbelichtung des Fensters letztlich akzeptabel.

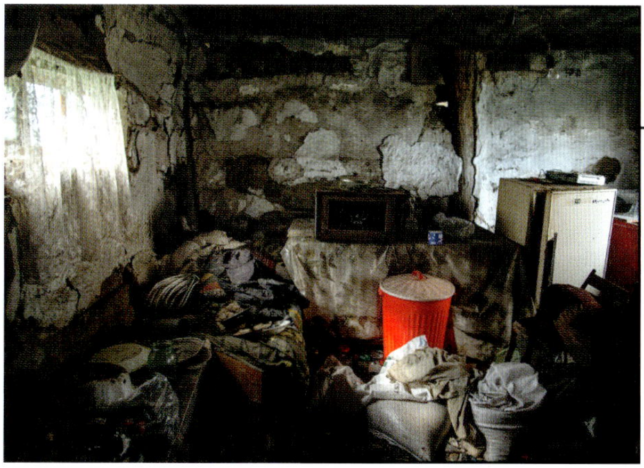

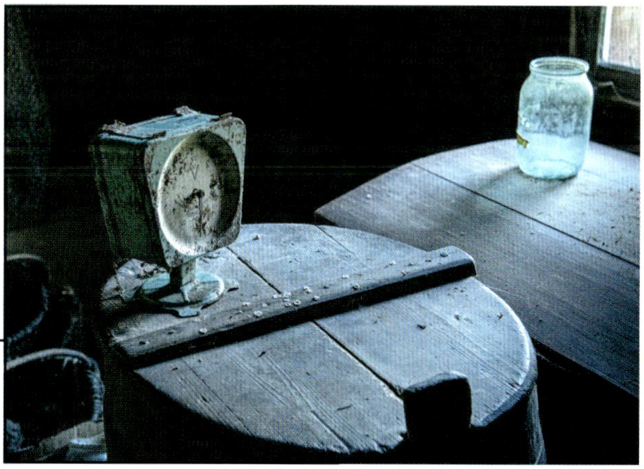

∆ **GEGENLICHT** – Wenn man die Lichtquelle jedoch nicht in das Bild mit aufnimmt und die hellen Stellen des Objekts belichtet, erhält man einen angenehmen grafischen Gegenlichteffekt, der die Struktur der Oberflächen unterstreicht und die Farben in den unterbelichteten Bereichen sättigt. Ein dunkler Hintergrund verstärkt zudem die Dramatik des Bildes

STREIFLICHT – hartes Licht

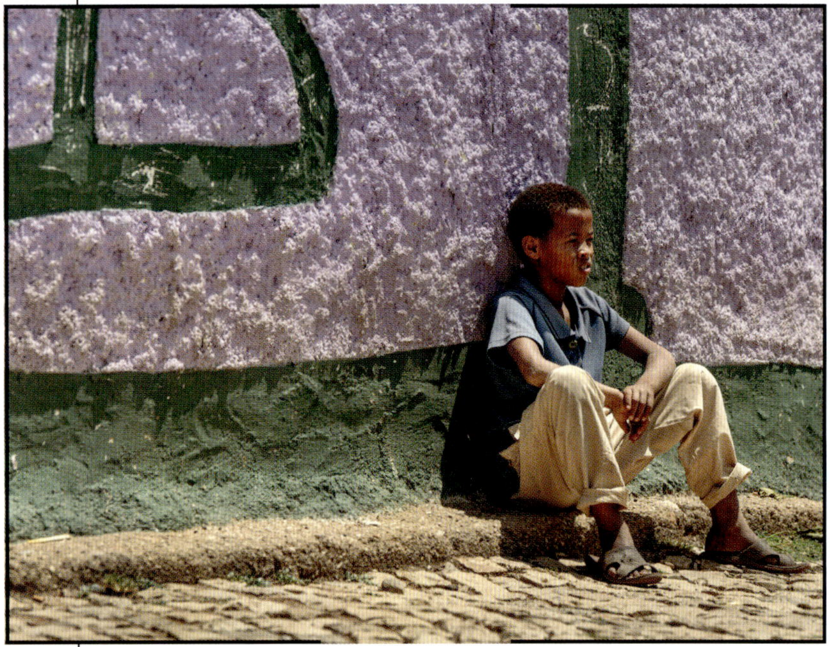

Streiflicht und hartes Licht findet man an sonnigen Tagen, wenn die Luft **frei ist von Dunst und Staub**. Es ist das Licht, das von der Sonne ausgestrahlt wird, wenn sie hinter dem Horizont versinkt, aber noch nicht die typische goldene Färbung von Sonnenaufgang oder -untergang erzeugt. Bei dieser Beleuchtung zeigen die Oberflächen sehr präzise die Details auf, und ihre Struktur wird maximal hervorgehoben, wodurch den Gegenständen **Dreidimensionalität verliehen** wird.

∇ **ALTERNATIVE** – Seitliches Streiflicht, das dennoch stark ist, erzeugt lange, gut umrissene Schatten und betont das grafische Element von Fotos. In manchen Fällen können klare, deutliche Schatten **in das Bild integriert werden**, um Teil der Komposition zu werden, oder die Schatten können sogar das Hauptmotiv darstellen.

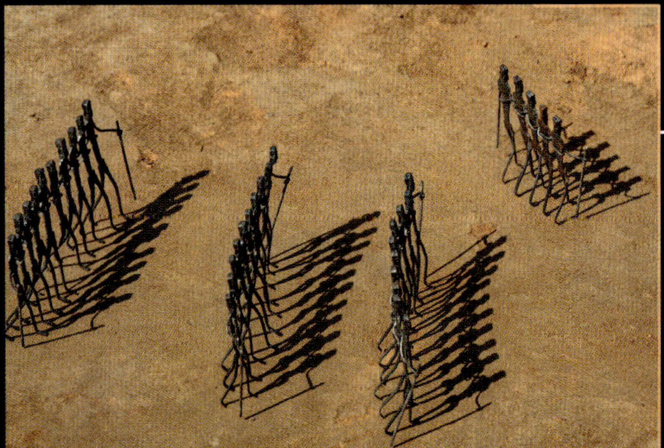

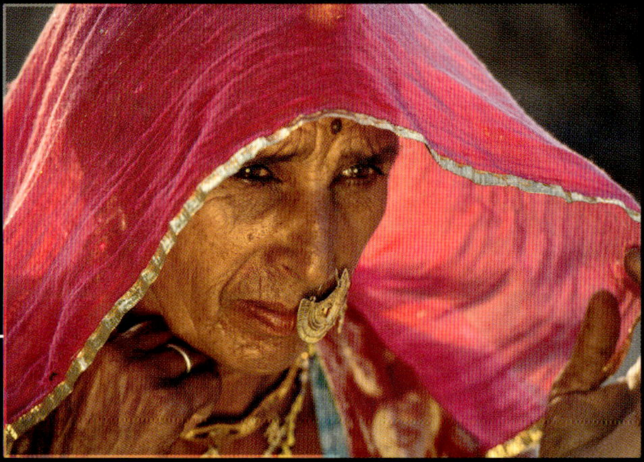

Δ **GEGENLICHT** – Mit Streiflich unseren Motiven ein schönes Gegenlicht zu verleihen, ist unter der Bedingung, dass der Tag klar bleibt und dass die Sonnenstrahlen nicht an einem bestimmten Punkt ihres Untergangs ihre Kraft im Dunst verlieren, ganz leicht.

SONNENAUFGANG UND -UNTERGANG - goldenes Licht

Diese Art von Licht, das von allen Fotografen geliebt wird, bringt einige Schwierigkeiten mit sich: Der **begrenzte Zeitraum**, die Abhängigkeit von den Jahreszeiten sowie das Risiko, dass die **Wetterbedingungen** alles zunichte machen. Ausnahme sind die nordischen Länder, wo das goldene Licht im Sommer morgens drei Stunden und bei Sonnenuntergang bis zu fünf Stunden anhalten kann. Der geringe Kontrast und die warme Farbe der schräg einfallenden Sonnenstrahlen ermöglichen es, selbst mit mittelmäßigen Motiven faszinierende Ergebnisse zu erzielen.

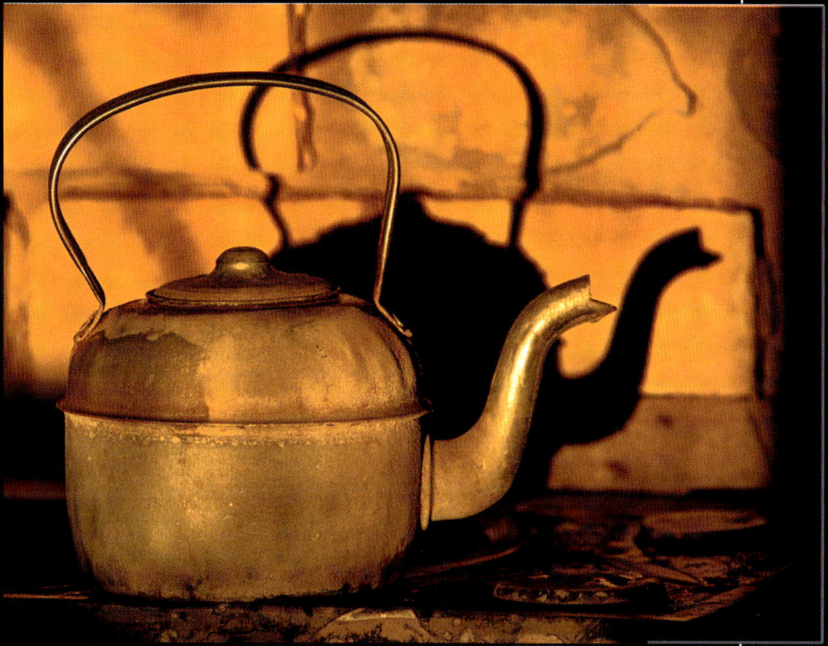

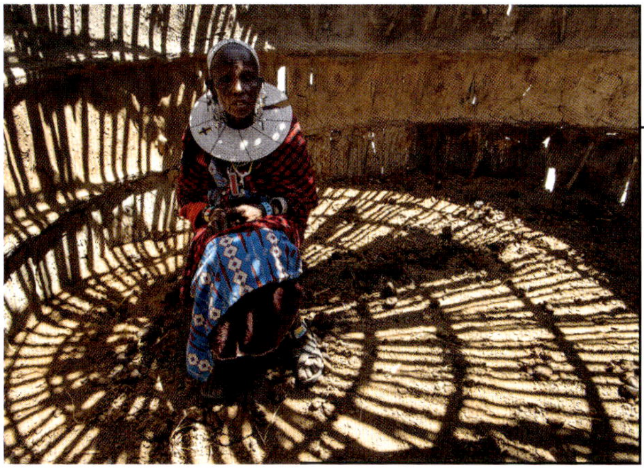

∇ **ALTERNATIVE** – Die Weichheit dieser Beleuchtung ermöglicht, bei vollem Licht ein Objekt aufzunehmen, ohne dass es zu unerwünschten Nebeneffekten kommt, wie harte Schatten oder zu intensiv beleuchtete Bereiche. Die Schatten sind lang, aber nicht geschlossen, und entfalten eine **gefällige Wirkung** im Bild.

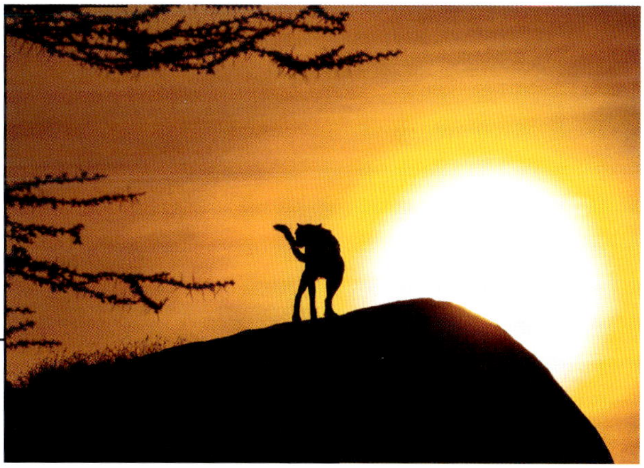

∆ **GEGENLICHT** – Die tief über dem Horizont stehende Sonne gibt dem Licht einen goldenen Schein, was spektakuläre Gegenlichteffekte ermöglicht. Sie kann ohne das Problem der Überbelichtung selbst **mit aufgenommen werden**. Zudem stellt der Himmel mit seinen warmen Farben und seiner unaufdringlichen Helligkeit einen idealen Hintergrund dar.

DÄMMERUNG - magisches, geheimnisvolles Licht

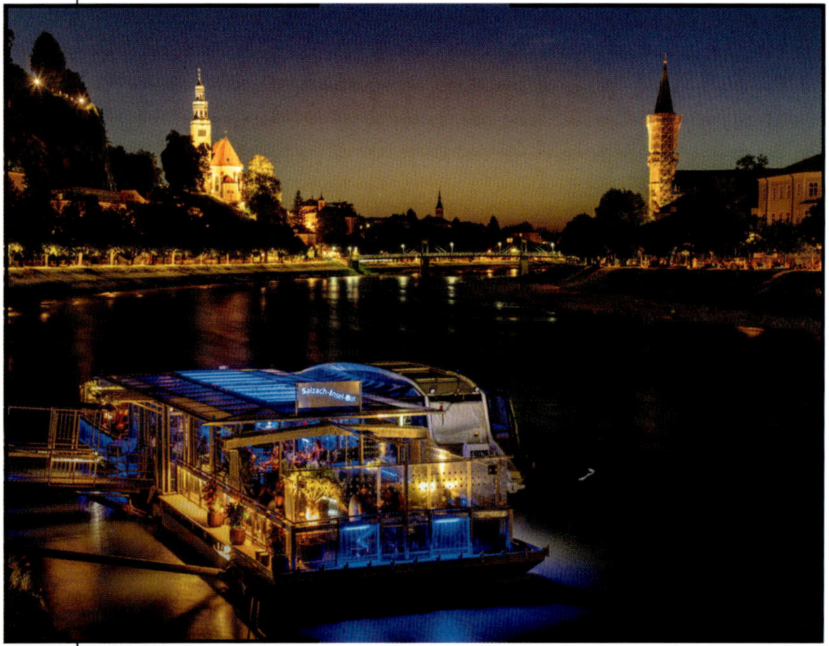

Kaum ist die Sonne untergegangen, aber die Dunkelheit noch nicht absolut, färbt sich der Himmel in zarte Farben, die **magisch und unberechenbar zugleich** sind. In dieser kurzen Zeitspanne, die ungefähr zwanzig Minuten dauert, tragen manchmal Luftfeuchtigkeit und Staub dazu bei, dass eine Atmosphäre entsteht, als würde die Zeit stillstehen. Dann scheinen Farbtöne auf, die von Gelb bis Rosa changieren, um dann in leicht malvenfarbenen Nuancen zu gipfeln. Ab diesem Moment verschwinden auch die langen Schatten.

▽ **ALTERNATIVE** - Es ist leicht, die Magie dieser Färbung auszunutzen, die es vermag, den Himmel, Objekte und Menschen miteinzubeziehen, um eine **traumähnliche Atmosphäre** zu schaffen und den Betrachter zu überraschen. Das Einfügen eines Gegenstands, der selbst Licht abgibt, wie etwa eine Kerze, garantiert unerwartete Resultate.

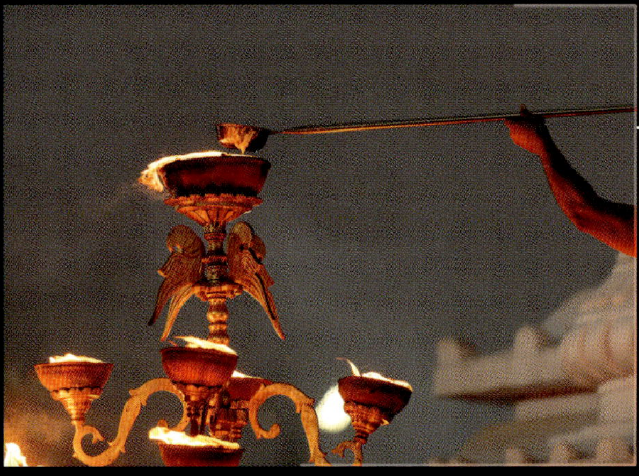

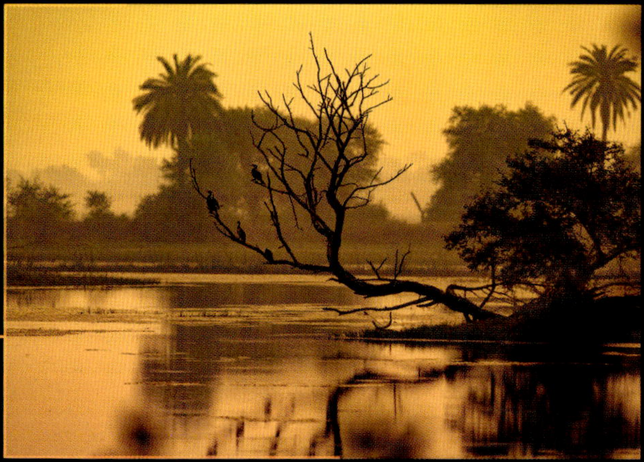

△ **GEGENLICHT** - Bei dieser Art der Beleuchtung ist es schwierig, mit Gegenlichttechniken zu guten Ergebnissen zu kommen. Man kann jedoch die **schwache Lumineszenz** und die besondere Tönung, vor allem des Himmels, ausnutzen, um die schwachen Silhouetten der Gegenstände zu verstärken. Sie erscheinen dann wie Schatten oder geheimnisvolle Präsenzen.

BLAUER MOMENT – faszinierendes Licht

Der letzte Teil der magischen Stunde, auf den schon bald die Dunkelheit folgt, kann für unsere Kamera noch eine Überraschung bereithalten. Der Himmel kann schlagartig ein intensives Blau annehmen und einen überaus **dramatischen und romantischen** Beiklang erhalten. Das Auge nimmt diese Färbung nur teilweise wahr, doch der Sensor der Kamera gibt sie vollständig wieder. Dieses Phänomen währt nur sehr kurze Zeit, maximal wenige Minuten, und hängt von der geografischen Lage und den Wetterbedingungen ab.

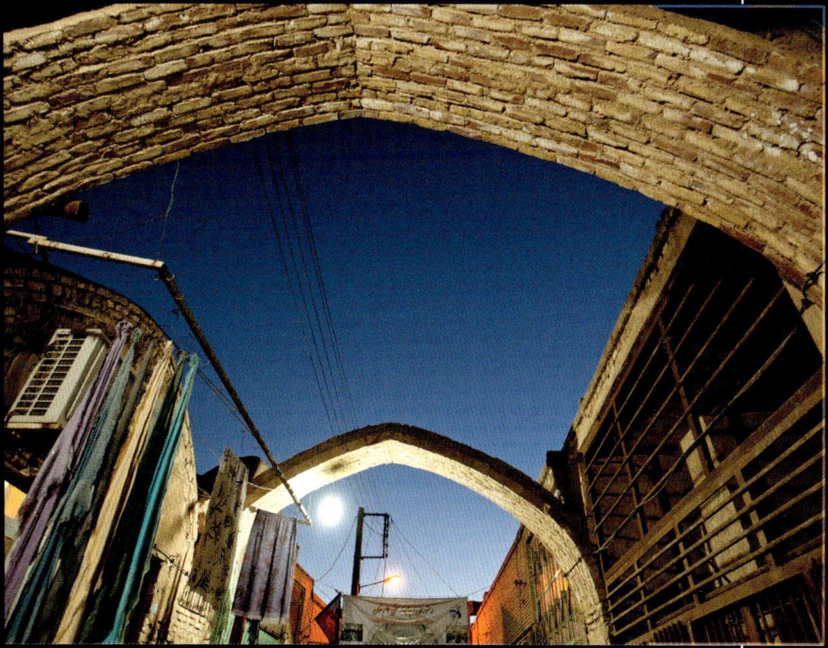

∇ **ALTERNATIVE** – Das intensive Blau des Himmels bildet einen spektakulären Kontrast zu den Gelb- und Orangetönen vieler architektonischer Beleuchtungen und Straßenlampen. Mit der raschen Verdunklung des Himmels übernehmen die künstlichen Lichter weiter die Vorherrschaft, und leicht verpasst man den Moment des perfekten Gleichgewichts.

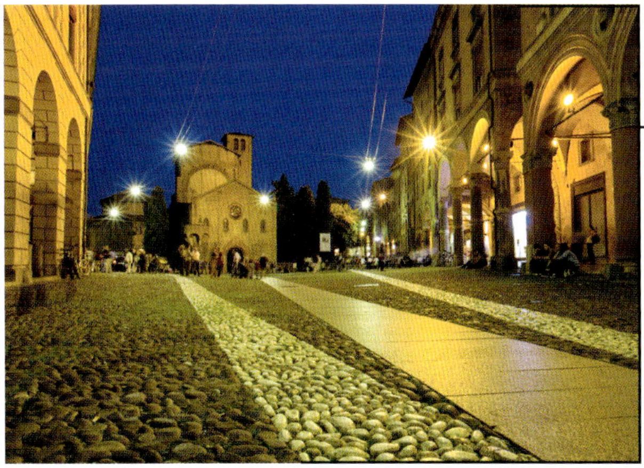

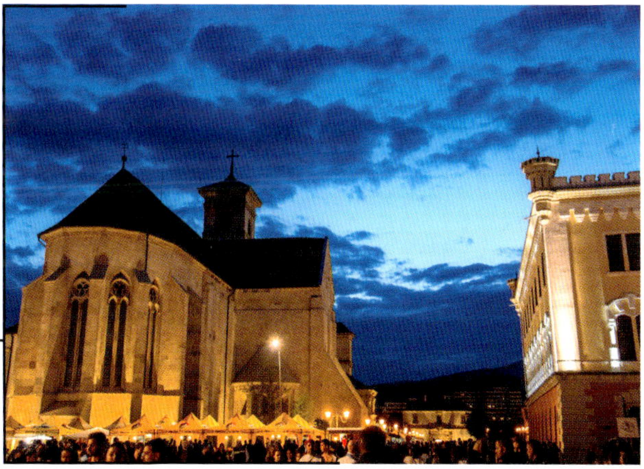

∆ **GEGENLICHT** – Diese spezielle Färbung des Himmels kann wie ein prachtvoller beleuchteter Hintergrund eingesetzt werden. Er wird sich als perfekte Kulisse entpuppen, um die Schatten von Gebäuden, Säulen, Kirchtürmen, anderen Türmen, Kreuzen oder auch Bäumen mit besonders faszinierenden Silhouetten oder Strukturen ins Gegenlicht zu setzen.

LICHTER DER STADT - komplexes Licht

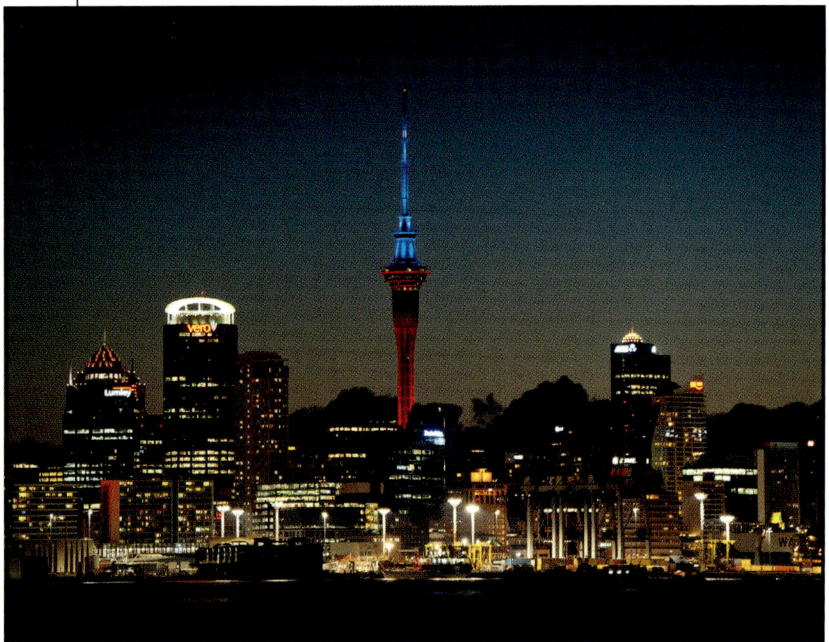

Die Lichter, die ein Dorf oder eine Stadt erleuchten, können zahlreich und sehr unterschiedlich sein, was Typ, Form, Farbe oder Intensität angeht. Das nächtliche Lichterpanorama einer Stadt kann also wie eine **chaotische Anhäufung von Elementen** wirken, die aus verschieden beleuchteten Bereichen besteht, von denen jeder seine eigene Logik und Notwendigkeit hat. So ein Foto kann ganz **unmittelbar faszinierend** sein, entweder weil es von selbst ansprechend ist oder so konzipiert, dass es ein homogenes und attraktives Gesamtbild ergibt.

∇ **ALTERNATIVE** - Die nächtliche Skyline einer Stadt zu fotografieren, ist ziemlich einfach, und wenn man erst einmal die richtige Belichtung eingestellt hat, hängt das Resultat nur noch von der **Ästhetik** des Motivs ab. Es kann sich als interessant erweisen, nur einige speziell beleuchtete Bereiche mithilfe eines Teleobjektivs **aus dem Kontext herauszulösen**.

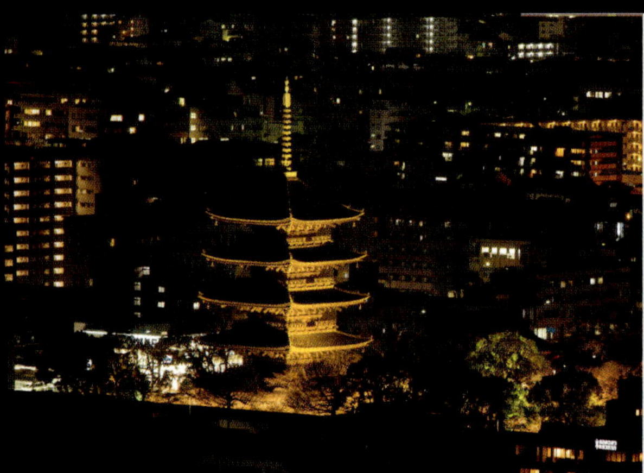

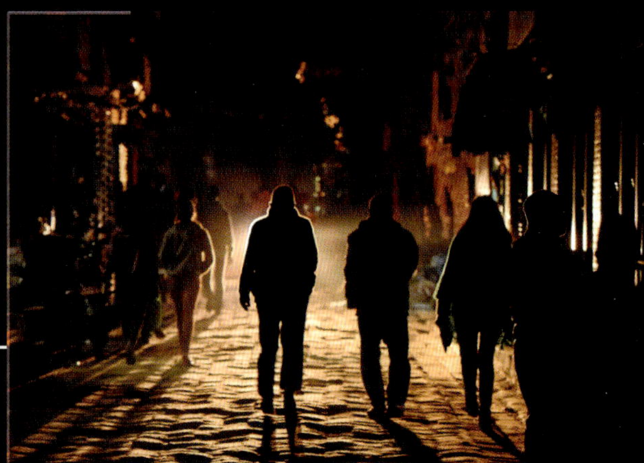

∆ **GEGENLICHT** - Um diesen faszinierenden Effekt **obskurer Gestalten** zu erhalten, die sich durch die nächtliche Stadt bewegen, kann man viele Möglichkeiten des Gegenlichts ausnutzen. Dazu gehören zum Beispiel Straßenlaternen, beleuchtete Schaufenster oder Autoscheinwerfer und an Regentagen auch Pfützen und glänzende Oberflächen.

LEUCHTREKLAME – doppeltes Licht

Die unendlichen Leuchtreklamen und die großen Reklamefilmflächen moderner Städte, sind ein interessantes und oft unvermeidbares Motiv. Die leuchtenden Schilder sind einfach zu belichten, wohingegen sich das von den Videotafeln ausgestrahlte Licht aufgrund des wechselnden Inhalts **ständig ändert**. Die Belichtung dieser Lichtquellen kann unterschiedlich gehandhabt werden. Wenn man unterbelichtet, wird der **Gegenstand isoliert**, bei einer Überbelichtung wird er dagegen in den **urbanen Kontext** einbettet.

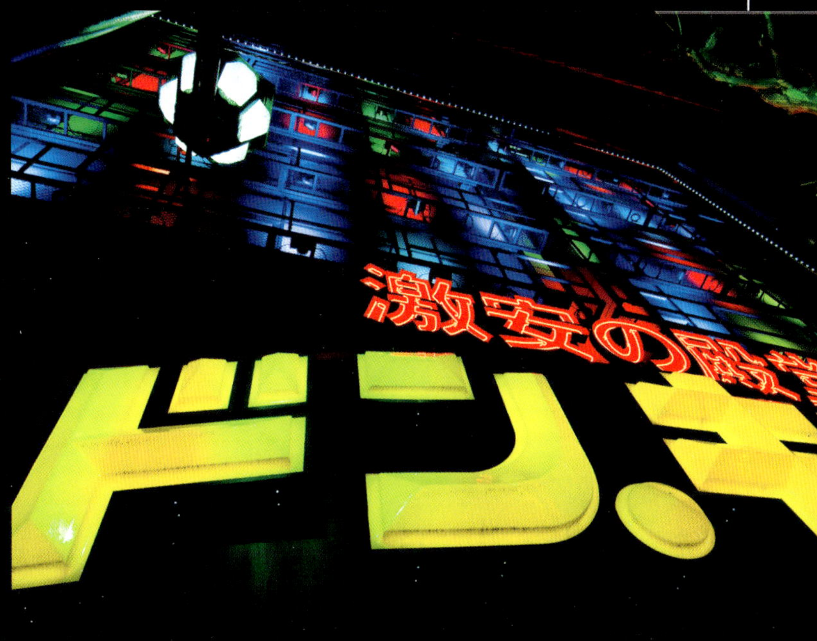

▽ **ALTERNATIVE** – Durch Leuchtreklamen und Monitore kann man ein Motiv auf interessante Art **beleuchten**. Die Wirkung und die Lichtstärke hängen jedoch größtenteils von deren Farben ab, die sich ständig wandeln. Es ist auf jeden Fall gut, die Momente zu meiden, in denen die dargestellten Farben zu klar sind oder das Licht zu **roh und brutal**.

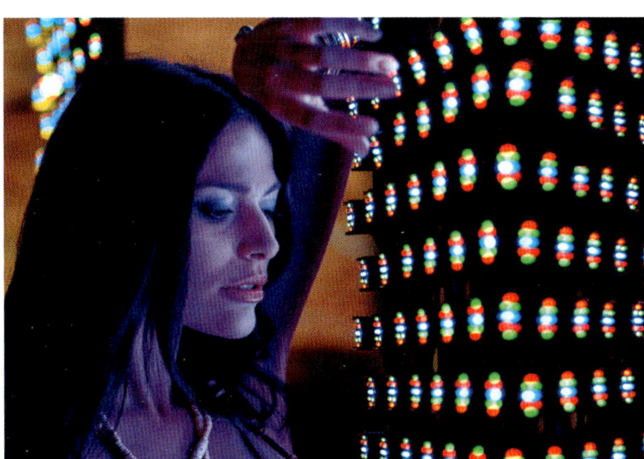

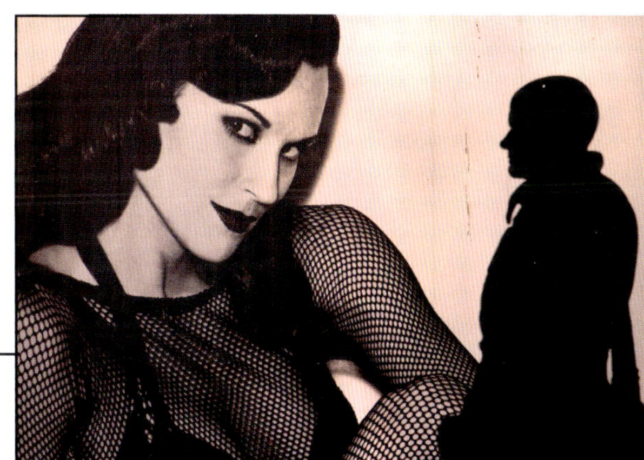

△ **GEGENLICHT** – Videoflächen erweisen sich als besonders interessant, wenn man komplexe Gegenlichteffekte erzeugen will. Positioniert man sie **hinter dem Motiv**, bietet sich die Möglichkeit, eine klare Silhouette mit dem auf der Tafel gezeigten Inhalt zu kombinieren. Sind noch weitere Videoflächen da, kann man **gute Licht- und Farbkombinationen** erzielen.

KERZENLICHT – fesselndes Licht

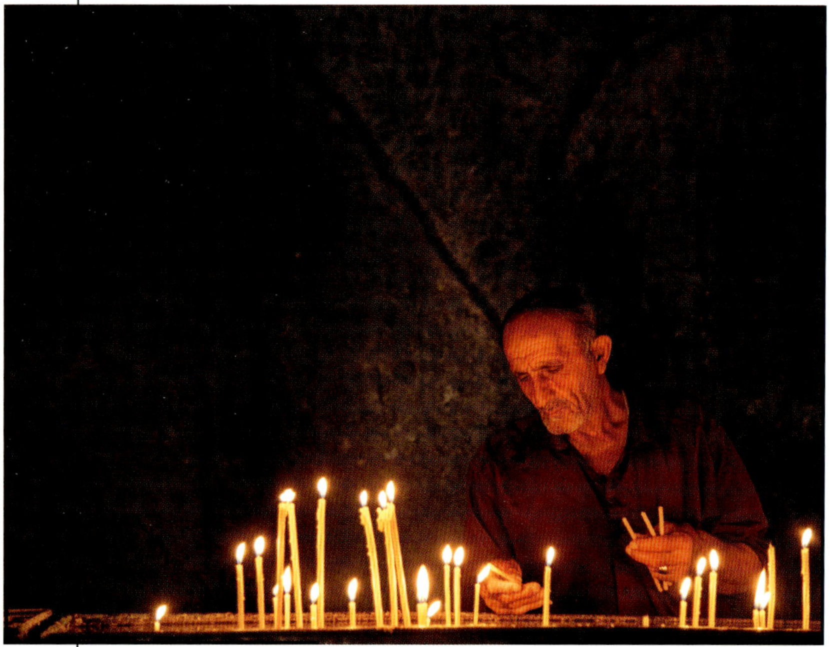

Kerzen sind **überaus faszinierend**. Auch wenn die Fotografie das Flackern der Flamme nicht wiedergeben kann – etwas, was den Kerzenschein im Kino noch fesselnder macht –, verleiht dieses Licht der **Umgebung**, die es mit seiner warmen Farbe und der geringen Reichweite erzeugt, Einzigartigkeit. Ihrem beschränkten Strahlbereich ist es zu verdanken, dass es von der Kerze abhängt, wer auf dem Bild erscheinen wird und wer nicht. Somit wird die Kerze **zur wahren Protagonistin** der Szene, sie versetzt uns in vergangene Zeiten.

∇ **ALTERNATIVE** – Wegen der geringen Reichweite des Lichts und der damit verbundenen geringeren Schärfentiefe passiert es oft, dass das Objekt scharf und die Flamme verschwommen ist oder umgekehrt. Dennoch können wir unsere Bilder problemlos umsetzen, weil die Kerzen auch dann als solche **erkennbar bleiben**, wenn sie unscharf sind.

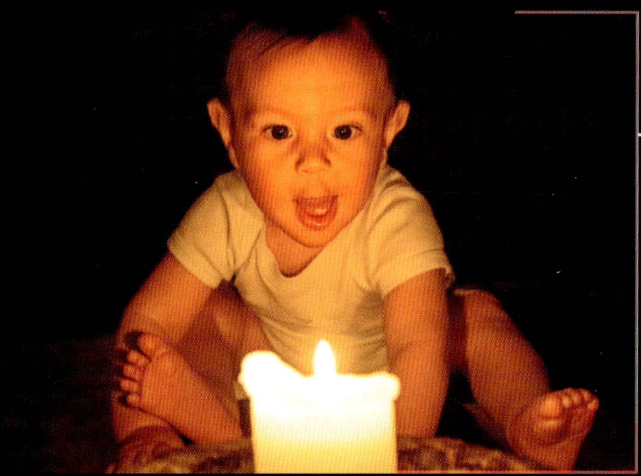

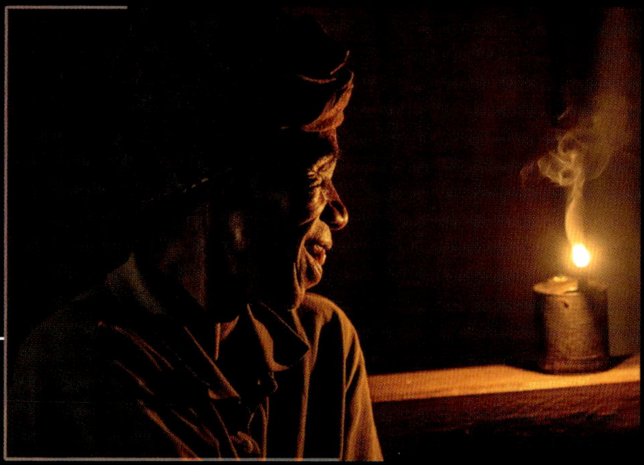

∆ **GEGENLICHT** – Die Kerze ist eine der seltenen Lichtquellen, die sich **immer ansprechend** in das Bild **integrieren**. Dies ermöglicht spektakuläre Gegenlichteffekte, wenn man den Gegenstand an die Flamme heranrückt, deren Überbelichtung auf dem Bild dank ihrer geringen Größe **absolut akzeptabel** ist.

FLAMME UND GLUT – übermäßiges Licht

Aufgenommen von der Kamera **übersteigen** Flammen und glühende Gegenstände **den Kontrastumfang** des Sensors und definieren einen weißen oder zu hellen Bereich, der letztlich unlesbar und ohne Details sein wird. Seine korrekte Belichtung würde jedoch bei der Darstellung des eigentlichen Motivs die **totale Unterbelichtung** von allem, was es umgibt, erzeugen. Solche Effekte können durch eine doppelte Belichtung oder nachträglich durch Bildbearbeitung gemildert werden.

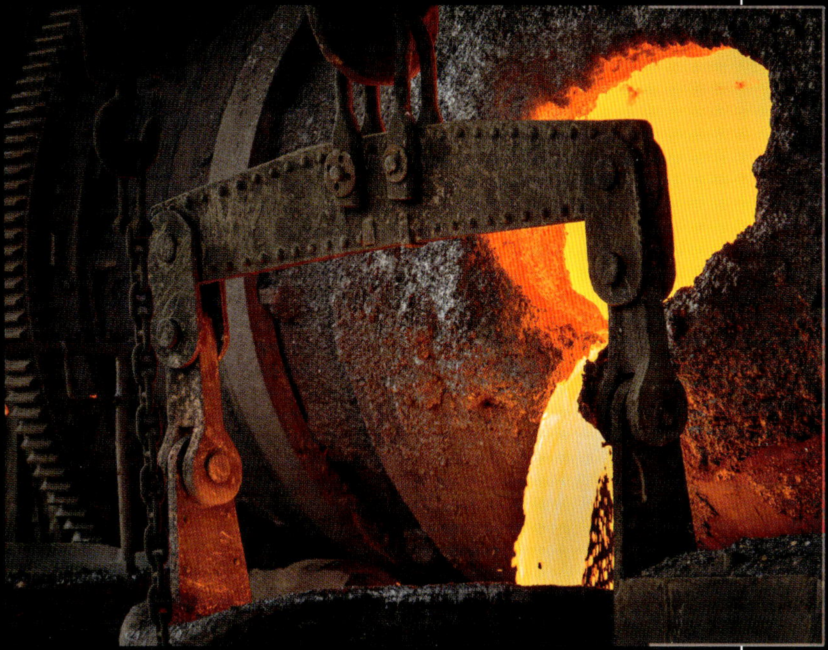

▽ **ALTERNATIVE** – Um ein lebendiges Feuer, beispielsweise ein Lagerfeuer, aufzunehmen, ohne einen starken Bereich der Überbelichtung zu erzeugen oder die unmittelbare Umgebung zu opfern, kann man die Lichtquelle nur teilweise einbeziehen, indem man nur einzelne Flammen, die sich außerhalb des eigentlichen Feuers befinden, aufnimmt.

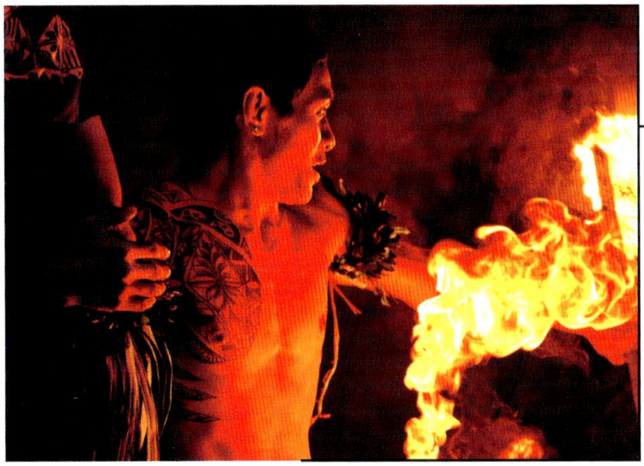

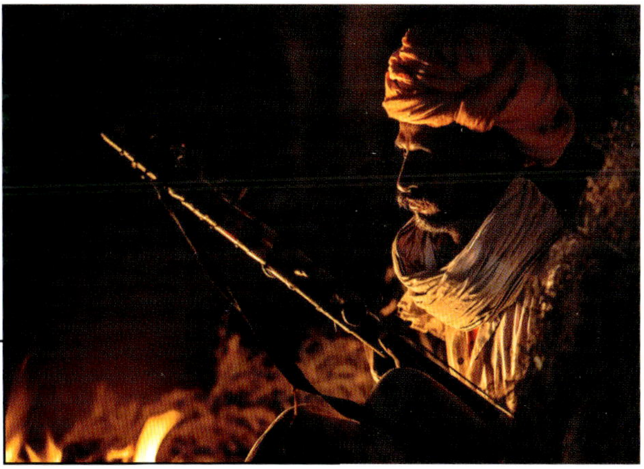

△ **GEGENLICHT** – Mit Feuer und Flammen lassen sich ganz einfach Gegenlichteffekte erzielen, bei denen unterbelichtete Bilder **von leuchtenden Konturen umgeben** werden, die auf fesselnde Weise ihre Formen nachzeichnen. Ihre Lichtstärke ist jedoch nicht konstant und man muss **permanent** die Belichtungswerte **aktualisieren**.

IM SCHATTEN ARBEITEN – reflektiertes Licht

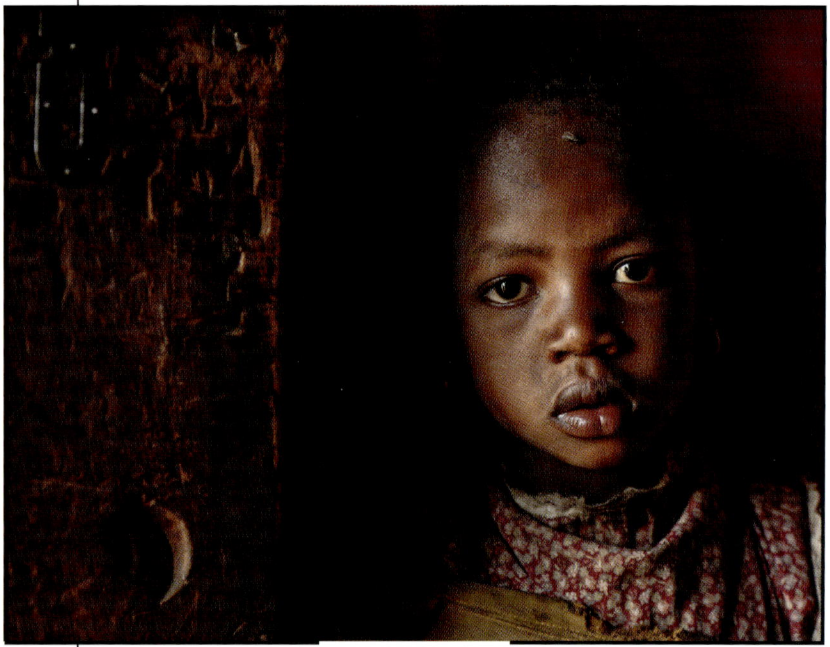

Auch wenn wir gelernt haben, dass es eigentlich kein gutes oder schlechtes Licht gibt, können wir ein Licht „schlecht" nennen, das uns nicht ermöglicht, ein Foto so aufzunehmen, wie wir wollen. In diesem Fall können wir **Zuflucht im Schatten** suchen, wo wir unter Verwendung von fast ausschließlich reflektiertem Licht viele der Probleme vermeiden, die von direkter Beleuchtung herrühren. Wir verlieren zwar an Lichtstärke, gewinnen aber eine bessere Kontrolle über Szene oder Motiv und vermeiden zu kontrastreiche Lichter.

▽ **ALTERNATIVE** – Wenn wir im Schatten arbeiten, sollten wir versuchen, eine Szene mit **niedrigem Kontrast (1)** aufzunehmen, in der das Motiv nicht von störenden Lichtern beeinträchtigt wird. Um **mehr Tiefe** zu erlangen und die Atmosphäre zu intensivieren, können wir das Motiv zusätzlich mithilfe eines **weißen oder goldenen frontalen Reflektors (2)** ausleuchten.

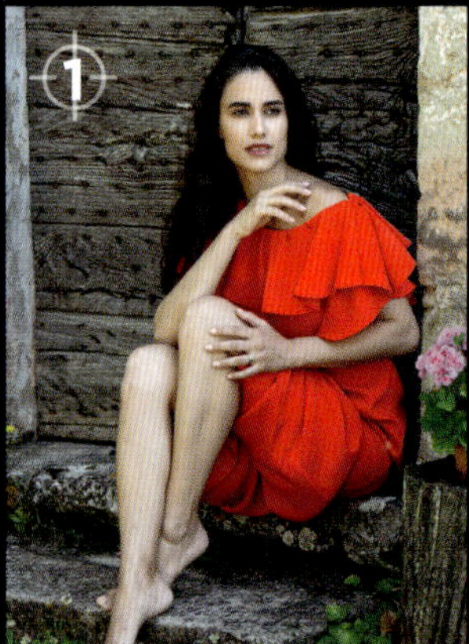

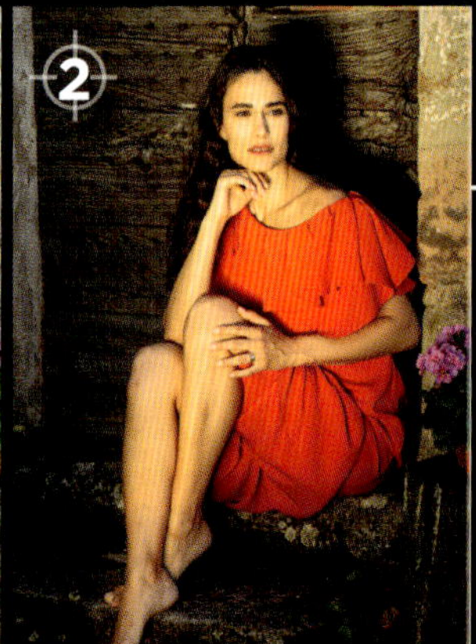

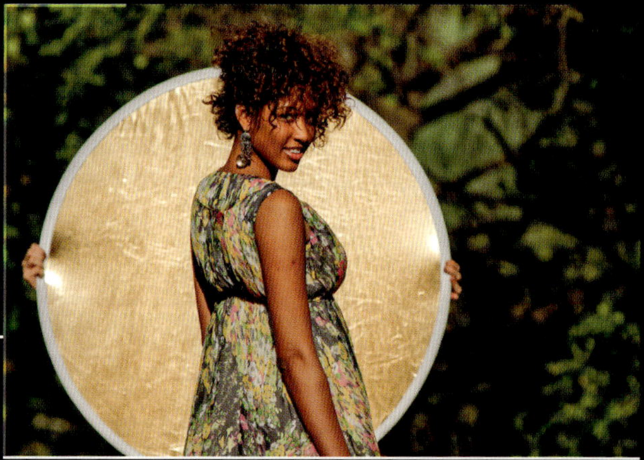

△ **GEGENLICHT** – Befindet sich das Motiv im Schatten, so lassen sich Lichtstrahlen und Zonen gleißenden Lichts zuverlässig ausschließen. Man kann die Intensität von Lichtstrahlen aber dennoch nutzen, indem man das Motiv mithilfe eines Reflektors von hinten anleuchtet, was zu einem angenehmen Gegenlichteffekt führt.

REGEN UND DUNKLER HIMMEL - dramatisches Licht

An Regentagen aufgenommene Fotos sind besonders **poetisch und melancholisch**, doch sie stellen den Fotografen vor einige technische Probleme. Regen kann zum Beispiel auf unterschiedliche Arten dargestellt werden. Durch eine lange Verschlusszeit erhält er eine fotografische Ähnlichkeit mit **leichtem Nebel**. Eine kurze Verschlusszeit kann die Regentropfen auf dem Bild einfrieren und jene **Formen zeigen**, die durch Tropfen auf Wasseroberflächen entstehen.

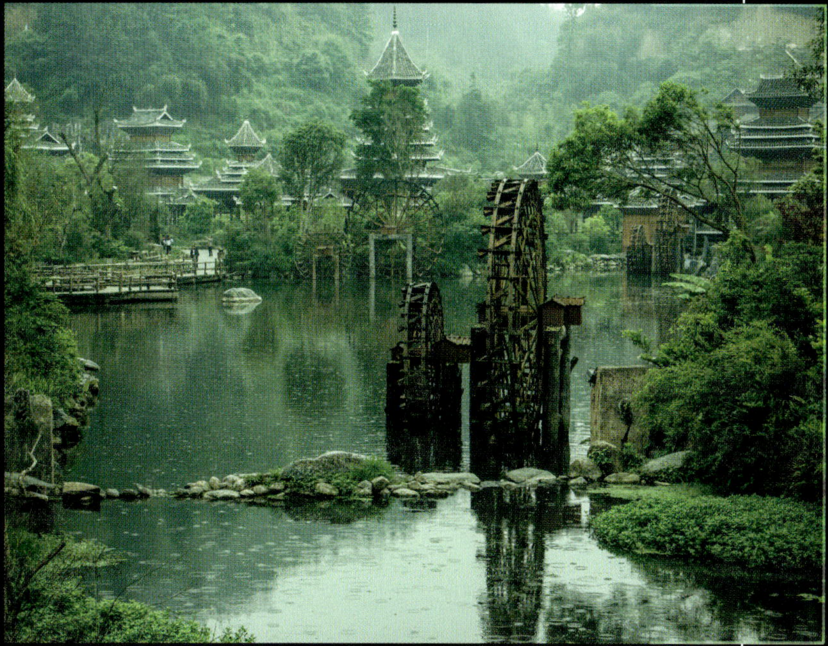

▽ **ALTERNATIVE** – Ein dunkler Himmel hat eine ausgesprochen beeindruckende Wirkung, und es ist möglich, ihn aufzunehmen, ohne unnötige helle oder überbelichtete Bereiche zu erhalten, die bei Landschaftsaufnahmen oft zu Problemen führen. Diese Dramatik ist bei Fotografen sehr gefragt, so sehr, dass sie in der Bildbearbeitung oft **zusätzlich verstärkt** wird.

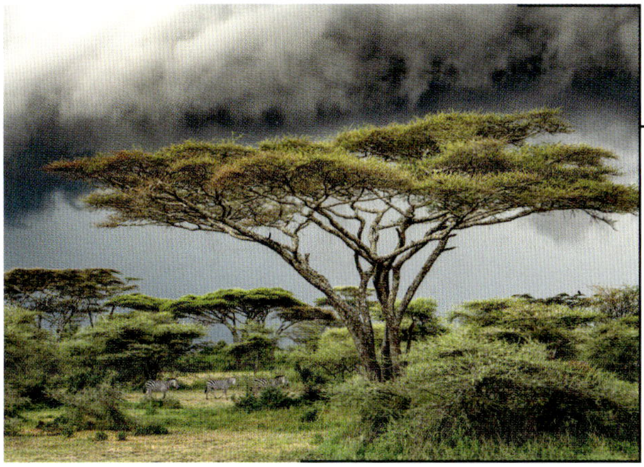

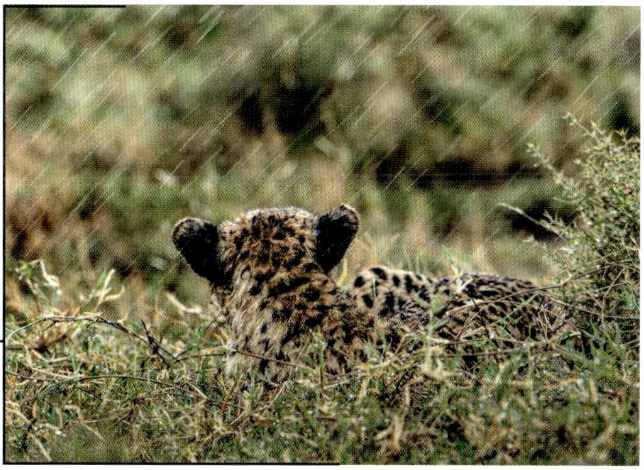

△ **GEGENLICHT** – Wenn der Regen durch das Hauptlicht oder eine sekundäre, nicht mit aufgenommene Lichtquelle, wie etwa eine Straßenlampe, von **hinten beleuchtet** wird, ist der Gegenlichteffekt äußerst faszinierend. Die Wahl eines dunklen Hintergrunds trägt dazu bei, dass die Tropfen als leuchtende Striche erscheinen.

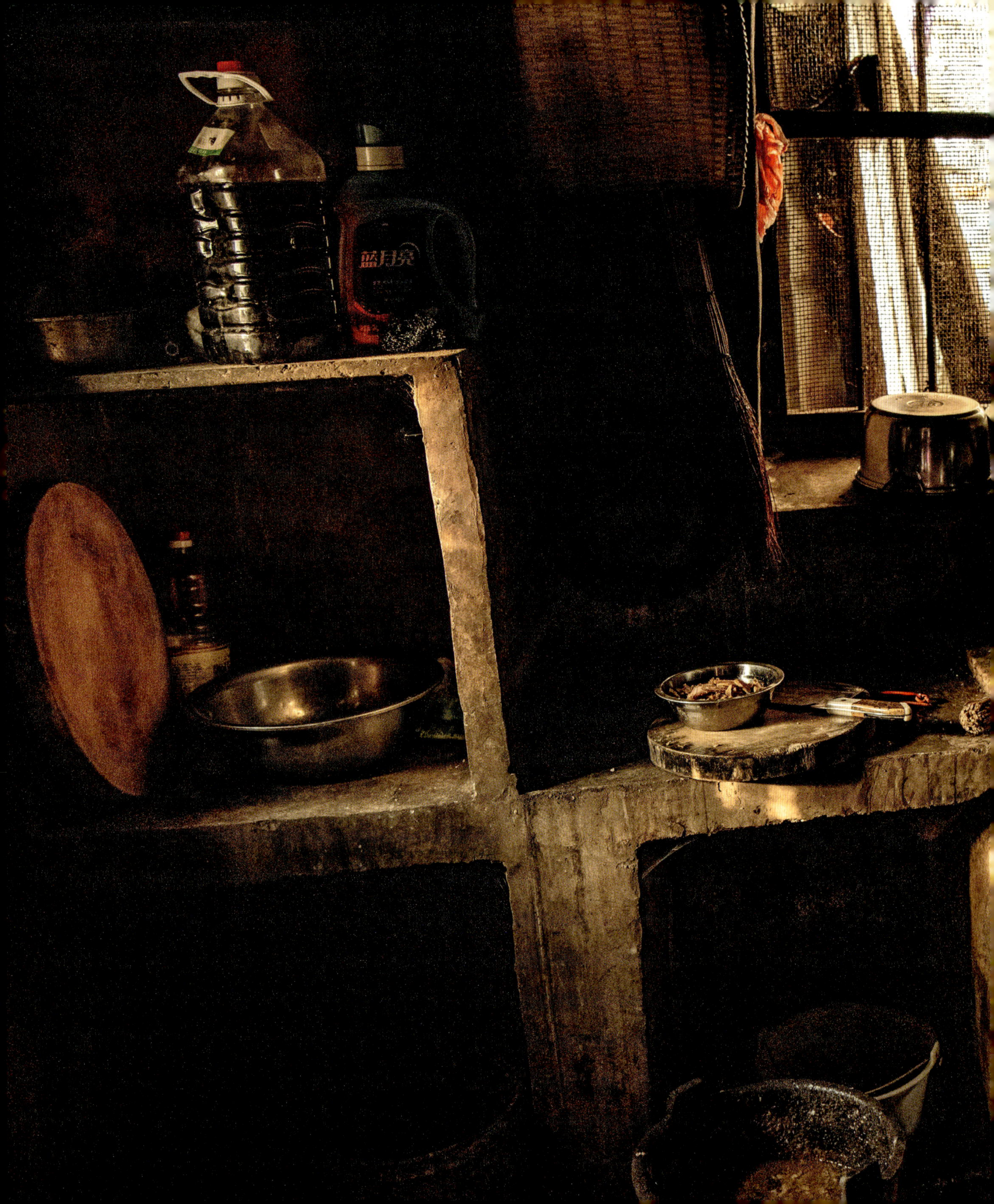
蓝月亮

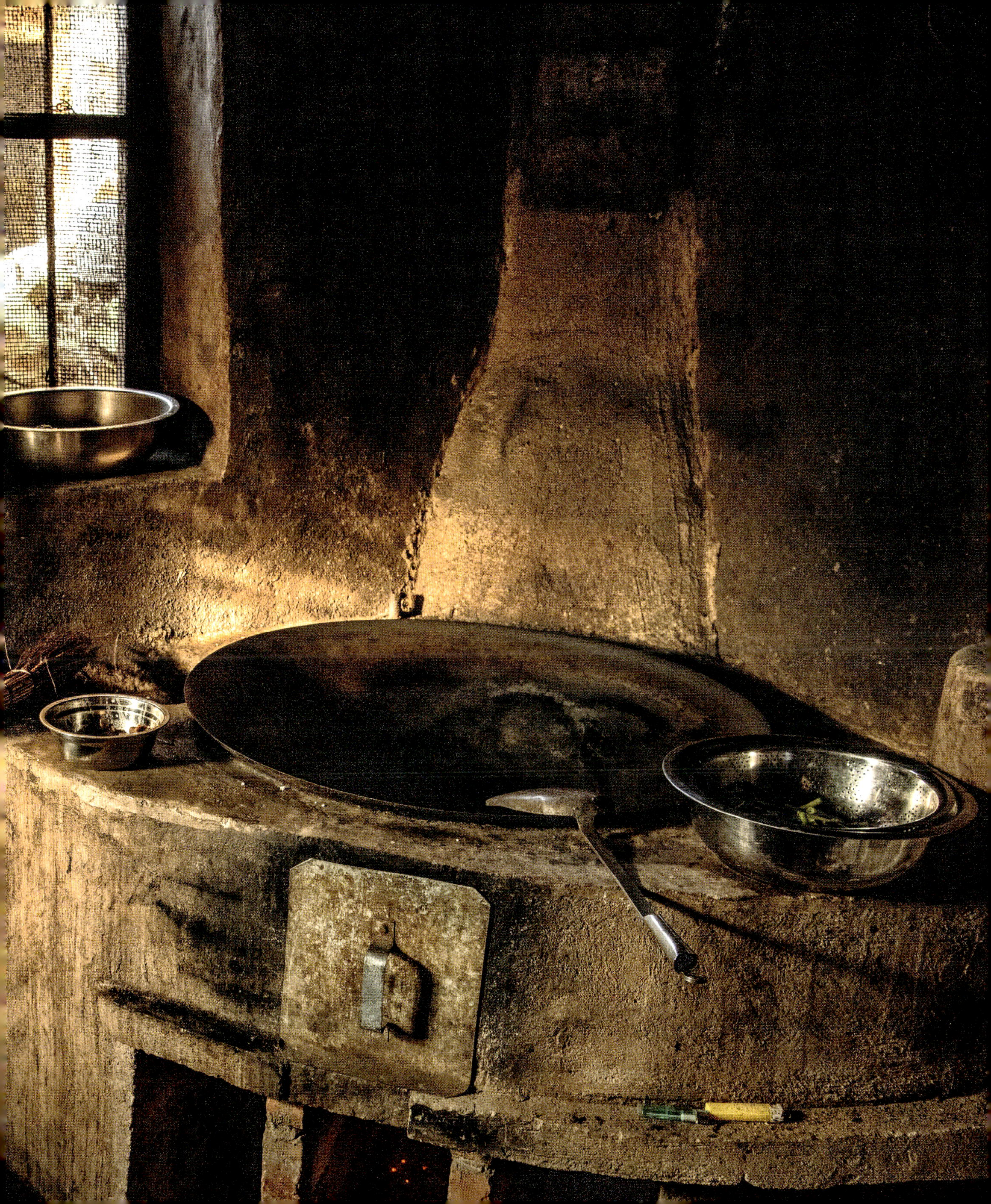

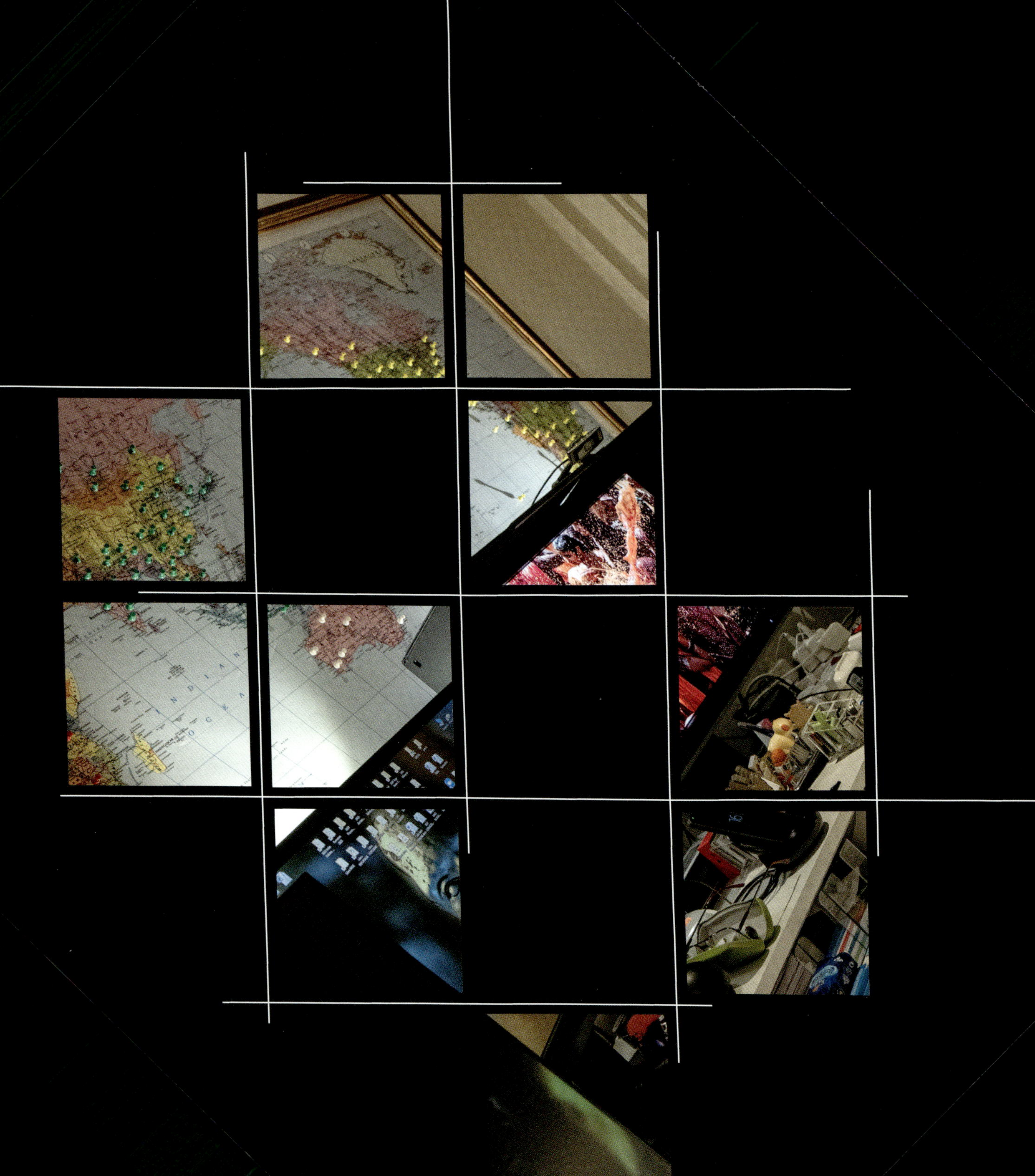

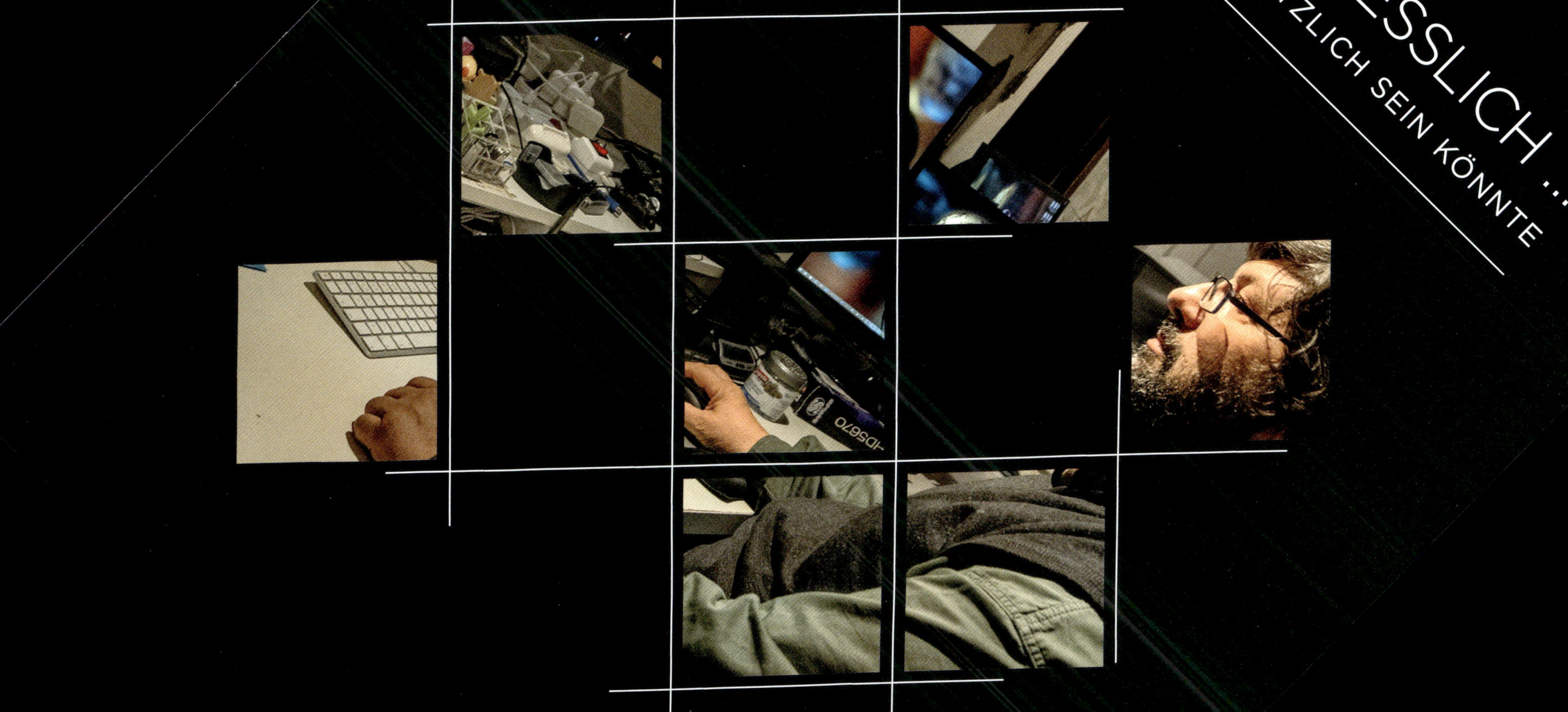
ESSLICH …
ZLICH SEIN KÖNNTE

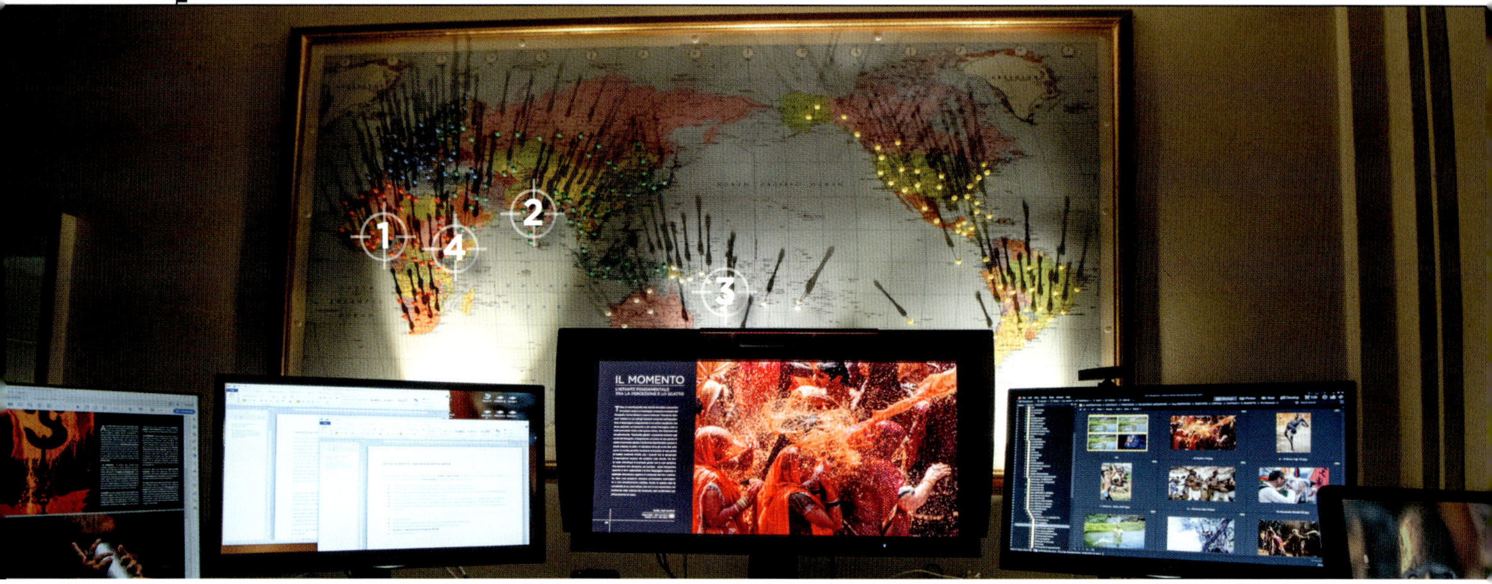

Da ich bereits mit fünfzehn Jahren Fotoreporter war, kann man sagen, dass mein Leben aus Bildern besteht. Von jedem wichtigen oder einfach nur amüsanten Moment, von jedem Ereignis, von jedem Gefühl, jeder Freundschaft, jeder auch noch so unangenehmen Erfahrung, von jeder Liebe, jeder Arbeit und natürlich von jeder Reise oder Expedition habe ich **sorgsam Fotografien** aufbewahrt. Die Abzüge wurden vom Scanner gesichert, aber nicht weggeworfen. Die ersten digitalen Dateien lagern auf der Festplatte. Ich bin stolz auf ihre Inhalte, die unwiederholbar sind, aber rührend angesichts der neuen Bildgiganten, die überreich an Pixeln sind. Von jedem bedeutenden Moment, den ich erlebt habe, **existiert also eine Spur.** Bilder, die nützlich sind, um etwas zu zeigen, etwas zu demonstrieren, um von etwas zu zeugen oder um etwas zu beschreiben. Aber vor allem, um zu erzählen. Bilder, die denjenigen auf Reisen schicken, der nicht dazu in der Lage ist oder Angst davor hat. Bilder, die denjenigen wissen und sehen lassen, der nicht weiß oder nicht wissen will. Bilder, die **den Traum** von jemandem **am Leben gehalten** haben, der sich nie zufriedengab und stets zu einem Horizont blickte, der nie erreicht wird. Das sind Bilder eines fotografischen **Bänkelsängers** – und ich bin wie jeder andere Fotoreporter ein Bänkelsänger.

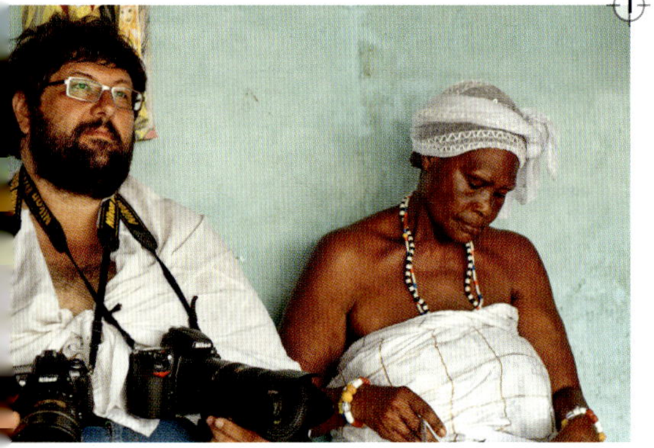

AKODÉSSÉWA (TOGO) – Die authentischen und geheimen Zeremonien des Voodoo in aller Tiefe zu dokumentieren, bringt beträchtliche Schwierigkeiten mit sich. Die komplexen Rituale und blutigen Opfer die unverzichtbar sind, um den Göttern zu danken und sich ihrer Gunst zu versichern, kann man nur dann sehen, **wenn man persönlich daran teilnimmt.** Nur aufgrund der Freundschaft mit einem bedeutenden Priester hatte ich dreimal die Gelegenheit dazu. Die insgesamt 122 Tage, die ich bei fast 50 Grad mit minimaler Verpflegung – oder ganz ohne sie – und unter dramatischen Hygienebedingungen verbrachte, haben mir jedoch geholfen, diese Welt mit den Augen dessen wahrzunehmen, der in sie hineingeboren ist und in ihr lebt.

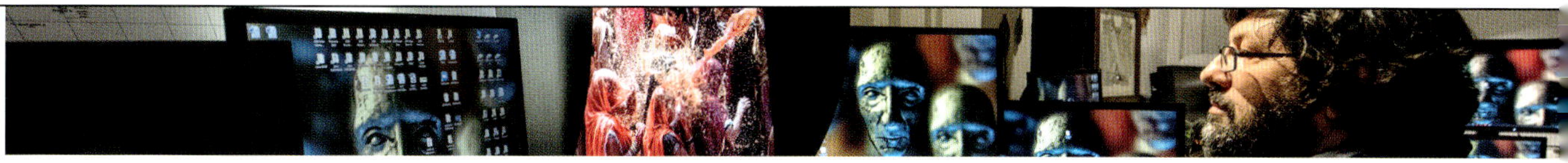

PRAYAGRAJ (EHEMALS ALLAHABAD, INDIEN) – An einer großen *Kumbh Mela* teilzunehmen, ist eine Erfahrung, die jeder Anthropologe oder Fotoreporter mindestens einmal machen sollte. Die riesige Pilgerfahrt, zu der sich über achtzig Millionen Menschen versammeln können, ist eine einzigartige Gelegenheit, das **hinduistische Menschenbild** kennenzulernen und sich vollkommen darin zu verlieren. Sich tagelang mit wenig Wasser, Essen und einigen Batterien für die Kamera in Prayagraj am Ganges aufzuhalten, vollkommen abgeschieden von der Welt und umgeben von Millionen von Menschen, die **buchstäblich Körper und Geist** mit dir und dem heiligen Fluss **teilen**, stellt sicherlich eine tief prägende und unvergessliche Erfahrung dar.

2

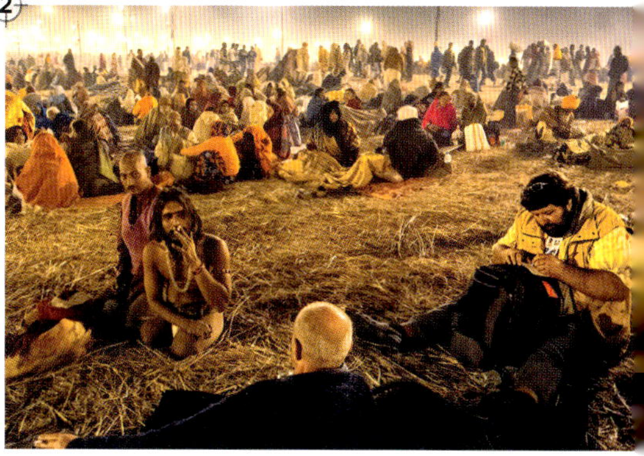

PENTECOST-INSEL (VANUATU) – Die Einwohner des Dorfes Gunn, das praktisch unerreichbar auf einem vulkanischen Gipfel einer winzigen Insel der Inselgruppe Vanuatu liegt, haben mich sofort so einfühlsam und rührend einbezogen, wie man es sonst höchstens bei langjährigen Freunden erlebt. Der Stolz und die Freude, mit denen sie ihre Traditionen mit mir geteilt haben, haben es mir ermöglicht, in wenigen Tagen Aufnahmen zu machen, die starke Emotionen ausdrücken und anthropologisch interessant sind. Doch ich erinnere mich, dass zu den schönsten Bildern diejenigen gehörten, die **ich nicht machen konnte**, weil bei meiner Abreise aufrichtige Rührung meine Augen – und die aller anderen – feucht werden ließ.

3

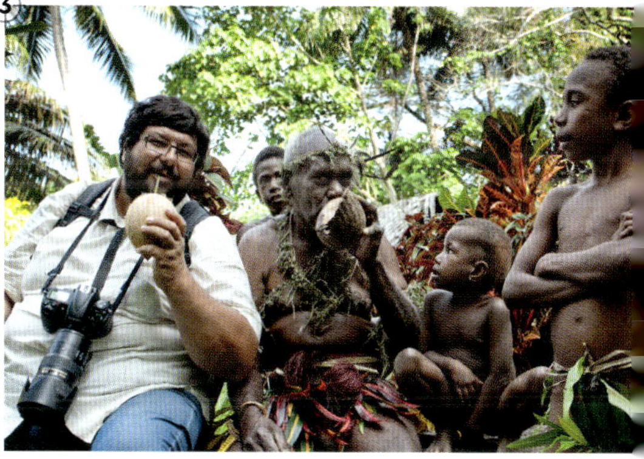

OMO KIBISH FORMATION (ÄTHIOPIEN) – Eine der Stärken meiner Schule der Fotografie besteht sicherlich in den spektakulären Workshops, bei denen meine Schüler, die mir auf jede Reportage oder Exkursion folgen, ihre erworbenen Kenntnisse in die Praxis umsetzen können. Sich an magischen, ergreifenden Orten dank äußerst inspirierender Motive **zu beweisen**, gewährleistet höchstes Engagement von allen Teilnehmenden. Die überraschenden Ergebnisse, die in so kurzer Zeit von allen erzielt werden, sind jedoch hauptsächlich der **kritischen Analyse der Bilder** und der fotografischen Technik zuzuschreiben, die jeden Abend, in jeder Situation, an jedem Ort und unter allen Bedingungen erfolgt.

4

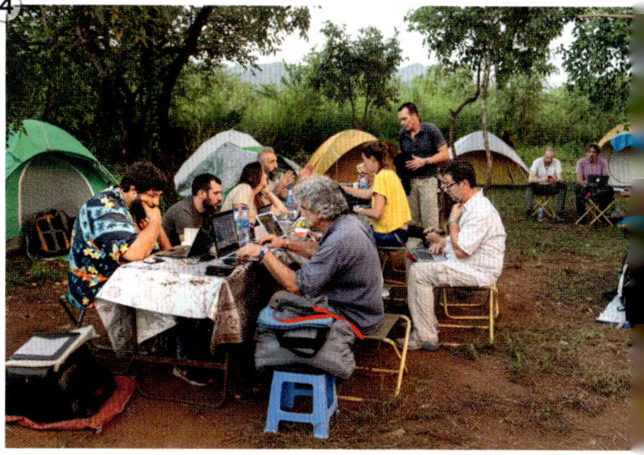

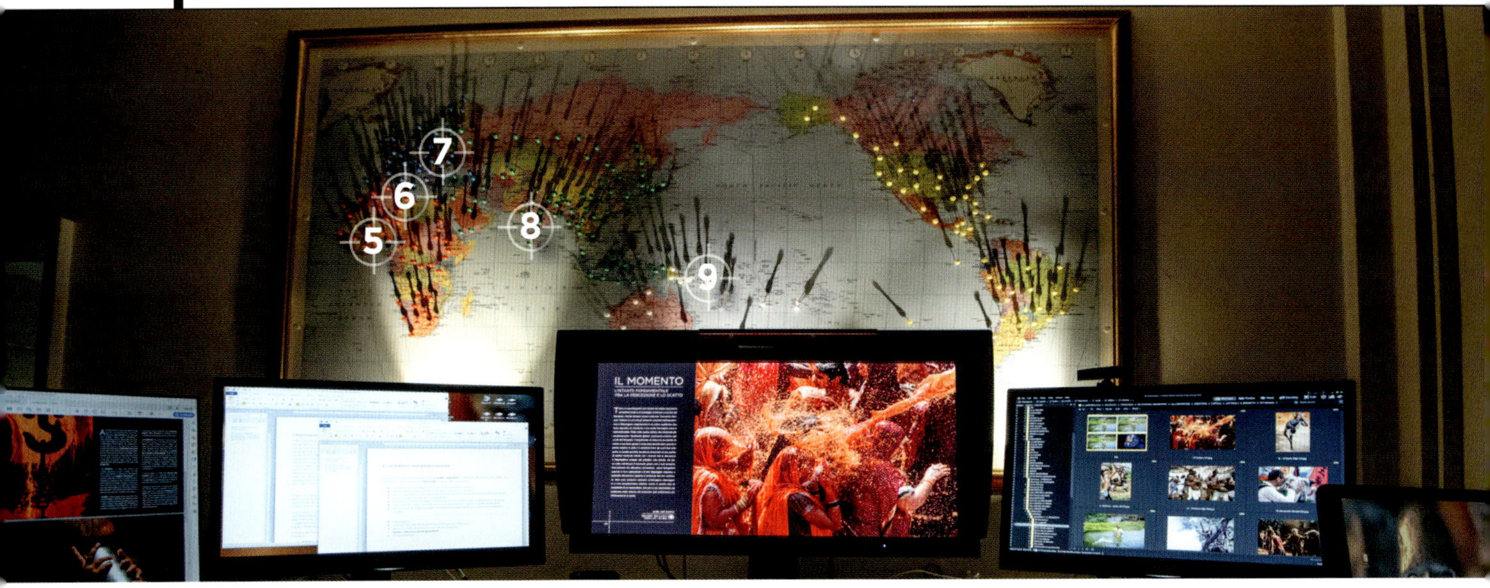

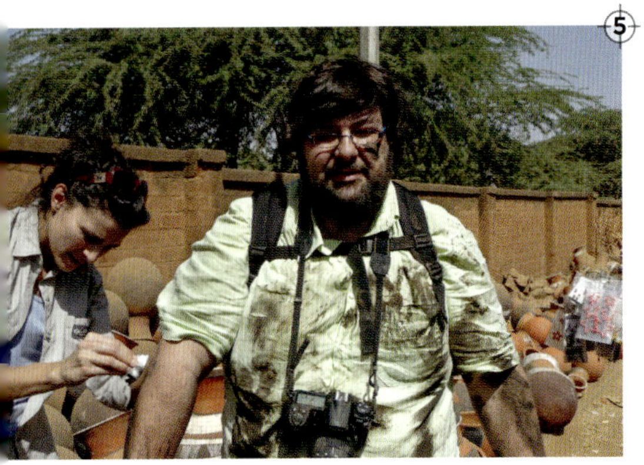

5

LAZARET, KATAKO-MARKT (NIGER) – Die Angst ist die ständige Begleiterin eines Fotoreporters, der oft in einem unbekannten und gefährlichen Umfeld arbeitet. Man darf nie aufhören, sie zu empfinden, denn es ist eben diese Angst, die uns aufmerksam und vorsichtig macht. Sie sorgt dafür, dass man ein Resultat mit nach Hause bringt, das **die Grenzen aufzeigt**, die man besser nicht überschreitet. Doch manchmal führt das Gefühl für ein schönes Foto oder die übermäßige Aufmerksamkeit, die man einem Motiv und nicht dem Kontext widmet, dazu, dass man sich in **eindeutig gefährliche Situationen** begibt. Man muss sich glücklich schätzen, wenn es nur zu einer solchen Balgerei im Schlamm und einer Stichverletzung kommt, wie in diesem Fall.

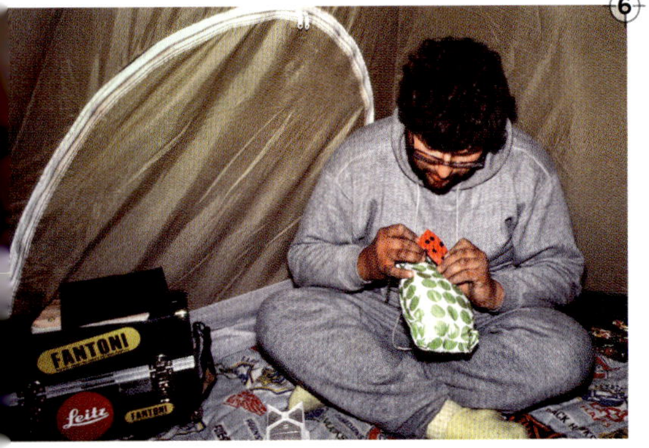

6

OTOUL, SAHARA (ALGERIEN)– Ich begann bereits in sehr jungen Jahren mit dem Reisen. Mit achtzehn Jahren hatte ich die Sahara schon siebenmal durchquert, weil ich Reisende führte. Das waren Leute, die vor allem das Abenteuer suchten. Danach wurden meine Reiseziele vielfältiger, und ich organisierte Touren und reiste, bis ich jährlich auf durchschnittlich **über zehn Exkursionen** kam. Fast vierzig Jahre lang habe ich daher Weihnachten auf Reisen verbracht, meistens im Zelt, allein oder mit abenteuerlustigen Begleitern. Und über vierzig Jahre lang tat ich so, als sei ich überrascht, wenn ich kleine Pakete öffnete, die bereits von misstrauischen Militärs oder Zollbeamten geöffnet worden waren, und darin Geschenke vorfand, die nach Zuhause und alten Freunden rochen.

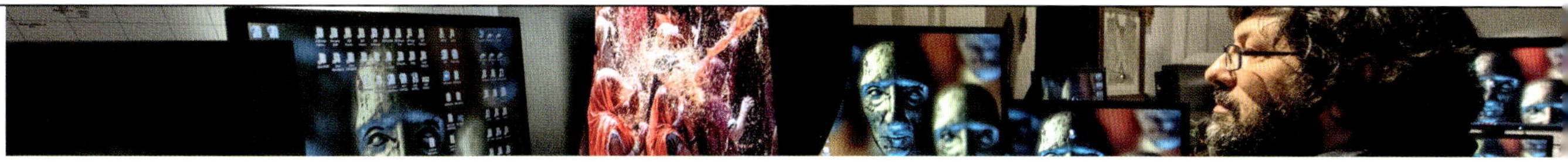

DEALU FRUMOS (AUCH SCHÖNBERG, RUMÄNIEN) – Nicht alle Roma – die bekannteste und präsenteste ethnische Minderheit in Rumänien – akzeptieren es, in Stadtquartieren wie Buzescu zu leben, einem 5000-Seelen-Dorf, 150 km von Bukarest entfernt. Viele von ihnen bevorzugen ländliche Gegenden, wo sie **Tiere hüten,** Pferde reiten und in verlassenen Häusern oder von der Regierung zur Verfügung gestellten Unterkünften leben können. Die wichtigsten Roma-Familien kennenzulernen und auf diese Weise die Erlaubnis zu erhalten, auch die persönlichsten Momente ihres Lebens zu dokumentieren, ist das Ergebnis einer ehrlichen, gleichberechtigten Beziehung, die über Jahre des freundschaftlichen Umgangs geduldig aufgebaut wurde.

7

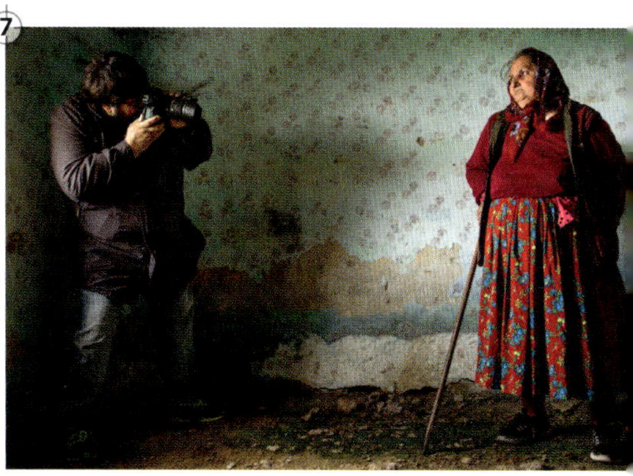

ELLORA-HÖHLEN (INDIEN) – Der Höhlenkomplex von Ellora stellt eines der größten Ensembles aus Tempeln und Grotten der Welt dar. Der einzigartige Ort zeugt von **Buddhismus, Brahmanismus und Jainismus** und somit vom Geist der Toleranz im alten Indien. Trotz der Bedeutung der archäologischen Stätte sind die erhaltenden Maßnahmen nicht immer zufriedenstellend oder angemessen. Manche Bauteile, die die Kunstwerke vor Schäden bewahren sollen, versperren nämlich die **Sicht** auf sie und verhindern damit bedauerlicherweise deren **Würdigung**. Um diese Barrieren zu überwinden, ist es manchmal erforderlich, ungewöhnliche Aufnahmepositionen einzunehmen und unorthodoxe Lösungen zu finden.

8

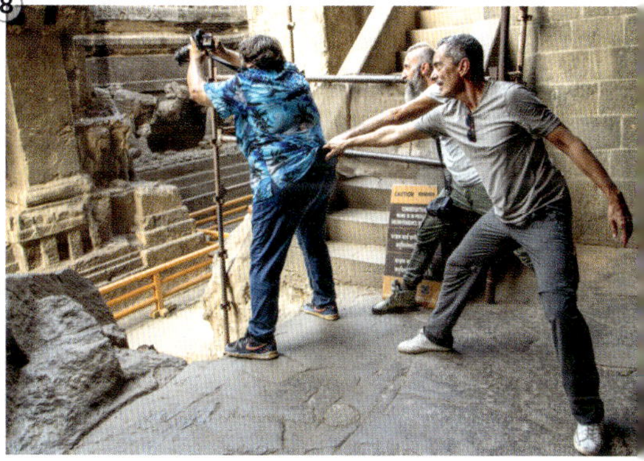

MALAITA (SOLOMONEN) – Malaita ist eine verzauberte Insel der Solomonen, mitten im Pazifischen Ozean. Die Riten der Ureinwohner dort folgen noch immer den Regeln ihrer mündlichen Überlieferung, und die Zeremonien werden begleitet von faszinierenden traditionellen Klängen, die auf Panflöten gespielt werden. Aufgrund ihrer Größe dienen die Instrumente sowohl als Blas- als auch als Schlaginstrumente, wobei rhythmisch auf den Rand der Rohre geschlagen wird. Alle Rituale erfolgen bei Nacht im Feuerschein, was die Atmosphäre noch intensiviert, die Arbeit des Fotografen jedoch **sehr erschwert,** da er versuchen muss, unter diesen Lichtbedingungen die Musiker und Tänzer bestmöglich fotografisch einzufangen.

9

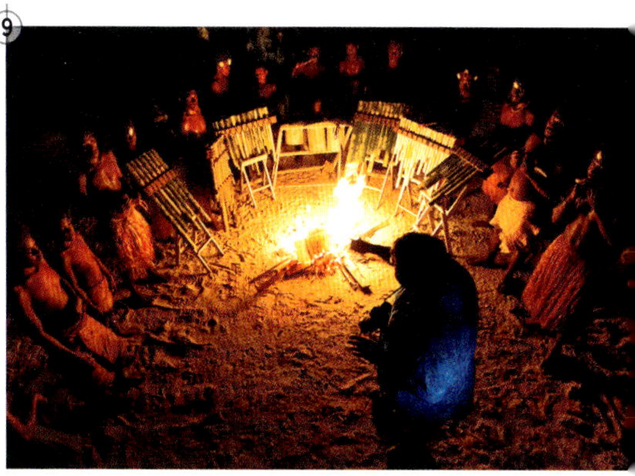

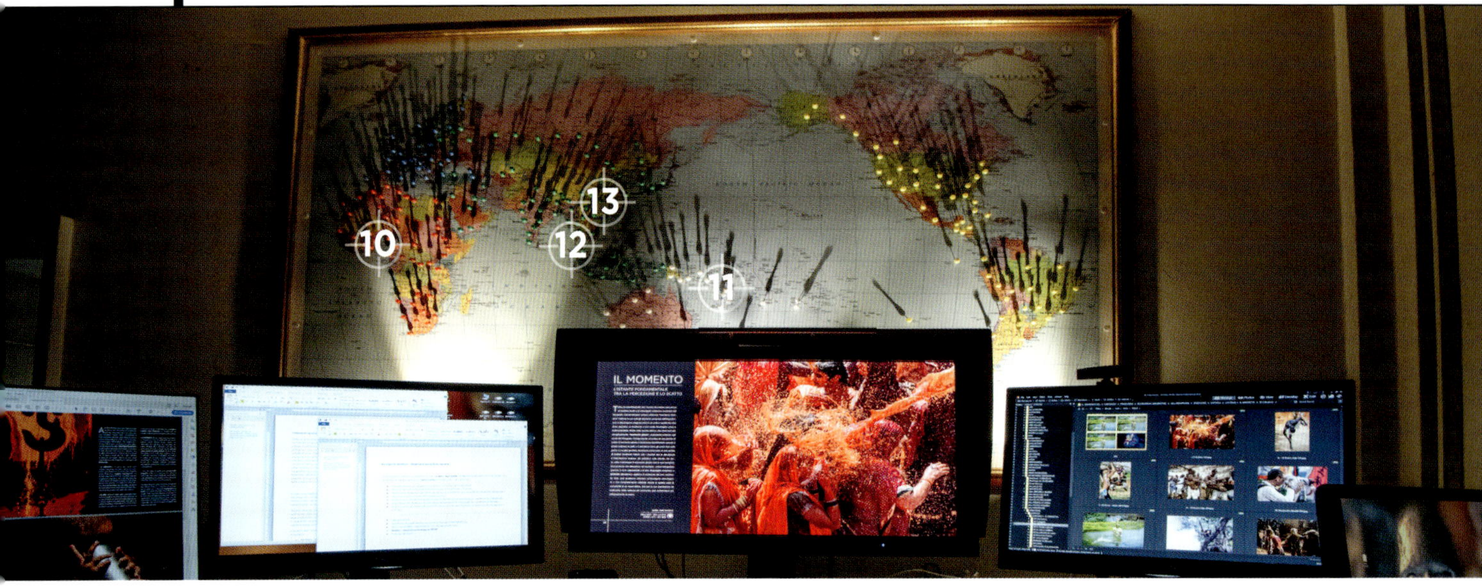

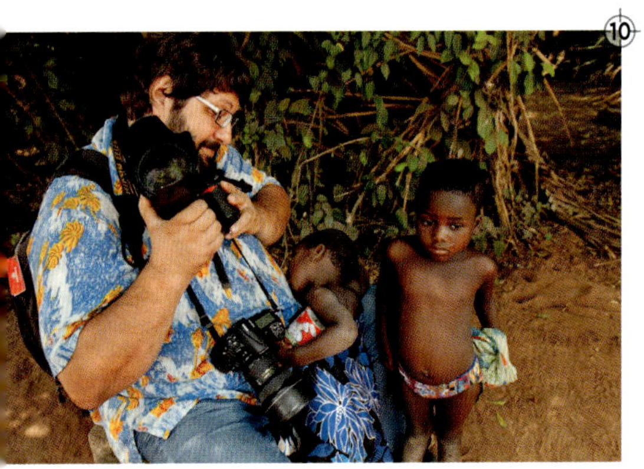

POSSOTOMÈ (BENIN) – Kinder stellen für den Fotografen ein leichtes und zugleich schwieriges Motiv dar. Neben der Sorgfalt - etwa dass man sich auf Augenhöhe mit ihnen begibt, um **perspektivische Verzerrungen** zu vermeiden - sieht sich der Fotoreporter oft vor ein ethisches Problem gestellt. Korrekt wäre es, **Menschen nicht ohne ihre ausdrückliche Einwilligung** zu fotografieren, doch die tiefgründigen und einzigartigen Mienen verschwinden, sobald die Kleinen die Kamera bemerken und anfangen zu schauspielern. Mit der Zeit ihr Vertrauen zu erwerben, kann zwar nützlich sein, doch der enge Kontakt birgt auch für alle Beteiligten das Risiko, dass man sich gegenseitig zu sehr ins Herz schließt.

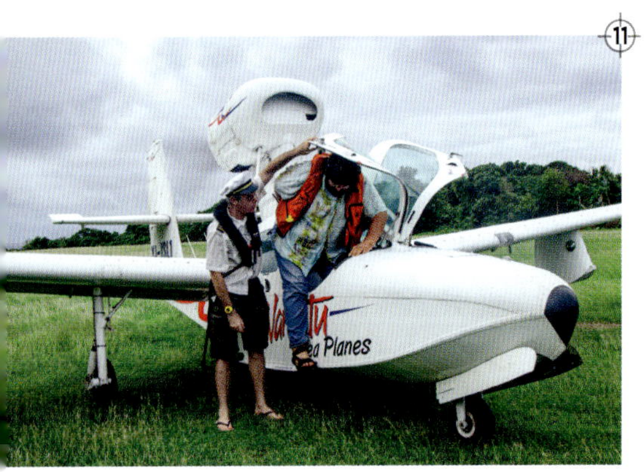

GAUA (BANKS-INSELN) – Für einen Fotografen, der auf anthropologische Reportagen spezialisiert ist, stellt die Logistik eines der größten tagtäglichen Probleme dar, das heißt die **Organisation der Ortswechsel.** Man muss zu schwer erreichbaren Orten vordringen, die mit den regulären Transportmitteln - oder solchen, die dieser Bezeichnung würdig sind - nicht erreichbar sind. Ständig kommt es zu unvorhergesehenen Situationen, denen man mit Improvisation, Intuition und Erfahrung begegnen muss. Als damals alle Flüge in die Pazifikregion wegen überschwemmter Pisten gestrichen worden waren, musste ich den Besitzer dieses **winzigen Wasserflugzeugs** davon zu überzeugen, dass ich mit seiner Hilfe zwischen den kleinen Inseln pendeln musste.

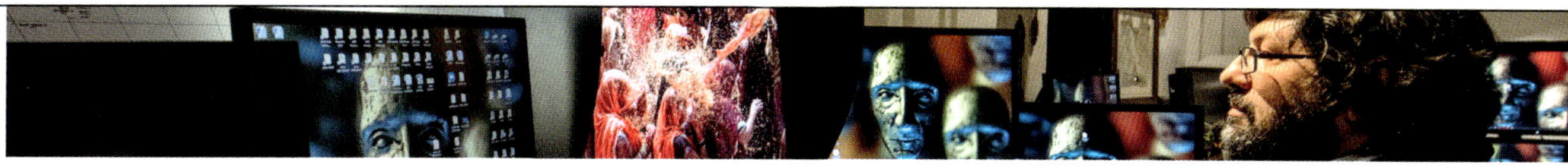

JENG-ONG-SCHREIN (PHUKET, THAILAND) – Um das Tesagan Gin Je zu dokumentieren, ein Festival, mit dem den neun Kaisergöttern gedankt wird, braucht man besonders viel **Ausdauer, Konzentration und Resilienz.** Den Ort der Feierlichkeiten herauszufinden, ihn zu erreichen und dafür zu sorgen, dass man von den Anhängern und Priestern zugelassen wird, stellt schon ein erstes Hindernis dar. Doch die zerstochenen Gesichter, die Mienen der Besessenen im Zustand tiefer Trance und die der äußerst mitgerissenen Gläubigen zu fotografieren, erfordert im prasselnden tropischen Platzregen und unter praktisch nicht vorhandenen Lichtbedingungen auf jeden Fall eine gute Technik und eine ausgezeichnete Ausrüstung.

12

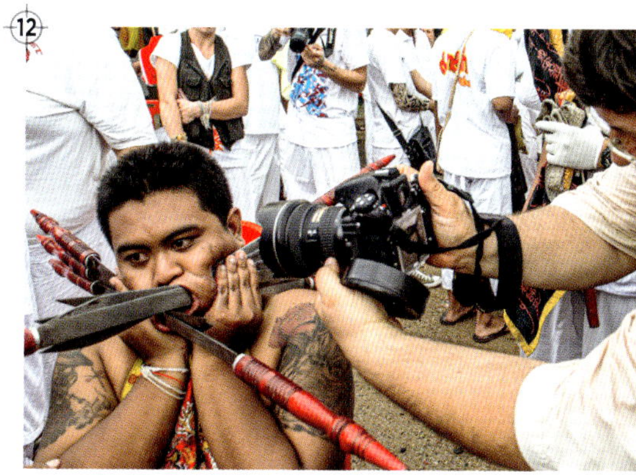

MUANG SING (LAOS) – Zu den vielleicht heikelsten und wichtigsten Aufgaben eines Fotoreporters, der durch seine Arbeit und aus Berufung stets in unterschiedliche und immer neue Länder reist, gehört auch, dass er seine Ausrüstung in **perfektem Zustand** hält. Eine tadellose logistische Organisation nutzt nichts, wenn dann vor Ort die Kamera nicht bereit ist, ihre Arbeit zu verrichten. Neben der Wahl einer robusten Ausrüstung, **die keine bekannten Mängel aufweisen darf**, ist es notwendig, die Kamera, die Objektive und das Zubehör regelmäßig zu überprüfen und zu reinigen, um kleine Reparaturen und Wartungen auszuführen, wie zum Beispiel die Säuberung des Sensors.

13

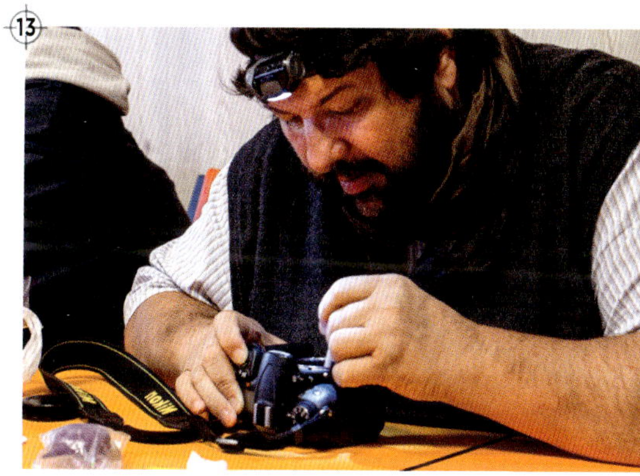

[EINE LETZTE SACHE NOCH ...]

Ich möchte Ihnen einen letzten Rat geben: Wir alle haben schon **Bilder verloren**. Szenen, die wir nicht aufgenommen haben, weil wir sie zu spät bemerkten, weil wir abgelenkt waren, aus Feigheit oder übermäßiger Höflichkeit. Doch in den meisten Fällen passiert das aus Faulheit. Weil wir träge waren, weil wir einen anstrengenden Tag hinter uns hatten, weil der Weg bis zum letzten Ziel noch weit war. **Wir haben es vermasselt**. Dies war ein Fehler – und wird es immer bleiben, jedes einzelne Mal. In unserer Erinnerung werden diese nicht gemachten Fotos wunderschön, und sie werden uns quälen, solange wir nicht versuchen, sie wiederzufinden. Aber sie werden anders sein, lange nicht so besonders wie die, die wir nicht gemacht haben. **DESHALB: BLEIBEN SIE NÄCHSTES MAL UNTER ALLEN UMSTÄNDEN STEHEN UND SCHIESSEN SIE IHR FOTO.**

Glossar fotografischer Fachbegriffe

ABERRATION *(Aberration)* – Fehler, der meist vom Objektiv verursacht wird, das Unterschiede zwischen dem realen Bild und dem Ergebnis verursacht.

ADDITIVE FARBMISCHUNG *(Additive Synthesis)* – Technik, die zwei oder mehr Farben aus dem RGB-Farbraum (Red, Green, Blue) kombiniert, um eine weitere Farbe zu erhalten.

ADOBE – Wichtiger Hersteller von Software für Fotografie, dessen verbreitetste Produkte Photoshop und Lightroom darstellen.

AE *(Automatic Exposure)* – In der Fotografie verwendetes Kürzel für „Belichtungsautomatik".

AEL *(Automatic Exposure Lock)* – In der Fotografie verwendetes Kürzel für „automatische Belichtungssperre"; eine praktische Taste auf der Kamera, um die Belichtungseinstellung bis zum Auslösen festzusetzen, um eine Komposition mit einem nicht mittigen Objekt ausführen zu können.

AF *(Auto Focus)* – System zur automatischen Scharfeinstellung mittels Messung durch das Objektiv.

AF-C *(Continuous Auto Focus)* – Der Modus „kontinuierlicher Autofokus", der die Scharfeinstellung bis zum Moment des Auslösens kontinuierlich und automatisch erhebt und anpasst.

AF-S (Single Auto Focus) – Im Modus „Einzelautofokus" ist es bei halb gedrücktem Auslöser möglich, die automatische Fokuseinstellung bis zum Auslösen zu speichern und festzulegen.

ALIAS-EFFEKT *(Aliasing)* – Wiedergabe einer Linie oder einer Grenze zwischen zwei Farben, die einen wahrnehmbaren Treppeneffekt zeigt.

ANALOG – Effekt, Wiedergabe, System, Bild oder Aufzeichnung, die nicht digital ist.

APS-C *(Advanced Photo System Type-C)* – Akronym, das Sensoren bezeichnet, die kleiner und deshalb auch sparsamer sind als Vollformatsensoren. Verschiedene Hersteller haben mit diesen verkleinerten Sensoren ausgestattete Kameras oder Objektive, die für solche Sensoren geeignet sind, verschiedene Bezeichnungen gegeben. Nikon verwendete zum Beispiel die Abkürzung DX.

AUFLÖSUNG *(Resolution)* – Die Auflösung eines Bildes entspricht der Pixelzahl pro Linearzoll (2,54 cm), die Angabe erfolgt als dpi *(dots per inch)*. Wenn ein Bild gedruckt wird, benötigt es eine höhere Auflösung als für die Bildschirmdarstellung.

AUSGEBRANNTE LICHTER – Helle Bildbereiche, die so stark überbelichtet sind, dass sie keine Details mehr zeigen.

AUTOFOKUS (AF) – Wenn man den Auslöser halb drückt, stellt die Kamera in diesem Modus automatisch auf einen bestimmten Bezugspunkt des Motivs scharf. Dieser befindet sich normalerweise in der Mitte des Bildes. Er kann jedoch auch nach Wunsch auf andere geeignete Positionen verlegt werden.

AUTOMATIKMODUS (Auto) – In diesem Modus werden Verschlusszeit und Blende auf der Grundlage der Belichtungsmessung automatisch ermittelt und eingestellt.

AUTOMATISCHER WEISSABGLEICH *(Automatic White Balance)* – Einstellung, mit der die Kamera automatisch eine optimale Farbtemperatur bestimmt und beibehält, die frei von Dominanzen ist.

BACK-UP – Sicherungskopie digitaler Daten.

BELICHTUNG *(Exposure)* – In der Fotografie ist damit die Belichtung des Sensors mit einer bestimmten Lichtmenge gemeint. Sie wird von drei Faktoren gesteuert: Blendenöffnung, Verschlusszeit und ISO-Wert, wobei letztere eine geringere Rolle spielt als die beiden anderen.

BELICHTUNGSDREIECK *(Exposure Triangle)* – Blendenöffnung, Verschlusszeit und ISO-Wert.

BELICHTUNGSKORREKTUR *(Exposure Compensation)* – Nützliche Vorrichtung, um die Messergebnisse des Belichtungsmessers der Kamera zugunsten der erforderlichen Werte zu verändern. Dies kann nützlich sein, wenn ein störendes Element einen Fehler verursacht, der bei der Belichtungsmessung des Objekts übernommen wird, zum Beispiel wenn Schnee liegt.

BELICHTUNGSMESSER *(Light Meter)* – Mit einem Sensor ausgestattete Vorrichtung, die die Lichtintensität misst und die entsprechende Kombination aus Verschlusszeit und Blende anzeigt, mit der sich eine korrekte Belichtung erzielen lässt. Normalerweise ist der Belichtungsmesser in die Kamera integriert, es gibt aber auch externe Geräte.

BELICHTUNGSMESSUNG *(Exposure Meter Reading)* - Durchgeführt mittels eines Belichtungsmessers, der notwendig ist, um die Lichtstärke eines Objekts zu erfassen und die Verschlusszeit/Blende festzulegen, die für seine korrekte Belichtung notwendig ist. Die Ablesung moderner Kameras kann auf dem gesamten Bildausschnitt, auf einem Teil davon oder in einem bestimmten Bereich von etwa 1-2% des Bildes (Spot-Belichtungsmessung) erfolgen.

BELICHTUNGSMESSUNG *(Light Metering)* - Ablesung und Messung des Lichts durch ein Gerät (Belichtungsmesser), um eine korrekte Belichtung einzustellen. Der Belichtungsmesser einer Kamera kann das reflektierte Licht messen, das von den Eigenschaften des Motivs beeinflusst ist. Mit einem externen Belichtungsmesser lässt sich auch das einfallende Licht messen, das heißt den absoluten Wert des Lichts, das das Motiv beleuchtet.

BILDSTABILISATOR *(Image Stabilizer)* - Optisches oder elektronisches Zubehörteil, das im Objektiv oder in der Kamera integriert ist und Vibrationen ausgleichen soll, die Verwacklungen oder Mikroverwacklungen auf einem Foto verursachen.

BILDUNTERSCHRIFT *(Caption)* - Erklärender Text, der ein Bild begleitet und stützt.

BILDWINKEL *(Angle of View/Field)* - In Winkelgraden gemessener Ausschnitt einer Szene, die ein Objektiv mit einer bestimmten Brennweite in Bezug zur Größe des Sensors wiedergeben kann.

BLENDE *(Diaphragm)* - Mechanismus im Objektiv, der aus beweglichen Lamellen besteht. Diese Vorrichtung variiert den Öffnungsdurchmesser und steuert somit die Lichtmenge, die auf den Sensor trifft.

BLENDEN- ODER VERSCHLUSSZEITAUTOMATIK - In diesem halbautomatischen Modus wird entweder die Verschlusszeit (S- oder Tv-Modus) oder die Blende (A- oder Av-Modus) manuell eingestellt. Die jeweils andere Größe wird von der Kamera auf der Basis der Belichtungsmessung automatisch ermittelt und eingestellt.

BLENDENFLECKE - Phänomen der Lichtbrechung, manchmal auch ansprechend und begehrt, das durch die verschiedenen Linsen im Objektiv verursacht wird. Dieser chromatische Fehler tritt hauptsächlich auf, wenn das Licht frontal einfällt, also wenn Gegenlicht entsteht.

BLENDENÖFFNUNG *(Aperture)* - Öffnung in der Mitte des Objektivs, die von den Lamellen der Blende begrenzt und gesteuert wird und durch die das Licht auf den Sensor fällt. Die Öffnung der Blende wird in f/stop angegeben.

BLITZ - Unter Blitz versteht man ein Stroboskoplicht, das von einem internen oder externen Zubehörteil der Kamera produziert wird. Der Blitz kann als zusätzliche Lichtquelle dienen, um das vorhandene Licht zu verstärken.

BLITZSCHUH *(Hot Shoe)* - Vorrichtung mit Kontakten, über die die meisten Kameras verfügen. Dank dieses Zubehörschuhs mit Standardanschluss kann man Zubehörteile und externe Blitzgeräte schnell montieren. Sie können auf diese Weise mit der Kamera kommunizieren.

BMP *(Bitmap)* - Dateiformat, das verwendet wird, um in Windows-Betriebssystemen Rastergrafiken zu reproduzieren.

BOKEH - Vom japanischen Begriff „*boke*“, was „verschwommen“ bedeutet. Es handelt sich dabei um den Effekt des verschwommenen Hintergrunds, der hauptsächlich über die Blendenöffnung gesteuert wird. Die Qualität dieses Resultats hängt von den Eigenschaften der einzelnen Objektive ab.

BRACKETING - Methode, um die Chance auf eine korrekte Belichtung mithilfe dreier unterschiedlicher Aufnahmen zu erhöhen - einer, die als korrekt belichtet betrachtet wird, einer leicht überbelichteten und einer leicht unterbelichteten.

BRENNWEITE *(Focal Length)* - Gibt die Entfernung zwischen der optischen Mitte einer Linse und der Brennebene, wo sich der Sensor beziehungsweise Film befindet, in Millimetern an. Ausgehend von der Standardbrennweite von 50 mm, deren Bildwinkel dem des menschlichen Auges entspricht, kann man im Großen und Ganzen alle Objektive mit einer kleineren Brennweite als Weitwinkel und die mit einer größeren Brennweite als Teleobjektive bezeichnen.

CATCHLIGHT - Heller oder weißer Bereich in den Augen einer fotografierten Person oder eines Tiers, der durch Reflexion einer Lichtquelle erzeugt wird. Ein Effekt, der normalerweise geschätzt wird, da er dazu beiträgt, das Bild natürlicher erscheinen zu lassen.

CCD *(Charge-Coupled Device)* - Sensortyp in Digitalkameras, der Bilder aufnimmt und sie als Folge elektronischer Signale an einen A/D-Wandler weiterleitet, der sie in einen digitalen Datenstrom umwandelt.

CLOSE-UP - In der Fotografie eine Nahaufnahme, die jedoch nicht das Verhältnis 1:1 erreicht und deshalb nicht in den Bereich der Makrofotografie fällt.

CMOS *(Complementary Metal-Oxide Semiconductor)* - Technische Alternative zum CCD-Kamerasensor.

CMYK-FARBMODELL *(Cyan, Magenta, Yellow, Key)* - CMYK steht für die Grundfarben eines subtraktiven Farbmodells, das für den Vierfarbdruck verwendet wird.

CROP-FAKTOR *(Crop Factor)* – Drückt das Verhältnis zwischen der effektiven Diagonalen eines Sensors und der Diagonalen des klassischen analogen Negativs von 35 mm in Zahlen aus. Vollformatsensoren, die wie das Negativ eine Diagonale von 35 mm haben, haben somit den Cropfaktor 1.

CROPPING – Vorgang, bei dem das Bildformat eines Digitalfotos durch Beschnitt verändert wird, ohne dass es dabei zu Bildverzerrungen kommt.

DAUERLICHT *(Continuous Lighting)* – Kontinuierliche Lichtquelle, die in den Studioblitz integriert ist und dazu verwendet wird, den Blitz auszurichten und ihn zu simulieren, um eine Vorstellung davon zu bekommen, wie Licht und Schatten durch den Blitz herauskommen werden.

DETAILGENAUIGKEIT *(Definition)* – Maßstab für die Genauigkeit der Details eines Fotos, beurteilt auf Grundlage objektiver Eigenschaften und subjektiver Einschätzung.

DIFFERENZIELLE FOKUSSIERUNG *(Differential Focus)* – Dieser Modus, der vor allem eine reduzierte Schärfentiefe mit sich bringt, umfasst bei der Fokussierung nur einige Bildbereiche und ist sehr nützlich, um dem Betrachter einen bestimmten Punkt des Bildes oder des Objekts zu zeigen.

DIGITALER SENSOR *(Digital Sensor)* – Elektronischer Bestandteil von Digitalkameras, der Bilder erfasst und sie in Form elektronischer Signale an einen A/D-Wandler schickt, wo sie in einen digitalen Datenstrom umgewandelt werden.

DIGITALES BILDRAUSCHEN *(Digital Noise)* – Störung des Bildsignals, die auf dem Digitalbild, nicht jedoch auf dem realen Motiv zu sehen ist und durch elektronische Anomalien oder vom Sensor verursacht wird. Sie kann durch lange Belichtungen entstehen (Farbrauschen) oder durch einen zu hohen ISO-Wert (Luminanzrauschen).

DISPLAY – In der Fotografie besteht das Display aus einem kleinen LCD-Bildschirm hinten an der Kamera, auf dem die Fotos angezeigt werden.

DOWNSIZING – Verkleinerung der Datenmenge eines Fotos durch Reduzierung der DPI.

DPI *(Dots per Inch)* – „Punkte pro Zoll", Maßeinheit für die Auflösung eines Bildes beim Druck, beim Scannen oder in der Bildschirmansicht.

DRITTELREGEL – Nützliche Regel für die richtige Positionierung von Elementen auf der Bildfläche mithilfe eines idealen Bezugsrasters. In manchen Kameras lässt sich dieses Raster über das Bild im Sucher legen.

DSLR *(Digital Single Lens Reflex)* – Das Akronym bezeichnet Digitalkameras, üblicherweise Spiegelreflexkameras, bei denen das Bild über einen 45-Grad-Spiegel, der sich im Moment der Belichtung automatisch hebt, optisch vom Objektiv an den Sucher weitergeleitet wird.

EINBEINSTATIV *(Monopod)* – Fotografisches Zubehör, um die Kamera durch eine Stütze zu stabilisieren, ähnlich wie ein Dreibeinstativ, nur dass es über nur ein Bein verfügt und deshalb nicht von allein steht.

MISCHBILDENTFERNUNGSMESSER *(Rangefinder)* – System der Fokussierung, bei dem zwei identische Ansichten desselben Motivs von zwei leicht unterschiedlichen Standpunkten aus gemessen und zur Deckung gebracht werden.

EPS *(Encapsulated Post Script)* – DSC-konformes Dateiformat, hauptsächlich für Grafiken und Bilder.

EVIL *(Electronic Viewfinder Interchangeable Lens)* – Digitalkamera mit elektronischem Sucher und Wechselobjektiv. Nicht alle, aber die große Mehrheit der EVIL-Kameras ist spiegellos.

FARBABWEICHUNG *(Chromatic Aberration)* – Fehlerhaftigkeit der Farbe eines Fotos, verursacht durch das Objektiv, dessen Linsen die verschiedenen Wellenlängen des Lichts nicht auf dem Kamerasensor bündeln kann.

FARBE – Visuelle Wahrnehmung der elektromagnetischen Strahlung, die in drei Hauptbestandteile zerlegt werden kann: Farbton, Sättigung und Lichtstärke.

FARBKONSTANZ *(Color Constancy)* – Phänomen der visuellen Wahrnehmung, dank der wir die Farbe eines Objekts, auch wenn sich die Beleuchtung ändert, auf dieselbe Weise wahrnehmen, indem wir eine permanente Analyse des Kontexts durchführen.

FARBQUERFEHLER *(Fringe)* – Dieser unangenehme Effekt, der als farbiger Lichtschein auf der Grenze zwischen zwei Bereichen mit hohem Kontrastunterschied erscheint, geht auf ein Problem des optischen Systems zurück.

FARBRAUM *(Color Space)* – Der Farbraum ist die Kartierung eines Modells, das eine bestimmte Farbpalette umfasst und kodifiziert. Farbräume wie Adobe RGB oder sRGB ermöglichen es, das Farbspektrum, in dem man arbeitet, zu kontrollieren.

FARBTEMPERATUR *(Color Temperature)* – Farbskala des Lichts, ausgedrückt in K (Kelvin).

FARBTIEFE *(Color Depth)* – Menge an Farbinformationen jedes einzelnen Pixels auf einem digitalen Foto. Eine Tiefe von 24 Bit entspricht zum Beispiel 8 Bit pro Kanal (RGB) und damit einem Bild von optimaler Qualität.

FARBTON *(Hue)* - Reine Farbe, einer der drei Aspekte der Farbwahrnehmung des menschlichen Auges - neben Helligkeit und Sättigung.

FERNBEDIENUNG *(Remote Control)* - Gerät, das über Kabel oder Funksignal eine Reihe von Funktionen aus der Ferne steuert. Oft verwendet, um den Auslöser nicht direkt drücken zu müssen. Es reduziert Verwacklungen im Falle langer Verschlusszeiten.

FOKUSSIERUNG *(Focusing)* - Damit das Bild des vom Objektiv fokussierten Objekts manuell oder automatisch scharf gestellt wird, muss eine mobile Linse im Objektiv in die Position gebracht werden, in der die Umrisse des Objekts auch auf dem Sensor klar und deutlich herauskommen.

FOTOMONTAGE - Eine Fotomontage kann analog, digital oder mit einer anderen Methode, wie der Projektion, angefertigt sein. Man versteht darunter die Technik, ein mehr oder weniger plausibles Bild aus der teilweisen Kombination beziehungsweise dem Übereinanderlegen verschiedener Fotos herzustellen.

GAMUT - Farbumfang, den ein Gerät oder Peripheriegerät, wie ein Drucker, ein Projektor oder ein Monitor, herstellen und wiedergeben kann.

GEGENLICHT *(Backlight)* - Unter Gegenlicht versteht man eine Lichtquelle, die von hinten aus unterschiedlichen Winkeln auf das Objekt trifft, ohne es jedoch von der Seite zu beleuchten. Die Lichtquelle, die sich oft mit anderen addiert, ist sehr nützlich, wenn man den Kontrast einer Szene erhöhen will oder wenn sich das Objekt vom Hintergrund abheben soll.

GEGENLICHTBLENDE *(Lens Hood)* - Wichtiger Schutz, der die vordere Objektivlinse vor unerwünschtem Seitenlicht, vor Regen und vor Stößen schützt.

GIF *(Graphic Interchange Format)* - Dateiformat für digitale Bitmap-Grafiken. Diese Art von Datei kann bis zu 256 Farben verwenden und wird oft für die Herstellung animierter Bilder eingesetzt.

GRAUSTUFEN *(Gray Scale)* - Skala der Grautöne zwischen reinem Weiß und reinem Schwarz.

GRÖSSENKONSTANZ *(Perceptual Constancy)* - Prinzip der visuellen Wahrnehmung, nach dem zwei ähnliche Objekte, die aufgrund unterschiedlicher Distanz unterschiedlich groß erscheinen, als gleiche Art von Objekt und deshalb auch von gleicher Größe erkannt werden.

HDR *(High Dynamic Range)* - In der Fotografie versteht man unter HDR eine Methode, bei der mithilfe der Bildfusion mehrerer, mit unterschiedlicher Belichtung aufgenommener Fotos, die mit einem entsprechenden Programm zusammengefügt werden, ein Bild mit hohem Kontrastumfang entsteht, auf dem auch die dunkelsten und hellsten Stellen korrekt belichtet sind.

HIGHLIGHTS - Die hellsten Bereiche eines Bildes oder einer Szene.

HINTERGRUNDBELEUCHTUNG *(Backlight)* - Lichtquelle, die ein Objekt beleuchtet, das sich zwischen ihr und der Kamera befindet.

HISTOGRAMM - Grafik, die auf objektive Weise die Farbtonverteilung eines Bildes darstellt. Die Horizontalachse bildet den Kontrastumfang ab, während die Vertikalachse die Pixelmenge anzeigt, die für eine bestimmte Lichtstärke verwendet wird.

HYPERFOKALE ENTFERNUNG *(Hyperfocal Distance)* - Die Distanz bezüglich einer bestimmten Brennweite und einer bestimmten Blendenöffnung, auf die man scharfstellt, um maximale Schärfentiefe zu erhalten.

INFRAROT *(Infrared)* - Fotografische Aufnahmetechnik, die das Spektrum der Infrarotstrahlung nutzt, eine elektromagnetische Strahlung, die für das menschliche Auge normalerweise unsichtbar ist. Eine rot gekennzeichnete Anzeige auf dem Naheinstellungsring mancher Objektive ist nützlich, um die Fokuseinstellung anzuzeigen, die für das Fotografieren mit Infrarot notwendig ist.

ISO *(International Standard Organization)* - Internationale Abkürzung, die den Wert anzeigt, durch den die Empfindlichkeit eines Sensors oder eines Films angegeben wird. In der Digitalfotografie ist es möglich, diese Angabe abweichend vom ursprünglichen Wert des Sensors zu wählen, doch wenn man die Empfindlichkeit erhöht, erhöht sich auch die Körnung.

JPEG *(Joint Photographic Experts Group)* - Als JPEG oder JPG bezeichnet man das meistverwendete System zur Komprimierung digitaler Bilder. Diese Komprimierung geht mit Datenverlust einher.

KAMERAVERSCHLUSS *(Shutter)* - Mechanische oder elektronische Vorrichtung, die es zusammen mit der Blende ermöglicht, die Lichtmenge zu steuern, die den Sensor - oder früher den Film - erreichen soll.

KELVIN (K) - Einheit zur Messung der Farbtemperatur von Licht.

KISSENFÖRMIGE VERZEICHNUNG *(Pincushion Distortion)* - Optischer Fehler, bei dem gerade Linien am Bildrand nach innen gebogen erscheinen.

KOMA *(Comatic Abberation)*- Optischer Fehler ähnlich der sphärischen Aberration, die auftritt, wenn Lichtstrahlen schräg auf die Linsen des Objektivs treffen und jeder Punkt als Reihe von Punkten erscheint. Der Lichtfeffekt, der dabei entsteht, ähnelt einem Kometenschweif.

KOMPAKTE SYSTEMKAMERA *(CSC, Compact System Camera)* – Spiegellose Kameras mit Wechselobjektiv *(Mirrorless Interchangeable Lens Camera)* gehören zur Kategorie der Kompaktkameras ohne Spiegelreflex *(Mirrorless Camera)*, die in der Lage sind, die Daten direkt vom Sensor zum elektronischen Sucher oder zum Display auf der Rückseite zu übermitteln.

KOMPAKTKAMERA – Kleine Kameras mit einer Reihe von Automatikfunktionen. Sie sind so konzipiert, dass der Benutzer nur wenig einstellen muss.

KOMPOSITION – Die Anordnung der Bildelemente im Bildausschnitt. Gestaltungsregeln helfen dabei, den kompositorischen Bildaufbau zu optimieren.

KOMPRIMIERUNG *(Compression)* – Prozess, bei dem die Größe digitaler Dateien durch spezielle Algorithmen reduziert wird, wobei die Qualität so gut wie möglich erhalten bleiben und der Verlust von Informationen minimiert werden soll. Sogenannte Komprimierungsprozesse ohne Qualitätsverlust *(Lossless Compression)* sind weniger effektiv als solche mit Informationsverlust *(Lossy Compression)*.

KONTRAST – Unterschied in der Lichtstärke zwischen den sehr dunklen und sehr hellen Bereichen eines Fotos. Kontraststarke Bilder neigen dazu, die Mitteltöne zu verlieren, während Fotos mit schwachen Kontrasten grau und weich herauskommen.

KONTRASTUMFANG *(Dynamic Range)* – Der Kontrastumfang beschreibt den Unterschied zwischen den hellsten und dunkelsten Bereichen eines Bildes. Somit kann man sich also auf den Kontrastumfang einer betrachteten Szene, eines Aufzeichnungsgeräts, wie eines Scanners oder einer Kamera, oder aber eines Geräts zur Visualisierung, beispielsweise eines Monitors, eines gedruckten oder projizierten Bildes beziehen. Eine Kamera, die über einen Sensor mit gutem Kontrastumfang verfügt, ist in der Lage, auch in Bildbereichen mit extremer Lichtstärke mehr Farbtöne und Details zu erfassen.

KONVERTIERUNG *(Conversion)* – Digitaler Prozess, um einen Dateityp in einen anderen mit anderer Dateiendung umzuwandeln oder eine RAW-Datei in eine mehr oder weniger komprimierte Bilddatei.

KÖRNUNG *(Grain)* – In der analogen Fotografie bezeichnet die Körnung die Größe der Silberkristalle – je empfindlicher ein Film, umso sichtbarer wird sie. Weniger empfindliche Filme, die tatsächlich auch „feinkörnig" genannt werden, haben dieses Problem praktisch nicht. In der digitalen Fotografie bezeichnet man das gleiche störende Phänomen, das auftreten kann, wenn die ISO-Werte erhöht werden, als Bildrauschen.

LANGZEITBELICHTUNGSMODUS *(BULB)* – Belichtungsmodus, mit dem man den Verschluss offenhalten kann, bis man den Auslöser oder eine Fernbedienung wieder loslässt.

LCD *(Liquid Crystal Display)* – Bildschirme und Displays, wie zum Beispiel hinten auf der Digitalkamera, die eine Technik verwenden, die auf der Eigenschaft der Modulation des Lichts und der flüssigen Kristalle basiert.

LIGHTROOM – Professionelle Software für die Nachbearbeitung digitaler Fotos.

LUMEN – Maßeinheit für den Lichtstrom, im Gegensatz zu der Maßinheit Lux, die sich auf den beleuchteten Bereich bezieht.

LUMINANZ *(Tone)* – Maßstab für den Helligkeitsgrad einer Farbe.

LW, LICHTWERT *(EV, Exposure Value)* – Ein numerischer Wert, der mithilfe einer Formel die Lichtstärke mit Verschlusszeit und Blende in Beziehung setzt.

LZW *(Lempel-Ziv-Welch)* – Kompression ohne Datenverlust *(Lossless Compression)*, heute der meistverwendete Algorithmus für Digitalfotos.

MAKROFOTOGRAFIE *(Macro Photography)* – Fotografische Gattung mit dem Zweck, sehr kleine Objekte in starker Vergrößerung zu fotografieren. Generell spricht man von Makrofotografie, wenn der Abbildungsmaßstab des Objekts auf dem Sensor 1:1 oder mehr beträgt.

MANUELLER MODUS, M – In diesem Modus werden die Verschlusszeit und die Blende, die der Belichtungsmesser für richtig hält, nur als Verweise angezeigt, aber beide müssen manuell vom Fotografen eingestellt werden. Dieser Modus ermöglicht also Entscheidungen, die vollkommen unabhängig von den Resultaten der automatischen Belichtungsmessung sind.

MANUELLES FOKUSSIEREN, MF – In diesem Modus muss der Fotograf von Hand am Einstellring des Objektivs drehen, um eine Fokussierung zu erhalten, die nicht von der Kamera automatisch verändert werden kann.

MEGAPIXEL – Digitale Maßeinheit, die einer Million Pixel entspricht. Sie wird verwendet, um Digitalkameras auf der Grundlage der Sensorauflösung zu kategorisieren.

MEHRFELD-/MATRIXMESSUNG *(Multizone Exposure)* – Methode der Belichtungsmessung, bei der mehrere Bildbereiche von einem speziellen Algorithmus erhoben und ausgewertet werden.

METADATEN – Metadaten, wie zum Beispiel EXIF *(Exchangeable Image File Format)*, sind Informationen und technische Details eines Fotos, die in derselben Datei wie das entsprechende Bild enthalten sind.

MOIRÉ-EFFEKT - Optischer Effekt, der von der Interferenz übereinanderliegender Linien herrührt, wodurch interessante, aber ungewollte geometrische Muster entstehen.

MONOCHROME FOTOGRAFIE *(Monochrome Photography)* - Dieser Begriff bezeichnet meist die Schwarz-Weiß-Fotografie, kann aber auf jedes Bild angewandt werden, das außer Weiß nur eine einzige weitere Farbe umfasst.

MOTIV *(Subject)* - Wichtigstes Bildelement, auf das der Fotograf durch verschiedene Techniken, wie Fokussierung, Komposition oder korrekte Beleuchtung, die Aufmerksamkeit des Betrachters hinlenken will.

NEGATIVRAUM *(Negative Space)* - Betrachtet man das Motiv und andere bedeutende Elemente als Positivraum, stellt der Negativraum die übrigen leeren Bereiche dar, die frei von interessanten Objekten sind.

NEUTRALDICHTEFILTER *(Neutral Density Filter)* - Ein Neutraldichtefilter ist ein neutraler Graufilter, mit dem die Lichtstärke reduziert werden kann, damit man auch bei starkem Licht lange Verschlusszeiten verwenden kann, ohne dass die übrigen Eigenschaften des Lichts beeinträchtigt werden. Dieser Effekt ist nicht in der Bildbearbeitung nachträglich zu erreichen.

OBJEKTIV *(Photographic Lens)* - Optisches Gerät, das das Bild eines realen Objekts an den Sensor der Kamera weiterleitet. Kameraobjektive können über feste Brennweiten *(Prime Lens)* oder über variable Brennweiten *(Zoom Lens)* verfügen.

OPEN FLASH - Diese fotografische Technik besteht darin, ein Objekt oder eine breitere Szene bei einer langen Belichtung durch einen Blitz stärker zu beleuchten. Auch andere Beleuchtungseinrichtungen können hierfür zum Einsatz kommen.

PANNING - Mitziehen der Kamera, eine Technik, um die Dynamik von Objekten in Bewegung hervorzuheben. Sie besteht darin, ein Bild von einem Objekt aufzunehmen, indem man dessen Bewegung mit der Kamera begleitet und eine recht lange Verschlusszeit verwendet. Der Hintergrund weist dann Geschwindigkeitsstreifen auf.

PHOTOSHOP - Die meistverwendete Software für die Bildretusche digitaler Fotos.

PICT *(Macintosh Picture)* - Das erste Standardformat für Grafikdateien von Apple Macintosh, wurde inzwischen abgelöst durch das PDF-Format *(Portable Document Format)*.

PIXEL *(Picture Element)* - Ein Pixel ist die kleinste Einheit eines digitalen Bildes. Dank der winzigen Größe und der Dichte von Millionen von Pixeln, die gleichmäßig in einem Raster verteilt sind, werden diese Bildpunkte als ein einheitliches Bild wahrgenommen.

PLUG-IN - Zusatzmodul einer Software, das ihre Funktionalität erweitert.

POLFILTER (Polarizing Filter) - Einer der am häufigsten eingesetzten Filter in der Digitalfotografie, der die Eliminierung von Reflexen und die Sättigung der Farben ermöglicht. Seine Wirkung lässt sich nicht in der Bildbearbeitung nachholen, weil die von Reflexen verdeckten Elemente nicht in der Bilddatei enthalten sind.

POSTERISATION *(Posterization)* - Effekt, der sich zeigt, wenn auf einem Bild die Tonwerte reduziert werden und die Farben deshalb flach und ohne Schattierung erscheinen.

PROGRAMMAUTOMATIK, P - In diesem Modus werden Verschlusszeit und Blende auf der Grundlage der Belichtungsmessung und einer Reihe von Überprüfungen und Verifikationen automatisch festgelegt und eingestellt.

PROZESSOR - Bestandteil der Digitalkamera, der für die Ausarbeitung der Bilder zuständig ist.

RANDABFALLENDER DRUCK *(Full Bleed)* - Bild oder grafisches Element, das sich bis zum Rand der bedruckten Seite ausdehnt.

RAW - Verlustfreie Speichermethode eines Bildes in einer digitalen Datei, eine Art „digitales Negativ". Diese spezielle Datei enthält außerdem die Metadaten mit den technischen Informationen der Aufnahme und wird von den verschiedenen Kameraherstellern durch entsprechende Dateiendungen personalisiert, zum Beispiel .NEF für Nikon, .CR2 für Canon, .RAF für Fuji, .ARW für Sony, .ORF für Olympus usw.

REFLEKTOR - Fotografisches Zubehör, um ein direktes Licht zu reflektieren, umzuleiten und abzumildern.

RGB-FARBRAUM *(Red, Green, Blue)* - Additives Farbsystem, das von den meisten digitalen Videosystemen und Monitoren verwendet wird.

ROTE-AUGEN-KORREKTUR *(Red Eye Correction)* - Funktion in Kameras mit integriertem Blitz, die es gestattet, mittels eines oder mehrerer Vorblitze die Pupille dazu zu bringen, sich zusammenzuziehen, um dem Problem roter Augen bei einem Porträt vorzubeugen.

SÄTTIGUNG *(Saturation)* - Intensität oder Reinheit eines bestimmten Farbtons.

SCANNEN - Abtastprozess, mit dessen Hilfe ein Originalbild digitalisiert wird, wobei eine Datei mit ausgewählten Eigenschaften hergestellt wird.

SCHÄRFENTIEFE, GELEGENTLICH AUCH TIEFENSCHÄRFE *(Depth of Field)* – Die Distanz vor und hinter dem Fokuspunkt, die noch als hinreichend scharf wahrgenommen wird. Wenn ein Objekt innerhalb dieses Bereichs platziert ist, wird es auf dem Bild scharf herauskommen. Je nach Blende, Brennweite des benutzten Objektivs und Entfernungsverhältnis zwischen dem Fotografen, dem Objekt und dem Hintergrund vergrößert beziehungsweise verkleinert sich diese Zone um das Objekt.

SD *(Secure Digital)* – Neben CF, XQD, Memory Stick einer der verbreitetsten Speicherkartenstandards.

SEITENVERHÄLTNIS *(Aspect Ratio)* – Verhältnis zwischen Breite und Höhe eines Bildes. Die Sensoren der verschiedenen Kameras stellen Bilder von unterschiedlicher Größe her, aber das Verhältnis 3:2 ist bei den Spiegelreflexkameras des gehobenen Segments das meistverwendete. 4:3-Sensoren hingegen sind bei den spiegellosen Kameras und den Kompaktkameras sehr verbreitet.

SERIENFOTOGRAFIE *(Burst Mode)* – Modus, mit dem eine Reihe aufeinanderfolgender Fotos geschossen wird, indem man den Auslöser gedrückt hält. Voraussetzung hierfür ist, dass die Kamera mit einem Zwischenspeicher ausgestattet ist.

SKALIERUNG *(Resizing)* – Proportionale Veränderung der Bildgröße.

SLR-KAMERA *(SRL, Single Lens Reflex)* – Der Begriff bezeichnet eine Kamerakategorie, die einen 45°-Spiegel verwendet, um die durch das Objektiv in den optischen Sucher einfallenden Lichtstrahlen so zu lenken, dass man das Foto, das man gerade aufnimmt, auch wirklich steuern kann.

SPEICHERKARTE *(Memory Card)* – Auswechselbares Speichermedium für Digitalkameras.

SPHÄRISCHE ABERRATION *(Spherical Aberration)* – Fehler, der auf die sphärische Form einer Linse zurückgeht. Die Lichtstrahlen werden entsprechend ihrem Abstand von der optischen Achse unterschiedlich gebündelt.

SPIEGELLOSE SYSTEMKAMERA – Kamerakategorie mit Wechselobjektiv und ohne die für eine Spiegelreflexkamera typischen Spiegel. Deshalb schickt der Sensor das Bild direkt an einen elektronischen Sucher (EVF).

STACKING – Bei dieser Technik, mit der die Schärfentiefe eines Bildes noch mehr erhöht wird als durch hyperfokale Entfernung, werden mehrere Aufnahmen mit unterschiedlichen Ebenen der Fokussierung gemacht. Die einzelnen Fotos werden dann von einer speziellen Software zusammengefügt und zu einem einzigen Foto übereinandergelegt.

STATIV *(Tripod)* – Fotografisches Zubehör mit drei ausziehbaren Beinen, mit dem die Fotokamera und das Objektiv gehalten werden, um Vibrationen zu vermeiden, wodurch lange Belichtungen möglich werden. Das Stativ gewährleistet Stabilität und genaue Kontrolle des Bildausschnitts. Die Kamera wird mittels eines regulierbaren Stativkopfs auf das Stativ montiert, mit dessen Hilfe eine bequeme Ausrichtung der Kamera möglich ist.

STOP – Numerisch dargestelltes Intervall, das zwischen einem Belichtungswert und dem nächsten beziehungsweise vorhergehenden liegt. Dieser Belichtungswert entsteht aus der Kombination von ISO-Wert, Blende und Verschlusszeit.

STREUUNG *(Diffusion)* – Streuung einer Lichtquelle, durch die eine weiche Beleuchtung mit gedämpften Schatten entsteht. In der Fotografie lässt sich Streuung durch das Filtern von Licht erzielen, beispielsweise durch Schleier, Softboxen oder Diffusionsfolie.

SUCHER *(View Finder)* – Teil der Kamera, durch den die Szene gesehen werden kann, um den Bildausschnitt festzulegen. Es gibt optische Sucher, die ein System aus Spiegeln und/oder Linsen verwenden – etwa einen Entfernungsmesser oder ein Spiegelreflexsystem –, oder elektronische Sucher *(Electronic View Finder)*, die somit auf einem kleinen Display die Informationen anzeigen, die direkt vom Sensor kommen.

TELEKONVERTER – Zusatzgerät, das zwischen Kameragehäuse und verwendetem Objektiv montiert wird, um die Brennweite eines Objektivs zu erhöhen. Die Qualität und die Lichtstärke des Objektivs verringern sich dabei um denselben Faktor, um den der Telekonverter die Brennweite erhöht.

TELEOBJEKTIV (Telephoto Lens) – Das Teleobjektiv, das gegenüber dem Normalobjektiv von 50 mm über eine größere Brennweite und einen kleineren Bildwinkel verfügt, gestattet die Aufnahme eines kleineren Bildausschnitts, das heißt einer kleineren Szene, indem der Eindruck erweckt wird, das Objekt wäre nicht so weit entfernt.

TIFF (Tagged Image File Format) – Verbreitetes Format für Rastergrafiken, mit dem Digitalfotos mit mehreren Farbräumen dargestellt werden. Oft von Fotografen verwendet, um Bilder von sehr hoher Qualität zu übermitteln.

TONNENFÖRMIGE VERZEICHNUNG *(Barrel Distortion)* – Optischer Fehler, bei dem gerade Linien am Bildrand nach außen gebogen werden.

TONUMFANG *(Tonal Range)* – Palette, die die Bandbreite der Grautöne auf einem Foto – von reinem Schwarz bis hin zu reinem Weiß – aufzeigt.

TÖNUNG *(Shade)* – Einheitliche Nuancen eines bestimmten Farbtons. Abgestufte Filter können zum Beispiel die komplette Transparenz mit einer mehr oder weniger dichten Färbung tönen oder aus einer leichten Färbung eine stärkere Farbdichte herstellen.

TTL *(Through The Lens)* – Modus für die Lichtmessung durch das Objektiv der Kamera.

ÜBERBELICHTUNG *(Overexposure)* - Erhält man, wenn man den Film oder den digitalen Sensor mit einer größeren Lichtmenge belichtet, als für eine richtige Belichtung optimalerweise nötig wäre.

UMGEBUNGSLICHT *(Existing Light)* - Beschreibt das vorherrschende nicht künstliche Licht. Der Fotograf ist jedoch in der Lage, das Umgebungslicht zu beeinflussen, indem er es abschirmt, filtert oder durch andere Lichtquellen verändert.

UNENDLICH *(Infinity)* - Der durch das entsprechende Symbol gekennzeichnete Punkt, an dem das Objektiv ein Objekt in unendlicher Entfernung scharfstellt. Bei vielen modernen Objektiven liegt die Einstellung jedoch nicht ganz bei Unendlich, um eine Toleranz - zum Beispiel wegen der Temperatur - einzuräumen.

UNTERBELICHTUNG *(Underexposure)* - Erhält man, wenn man den Film oder den digitalen Sensor mit einer geringeren Lichtmenge belichtet, als der, die für eine richtige Belichtung optimalerweise nötig wäre.

UV-FILTER - Dieser Filter verringert die Wirkung ultravioletten Lichts, auf das vor allem Filme empfindlich reagieren. In der Digitalfotografie sind diese chromatischen Veränderungen sehr gering, deshalb wird dieser Filter vor allem dafür verwendet, die vordere Linse des Objektivs zu schützen.

VERPIXELUNG - Fehlerhaftigkeit eines Bildes. In solchen Fällen sind einzelne Pixel erkennbar, ebenso die Rasterstruktur, nach der sie angeordnet sind. Manchmal wird die Verpixelung in der Nachbearbeitung künstlich erzeugt, um ein Gesicht oder eine andere Einzelheit des Fotos unkenntlich zu machen.

VERSCHLUSSZEIT *(Shutter Speed)* - Bezugswert, gemessen in Bruchteilen von Sekunden, der anzeigt, wie lange der Kameraverschluss offenbleibt und die von der Blende zugelassene Lichtmenge hindurchlässt.

VIGNETTIERUNG *(Vignetting)* - Absichtliche oder durch ein Problem erzeugte Verringerung der Helligkeit in den Randzonen eines Fotos im Vergleich zur Bildmitte.

VISUELLES GEWICHT *(Visual Weight)* - Die Intensität, mit der ein Bildelement die Aufmerksamkeit und das Interesse des Betrachters zu wecken vermag.

VOLLFORMAT *(Full-frame)* - Ein Sensor wird als Vollformat bezeichnet und die Kamera, die einen solchen Sensor benutzt, als Vollformatkamera, wenn der Sensor dieselbe Größe wie das alte analoge 35-mm-Negativ hat, das heißt 24 x 36 mm.

WAHL DES BILDAUSSCHNITTS *(Framing)* - Ausschnitt der Realität, den die Kamera aufnimmt, wodurch festgelegt wird, was auf das Bild kommt und was nicht.

WASSERWAAGE *(Level)* - In die Kamera integriertes oder externes Gerät, mit dem sich die korrekte horizontale beziehungsweise vertikale Ausrichtung eines Bildes bestimmen lässt.

WEISSABGLEICH *(White Balance)* - Parameter digitaler Kameras, der verwendet wird, um die optimale Farbtemperatur zu erhalten, indem sie gegebenenfalls korrigiert und von Dominanzen befreit wird.

WEITWINKELOBJEKTIV (Wide-angle Lens) - Das Weitwinkelobjektiv verfügt - zum Beispiel im Vergleich zum Normalobjektiv von 50 mm - über eine geringe Brennweite und einen großen Bildwinkel. Dadurch ermöglicht es die Aufnahme eines größeren Ausschnitts der Szene. Objekte können dadurch weiter entfernt erscheinen.

ZIP - Verlustfreies Kompressionsformat *(Lossless Compression)*.

ZONENSYSTEM (Zone System) - Von Ansel Adams und Fred Archer in den 1930er-Jahren entwickelte Technik, auch unter schwierigen Lichtbedingungen eine ideale Belichtung zu erzielen.

ZOOM - Objektiv mit variabler Brennweite.

ZWISCHENSPEICHER - Vorübergehender Speicher mit hoher Verarbeitungsgeschwindigkeit, der von der Kamera verwendet wird, um Dateien von Nahaufnahmen vorübergehend zu speichern, die sich die Speicherkarte nicht rechtzeitig merken kann. Wird auch als „Puffer" bezeichnet.

Iago Corazza, Journalist, Publizist und Regisseur, aber vor allem Fotograf und Reisender, hat mit nur 15 Jahren begonnen, mit einer bedeutenden Fotoagentur in Bologna zusammenzuarbeiten. Seine Reiselust hat ihn zunächst nach Afrika gezogen, wo er reiste und dann als Fremdenführer auf dem gesamten Schwarzen Kontinent arbeitete. Er hat in **allen Ländern der Welt** Dokumentationen und Reportagen aufgenommen und als Regisseur und fotografischer Produktionsleiter an Sendungen der wichtigsten italienischen sowie internationalen Sender mitgewirkt, darunter **CNN Turner Classic Movies**. Er wurde dreimal mit dem italienischen Fernsehpreis Telegatto ausgezeichnet und in den Vereinigten Staaten mit dem angesehenen Telly Award für Kultur. Iago Corazza hat eine Expedition geleitet, die in fünf Monaten 64 000 Kilometer in zwei Geländewagen zurücklegte – **von Bologna nach Miami** (Florida). Er betreute die Produktion kultureller Veranstaltungen, Shows, Musik-Events, die von verschiedenen italienischen Sendern ausgestrahlt wurden. Er war Vorsitzender der Associazione di Fotografia Naturalistica Italiana und Leiter der anthropologischen Abteilung der Zeitschrift „Oasis", Dutzende Publikationen erschienen bei Zeitungen und Verlagen, wie **White Star / National Geographic**, und auch wichtige Monografien mit anthropologischen Themen, wie *„Gli ultimi uomini, un viaggio tra le ultime tribù antropofaghe della Nuova Guinea"*, *„Luci e ombre del sol levante un'indagine tra i contrasti della società giapponese"*, *„Abitare il mondo, un viaggio nell'evoluzione dello spazio umano"*, *„People at work, l'arte di vivere e di sopravvivere nel mondo"*, „Verborgene Völker: Die letzten Hüter alter Kulturen", *„Romania un gioiello segreto nel cuore dell'Europa"* und eine Serie von Handbüchern zur Fotografie und zur Arbeit eines Fotoreporters. Er ist Botschafter und Mitarbeiter der Hilfsorganisationen **Emergency** und **UNICEF**, mit denen er Projekte entwickelt und umsetzt, die sich der Bildung von Kindern widmen. Er lehrt Reportagefotografie nach von ihm entwickelten Techniken und in speziellen intensiven Workshops, die er an den reizvollsten Orten der Welt organisiert.
www.iago.com

Danke an ...
alle, die mich auf meinen Abenteuern geführt haben:
Anand Shripat, Angel by Sumba, Catalin Pascanu, Daniel Wakra, Dhawal Kulkarni, Dorji Tsedan, Edvinas Pundys, Gariki Pati Rama Krishna, Guntars Gitans, Idriss Amrani, Karo Serobyan, Keti Tevzadze, Melka Worku, Murugan Krishnan, Paul K. Akakpo, Raffaele Montagna, Raj Kumar „Prince" Nanda, Sanjeev Chandra, Srikant Mishra, Vinay Jaiswal, Zahara Anvar und Jiang „Sissi" Yuan Yuan;

alle, die mich bei diesem Fotoband unterstützt haben:
Amedeo Meletti, Daniela Martelli, Giordano Gardenghi, Lorenzo Quintarelli, Luca Poggi, Manuela Paoletti, Massimiliano Biasioli, Matteo Benetti, Paola Minelli, Rino e Carloalberto Canobbi, L'Operosa srl, Paolo und Pa

alle meine SchülerInnen und WegbegleiterInnen, die diesen didaktischen Weg mit mir gegangen sind;

wie immer Greta Ropa, meiner unersetzlichen Partnerin auf Reisen und im Leben sowie Mutter von Eliseo.

WHITE STAR VERLAG

WS White Star Verlag® ist eine eingetragene Marke von White Star s.r.l.

Piazzale Luigi Cadorna, 6 - 20123 Mailand, Italien
www.whitestar.it

Producing der deutschen Ausgabe: SAW Communications, Redaktionsbüro Dr. Sabine A. Werner, Klein-Winterheim
Übersetzung: SAW Com[a]munications: Sonja Häußler
Lektorat: SAW Communications: Sylvia Ederle und Dr. Sabine A. Werner

ISBN 978-88-6312-500-9
2 3 4 5 6   26 25 24 23 22

Gedruckt in Kroatien

Für die technischen Illustrationen, Diagramme und Beispiele in diesem Band dachte ich zunächst daran, Kameras und Objektive verschiedener Hersteller zu verwenden, um keinen zu bevorzugen oder zu benachteiligen. Das Ergebnis der vergleichenden Darstellung war jedoch recht verwirrend und wenig hilfreich. Daher habe ich mich für die Verwendung von Geräten eines einzigen Herstellers entschieden, und sowohl der Vergleich zwischen den verschiedenen Modellen als auch die technischen Referenzen waren sofort klarer und einleuchtender. Da ich selbst seit vielen Jahren für meine Reportagen Nikon-Kameras verwende, habe ich diese auch im Buch gezeigt. Selbstverständlich wären meine Erläuterungen absolut gleichwertig, wenn sie durch Bilder von Kameras anderer Hersteller illustriert würden. Die Informationen und fotografischen Hinweise in diesem Band basieren auf den Prinzipien, die für den Umgang mit dem Licht in der Fotografie von Bedeutung sind. Aus diesem Grund gelten sie nicht nur für die digitale, sondern auch für die analoge Fotografie.

FSC
www.fsc.org
MIX
Papier aus verantwortungsvollen Quellen
FSC® C019238

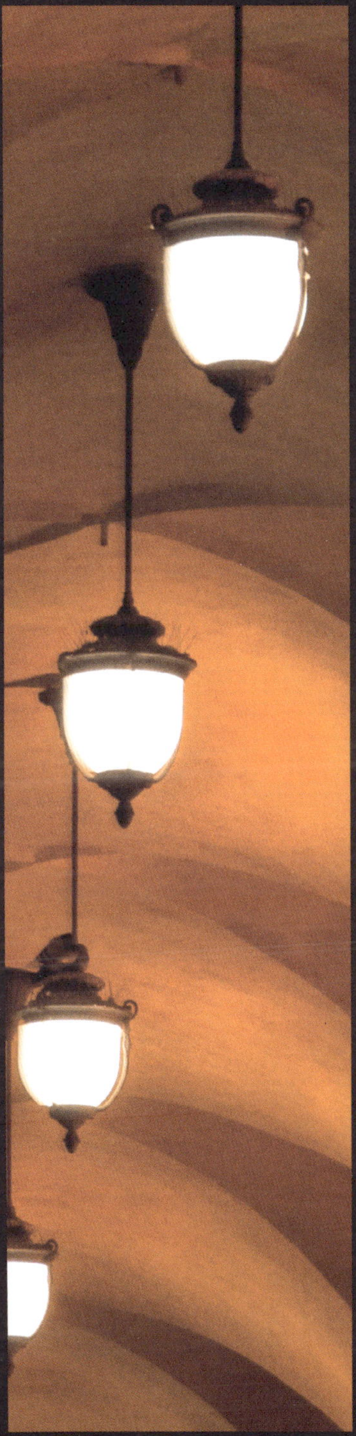
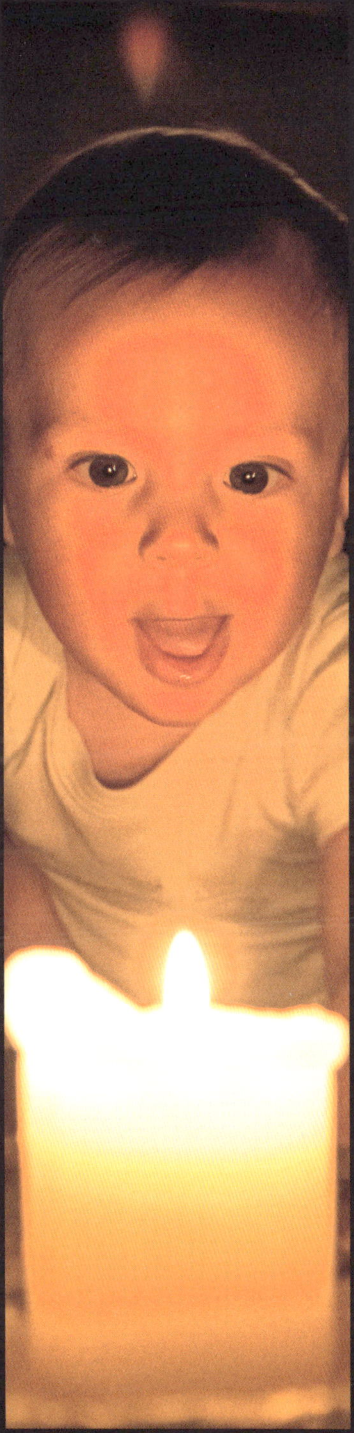
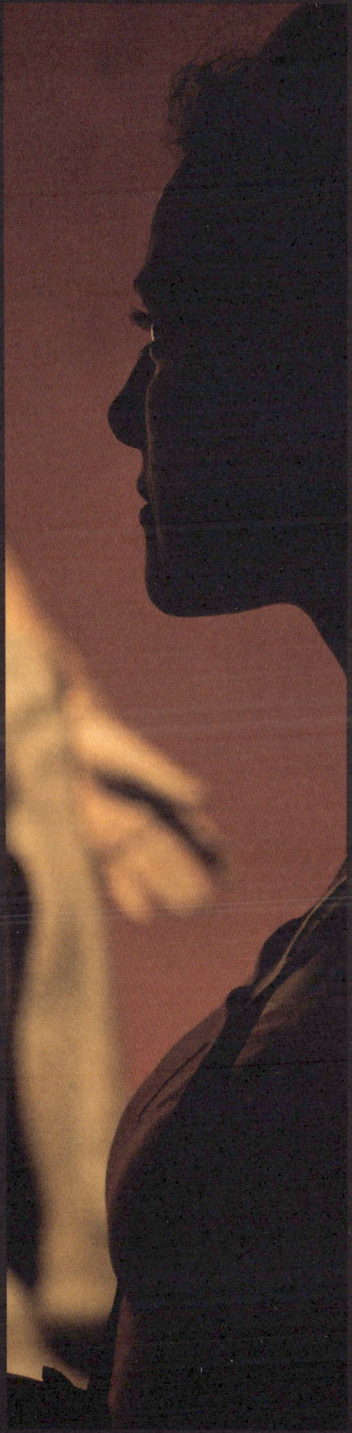

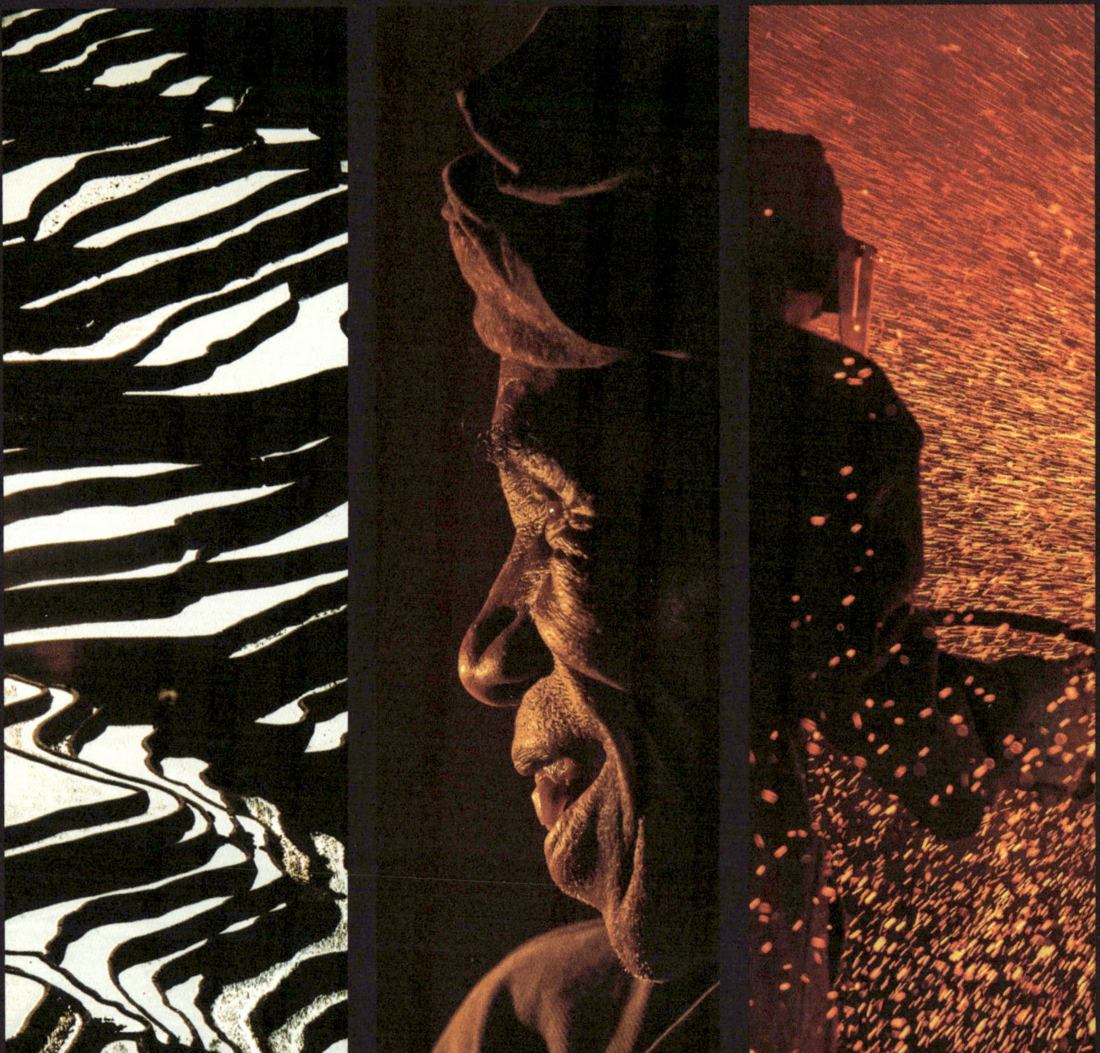